U0546272

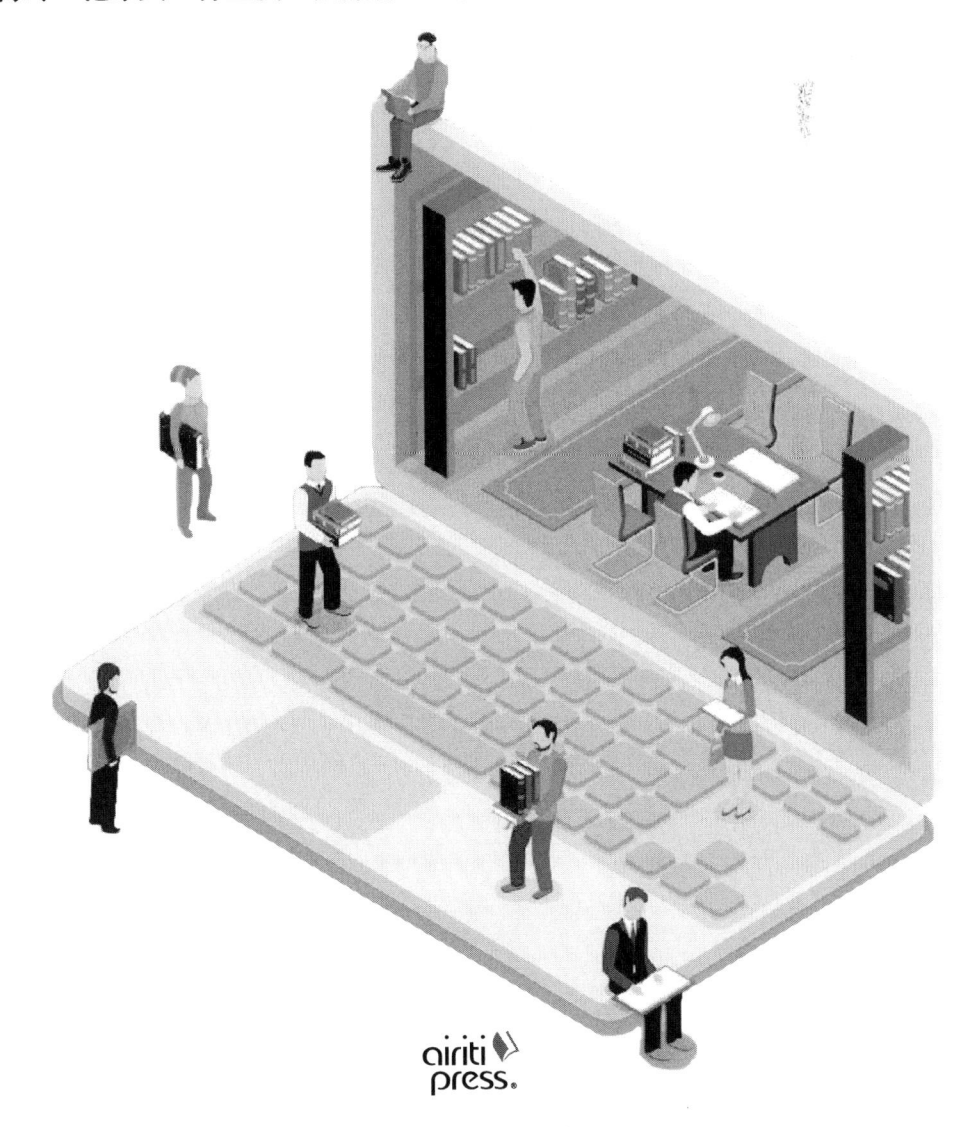

圖書資訊學系列

館藏發展與管理

張慧銖——主編

王梅玲、范豪英、林呈潢、張郁蔚——著

圖書資訊學系列

總　序

　　一直以來圖書資訊學相當缺乏教科書，導致無論老師教學或學生學習都缺少可資參考的範本，不僅造成學術傳播的障礙，也使得學習遭遇困境。以往最常參考的是由空中大學所策劃出版的系列教科書，但由於其出版年代久遠，距今已近十餘年，期間又未曾做過修訂，以致內容無法呈現最新的學術發展概況與相關研究成果，便逐漸減低其參考價值。

　　圖書資訊學在各學域之中實屬小眾，領域內的教學及研究人口不多，老師們在繁忙的教學與研究工作之餘，實在很難抽出時間進行教科書的撰寫，尤其對於教師升等而言，撰寫教科書並無加分，更難以讓年輕學者將其列為優先的工作要項。因此，多年來儘管學生、老師或圖書館學會都曾大聲疾呼有出版教科書的需求，但卻很難有撰寫與出版的具體行動。

　　鑒於前述諸多需求與困難，編者於 2014 年開始召集圖資領域教師研議教科書出版事宜，經過幾次會議，最後決定以多人協力的撰寫方式成書，以加速完稿時程，並且與學術出版相當有經驗的華藝學術出版社（Airiti Press）合作，同時出版紙本與電子版。雖然一開始的規劃是出版十冊的書系，然過程中仍遭遇前述困難，老師們很難在教學研究之餘進行書寫。幾經思考，遂決定先由最缺乏中文參考資源的技術服務著手，加上此議題也是編者最熟悉的部分，因此在得到多位老師的認同和參與後，此系列的教科書出版構想終於落實。

　　技術服務相關教科書共有三冊，分別是《館藏發展與管理》、《主題分析》及《資訊組織》。其中《館藏發展與管理》是由王梅玲、林呈潢、范豪英及張郁蔚四位老師執筆；《主題分析》是由張慧銖、陳昭珍、藍文欽、邱子恒、阮明淑及鄭惠珍六位老師執筆；《資訊組織》是由張慧銖、邱子恒、陳淑燕及陳淑君四位老師執筆。出版期程希望於 2016 年 9 月出版前兩本，2017 年 2 月再出版第三本。

由衷期盼此三部圖書的誕生，能成為圖書資訊學領域教師與學生在教學和學習上的參考資源，充分發揮其學術傳播的效益，並且為接續的圖資教科書催生。感謝所有參與的教師，因為有你們的教學熱忱與勤懇執筆，加上對圖書資訊學領域的使命和奉獻，才能將出版教科書的理想予以落實。

書系主編

張慧銖　敬筆

2016 年 5 月 15 日

館藏發展與管理

序　言

　　圖書館為保存人類文化資產，推動社會教育與提供資訊服務的知識中心，隨著資訊社會的形成，其在資訊的徵集、組織、儲存、傳播與利用過程中扮演著積極重要的角色。圖書館最重要的是提供讀者與使用者適當豐富的館藏，滿足其生活、學習、工作、休閒多樣的需求。許多歷史悠久的圖書館擁有數量豐富與主題特色的館藏，這些典藏的圖書文獻述說著各時代人們的生活軌跡與文化記憶，以及展現圖書館的價值與特色。尤其在今日數位時代，圖書館憑藉著館藏，不僅是典藏與服務，還要提供研究、展示、行銷推廣。隨著圖書館館藏面貌轉變，功能不斷的擴大與多樣性，館藏發展與管理的探討，將幫助我們解讀館藏的精義，與實踐圖書館的任務與使命。

　　館藏發展與管理理念源自於美國，但起初使命是為讀者與圖書館選擇圖書資料。圖書館早期在建立館藏時，首重圖書選擇，依據機構任務與讀者需求以選擇優良的圖書，並維持圖書品質與讀者需求的平衡。在黃金圖書館年代中，美國圖書館界經濟富裕，大量採購各種資料，於是形成圖書採訪學。即在圖書資料選擇之後，運用書刊經費，藉由採購、交換與贈送等方式，將圖書資料徵集納入館藏。1970年代，黃金圖書館時代結束，由於經濟衰退，經費困難，圖書館面臨必須有效建置館藏的挑戰，因而提出「館藏發展」觀念。其後，電子資源與數位資源大量成長，改變了館藏的面貌，形成實體與虛擬交織的二元館藏典範，原來的館藏發展方法與程序無法適用，圖書資料管理益增複雜，於是館藏管理觀念孕育而生。

　　本書將館藏發展與館藏管理二詞合為「館藏發展與管理」(collection development and management)，界定為：「圖書館配合母機構的任務與使用者需求，在財務與人力範圍內，整合實體與虛擬資訊資源，對館藏進行規劃、建設、與管理的程序。在此生命周期過程中，圖書館有系

統、有計畫地依據既定政策建置館藏，評鑑館藏，分析館藏強弱，探討館藏使用情形；以滿足使用者需求為目標，即時與經濟地管理館藏資源，增進資訊長期保存與合法取用，以提供使用者經濟有效地使用館藏與服務」。

　　館藏發展與管理是動態不斷循環的程序，本書依此生命周期提出館藏發展與管理要件，涵蓋館藏規劃、館藏發展、與館藏管理三階段，以及九大功能，包括社區分析、館藏發展政策、經費管理、圖書資料選擇、圖書資料採訪、館藏評鑑、館藏淘汰、資料保存與維護。本書內容依據上述館藏發展與管理要件，增加館藏行銷與合作館藏發展，發展成為十一章，包括：第一章〈館藏發展與管理概論〉；第二章〈學術傳播與出版〉；第三章〈館藏發展與管理政策〉；第四章〈圖書資料選擇〉；第五章〈圖書資料採訪〉；第六章〈電子館藏發展與管理〉；第七章〈社區分析與館藏行銷〉；第八章〈館藏淘汰〉；第九章〈館藏評鑑〉；第十章〈館藏保存與維護〉；第十一章〈館藏發展組織與合作〉。

　　第一章〈館藏發展與管理概論〉，館藏是圖書館重要的元素，支持其實踐文化典藏的任務，提供讀者知識食糧以餵養心智成長與滿足資訊需求。圖書館的任務是將圖書資料選擇與徵集，組織整理建成館藏，提供人們使用。因此，各類圖書資料組成的館藏，就成為圖書館資訊徵集、資訊組織與詮釋服務的基礎。21世紀以來，網路與數位科技發展，產生多樣的資訊資源，改變出版產業的面貌。由於電子資源大量引進，形成圖書館二元化經營模式，實體館藏與虛擬館藏交織，使得館藏更加豐富，但管理益增複雜。館員面對多樣類型館藏的選擇但採購經費有限的窘境，倍感館藏管理的困難，因此需要探討館藏發展與管理的原理以及工作程序。本章旨在概述館藏發展與管理的意義與內涵，涵蓋：圖書館館藏的價值與種類、館藏發展與管理的理論、館藏發展與管理簡史、館藏規劃、館藏發展、館藏管理與相關法規。

　　第二章〈學術傳播與出版〉，學術傳播與出版是圖書館館藏的來源，人類的知識是藉由學術創作與傳播管道傳遞。學術傳播是學者透過正式與非正式管道來使用與傳播資訊的過程，是知識創作的源頭。網際網路與新興科技改變了學術傳播的生態，並促成學術傳播新模式。開放取用

運動幫助使用者在網際網路免費取用各種學術資源，對於學術傳播與出版產生重大影響。館藏館員在進行館藏發展與管理工作，首要瞭解館藏的來源與資訊上游的發展。出版是館藏資料的主要來源，圖書、期刊、報紙是讀者最常使用的館藏。但是，網際網路與數位科技促成數位出版，產生了各式各樣的電子與數位資源，如電子期刊、電子雜誌、電子書、電子報紙、線上資料庫等，對於使用者、學者、出版者、圖書館、學術機構帶來重大影響。本章主要探討學術傳播的意義、學術傳播體系、改變中的學術傳播、開放取用運動與學術資源、出版意涵與程序、數位出版的意義與特色、電子期刊與電子書。

第三章〈館藏發展與管理政策〉，館藏發展與管理政策是建構與管理圖書館館藏的藍圖。該館重要的館藏發展與管理理念，如館藏服務目標，會在政策中闡明。館藏相關的日常工作與活動，會以政策為導引；館藏的中長程規劃會以政策為基礎。館員在規劃、建置、與進行管理與維護館藏時，經常參考館藏政策。同時，每當涉及館藏問題，圖書館內部工作者之間，以及圖書館與外界溝通時，此一書面文件都是重要的溝通工具。因此，認識館藏發展與管理政策是瞭解館藏發展與管理理論與實務，不可或缺的一環。本章檢視相關名詞與理念的發展，探討政策的內容要項及其涵義，說明制定通用的館藏發展與管理政策背後的原由，以及制定與修訂政策的程序。目前，國內並非各圖書館都有書面的館藏發展與管理政策。有些館員會面臨制定此一政策的需要，本章提供例說將有助於研定館藏發展與管理政策的工作。

第四章〈圖書資料選擇〉，現代出版事業發達，每年出版銷售的圖書資料數量龐大。圖書館在建置館藏，如何從浩瀚的圖書資料，為讀者取得重要而合用的資源，端賴選擇得當。本章所論圖書資料選擇，涵蓋圖書、期刊、視聽資料等類型資料之選擇。選擇理念與實務所論不僅針對待購資料，亦涵蓋其他待增資料。透過交換與贈送所取得的館藏，應接受與購買資料同樣的選擇評量程序。同時本章所論選擇，係指首次添增入館藏的抉擇，不含館藏淘汰時之選擇。本章探討圖書資料選擇理念、各類圖書館選擇工作、圖書資料選擇的範圍、工具與依據、以及選擇過程與評量。

第五章〈圖書資料採訪〉，採訪是圖書館重要的技術服務作業，相較於其他技術服務的功能，採訪工作的內涵與處理方式在過去數十年中有很大的變化。圖書館「獲取資料」的定義，超越傳統購買、訂閱和取得使用權限的範圍；採訪的業務，包括版權管理的議題。本章主要內容以一般圖書資料採購、交換、贈送為主，並探討圖書採購與政府採購法。

第六章〈電子館藏發展與管理〉，電子資源由於網際網路與數位科技發達大量成長。由於其易於更新複製與便利檢索取用，受到人們的喜愛。圖書館大量採購電子資源，逐漸形成電子館藏典範，與紙本館藏共同發展二元模式，包括實體館藏與虛擬館藏。電子資源異於紙本書刊，有其生命周期，形塑電子資源的管理與館藏發展。館員進行電子資源的採購與管理時，除了檢視資源內容外，還要考慮成本、授權合約、組織與取用、系統平臺、技術支援、電腦與網路設備等；大異於紙本資源，值得探討。本章從電子資源生命週期管理程序，探討電子館藏發展與管理，涵蓋：電子館藏發展政策，電子資源選擇，電子資源採購，授權合約協商，電子資源提供取用，電子資源使用統計、電子資源評鑑與續訂，與電子資源管理系統。

第七章〈社區分析與館藏行銷〉，圖書館最重要的任務是提供館藏與服務，滿足讀者與使用者的資訊、教育、娛樂各種需求。館藏是圖書館要件，掌握使用者需求是館藏發展的成功關鍵。館藏館員需要善用社區分析，瞭解使用者需求，幫助館藏發展與資訊服務。使用者有各類需求，各種圖書館有不同的社區成員與環境，因此館藏發展首重社區分析，以掌握使用者需求。館藏行銷觀念在現今更加重要，以使用者為中心，利用行銷推廣活動，將館藏內容推廣給使用者。館藏行銷的核心在於使用者，所以需求分析是館藏行銷的前奏。因此，社區分析與館藏行銷相互關連，同為館藏服務的二大重要功能。本章首先探討社區分析的意義，社區分析的方法，資料蒐集與分析與應用。其次，說明館藏行銷的意義、與方法，以及析述電子館藏行銷的困難與策略。

第八章〈館藏淘汰〉，館藏淘汰可視為反向選擇或館藏控制。本章探討淘汰和移地典藏。淘汰的意義是將館藏從現行館藏中移除，以出售、轉讓或轉移到其他圖書館。移地典藏是指將館藏從現行書架下架，移到

館內或館外的罕用區。淘汰是現代館藏發展發展過程中很重要的步驟，也是許多圖書館努力的方向。如果沒有持續的淘汰工作，館藏將變得老化不易使用，這是公共圖書館和學校圖書館經常討論的重要的議題。雖然採購、典藏和提供資訊是圖書館主要的功能，但沒有任何圖書館可以採購並典藏全世界的知識產品。本章介紹館藏淘汰的重要，館藏淘汰原則與方法，以及各類資料淘汰指南。

第九章〈館藏評鑑〉，各圖書館或同一圖書館於不同時間進行館藏評鑑的原因不盡相同，但最終目的均在強化館藏，以符合圖書館的任務與宗旨。因應圖書館不同的館藏評鑑目的及限制，館藏評鑑的方式相當多元，圖書館可視本身需求擇一或結合多種評鑑方式施行，並將評鑑結果的意見回饋至後續館藏建置的修正參考。本章說明館藏評鑑的目的與實施，指出圖書館實施館藏評鑑的主要目的，以及規劃與實行館藏評鑑的注意事項；其次介紹以館藏為主的館藏評鑑方法；以使用者與使用為主的館藏評鑑方法；最後說明館藏評鑑案例。

第十章〈館藏保存與維護〉，為使用者保存人類智慧遺產及提供使用是圖書館的重要職責，但館藏在氣候、時間、使用頻率、資訊科技等因素影響下，經常面臨破損、無法繼續取用等威脅。為此，圖書館需保存及維護館藏，而維護、保存館藏的政策直接影響館藏能否持續存在及提供使用。為長期保存館藏，提供後人利用，圖書館必須採用各種措施讓館藏存放在適宜的保存環境，延長館藏壽命，甚至透過維護作業使館藏回復到先前較佳的狀態。然面對不同載體的館藏資料，圖書館需仰賴專業技術人員採用不同的保存與維護方式。館員應具備保存與維護館藏的基本概念，以及瞭解可能的處理方式，才能發揮館藏保存與維護功能。本章說明圖書館需要提供適當的典藏環境，以能延長館藏壽命，圖書館面臨的資料保存與維護挑戰；分析環境控制對館藏資料保存與維護的重要性；介紹實體館藏之裝訂、修復與去酸作業；以及二種媒體轉換的保存方式，包括資料微縮化與數位化保存。

第十一章〈館藏發展組織與合作〉，館藏發展館員是圖書館執行館藏發展的核心人員，其所具備的知能直接影響工作成效，顯示館員的持續教育與訓練是重要的人力管理事項。而合作館藏發展是圖書館建立合

作關係，進行資源共享的一種策略，它提供預算不足的圖書館與使用者雙贏的解決方案，但合作館藏發展除了為圖書館帶來好處，也帶來挑戰。過往的各式合作館藏發展計畫或組織並非都是成功的案例。即使如此，透過合作館藏發展的個案，我們得以瞭解成功的合作館藏發展的種類、應具備的要件及注意事項。本章說明執行館藏發展工作的組織單位，以及館藏館員應具備的知能及教育訓練；探討圖書館進行合作館藏發展的目的與面臨的挑戰；介紹合作館藏發展的種類，以及圖書館聯盟與合作館藏發展組織的類型。

本書的完成有賴四位靈魂人物——范豪英教授、林呈潢教授、張郁蔚教授、王梅玲教授，他們都是在圖書資訊學系所擔任館藏發展與管理課程多年的教師，並且曾在圖書館實務工作，擔任過圖書館館長與主任，擁有豐富的實務經驗。鑑於實體與數位館藏交織的二元典範形成，他們共識探討新時代館藏發展與管理的理論與實務是重要急迫任務。這一份使命感驅動與連結四位學者的熱情，而參與這個合作寫作計畫。歷經一年半時間，七次溫馨的寫作討論會，由於他們的努力付出與精心策劃，終於使得本書順利完成。本人有機會參與本書的撰寫，感到十分榮幸，並對三位學者致上最深的感謝。

王梅玲　謹識
2016 年 2 月 26 日

目　錄

總　序／張慧銖　　　　　　　　　　　　　　　　　　　　　i
序　言／王梅玲　　　　　　　　　　　　　　　　　　　　　iii

第一章　館藏發展與管理概論／王梅玲　　　　　　　　　　　1
　　　第一節　前言　　　　　　　　　　　　　　　　　　　3
　　　第二節　圖書館館藏的價值與種類　　　　　　　　　　3
　　　第三節　館藏發展與管理的意義與內涵　　　　　　　　8
　　　第四節　館藏發展與管理簡史　　　　　　　　　　　　12
　　　第五節　館藏規劃　　　　　　　　　　　　　　　　　16
　　　第六節　館藏發展　　　　　　　　　　　　　　　　　18
　　　第七節　館藏管理　　　　　　　　　　　　　　　　　20
　　　第八節　相關法規　　　　　　　　　　　　　　　　　23

第二章　學術傳播與出版／王梅玲　　　　　　　　　　　　　33
　　　第一節　前言　　　　　　　　　　　　　　　　　　　35
　　　第二節　學術傳播的意義與體系　　　　　　　　　　　36
　　　第三節　改變中的學術傳播　　　　　　　　　　　　　40
　　　第四節　公開取用運動　　　　　　　　　　　　　　　41
　　　第五節　出版意涵與程序　　　　　　　　　　　　　　46
　　　第六節　數位出版　　　　　　　　　　　　　　　　　50
　　　第七節　電子期刊　　　　　　　　　　　　　　　　　51
　　　第八節　電子書　　　　　　　　　　　　　　　　　　53

第三章　館藏發展與管理政策／范豪英　　　　　　　　　　　59
　　　第一節　前言　　　　　　　　　　　　　　　　　　　61
　　　第二節　常見的相關名詞與理念發展　　　　　　　　　61
　　　第三節　館藏發展與管理政策的功用　　　　　　　　　65

	第四節	館藏發展與管理政策內容要項	67
	第五節	館藏發展與管理政策的制定	76
	第六節	館藏發展與管理政策的實際建置	78
	第七節	例說	83
第四章	圖書資料選擇／范豪英		93
	第一節	前言	95
	第二節	圖書資料選擇的理念：發展歷程	95
	第三節	各類型圖書館的特性及其選擇工作	106
	第四節	圖書資料選擇的範圍、工具與依據	113
	第五節	選擇過程與評量	119
第五章	圖書資料採訪／林呈潢		127
	第一節	前言	129
	第二節	圖書館採訪的意義	129
	第三節	圖書館採訪的資料類型	132
	第四節	資料採購	134
	第五節	資料交換與贈送	152
	第六節	圖書採購與政府採購法	154
第六章	電子館藏發展與管理／王梅玲		163
	第一節	前言	165
	第二節	電子資源管理與館藏發展	165
	第三節	電子資源館藏發展政策	171
	第四節	電子資源選擇	173
	第五節	電子資源採購	176
	第六節	授權合約協商	179
	第七節	電子資源取用	181

　　　　第八節　電子資源使用與評鑑　　　　　　　　　　183
　　　　第九節　電子資源管理系統　　　　　　　　　　　186

第七章　社區分析與館藏行銷／王梅玲　　　　　　　　　191
　　　　第一節　前言　　　　　　　　　　　　　　　　193
　　　　第二節　使用者需求與社區分析的意涵　　　　　193
　　　　第三節　社區分析的方法　　　　　　　　　　　196
　　　　第四節　資訊蒐集與分析　　　　　　　　　　　199
　　　　第五節　社區分析的應用　　　　　　　　　　　202
　　　　第六節　館藏行銷　　　　　　　　　　　　　　203
　　　　第七節　電子館藏行銷　　　　　　　　　　　　208

第八章　館藏淘汰／林呈潢　　　　　　　　　　　　　　213
　　　　第一節　前言　　　　　　　　　　　　　　　　215
　　　　第二節　館藏淘汰的意義　　　　　　　　　　　216
　　　　第三節　館藏淘汰的前置作業　　　　　　　　　218
　　　　第四節　館藏淘汰的理由　　　　　　　　　　　219
　　　　第五節　成功處理淘汰工作　　　　　　　　　　220
　　　　第六節　館藏淘汰的準則　　　　　　　　　　　221
　　　　第七節　館藏淘汰的方法　　　　　　　　　　　224
　　　　第八節　館藏淘汰的步驟　　　　　　　　　　　230
　　　　第九節　館藏淘汰的原則　　　　　　　　　　　231
　　　　第十節　館藏淘汰的障礙　　　　　　　　　　　237

第九章　館藏評鑑／張郁蔚　　　　　　　　　　　　　　241
　　　　第一節　前言　　　　　　　　　　　　　　　　243
　　　　第二節　館藏評鑑的目的與實施　　　　　　　　243
　　　　第三節　以館藏為基礎的評鑑方法　　　　　　　247

第四節	以使用為基礎的評鑑方法	255
第五節	館藏評鑑實施案例	262

第十章　館藏保存與維護／張郁蔚　　277

第一節	前言	279
第二節	圖書館與文化遺產	279
第三節	館藏保存與維護的挑戰	283
第四節	環境控制	286
第五節	裝訂、修復與去酸作業	291
第六節	微縮與數位保存	293

第十一章　館藏發展組織與合作／張郁蔚　　305

第一節	前言	307
第二節	館藏發展組織與人員	307
第三節	合作館藏發展的意涵	314
第四節	合作館藏發展的種類	320
第五節	圖書館聯盟與合作館藏發展	327

中文索引　　337

英文索引　　358

圖 目 錄

圖1-1	館藏發展與管理要件示意圖	11
圖2-1	學術出版生命週期	39
圖2-2	ISBN 組成示意圖	47
圖5-1	圖書館採訪流程	135
圖5-2	國際標準書號	140
圖6-1	電子資源生命周期	168
圖6-2	電子資源管理生命周期	169
圖6-3	電子館藏發展與管理示意圖	170

表 目 錄

表4-1　出版新書類別統計　　　　　　　　　　　114

表5-1　哈佛圖書館圖書推薦申請單　　　　　　　136

表5-2　圖書介購單　　　　　　　　　　　　　　137

表7-1　現成文獻提供社區分析資料　　　　　　　197

表8-1　學校圖書館資料保存年限指南　　　　　　222

表8-2　淘汰處理單（簡式）　　　　　　　　　　227

表8-3　淘汰處理單（詳式）　　　　　　　　　　228

表8-4　非小說淘汰指南　　　　　　　　　　　　233

表9-1　RLG conspectus 的館藏層級　　　　　　　251

作者簡介

王梅玲
(meilingw@nccu.edu.tw)
國立政治大學
圖書資訊與檔案學研究所
教授

第一章
館藏發展與管理概論

學習目標

研讀本章內容之後，學習者應能夠：

- 認識圖書館館藏的價值與意義
- 學習館藏發展與管理原理
- 學習館藏規劃，包括讀者與社區分析、館藏發展政策、經費管理
- 學習館藏發展，包括圖書資料選擇、圖書資料採購、交換與贈送
- 學習館藏管理，包括館藏評鑑、館藏淘汰、資料保存與維護
- 學習館藏發展與管理的相關法規

本章綱要

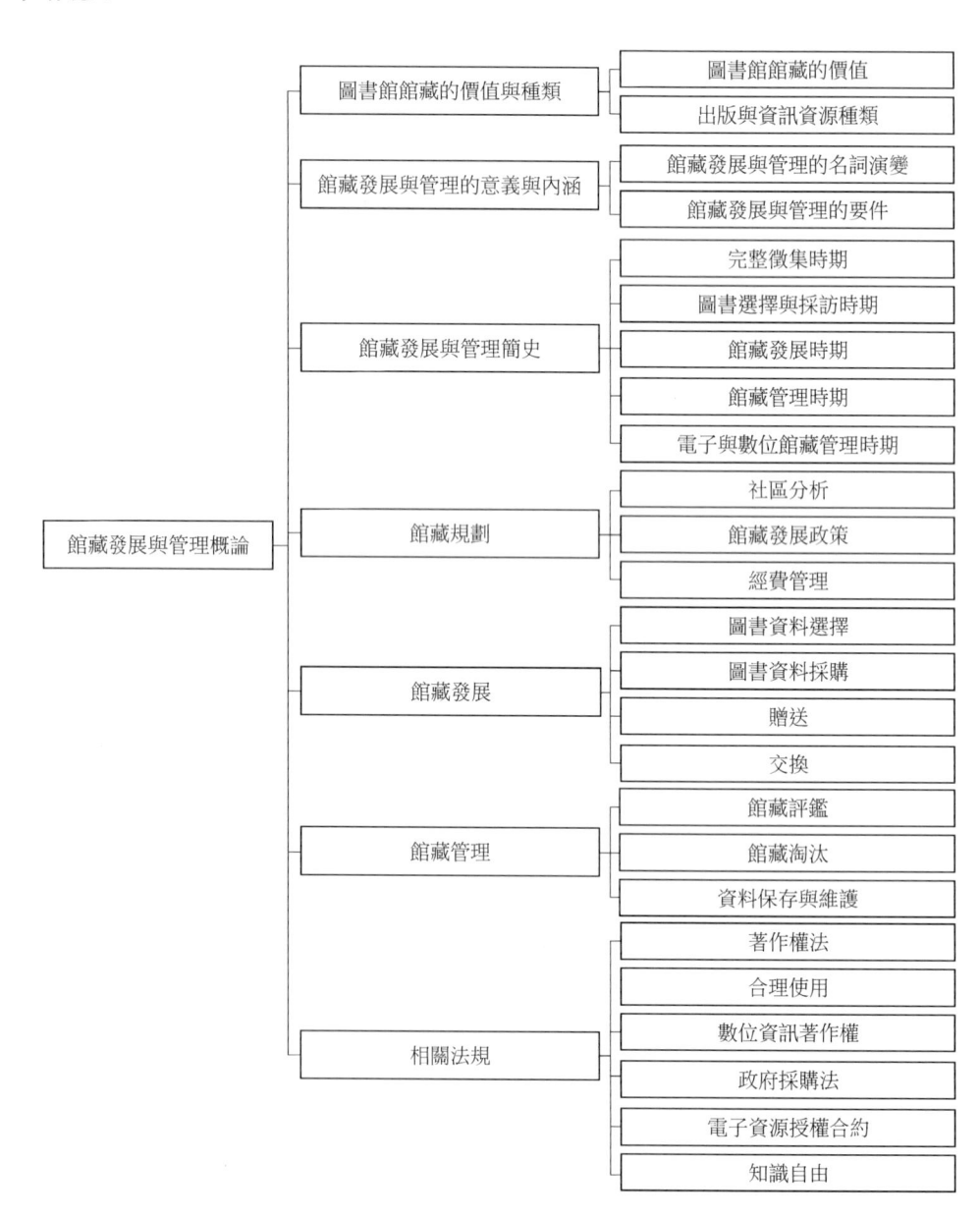

- 館藏發展與管理概論
  - 圖書館館藏的價值與種類
    - 圖書館館藏的價值
    - 出版與資訊資源種類
  - 館藏發展與管理的意義與內涵
    - 館藏發展與管理的名詞演變
    - 館藏發展與管理的要件
  - 館藏發展與管理簡史
    - 完整徵集時期
    - 圖書選擇與採訪時期
    - 館藏發展時期
    - 館藏管理時期
    - 電子與數位館藏管理時期
  - 館藏規劃
    - 社區分析
    - 館藏發展政策
    - 經費管理
  - 館藏發展
    - 圖書資料選擇
    - 圖書資料採購
    - 贈送
    - 交換
  - 館藏管理
    - 館藏評鑑
    - 館藏淘汰
    - 資料保存與維護
  - 相關法規
    - 著作權法
    - 合理使用
    - 數位資訊著作權
    - 政府採購法
    - 電子資源授權合約
    - 知識自由

第一章
館藏發展與管理概論

第一節　前言

　　館藏是圖書館重要的元素，支持其實踐文化典藏的任務，提供讀者知識食糧以餵養心智成長與滿足資訊需求。圖書館的任務是將圖書資料選擇與徵集，組織整理建成館藏，提供人們檢索使用。因此，各類圖書資料組成的館藏，就成為圖書館資訊徵集、資訊組織與詮釋服務的基礎。21世紀以來，網路科技與數位科技發展，產生各式各樣的資訊資源，改變出版產業的面貌。由於電子資源大量引進，形成圖書館二元化經營模式，包括實體館藏與虛擬館藏，雖使館藏更加豐富，但管理卻益增複雜。館員面對多元類型的館藏選擇但採購經費有限的窘境，倍感館藏管理工作的困難，因此更需要探討館藏發展與管理的原理以及工作程序。本章旨在概述館藏發展與管理的意義與內涵，內容涵蓋：圖書館館藏的價值與種類、館藏發展與管理的理論、館藏發展與管理的歷史、館藏規劃、館藏發展、館藏管理與相關法規。

第二節　圖書館館藏的價值與種類

一、圖書館館藏的價值

　　圖書館是人類智慧的總匯，自古以來被視為人類文化典藏的重鎮。美國圖書館學會（American Library Association，簡稱 ALA）定義：「是配合使用者需求，徵集各種形式的圖書資料，建立館藏，透過資料的組織整理，以提供實體的、書

目的與智識的取用。這個存放館藏的地方稱為圖書館」（Levine-Clark & Carter, 2013）。進一步詮釋，圖書館不僅是圖書的保存機構，且是透過有組織有系統的方式，提供各種紀錄使用，隨著時代變遷，圖書館功能可能改變，但是作為記錄知識的社會傳播功能不會改變（林巧敏，2006）。因此，圖書館是保存、傳播與提供查詢使用人類生活紀錄的社會機構，將圖書資料典藏起來，建設館藏，提供後人利用，不僅可以瞭解人類過去的歷史與文明，還能創造更多的發明與作品。

圖書館也是國家與地方的文化指標，透過圖書館館藏可以瞭解國家與地方文化發展的縮影與精華。許多歷史悠久的圖書館擁有內容豐富與特色主題的館藏，令人思古懷念。這些典藏的圖書文獻述說著各時代人們的生活軌跡與文化記憶，並展現圖書館的價值與特色。例如國立臺灣圖書館已有百年歷史，其前身為總督府圖書館，館方在1915～1945年間徵集臺灣日據時期的文獻資料約20萬件，涵蓋明鄭、清朝和同治時代的方志、輿論、官報、文集、雜記，以及大量的日文期刊、年鑑、寫真帖，與荷文、法文、英文的臺灣專書珍本，史料豐富。國立臺灣圖書館典藏的圖書文獻代表了早期臺灣的文化、歷史、法政、教育、農村漁牧和社會發展的縮影（劉屏，2009），使得該館成為臺灣學寶庫與東南亞研究重鎮。圖書館館藏的價值與珍貴可見一斑。

Rubin（2010）認為「價值」和信念、原則有關，價值是形塑圖書館未來力量的因素，能建構過去的經驗並提供決策參考，確保機構和專業人員的一貫性。Rubin認為圖書館最初的任務是保存人類知識紀錄，而今成為社會的教育、休閒、與資訊的基礎建設。ALA（2004）公布圖書館11項核心價值，包括：提供取用；尊重隱私；提倡民主；提供多樣化資源與服務；推動教育和終身學習；鼓勵知識自由；促進公共福祉；文化保存；追求專業；提供服務；發揮社會責任。其中三項特別彰顯館藏的價值：第一是提供取用，圖書館提供直接或間接地取用所有的資訊資源，不論科技、資料形式或傳遞方式，並應容易地、平等地和公正地提供給所有圖書館的使用者。第二是提供多樣化資源與服務，圖書館重視提供全民多樣性且完整的資源和服務。第三是文化保存，圖書館保存各種媒體和形式的資訊，保存資訊資源為圖書館事業的核心。綜上所述，圖書館館藏具有典藏與保存人類文化，提供多元圖書資料使用，教育社會大眾，滿足人們工作、學習與研究的資訊需求等重要價值。

阮甘納桑（Shiyali Ramamrita Ranganathan）大師提出的圖書館學五律，館員經常奉為圭臬，前三項彰顯館藏的精義：第一律、圖書是為讀者使用的（books are for use）；第二律、每一讀者有其書（every reader his or her book）；第三律、每一本書有其讀者（every book its reader; Rubin, 2010）。圖書館保存與典藏人類生活紀錄，建置成為館藏。每一圖書資料是實用的，每一圖書資料有讀者，每位讀者能找到他要的圖書資料。今日的圖書館館藏不僅是人類智慧的結晶，最重要的是提供使用，滿足讀者需求，每一種館藏保障有讀者使用。圖書館若要發揮這樣的機制，則需要對館藏有計畫、有系統的管理，這就是館藏發展（collection development）與館藏管理（collection management）的精義。

二、出版與資訊資源種類

館藏（collection）是指圖書館擁有的各種形式與各種類型的圖書資料，透過購買或租用的方法，以提供本館讀者或遠端使用者取用。人類很早就懂得利用各種媒體記載活動，西方世界早期使用四種傳播媒體：泥版（clay tablet）、紙草（papyrus）、臘版（wax plate）、羊皮（parchment roll）。中國早期傳播媒體則不同，主要是甲骨、金石、縑帛、簡冊、卷軸等。後來紙張的發明，加上活字印刷術促進出版革命，使得紙本圖書資料成為普及的出版品。1990年代，網際網路興起，電腦與網路科技促進許多資訊媒體出現，如視聽資料、光碟資料、網路資源、電子資源。於是人們使用館藏的習慣改變，不僅享受紙本圖書閱讀的樂趣，也經常流連在網路世界，查詢與取用虛擬的資訊資源，所以圖書館轉為實體館藏與虛擬館藏兼具的二元經營模式。

（一）圖書資訊的出版

人類很早就懂得利用各種媒體進行儲存與傳播，媒體不斷的發明影響人類文明進步，如書寫、印刷、報紙、電話、電影、收音機、電視、電腦、網路與數位產品等。從歷史來看，資訊傳播媒體大致分為：人為的資訊傳播媒體及記錄性資訊傳播媒體二類。前者以人類口語傳播為主，後者出現較晚，但媒體類型多彩多姿，尤其是照相技術及電腦科技研發的磁帶、磁碟、光碟等儲存媒體，除擴大資訊儲存容量，並朝向多媒體化、數位化發展。網路與數位科技促成網路資源、電子資源與數位資源產生。圖書資料的出版歷經早期傳播媒體、印刷術與照相術發明、以及資訊與網路科技普及，促使印刷出版演進到數位出版，這些多樣的資訊

資源是館藏的來源，並累積形成今日圖書館館藏的內涵與形貌（王梅玲、謝寶煖，2014）。

有關印刷術的起源，西方常指稱古騰堡（Johann Gutenberg）於1453～1456年間發明活字印刷術，印製了第一部《古騰堡聖經》（Gutenberg Bible）。中國印刷術始於隋朝（581～618）的雕版印刷，經北宋畢昇（1041～1048）發展，產生活字印刷。印刷術促成圖書大量出版，並帶動雜誌與報紙出版業，引起傳播媒體的革命，於是圖書、期刊、與報紙成為圖書館主要館藏（胡述兆、王梅玲，2003）。

19世紀的照相術、錄音及錄影技術的發明，讓資訊傳播媒體具有儲存文字、聲音及影像三者的功能。照相術及軟片應用在圖書資訊儲存，即是微縮技術，微縮媒體（microform）可分為微縮捲片（microfilm）與微縮單片（microfiche）二種。二次世界大戰以後，視聽資源成長，圖書館的收藏範圍更加擴大。

1960年代以降，電腦科技應用在傳播媒體，如以磁性物質為媒體的磁帶、卡帶、匣帶、磁鼓、軟碟、硬碟等，與以光學原理儲存的載體，如影碟、光碟、數位光碟等。1980年代末期，唯讀光碟資料（compact disk read only memory，簡稱CD-ROM）以短小輕薄，高密度儲存量與電腦檢索結合，而受到圖書館的青睞。1990年代以後，網路科技與數位科技促成數位出版，產製許多電子資源，如資料庫、電子期刊、電子雜誌、電子書等，成為館藏的新來源。21世紀以來，許多數位計畫大量產生，數位資源如數位圖書館計畫、機構典藏、公開取用資源、以及網路影音資源等。今日的圖書館館藏種類豐富與多元，主要包括珍善本資料、印刷資源、視聽資源、電子資源與數位資源等。

（二）印刷資源

圖書館館藏傳統以印刷品為主，一般分為圖書、叢刊與特殊資料三類。圖書是圖書館的主要館藏，通常是以印刷型態呈現，依性質與用途可分為參考用書與閱讀瀏覽用書。叢刊係有固定刊期，號數連續不斷，意欲無限期出版之連續刊行出版品。依其出版時間的長短，一般可分為期刊（periodical）與連續性出版品，前者包括學報（journal）、學術期刊、報紙與雜誌；後者包括年刊、會議錄等。特殊資料包括：政府出版品、學位論文、研究報告、技術報告、手稿、檔案、小冊子、剪輯資料等。

（三）視聽資源

視聽資源（audio-visual materials，簡稱 A-V Materials）係指以視覺、聽覺或同時以視、聽方式記錄資訊，提供讀者學習的資料；依性質可分為：1. 非放映性資料：可直接獨立使用的資料。2. 放映性資料：需藉助機器設備才能進行閱、聽的資料。3. 多媒體資源：將各種異質媒體組合一起以表達事件。視聽資源的範圍廣泛，依資料形式可細分如下：1. 靜畫資料：如圖畫、圖片、照片、圖表、組織圖、分類圖、時序表、工程圖、掛圖與海報等。2. 立體資料：如實物、標本、模型、立體圖形、地球儀、遊戲用具與雕塑等。3. 投影資料。4. 幻燈資料：如幻燈捲片與幻燈單片。5. 錄影資料與數位光碟（digital versatile disk，簡稱 DVD）等。6. 錄音資料：如唱片、錄音帶、電射唱盤與音樂光碟等。7. 微縮資料。8. 多媒體資源：動畫、電子書、互動藝術創作。9. 多媒體組件（林志鳳，2003）。

（四）電子資源

電子資源（electronic resources，簡稱 ER），根據《英美編目規則第二版》（Anglo-American Cataloguing Rules 2nd Edition），界定為「藉由電腦操作而呈現的作品，其利用方式包括直接取用或遠端利用」。有些電子資源需要利用與電腦相連的周邊設備，如 CD-ROM 光碟機，其範圍包括：CD-ROM 資料庫、線上資料庫、電傳視訊、電子期刊、電子報紙、電子書、隨選視訊、網路資源等。目前圖書館電子館藏以資料庫、電子書、電子期刊為主。資料庫（databases）係以機器可讀方式儲存大量資料檔於電腦，以供讀者檢索使用；有多種分類，依主題領域，可分為：科學、工程學、醫學、人文學、社會科學等；依語言，可分為：中文資料、英文資料、其他語文；若依資料類型，可分為：電子期刊、電子書、全文資料庫、書目資料庫、索引資料庫、數據資料庫及影音多媒體資料庫等。電子期刊（electronic journals）構想始於 1980 年代末期，1990 年代出版，2000 年以後，普受學術圖書館歡迎。依據《圖書館學與資訊科學線上字典》（Online Dictionary for Library and Information Science）定義：「係紙本期刊的數位版本，或期刊之電子出版品，可透過網路、email 或其他網路方式取用的期刊」（王梅玲、謝寶煖，2014）。電子書（electronic books，簡稱 E-Book）係為以數位化方式將圖書內容呈現，同時結合多種媒體，如影片、動畫、音樂等，具備多種加值

內容，透過網路或科技產品進行傳播，並需相關的電腦設備始能閱讀（張慧銖，2011）。

（五）數位資源

　　21世紀以來，數位圖書館（digital library）計畫蓬勃發展，此名詞始於美國前任副總統高爾（Albert Gore）推動資訊基礎建設與科技法案。數位圖書館受到重視，普遍認同其是一種致力於創造知識資源以及透過全球資訊網路免費分享資訊的虛擬機構，配合人們的興趣與主題，傳遞數位資源以達成資訊共享。美國、加拿大、英國、日本、澳洲等國積極發展數位圖書館計畫，聯合國更大力提倡世界遺產數位保存活動。我國也熱烈響應，自2000年起，積極推動「數位博物館計畫」與「國家型數位典藏計畫」，建置許多文化、藝術、科技等教育性網站（王梅玲、謝寶煖，2014）。

　　2002年，公開取用（open access）運動出現，促進學術作品在網路免費提供檢索取用。公開取用資源大量成長，如公開取用期刊（open access journals）。由於科技醫學期刊價格昂貴造成圖書館無力購買而使得讀者無法使用，於是在網路上提供免費新型期刊。許多大學建置機構典藏（institutional repository），這是另一種公開取用資源，係保存大學與學術機構成員智慧結晶的數位館藏，代表一個機構的學術生產力與聲望。

　　圖書館館藏傳統以印刷資源為主，重視「館藏擁有」（ownership）的管理觀念。但網路資源、電子資源、數位圖書館、機構典藏、公開取用資源的出現，不僅改變館藏面貌，也影響館藏管理。圖書館大量徵集影音資源、電子資源、數位資源，建置虛擬館藏（virtual collection），注重提供使用者查詢利用，形成「資訊取用」（access）的館藏發展新模式。現代圖書館不僅在發展與管理館藏，亦重視實體館藏與虛擬館藏，努力維持二者平衡。

第三節　館藏發展與管理的意義與內涵

一、館藏發展與管理的名詞演變

　　館藏發展與管理（collection development and management）理論源自美國，

其前身可溯自圖書選擇（selection）工作。早期圖書館在建立館藏之前，首重圖書資料選擇，依據讀者需求以選擇優良的圖書資料，並兼具圖書資料選擇理論與讀者需求的滿足。在黃金圖書館年代中，美國圖書館經費富裕，大量採購資料，提出圖書採訪（acquisitions）一詞，係在圖書資料選擇之後，運用書刊經費，藉由採購、交換與贈送等方式，將圖書資料徵集納入館藏。

1970年代，美國黃金圖書館時代結束，由於經濟衰退，經費困難，圖書館面臨有效管理館藏的挑戰，因而提出「館藏發展」（collection development）觀念。Evans（2000）界定「館藏發展」為「圖書館有系統、有計畫地依據既定政策建立館藏，並且評鑑館藏，分析館藏強弱，探討讀者使用館藏情形，以確定能夠利用館內及館外資源來滿足讀者資訊需求的一種過程」。1980年代，我國由臺大圖書館陳興夏館長與張鼎鍾教授引進此一觀念。ALA的《美國圖書館學會圖書館學與資訊科學語彙》（*ALA Glossary of Library and Information Science*），對於館藏發展的解釋：「這個名詞涵蓋圖書館發展館藏許多活動，包括決定及協調選書政策、評估讀者及潛在讀者的需求、館藏使用調查、館藏評鑑、確認館藏需求、選擇資料、資料共享的規劃、館藏維護、以及館藏淘汰等」。

其後，電子資源與數位資源大量成長，改變了館藏的面貌，使圖書資料的管理日益複雜，於是館藏管理觀念被提出。Clayton與Gorman認為館藏管理是一種概括名詞，係配合機構目標，不斷對圖書館館藏進行規劃、建設、爭取經費、評鑑與使用等有系統的管理。Evans與Saponaro（2012）鑑於網路與資訊科技進步以及圖書館變革，認為「館藏發展」只有配合使用者需求、社區資源與確認圖書館館藏資料之強弱是不夠的，故進而提出「館藏管理」名詞，擴大館藏概念，以使用者資訊需求為目標，即時與經濟地運用圖書館資源，增加資訊長期保存、合法取用資料，以及圖書館合作觀念，提供使用者符合成本效益取用資訊。其主張館藏管理涵蓋四大功能：使用者需求分析、資訊選擇、資訊採訪、與資訊評鑑；以及六大議題：資源形式與種類、科技運用、圖書館合作、相關法律、資料保存、與符合倫理。

有些學者主張館藏發展為館藏管理的一部分；有些主張二者為同義詞；有些主張二者相關而不同。Johnson（2014）將「館藏發展」與「館藏管理」予以區別，館藏發展是建設與發展圖書館館藏，配合社區使用者需求與利益考量，包括：選擇、選擇政策訂定、評估使用者需求與潛在使用者需求、經費管理、館藏需求確認、社區及使用者的聯繫與推廣、資源分享與電子資源合約協商。館藏管理涵蓋

館藏淘汰、期刊刪訂、保存、典藏，以及使用研究、成本效益評估。因此館藏發展與館藏管理二者相關但不相同，既是原理，也是實務工作。

本文綜合上述並參酌國情，將館藏發展與館藏管理二詞合為「館藏發展與管理」，將其界定其為：「圖書館配合母機構的任務與使用者需求，在財務與人力範圍內，整合實體與虛擬資訊資源，對館藏進行規劃、建設、與管理的程序。在此生命週期過程中，圖書館有系統、有計畫地依據既定政策建置館藏，評鑑館藏，分析館藏強弱，探討館藏使用情形；以滿足使用者需求為目標，即時與經濟地管理館藏資源，增進資訊長期保存與合法取用，以提供使用者經濟有效地使用館藏與服務」。

二、館藏發展與管理的要件

館藏發展部門主要目標是在經費與人力資源範圍下，配合各類使用者需求，指引發展館藏。Johnson（2014）觀察圖書館實務，列舉館藏發展與管理工作有11項，包括：（一）為了採購與使用，對於所有類型資源進行圖書資料選擇。（二）協商採購合約，以取用電子資源。（三）透過淘汰、刪訂、典藏與保存資料方式，以管理館藏。（四）撰寫與修訂館藏發展政策。（五）推廣行銷與導介館藏與資源。（六）評鑑館藏和相關服務，研究館藏使用與使用者經驗。（七）回應資料選擇的新挑戰。（八）進行使用者社群聯繫與推廣活動。（九）編列預算、進行分配、與管理經費。（十）與其他圖書館合作館藏發展與管理。（十一）爭取經費補助與金錢贈送，促進館藏發展與管理。

Evans（2000）提出館藏發展是一動態不斷循環的程序，涵蓋六項活動，包括：社區分析、館藏發展政策、選擇、採訪、館藏評鑑、與館藏淘汰。本文依據上節的「館藏發展與管理」意義：係指圖書館配合母機構任務與使用者需求，在財務與人力資源範圍內，整合實體與虛擬資訊資源，對館藏進行規劃、建設、與管理的過程。依工作程序提出館藏發展與管理要件，涵蓋館藏規劃、館藏發展、與館藏管理三階段，以及九大功能，包括：社區分析、館藏發展政策、經費管理、圖書資料選擇、圖書資料採購、交換與贈送、館藏評鑑、館藏淘汰、資料保存與維護（圖1-1）。

在館藏規劃階段，圖書館主動瞭解社區環境與使用者需求，掌握現有館藏，

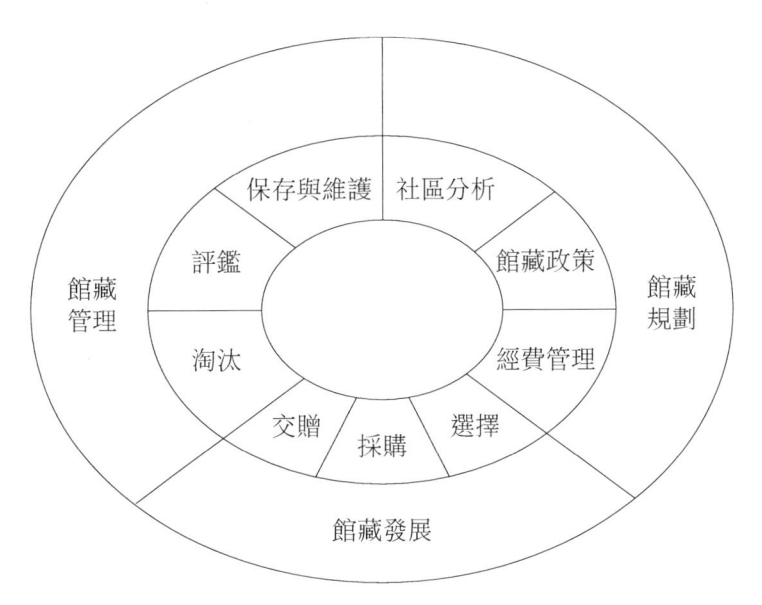

圖 1-1　館藏發展與管理要件示意圖

資訊資源出版、以及其他圖書館，互相影響，彼此互動，形成一種系統。圖書館首先進行社區分析掌握使用者需求。其次，圖書館訂定館藏發展政策，以利館員依據政策從事選書工作，並編列與準備經費以提供館藏建設的需用。在館藏建設階段，建置館藏是主要功能，圖書館依據選擇的圖書資料，在有限經費下，運用有效的方法，以購買、贈送或交換方式，將其徵集到館。在館藏管理階段，進行館藏淘汰與館藏評鑑，以維護與管理館藏符合使用者需求及使用。為了維持館藏的平衡，使有限空間最有效的運用，圖書館必須淘汰罕用、不再使用或不堪使用的圖書資料。同時，為因應時間、空間及需求的改變，圖書館需要進行館藏評鑑，分析館藏使用情形，瞭解館藏強弱，找出館藏缺失，瞭解社區的需求，藉以修訂選書政策，支持館員進行選書與建置館藏。資料保存與維護作業俾利維持館藏的物理與外形良好，以利使用者長久與良好使用。

　　本章依館藏發展與管理的程序，大致分為三階段、九功能，第一是館藏規劃階段，探討社區分析、館藏發展政策訂定、經費管理；第二是館藏發展階段，探討圖書資料選擇、採購、交換、與贈送；第三是館藏管理階段，探討館藏評鑑、館藏淘汰、資料保存與維護等，將在本章第五節、第六節、第七節詳細說明。近年來由於圖書館建置許多電子館藏，Johnson（2013）提出「電子館藏發展與管理」

第一章｜館藏發展與管理概論

（e-content collection development & management），係針對電子資源進行訂定電子館藏發展政策，電子館藏選擇、授權合約協商、電子資源採購、使用統計、與電子資源評鑑等，將於第三章論述。

第四節　館藏發展與管理簡史

　　回顧館藏發展與管理演進歷史，大致分為五階段：完整徵集時期、選擇與採訪時期、館藏發展時期、館藏管理時期，以及電子與數位館藏管理時期。古代人類的生活紀錄稀少，圖書館主要扮演藏經閣藏書樓角色，以完整蒐集人類紀錄為主，是為第一階段的「完整徵集時期」。其後，圖書館管理受到重視，專家提出「圖書資料選擇的觀念。美國在圖書館事業黃金時期，圖書資料選擇與採訪作業逐漸普及，此為第二階段的「圖書選擇與採訪時期」。1970年代，美國圖書館深受經費不足圖書資料採購的困擾，於是提出館藏發展觀念，進入第三階段的「館藏發展時期」。2000年以後，許多館藏相關議題發生，如資訊科技影響館藏管理、合作館藏發展、聯合典藏罕用資料、重視資料保存與維護、學術傳播危機、著作權對館藏影響等，於是館藏管理觀念被提出，進入第四階段的「館藏管理時期」。網路科技與數位科技促進大量的網路資源與電子資源大量成長，由於電子與數位資源的館藏管理方法不同於印刷資源，需要新的觀念，此為第五階段的「電子與數位館藏管理時期」。以下說明館藏發展與管理的五階段發展史。

一、完整徵集時期

　　古代的圖書館如何蒐集人類知識紀錄很難得知，但由於當時圖書資料稀少、具有價值與獨特性，文獻紀錄顯示當時圖書館遵循「廣泛性、完整性與保存性」的原則（comprehensiveness, completeness, preservation），進行館藏典藏，是為「完整徵集時期」。亞歷山大圖書館（Alexandria Library）在西元前建成，擁有超過600,000卷羊皮資料，為當時西方最大的圖書館，其獲得管道多來自傳抄與購買。西元800年，巴格達君王Al-Mamum從拜占庭王朝蒐集許多古籍，典藏於智慧之家（House of Wisdom），並將其譯成阿拉伯文。在這階段，人類發生許多重大活動，如文藝復興運動，印刷術發明，讀寫素養教育推動，啟蒙運

動,公共圖書館運動,以及圖書出版。這時期的圖書館主要扮演著藏書閣角色,並採用「廣泛性、完整性與保存性」原則,作為早期館藏建立的指南(Johnson, 2014)。

二、圖書選擇與採訪時期

　　19世紀,圖書館開始重視選擇資料並探討相關理論。17世紀初期,Gabriel Naude受聘管理Cardinal Mazarin私人圖書館,他在圖書館管理論文中,提出「選擇」觀念,其中最具體的一句重要箴言:「寧可無書,也不要讓人們看到不良的圖書」。於是,「完整徵集」與「選擇好書」此二原則開始分庭抗禮。1780年,Jean-Baptiste Cotton des Houssays擔任Sorbonne巴黎大學神學院圖書館館員,說道:「圖書館應堅持典藏具有價值與實用的圖書」。其後歷經好幾世紀,「選擇適當圖書原則」成為圖書館員與讀者經常討論的議題(Johnson, 2014)。

　　美國步入殖民時期,圖書館開始發展私人藏書,其後高等教育逐漸發展。學術圖書館事業開始起步,大多館藏規模小,因為出版資料很少,經費有限,而且圖書購買困難。1850年,美國僅出版600種期刊,並且多數是宗教主題。1790年,哈佛學院圖書館(哈佛大學圖書館前身)館藏只有12,000冊圖書,還是當時最大的圖書館。1850年,全美只有哈佛圖書館館藏超過50,000冊;19世紀中葉,全美的所有大學圖書館、公共圖書館、學術圖書館館藏總共合計僅2,200萬冊。

　　二次世界大戰之後,1945~1970年間,美國進入圖書館黃金年代,發生巨大轉變。1850~1900年間,大學開始發展,1862年,《摩里法案》(Passage Morrill Act)通過,提供經費建設大學,促進期刊出版,於是大學圖書館開始發展。1900年代,大專院校圖書館多由教師負責選書,後來改由館員選書,或二者合作選書,共同建立館藏,以滿足大學需求。1958年,美國為因應蘇聯發射Sputnik火箭事件,頒布《全國國防教育法案》(National Defense Education Act,簡稱NDEA),撥款支持高等教育、技職老師訓練與中小學教育。1965年,通過《高等教育法案》(Higher Education Act,簡稱HEA),加強大專院校教育資源,支持資訊基礎建設,建設大學院校圖書館館藏。這時期的大專院校圖書館館藏以每16年二倍快速成長,採訪館員努力徵集全世界的圖書資料,館藏逐漸擴及亞洲、非洲、中東、東歐、西歐各國。此階段的館藏理論多探討有關於圖

書選書、選書政策與選書標準的制定。

1852 年，美國成立第一個公共圖書館，波士頓公共圖書館（Boston Public Library），董事會將該館定位為社會教育功能，購買許多通俗有水準的圖書但不採購小說。他們主張公共圖書館是促進民眾教育的系統，要負責教育使用者，並且提供更好的圖書與期刊。於是引發公共圖書館圖書資料選擇的爭議，例如：「羅曼史小說、圖畫小說、青少年有聲書是否應納入館藏？」引發爭議。美國公共圖書館早期由董事會委員負責選書，19 世紀後期，圖書館學發展成為專業。由於圖書館學校成立培養專業館員，Cotton Dana 建議由圖書館員專責選書，於是公共圖書館改由館員擔負選書責任（Johnson, 2014）。

三、館藏發展時期

美國圖書館黃金年代結束後，館員面對經費不足的採購困境，提出館藏應有系統地發展，以為因應，於是館藏發展觀念受到重視。ALA 訂定了《公共圖書館標準》（*Standards for Public Libraries*）與《學院圖書館標準》（*Standards for College Libraries*），規定圖書館必須制定館藏選擇政策。1960 年代，圖書館重視經費分配，依學術與需求將經費配置到館藏各個學科。1970 年代，經濟衰退，圖書館面臨必須有效管理館藏的難題，許多圖書館體認到館藏發展工作與部門功能的重要。

1970 年代，美國學術圖書館發展衰退，財務受限並面對圖書資料採購問題。1980 年代，期刊價格上漲，無法完整訂購科學技術與醫學類期刊，導致發生「學術傳播危機」。美國研究圖書館學會（Association of Research Libraries，簡稱 ARL）追蹤期刊與圖書成本，發現 1986 至 2011 年間，期刊經費增加 40.2%，圖書經費增加 71%，導致會員館採購圖書逐漸減少，但期刊採購大量增加，占了書刊經費的 70%（Johnson, 2014）。1990 年代，圖書館購買電子期刊取代紙本期刊。1990 年代末期，許多圖書館採用大優惠採購（big deal），由出版社提供綁約套裝電子期刊的單一價格採購方式，雖然保證圖書可控制漲價，但須持續採購套裝期刊而不可刪訂。圖書館面臨許多採購問題，學習在有限經費下作採購決策，也制定館藏發展政策，作為管理有限資源的依據。

其後，出現許多圖書館合作組織，如 OCLC（Online Computer Library

Center），該組織於 1967 年由俄亥俄州立大學圖書館組成，提供俄亥俄州圖書館間分享資源與書目紀錄。Research Library Group 組織於 1974 年成立，其目標是成為圖書館夥伴，促成圖書館之間的合作，共同解決經濟衰退與財務不足之問題。圖書館聯盟對學術圖書館至為重要，尤其對電子資源的採購幫助很大。但圖書館仍需要依地理、資料類型、圖書館類型、主題領域來決定參與何種聯盟。另一方面，館際互借服務開始受到重視，作為建立本館完整館藏的替代方案；由於大型研究圖書館無力蒐集完整的館藏，而以館際互借服務彌補館藏的不足。在這階段，圖書館積極探討館藏發展的理論與實務，以解決經費不足與館藏建設的問題。

四、館藏管理時期

1980 年代，資源分享與合作館藏發展觀念風行，由於個別圖書館的經費與資源有限，於是提倡資源分享，進行館際合作，如合作館藏發展、編目、流通、參考服務、館際互借，使得讀者可以藉由一館，使用其他圖書館、其他國家圖書館的館藏，擴大資訊資源的利用。多元資訊媒體出現，館際合作推動，與虛擬圖書館管理，均帶給館藏管理工作巨大挑戰，促使館藏管理的觀念提出。館藏管理理論強調館藏分析與評鑑、館藏淘汰、資料保存與維護，以及滿足使用者需求的館藏服務。

圖書館因應使用者需求開始採用新的採購方法，例如「閱覽後付款購買」（pay-per-view）與「讀者主導購書」（patron-driven acquisition，簡稱 PDA）。閱覽後付款購買係由於期刊經費不足需要刪訂而產生的新採購方法，當使用者申請使用時，才採購所需的期刊論文。這是配合使用者需求，代理商研發的新購買方法。讀者主導購書方法係由電子書代理商提供，當使用者有檢索與閱讀電子書需求時，圖書館才購買電子書的新採購方法（Johnson, 2014）。

五、電子與數位館藏管理時期

1990 年以後，科技不斷創新改變，網際網路出現，資訊科技改造資訊與數

位社會，Google 檢索引擎出現，數位出版發達，數位計畫蓬勃，數位學習熱潮、Web 2.0 與 Library 2.0 盛行、以及公開取用運動。電腦與網路科技促成資訊媒體大量成長，如視聽資料、光碟資料、網路資源、電子資源。人們使用館藏的習慣改變，不僅閱讀紙本圖書，也經常流連在網際網路世界，查詢與取用網路虛擬資訊資源，因此，逐漸轉變成實體與虛擬館藏並陳的新典範。

電子期刊成為學術圖書館重要館藏，ARL 報告指出 2010 至 2011 年間，學術圖書館的 80% 期刊經費用在電子期刊採購。2012 年，《圖書館雜誌》（*Library Journal*）研究報告，95% 學術圖書館採購電子書，挑戰圖書館採購作業。ARL 的成員館，有 65% 的經費購買電子資源。因此，館藏館員積極研發有關電子資源的選擇、授權合約簽訂、評鑑與管理的新方法。另一方面，免費網路資源大量出現，例如 Google Book Library Project、Internet Archive 計畫，Project Gutenberg 電子書計畫。另公開取用運動出現，透過自我典藏（self-archiving）與公開取用期刊二項策略，促進使用者線上免費使用學術論文，且不受著作權約束。隨著電子資源成長，圖書館更加重視電子與數位館藏管理的觀念與活動（Johnson, 2014）。

第五節　館藏規劃

館藏規劃是館藏發展與管理的第一階段，係在建設館藏之初，圖書館配合母機構與使用者需求，在有限財務與人力資源下，進行館藏規劃工作，包括：社區分析、館藏發展政策與經費管理三大功能。

一、社區分析

圖書館最重要的是瞭解使用者需求，此為社區分析（community analysis），又稱為使用者需求（information needs）、需求評估（needs assessment）、與需求分析（needs analysis）等。圖書館社區泛指圖書館所服務的使用者（包括潛在使用者）以及其所在的環境。社區可能非常龐大或者狹小，不論其規模大小，社區分析對於所有的圖書館都是同樣重要。

社區分析一般功用包括：（一）協助圖書館設定服務的目的。（二）協助

圖書館建立適當的館藏。圖書館藉著社區分析瞭解讀者的特質、嗜好、閱讀興趣等，才能選擇適當的圖書，建立適當的館藏。（三）協助圖書館設計特別的服務。（四）協助圖書館建立與其他機構的合作關係。（五）協助圖書館建立良好的公共關係。圖書館藉由社區分析，更瞭解社區內的讀者與使用者的需求，有利於建立良好的公共關係。社區分析蒐集資料的項目常因分析的時機與圖書館類型不同而有差異。社區分析項目一般包括：人口特質、閱讀興趣、資訊需求、圖書館使用現況、資訊尋求行為、母機構的目標與任務、歷史、地理、交通、經濟、社區內其他圖書館、資訊服務機構、資料借閱場所、教育機構等。

二、館藏發展政策

館藏發展政策（collection development policy）是依據本館目的所制定有關館藏發展與管理相關的政策，以文字明確敘述館藏的目的、館藏選擇與淘汰的原則，列舉館藏的範圍與深度，確定選書工作的職責等。其功用在提供：（一）瞭解館藏的性質與範圍。（二）瞭解圖書館蒐藏的順序。（三）作為圖書館規劃的文件。（四）圖書館內部溝通工具。（五）有助於淘汰及評鑑館藏。（六）有助於預算編列與經費分配。（七）提供外界瞭解圖書館館藏發展的資訊。（八）提供圖書資料選擇與採訪之參考。（九）設定館藏蒐集與不蒐集之標準以確定館藏發展方向。（十）維持工作一致性。（十一）作為選書者訓練工具。（十二）俾使圖書館有計畫地從事選書工作。（十三）解釋圖書館的館藏需求及作業方式。（十四）作為圖書館公共關係文件。

館藏發展政策的制定一般由館藏發展委員會負責；委員會成員可以是一群在圖書館各個部門工作的館員，另邀請與圖書館相關的人員參加，例如上級指導、圖書館讀者、專家、學者代表等。委員會定期召開會議，對圖書館的近、中、長程發展達成共識後，就有關議題做深度探討，並做最後的決定，以達成館藏發展政策的前瞻性，並顧及目的性、系統性、整體性及適應性。

三、經費管理

館藏經費管理是指館員對圖書、期刊、視聽資料與電子資源的採購經費，進

行規劃、執行與控制的作業，以達到經費有效良好的運用。採訪工作首先要考量有無經費可支用，好的經費管理是在配合圖書館目標的原則下，從預算編列、經費分配、到支用，要能控制分析，以彰顯圖書館成本效益。一般經費管理作業涵蓋：經費來源、預算編列、預算分配與經費支用等。經費來源經常包括：預算編列、募款與贈送與爭取專案補助。

有關預算編列，圖書館的預算會計年度一般為 1 月到 12 月。機構總預算對圖書館預算的提撥比率，一方面要看機構組織規定，如《大學圖書館營運要點草案》中建議圖書及業務費至少須占全校年度預算總額的百分之五為原則；另一方面要看圖書館對整體發展目標在短、中、長程的規劃。一般來說，圖書館的預算是經由對經費來源地估計，以及和上級機構協商後所訂定的經費分配與開銷的計畫。其目的是有效的使用預期的經費，以配合各階段規劃，達成圖書館的使命與目的。預算編列要看圖書館的規模，例如：公共圖書館要看其所服務的社區人口多寡、人口組成、人口背景、社區內公共資源設施、行政資源分配等因素。學校圖書館要看學校教學發展目標、教職員工人數、學生人數等因素。

圖書館的經費分配方式有許多，有採用分配公式計算，或者依資料的類型來區分經費，如依圖書、期刊、資料庫、多媒體資源等；有依學院、主題、讀者類型、特殊任務分配經費。圖書資料的預算科目常包括：圖書購買、期刊訂閱、長期訂購、交換贈送、資料庫採購、舊館藏維護、複本購置等。圖書館經費分配經常考慮下列因素：機構設立的宗旨、政治環境、館藏發展歷史、各學科對資源的仰賴程度、地區或各種資料出版的頻率與型式、圖書資料價格、館藏量、館藏成長率、與館藏使用統計等。

第六節　館藏發展

館藏發展是館藏發展與管理的第二階段，具有建置館藏的功能，為核心作業，主要涵蓋館藏的選擇與採訪（acquisitions）。圖書資料採訪方式包括：採購（ordering）、贈送（gifts）、交換（exchanges）、送存（legal deposit）、寄存圖書館（deposit library）、數位館藏建置（如數位圖書館計畫、機構典藏、網頁典藏）、以及連結相關網站等。圖書資料經由選擇後，進行採購與交換贈送作業。以下就館藏發展主要功能：圖書資料選擇、圖書資料採購、交換與贈送，分別探討。

一、圖書資料選擇

　　圖書資料選擇為圖書館長久以來館藏發展最重要的功能，係配合使用者需求，選擇合適優良的圖書資料，以避免浪費圖書館有限的經費，去購置不必要的圖書資料。各館應訂定圖書資料的選擇與採訪政策。有一些基本選擇原則，可以適用於各類型圖書館，如圖書館學大師杜威（Melvil Dewey）為 ALA 設計的一幅題辭：「以最低的代價，為最多的讀者，提供最佳的讀物」。另一則，「圖書選擇的最高目標，是在適當的時候，為適當的讀者，提供適當的圖書」，這是美國圖書館學家杜魯瑞（Francis K. W. Drury）的名言，也可作為圖書資料選擇的圭臬。

　　圖書館的藏書都是經過仔細挑選，務期這些圖書資料在品質上達到一定的水準，並滿足讀者的需求。圖書出版數量龐大，而圖書館的經費有限，任何圖書館都不可能蒐集完整的圖書資料。因此，圖書館在選書時必須要特別注重圖書資料的品質，從眾多的出版品中，挑選最適合圖書館庋藏、最符合使用者需求的圖書資料。有關圖書資料的選擇原則，一直存在著二種爭戰：「使用者需求」（demand）或「圖書品質」（quality），同時不斷挑戰館員的智慧。

二、圖書資料採購

　　圖書資料經由選擇後進行採購，圖書資料採購是建設館藏的重要途徑。其原則是要在最短的時間內以最合理的價格購得最符合大眾需求的優良品質圖書資料。一般圖書資料採購的目標有：（一）儘可能迅速取得圖書資料。（二）儘可能以最便宜的價格取得圖書資料。（三）圖書資料的採購確保其正確性。（四）儘可能簡化採訪工作的處理和過程，以降低圖書資料取得之單位成本。（五）控制經費的支出。（六）維護正確的經費使用報告。（七）圖書資料收到後，在一定的時間內支付款項。（八）長期觀察與評估書商表現。（九）與書商保持良好與專業的關係。（十）正確與定期向選擇與館藏發展單位報告圖書資料購買進度與狀況（王梅玲、林志鳳、林孟玲、賴美玲，2003）。

　　圖書採購的主要方法包括：一般訂購（regular order）、緊急訂購（rush order）、長期訂購（standing order）、閱選訂購（approval plan）、指令統購（blanket order）、租借計畫與網路購買等。

三、贈送

　　圖書資料贈送是圖書館在採購經費不足情況下，利用贈送方式蒐集到免費或無法從其他來源獲得之有價值的資料的館藏建設途徑。贈送可分為請求贈送、主動索贈、贈送金錢三種。由於贈送作業繁瑣，圖書館應制定處理贈送的原則：如贈書應與一般採購之圖書採用相同的選擇標準，不可因贈書免費而放寬標準。圖書館應有權利決定如何處理贈書，對於不符合館藏發展政策要求者，有權拋棄或轉贈他館。有些贈書者會要求將贈書專櫃陳列，圖書館應避免接受此種條件，除非贈書數量多，而且有特殊價值，圖書館或可考慮。外界捐款，如果有指定的購書清單，圖書館最好與之溝通，由館方擬定書單，務期能利用贈款購置對館藏有用的圖書資料。

四、交換

　　書刊交換是一種以物易物的行為。圖書資料交換不但可以互通有無，增進友誼，也是充實館藏的一種重要途徑。無論國內圖書館或國際圖書館之間，圖書資料交換的型態，主要以各自的出版品交換以達到交流的目的。此外，也將圖書館多餘的複本和其他圖書館交換。交換資料的來源有下列四種：（一）圖書館的複本。（二）圖書館的出版品。（三）本機構的出版品。（四）特別採購資料用來交換。圖書館在從事交換業務時，須注意郵費是一大負擔，必須審慎的選擇交換的對象，確定所獲得之圖書確為本館所需。圖書館必須經常檢查交換紀錄，儘量維持交換數量或價值之均衡。圖書館重要的期刊應予價購，而勿以交換方式獲得，避免期刊蒐藏不完整。

第七節　館藏管理

　　館藏管理是館藏發展與管理的第三階段，係在建設館藏之後，進行館藏管理與維護作業，使圖書資料狀況保持良好以符合使用者需求，主要包括：館藏評鑑、館藏淘汰、資料保存與維護三大功能。

一、館藏評鑑

　　館藏評鑑（collection evaluation）係圖書館檢視館藏與使用現況，評鑑館藏強弱，以作為修正館藏發展方向的依據。Mosher（1980）列舉館藏評鑑的功能，包括：（一）正確地瞭解館藏的性質、範圍、深度及使用。（二）評估館藏發展與採訪作業的有效性。（三）瞭解館藏支援研究或課程的能力。（四）作為館藏規劃、管理、淘汰的指南。（五）作為確定館藏大小、適用性、或品質的工具。（六）作為評量館藏發展政策有效性的方法。（七）作為發掘及改正館藏缺失的方法。（八）俾使人力及財力資源集中於最需要的工作。（九）有助於館藏發展政策的訂定及館藏層級的安排。（十）檢視評鑑館藏發展的深度層級是否適當，以及館藏工作是否符合館藏發展政策的目標。（十一）提供經費預算申請之基礎。（十二）有助於評估資源共享價值，以及避免館際合作不必要的重複。（十三）用以評量館藏的強弱，以為規劃及分配之依據。

　　圖書館館藏評鑑一般採用多種方法，包括：館藏數量評鑑、書目核對法、使用文獻分析法、專家評鑑法、流通分析、館內使用調查法、讀者使用調查、資料提供能力評鑑與期刊使用評鑑等。

二、館藏淘汰

　　圖書資料使用多年，有些老舊破損不適合使用；而圖書館也經常面臨館藏空間不足的問題。此時，館藏淘汰（weeding）可用來解決上述問題，由館藏中挑選使用老舊或不當圖書資料，予以撤銷的工作。館藏淘汰界定為：將罕用、不堪使用或不再被使用的館藏予以註銷或轉移至他處典藏程序。其主要目的是：（一）節省空間以容納新到的圖書資料。（二）增加書庫美觀，提升圖書館的使用率。（三）節省館藏的維護費用。

　　館藏淘汰的標準大致歸類為三類：外形、價值、使用情形。館藏淘汰需謹慎處理，一般步驟包括：（一）訂定淘汰的範圍與標準。（二）決定淘汰後的處置方法。（三）選擇館藏淘汰的方法。（四）找出待淘汰的圖書。（五）館員或其他人員進行複審。（六）修正館藏紀錄。館藏淘汰與圖書選擇同樣重要，圖書館

必須謹慎處理，訂定良好的計畫，充份溝通、選擇適當時機，才能使淘汰工作達到目的。

三、資料保存與維護

　　資料保存與維護（preservation and conservation），又稱圖書保存與維護，其任務是確保館藏資料狀況良好可長期使用。圖書館擔負文化典藏的重要任務，藉由資料保存與維護作業，以維持館藏長期使用。圖書資料如同物質一樣，內在材料與外在環境發生綜合作用，將導致圖書資料老化變質，逐漸毀損而喪失使用價值。為了保障圖書資料永久使用，就需要進行資料保存與維護工作，以延長使用壽命（徐美文，2015）。資料保存（preservation）係為延長圖書文獻、文件紀錄與相關詮釋資料生命，增益其價值，與改善資料取用的系列活動。資料保存作業也會影響圖書的選擇與徵集決策。「資料保存」與「資料維護」是同義詞；但也有人認為二者有區別，資料維護（conservation）是有關圖書文獻修復以延緩資料損壞，或裝裱成可使用狀態；也有將二者合稱為資料保存與維護。

　　圖書館資料保存與維護主要採用裝訂、修裱、複製、保存等方法，經常運用下列保存技術：（一）溫度與濕度的控制：使用空氣調節設備維持適當的溫溼度，並以電腦或人工監控。（二）空氣品質之控制：使用濾淨空氣的設備，除去固體微粒的集塵器和吸附有毒氣體的化學性吸附裝置。（三）光線之控制：減少室外的光線射入，書庫內應盡量避免開燈以及過濾紫外線的物質。（四）有害生物之防治：避免圖書資料遭遇有害生物如害蟲、害菌和鼠類的破壞。（五）防火與防水：圖書館必須不漏水，保持水管、排水管、瓦斯管及電氣線路牢固，並且常加檢查；館內須有完善的火警偵測系統和自動滅火裝置，以非液體性的材料滅火。（六）紙張去酸：為保持圖書紙質良好可供閱讀，需要紙張去酸處理。（七）使用適當的儲存容器：容器必須結構理想，材質安定，通氣防潮，不易招致蟲鼠。（八）進行修裱與裝訂保護圖書資料。（九）複製：包括印刷或影印、攝製微縮影片、光碟或影碟或數位化保存。（十）預防人為破壞：如裝置電子安全系統及監測設備，以及加強人員教育與訓練（洪王徽恢，1995）。

第八節　相關法規

　　館藏發展與管理工作牽涉許多法律問題，為利於館藏管理，需要遵守相關的法規與知識自由原則。本節主要探討著作權法、合理使用、數位資訊著作權、政府採購法、電子資源授權合約與知識自由如下說明。

一、著作權法

　　《著作權法》（Copyright Law）主要保障圖書出版著作人的權益，也是圖書館採訪工作必須遵守的法律。著作權（copyright）的目的係「保障著作人著作權益、調和社會公共利益，促進國家文化發展」。從語源學解釋有二種意義：擁有與控制著作物之權利，以及影印之權利。著作權觀念起源於英國。圖書容易複製也造成大量非法印製，影響著作人與出版商之權益。於是 1709 年，英國首先制定《安妮法案》（Anne Act），是立法史上第一部成文的著作權法，明確揭示保護著作權的立法精神，在於鼓勵知識分子努力創作，藉以促進整體文明的成長。其後，美國憲法授權國會為促使文藝和科技進步，可以制定給予著作人和發明人有排他權力的法規，是為美國 1790 年首部著作權法的立法依據，各國也大多訂定著作權法，並有國際公約（王梅玲等，2003）。

　　我國《著作權法》於 1928 年制定，歷經多次修訂。《著作權法》包括八章：總則、著作、著作人及著作權、製版權、著作權仲介團體與著作權審議及調解委員會、權利侵害之救濟、罰則與附則，共 117 條。第 1 條明示我《著作權法》之目的：為保障著作人著作權益，調和社會公共利益，促進國家文化發展。我國著作權保護之標的採用概括條款，對於著作定義為：指屬於文學、科學、藝術、或其他學術範圍之創作。著作種類包括：語文著作、音樂著作、戲劇及舞蹈著作、美術著作、攝影著作、圖形著作、視聽著作、錄音著作、建築著作與電腦程式著作等（全國法規資料庫，2014）。

二、合理使用

　　著作權保障著者的專有著作物權利，然而民主制度下個人享有言論自由，即

使法律賦予著作權人之獨占權利，仍可無須經過同意而引用他人言語。長久以來《著作權法》在學術界與著作權所有人之間存在衝突，而合理使用（fair use）開啟另一扇門。拉特曼（Latman）定義合理使用：「為一種不屬於著作權人所有，且不須得到其同意，任何人只要以合理的方法，即可使用該著作物之特權」。我國《著作權法》於第 44 條至 66 條規定著作權之合理使用。由於合理使用條文有許多爭議，第 65 條列出合理使用之考量因素：（一）利用之目的及性質，包括係為商業目的或非營利教育目的。（二）著作之性質。（三）所利用之質量及其在整個著作所占之比例。（四）利用結果對著作潛在市場與現在價值之影響。48 條及第 51 條與圖書館資料典藏與重製有密切相關（王梅玲，1994）。

　　第 48 條有關圖書館重製的合理使用：「供公眾使用之圖書館、博物館、歷史館、科學館、藝術館或其他文教機構，於下列情形之一，得就其收藏之著作重製之：一、應閱覽人供個人研究之要求，重製已公開發表著作之一部分，或期刊或已公開發表之研討會論文集之單篇著作，每人以一份為限。二、基於保存資料之必要者。三、就絕版或難以購得之著作，應同性質機構之要求者。」第 48-1 條：「中央或地方機關、依法設立之教育機構或供公眾使用之圖書館，得重製下列已公開發表之著作所附之摘要：一、依學位授予法撰寫之碩士、博士論文，著作人已取得學位者。二、刊載於期刊中之學術論文。三、已公開發表之研討會論文集或研究報告。」第 51 條：「供個人或家庭為非營利之目的，在合理範圍內，得利用圖書館及非供公眾使用之機器重製已公開發表之著作」。

　　第 48-1 條乃圖書館所為之合理使用，只是該行為係由閱覽人為研究之目的而要求所發動，圖書館只能重製已發表著作之一部分或期刊中之單篇文章，且每人以一份為限。第 51 條則是使用者所為之合理使用，只是其行為地可能是在圖書館內，且並不以個人研究目的為限，只要是供個人或家庭非營利之目的即可，尤其得重製之範圍並未預設為該著作多少部分或期刊中之單篇著作，但仍須於合理的範圍內為之（謝銘洋、吳志揚，1995）。《著作權法》與採訪工作息息相關，館藏館員應熟讀與確實遵守，以免觸犯法網。

三、數位資訊著作權

　　圖書館大量引進電子與數位資源，引發《著作權法》的爭議。網路的取得與

使用牽涉《著作權法》問題，通常與資訊網路之使用形態以及網路工具有密切關係，而且隨著網路工具發展，網路使用形態日益多樣化，其產生之著作權法問題亦愈來愈複雜（陳家駿，1998）。

為因應數位化網路環境，美國國會通過《數位千禧年著作權法案》（Digital Millennium Copyright Act of 1998，簡稱 DMCA），本法案共分五章，重點包括：（一）修正美國著作權法以配合通過的「WIPO Copyright Treaty」與「WIPO Performances and Phonograms Treaty」兩個條約。（二）對數位產品提供著作權保護。（三）對迴避著作權保護系統者，以製造、進口、銷售、買賣此等裝置或提供服務者，課以刑責，以維持學術研究機構的合理使用。該法案反映數位資訊時代有關數位資訊與著作權的規定，值得圖書館重視（劉詠萱，1999）。

《數位千禧年著作權法》108 條修正「圖書館保存」相關的規定，為因應數位時代之來臨，美國允許非營利之圖書館與檔案機構得重製「三份」重製物，不限於原樣形式，但該數位重製物限於在館內對大眾提供，不得借出或以網路傳出館外，以免損害著作權人之權益。同時，圖書館得將館藏中之非數位著作數位化後，傳給其他有該著作館藏之圖書館保存。此外，由於科技快速發展，讀取或保存著作之機器或設備已不再製造或難以在市場上以合理價格購得者，得將該著作以現代讀取或保存科技形式加以重製。數位資源使得資訊的使用與傳播更加便利，但使用者與圖書館應認識與尊重《著作權法》，謹守合理使用的分際，使《著作權法》發揮調合著作權人與社會公眾利益之平衡，也使圖書館電子與數位資源的徵集達到民眾便利取用資訊的目的。

四、政府採購法

我國為提升採購作業的公平與公開，在 1998 年發布《政府採購法》，此與圖書館書刊採購作業關係密切，館員必須瞭解。《政府採購法》旨在公平、公開的基礎上，以招標方式進行採購，期望改變各機關的採購作業方式及流程，也影響圖書館之徵集工作。在配合採購法的要求之下，圖書館調整作業方式，以符合法令規範並兼顧經營目標和讀者需求（姜又梅，2000）。

《政府採購法》共 114 條，包括下列七章：總則（第 1 條至 17 條）、招標（第 18 條至 44 條）、決標（第 45 條至 62 條）、履約（第 63 條至第 73 條）、異議

及申訴（第74條至86條）、罰則（第87條至92條）及附則（第93條至第114條）。其明訂在採購作業及程序必須遵行的法條規範，同時在相關條文中敘明主管機關的權責及任務，以強化管理職能。《政府採購法》將各機關的採購作業納入規範，並配合近年來工程建設及財物採購上多元、大型和複雜化的趨勢，條文力求周延廣褒，以顧及所有採購案的辦理情況。各機關在辦理公開招標及相關行政作業時，則可斟酌標案的複雜程度而引用合適的條文以為依據。

　　圖書資料採購方式及流程受到《政府採購法》的規範，各項作業必須遵守相關條文。至於適用機關的範圍，則包括各級政府機關、公立學校和公營事業，與所有經民意機關審議採購預算的機關都納入其中，舉凡各級公立學校及大學圖書館和公立的公共圖書館均涵括於其中，適用對象十分的廣泛。然為顧及各種採購案的內容不同及標的物差異性，因此，在採購時依據《政府採購法》辦理「公開招標」、「限制性招標」、「選擇性招標」。圖書館的圖書資料採購，由於標的物具有唯一性和無可取代的特性，辦理的困難度及複雜性相對降低。但是圖書資料採購工作十分重視時效性，也是一般招標制度較難顧全的部分。在《政府採購法》施行之後，圖書館的一次採購、長期訂購、閱選訂購和指令統購等採購方法，也受到影響而需調整。

五、電子資源授權合約

　　圖書館進行電子資源採購時，如電子書、電子期刊、電子資料庫等，經常需要簽訂授權合約。圖書館提供電子資源，個人使用是否屬於合理使用範圍，一直存有爭議。電子資源的出租、共享、連結、引用或編輯等，與現行《著作權法》的運作常有衝突，產生法律條文解釋的困難。因此，圖書館在採購電子資源時，會簽訂授權合約（licensing agreement）以取得使用許可（license; Evans, 2000）。《著作權法》適用於圖書館紙本圖書資料採購。但授權合約代表市場導向的法規，規定出借人與租用人之間有關使用資源的權利與範圍。出借人可自由要求價格與訂定市場條件。圖書館在採購資料庫時需要簽訂授權合約處理資訊取用情形。授權合約規定租用人的責任，如安全、客戶服務、付款與傳遞、限制與保證、期限、賠償保證與轉讓。圖書館與電子資源廠商協調，館方必須遵守合約

條例。館員在採購資料庫時需具備電子資源授權合約協商與簽訂的知能，以有效完成採購工作。

六、知識自由

館藏工作與知識自由關係密切，館藏管理者扮演守門員的角色，引領讀者走入知識殿堂，在任何地方獲得所需資料。但在今日數位時代之中，資料選擇工作更加困難，惟恐影響讀者自由取得資訊的機會。知識自由（intellectual freedom，簡稱 IF）是圖書館服務讀者，並保障其有自由取用資訊的理念。經過前人一百多年的努力，才獲得下列共識：「圖書館應該保障所有讀者，自由且公開取用資訊的權利」。ALA 最早討論出版品查禁問題，1939 年，通過《圖書館權利宣言》（Library Bill of Rights），確定圖書館反對查禁政策的立場。1940 年，知識自由委員會（Intellectual Freedom Committee，簡稱 IFC）成立，基於美國《憲法》第一修正案，本著《圖書館權利宣言》的精神，研定各種策略，保障讀者、圖書館與圖書館員的權利。

ALA 於 1967 年 12 月成立知識自由辦公室（Office for Intellectual Freedom，簡稱 OIF），向圖書館及社會大眾宣達知識自由理念，並落實在圖書館館藏管理的工作中（Krug, 2010）。1971 年以後，ALA 訂定多項規章及制度，強調少數群體自由公平地取用館藏的重要性及必要性。1995 年，《倫理守則》（Code of Ethics）公布，第 2 條：要求圖書館員「把知識自由視作最高原則，抗拒所有的審查制度」。

另一方面，《閱讀自由宣言》（Freedom to Read Statement）也受到重視，係根基於美國憲法賦予人民閱讀、獲得資訊與觀念的權利。這觀念緣自於「圖書檢查制度」（Censorship），是早期政府或有關當局會標示受爭議的書籍，清查圖書館，禁止收藏查禁圖書的舉措。由於少數人主觀批判性評論，決定多數人對閱讀物的取捨，嚴重影響教育、出版、由資訊傳播自由，亦是對民主政治發展的否定，所以後來民主國家取消了圖書檢查制度。《閱讀自由宣言》旨在維護民眾閱讀權利，其基本信念為：人們愛好自由地表達與接受觀念，而且能夠自行判定圖書資料的內容是否適於閱讀；出版者站在知識傳播的立場，不會為了免受批評

列為禁書而放棄自由出版。圖書是形成思想與態度的媒介，為獲取自由的有效途徑，人們必須捍衛圖書的自由流通，出版者與圖書館工作者應擔負起保障閱讀自由的重任（陳敏珍，1995）。維護知識自由與閱讀自由均是圖書館的重要信念，以保障與維護讀者與使用者閱讀與取用資訊的權利。

　　21世紀以降，館藏發展與管理工作面臨空前的變革與挑戰，包括科技創新、授權合約協商、書刊經費縮減、館藏空間不足、數位出版盛行、使用者導向服務模式與評鑑文化盛行。館員為大量與多元的電子資源難以掌控、工作內容多變複雜，原有作業原則早已不適用，感到工作推動困難。電子資訊形式多元與取用複雜益增採購的困難，如資訊來源掌握、資訊評估、資訊計價與購買、訂購合約協商、技術平臺建立、軟硬體安裝、書目紀錄建立、使用者教育與使用評估等。今日圖書館經營時要多方面照管，一方面維持徵集紙本資料，另一方面又要積極建置電子與數位館藏。館藏發展與管理的腳步未曾停歇，大步邁向未來發展方向：實體和數位館藏並重，電子資源採購方法推陳出新，電子館藏管理新典範，使用者導向動態館藏發展模式，合作館藏發展與典藏，以及館藏館員再教育以培養新能力。

　　館藏是圖書館服務的首要元素，代表著圖書館永恆價值。隨著資訊與知識傳播的改變，加上網路與數位科技推波助瀾，產生多樣化的資訊資源。為了有效發揮館藏功能，館藏館員需要掌握館藏發展與管理的知能，瞭解與掌握使用者需求，在有限的財力與人力範圍內，整合實體與虛擬館藏，對館藏進行規劃、建設與管理工作。今日的館藏發展與管理是動態具有生命的系統，實務工作依下列程序循環進行：社區分析調查、館藏發展政策訂定、經費管理、圖書資料選擇、採訪、交換與贈送、館藏淘汰、館藏評鑑、資料保存與維護。館員需要不斷與使用者互動、掌握出版與學術傳播新發展，在變動的環境中，持續進行館藏發展與管理工作，使得館藏成為圖書館永恆閃耀的知識寶藏。

關鍵詞彙

館藏發展 Collection Development	社區分析 Community Analysis
館藏管理 Collection Management	選擇 Selection

圖書資料採訪 Acquisitions	淘汰 Weeding
館藏 Collection	館藏評鑑 Collection Evaluation
資料保存與維護 Preservation and Conservation	館藏發展政策 Collection Development Policy
電子資源 Electronic Resources	公開取用 Open Access

自我評量

- 請找一所圖書館的網站進行觀察，該館館藏有哪些主題特色？數量有多少？包括哪些類型的館藏？
- 圖書資料選擇、圖書採訪與館藏發展三者意義為何？有何不同？
- 請找出臺北市立圖書館與國立臺灣師範大學圖書館之館藏發展政策，並檢視比較二者有何異同？

參考文獻

王梅玲（1994）。資訊時代著作權之合理使用。美國資訊科學學會臺北學生分會會訊，7，20-40。

王梅玲、吳萱（2010）。圖書資訊學學者開放近用期刊使用研究。圖書與資訊學刊，75，1-24。

王梅玲、林志鳳、林孟玲、賴美玲（編）（2003）。圖書資訊選擇與採訪。臺北市：國立空中大學。

王梅玲、謝寶煖（2014）。圖書資訊學導論（二版）。臺北市：五南。

全國法規資料庫（2014）。著作權法。檢索自 http://law.moj.gov.tw/LawClass/LawAll.aspx?PCode=J0070017

林巧敏（2006）。數位時代圖書館功能及角色的變遷。圖書與資訊學刊，59，40-56。

林巧敏（2008）。國家圖書館電子資源館藏發展之研究（未出版之博士論文）。國立臺灣大學圖書資訊學研究所，臺北市。

林志鳳（2003）。圖書資訊的出版與行銷。在王梅玲、林志鳳、林孟玲、賴美玲（編），圖書資訊選擇與採訪（頁21-44）。臺北市：國立空中大學。

姜又梅（2000）。政府採購法對圖書館採購作業之影響。臺北市圖書館館訊，18(1)，24-32。

洪王徽恢（1995）。圖書保存與維護。在圖書館學與資訊科學大辭典。檢索自 http://terms.naer.edu.tw/detail/1680265/

胡述兆、王梅玲（2003）。圖書資訊學導論。臺北市：漢美。

徐美文（2015）。資料保存。檢索自 http://techserviceslibrary.blogspot.tw/2015/01/conservation.html

張慧銖（2011）。圖書館電子資源組織：從書架到網路。臺北市：Airiti Press。

陳家駿（1998）。談Internet網路著作權法律問題。研考報導，42，35-44。

陳敏珍（1995）。閱讀自由宣言（美國）。在圖書館學與資訊科學大辭典。檢索自 http://terms.naer.edu.tw/detail/1680006/

黃鴻珠、石秋霞、陳凱誌、楊莉苊、劉瓊芳、羅靜純（2007）。國際學術電子圖書館建置探討。臺北市：國家圖書館。

劉屏（2009）。臺灣圖書館的故事。臺北市：國立中央圖書館臺灣分館。

劉詠萱（1999）。美國「1998數位千禧年著作權法案」淺析。資訊法務透析，11(7)，38-42。

謝銘洋、吳志揚（1995）。圖書館經營之著作權法課題。臺北市立圖書館館訊，12(3)，1-7。

Evans, G. E. (2000). Legal issues. In G. E. Evans & M. Z. Saponaro (Eds.), *Developing library and information center collections* (4th ed., pp. 515-542). Englewood, CO: Libraries Unlimitd.

Evans, G. E. (2005). *Developing library and information center collections*. Englewood, CO: Libraries Unlimited.

Evans, G. E., Intner, S. S., & Weihs, J. (2011). *Introduction to technical services*. Santa Barbara, CA: Libraries Unlimited.

Evans, G. E., & Saponaro, M. Z. (2012). *Collection management basics* (6th ed.). Santa Barbara, CA: Libraries Unlimited.

Gregory, V. L. (2006). *Selecting and managing electronic resources: A how-to-do-it manual for librarians* (Rev. ed.). New York, NY: Neal-Schuman.

Gregory, V. L. (2011). *Collection development and management for 21st century library collections: An introduction*. New York, NY: Neal-Schuman.

Johnson, P. (2013). *Developing and managing electronic collections: The essentials.* Chicago, IL: American Library Association.

Johnson, P. (2014). *Fundamentals of collection development & management* (3rd ed.). Chicago, IL: American Library Association.

Krug, J. F. (2010). *Intellectual freedom and the American Library Association: Historical overview in encyclopedia of library and information sciences.* Retrieved from http://www.tandfonline.com/doi/pdf/10.1081/E-ELIS3-120008776

Lehman, K. A. (2014). Collection development and management: An overview of the literature 2011-12. *Library and Resource and Technical Services, 58*(3), 169-177.

Levine-Clark, M., & Carter, T. M. (Eds.). (2013). *ALA glossary of library and information science* (4th ed.). Chicago, IL: American Library Association.

Mosher, P. H. (1980). Collection evaluation or analysis: Matching library acquisitions to library needs. In R. D. Stewart & G. B. Miller, Jr. (Eds.), *Collection development in libraries: A treatise, part B* (pp. 529-530). Greenwich, CO: JAI.

Rubin, R. E. (2010). *Foundations of library and information science* (3rd ed.). New York, NY: Neal-Schuman.

作者簡介

王梅玲
(meilingw@nccu.edu.tw)
國立政治大學
圖書資訊與檔案學研究所
教授

第二章
學術傳播與出版

學習目標

研讀本章內容之後，學習者應能夠：
- 認識學術傳播的意義與傳播體系
- 認識數位時代學術傳播新模式
- 認識公開取用運動與學術資源
- 認識出版意涵與程序
- 認識數位出版概念
- 學習辨識電子期刊的意涵與種類
- 學習辨識電子書的意涵與種類

本章綱要

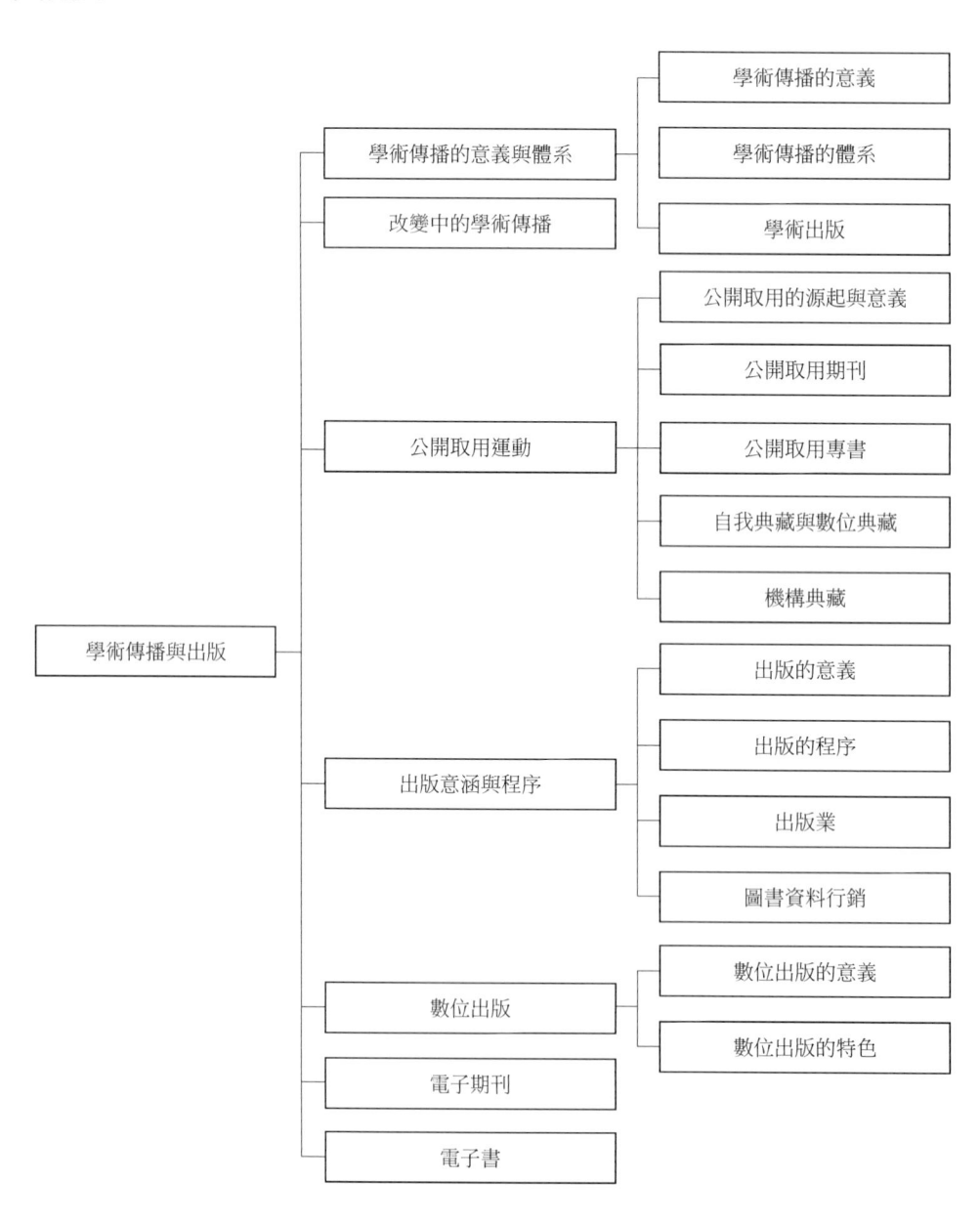

- 學術傳播與出版
  - 學術傳播的意義與體系
    - 學術傳播的意義
    - 學術傳播的體系
    - 學術出版
  - 改變中的學術傳播
  - 公開取用運動
    - 公開取用的源起與意義
    - 公開取用期刊
    - 公開取用專書
    - 自我典藏與數位典藏
    - 機構典藏
  - 出版意涵與程序
    - 出版的意義
    - 出版的程序
    - 出版業
    - 圖書資料行銷
  - 數位出版
    - 數位出版的意義
    - 數位出版的特色
  - 電子期刊
  - 電子書

第二章
學術傳播與出版

第一節　前言

　　學術傳播與出版是圖書館館藏的來源，人類的知識是藉由學術創作與傳播管道傳遞。學術傳播（scholarly communication）是學者透過正式與非正式管道來使用與傳播資訊的過程，是知識創作的源頭。圖書館位於知識產業之中，具有選擇與徵集資源，促進知識探索，支持取用與傳播，典藏與保存，以及服務使用社群等核心功能。所以圖書館與學術傳播關係密切，並且是其體系的重要成員。網際網路與新興科技改變了學術傳播的生態，並促成學術傳播新模式。21 世紀，公開取用運動幫助使用者在網際網路免費取用各種學術資源，對於學術傳播與出版產生重大影響。

　　館藏館員在進行館藏發展與管理工作，首要瞭解館藏的來源，即資訊上游的發展。圖書資訊的出版是館藏資料的主要來源，圖書、期刊、報紙長久以來是讀者最常使用的館藏。但是，網際網路與數位科技改變了出版生態，促成數位出版，產生了各式各樣的數位資源，如電子期刊、電子雜誌、電子書、電子報紙、線上資料庫等，對於使用者、學者、出版者、圖書館、學術機構帶來重大影響。本章主要探討學術傳播的意義、學術傳播體系、改變中的學術傳播、公開取用運動與學術資源、出版意涵與程序、數位出版的意涵與特色、電子期刊與電子書。

第二節　學術傳播的意義與體系

一、學術傳播的意義

　　學術是有關學習與教學的學問，包含研究與創作表現。學術傳播（scholarly communication）將上述的成果傳播到學術社群中，是社會進步的推手，尤以大學為知識創造與傳播重鎮。中古時代的大學是貴族的專利品，及至近代高等教育普及，大學有了全新的面貌，以教學、研究、推廣與服務為使命。學術研究是大學傳授知識與培養社會菁英的另一要務，首重學術評核，經過嚴謹的評鑑與審核制度以肯定學者著作的學術價值。學術傳播是各學門學者藉由傳播管道公告與傳遞其著作的過程。經過正式出版成為學術出版品，傳統以圖書、期刊、會議論文集、研究報告與博碩士論文為主。各學門領域的學術成果發表方式不同，學術出版品的形式自然不同，如科學家重視期刊論文發表，而人文學學者喜愛撰寫專書。

　　學術傳播起源最早溯自於 1662 年，英國皇家學會（Royal Society）的成立，是科學知識的傳播中心。1665 年，該學會率先創辦第一份學術期刊 *Philosophical Transactions of the Royal Society*，開啟現代期刊出版先河。學術傳播是各學門學者專家傳布學科知識與概念的過程，美國著名的科學史學家普萊斯（Derek John de Solla Price）極力強調：「科學研究是歷史累積的產物，而學術研究是學者，知識，學術社群，以及學術活動的傳播與累積」（蔡明月，2003）。

　　Borgman（2003）界定學術傳播：「係所有學門領域的學者藉由正式與非正式管道以使用與傳播學術資訊的過程」。在學術傳播的過程中，學者與研究員分享與出版研究發現，以提供廣大學術社群使用，牽涉到教學、研究、學術的知識創造、轉換、傳播與保存。學術傳播包括三大要件：創作者（producers）、學術作品（aircrafts）、以及學術概念（concepts）。創作者是靈魂，如學者、專家、出版者、資料庫代理商、書商。學術作品包括：圖書、期刊、研究報告、博碩士論文等。學術概念是各學門領域的知識與理論，包含人文學、社會科學、物理學、生物學、自然科學、醫學、以及應用科技等。

　　學術傳播的管道分為正式與非正式管道，正式學術傳播管道多指文獻與正式出版品，如圖書、期刊論文、百科全書、參考書、研究報告等。非正式學術傳播

管道是指學者的人際溝通,如信函往返、會議討論、無形學院、學術社群交流、與電子討論網站等。正式學術傳播是傳統學術社群主要依賴的管道,但在網際網路與數位科技出現後,生態發生改變,非正式的學術傳播管道開始活躍。

二、學術傳播的體系

學術傳播由學術社群主導,包括學者、專業學會、大學出版社、商業出版社、圖書館、讀者以及大學,共同組成系統,彼此相互依賴。學術是有關研究與創作表現的活動,學術傳播是學術研究成果的傳播與使用,而學術傳播體系（scholarly communication system）係指學術傳播參與者從事下列活動而彼此互動,如創作、傳布、收集、保存、提供取用、使用、以及教學研究的學術活動（Johnson, 2014）。知識的生產、傳遞與利用是學術傳播體系的功能,新知識的產生有賴於學術傳播體系中所有成員的交互作用,而形成一個相互循環的資訊鏈（information chain）（邱炯友、林串良,2003）。

學術傳播主要活動包括合作、出版與教學。學者在創作過程中必須掌握前人研究,以創造新構想,並將研究成果發表出版,而形成學術傳播體系。傳統上學術傳播體系有六項功能:（一）學術創作:學者收集資料,從事研究並將發現撰寫圖書或論文。（二）學術品質評鑑:學者撰寫專書或論文送交學術審查。（三）學術出版:出版者將通過審查的學術專書與論文出版。（四）傳播:出版者進行學術出版品行銷,圖書館購買後提供檢索與取用服務。（五）學術著作使用:學者與讀者購買學術出版品或透過圖書館借閱使用。（六）支援:大學、政府、學術機構提供經費與資源支持學術傳播。雖然研究者與學者是學術傳播的主角,但圖書館也積極參與,向社會大眾與學術社群推廣,並且主導許多改革計劃,研發新的研究與傳播模式提升學術傳播體系的價值（Association of Research Libraries [ARL], 2016）。

網際網路與數位科技改變了學術傳播,Borgman（2007a）分析數位時代的學術傳播具有下列三項功能:合法化（legitimization）、傳布（dissemination）,以及取用、保存與策展（access, preservation, and curation）。合法化為學術傳播體系首要功能,學者著作進入正式管道,必先經過嚴格審查,才能賦予著作合理與權威的價值,獲得學術社群認可其學術品質。其後,學者申請學術著作註冊,

獲得學術著作權。

　　學術傳播體系的第二功能為傳布，係指學術著作的擴散、公開、傳播平臺、透明化，以及揭露。簡單來說，學術傳播便是將學術著作進行「公開」，著作的擴散與公開為促使社群察知的方法。透明化是讓學者公開註冊作品，主張其著作權，並給予他人合法取用權。揭露強調正式出版的角色。出版者在學術傳播中，藉由學術作品的生產、銷售、分送，進行傳播。學術傳播體系的第三功能是取用、保存與策展。取用是指資訊取用，典藏與保存（archiving and preservation），係指典藏機構如圖書館、檔案館、電算中心，依據場域不同，據資訊形式（如資料與文獻）、載體類型（如實體與數位紀錄），學科類型（如自然科學與人文學），而提供保存與典藏。策展為保存與歸檔活動，由於數位科技應用，出現數位策展（digital curation），為對數位資訊進行展覽與詮釋，以增進資訊的價值。

　　學術著者因為學術傳播活動而交互相關，在學術傳播體系一般扮演著四種重要角色：撰寫者（writer）、引用者（citers）或是連結者（linkers）、投稿者（submitters）、與研究協作者（collaborators）。首先，當著者為撰寫者時，藉由撰寫學術著作與出版，自己的構想獲得學術出版的優先權，並取得學術著作的合法性。其次，當著者為引用者與連結者時，著作論文透過書目引用參考文獻，在紙本學術著作時代，透過論文的引用資訊追本溯源；在網路數位時代，則是利用「引用」加上「超連結」的功能，點選參考文獻後，透過超連結將使用者導向引用的文獻。其三，著者為論文投稿者時，在研討會發表、期刊投稿、出版專書之前，利用各種方式分送手稿並獲得評論，以決定著作是否獲得接受。其四，當著者為研究協作者時，可能尋求與同事或學術社群夥伴合作研究共同撰寫論文（Borgman, 2007a）。

三、學術出版

　　學術出版本質是對科學的原創性與智慧經驗進行傳播和保存，透過出版發行，著作得以公開問世。出版概念的內涵與外延隨著社會和時代的變遷而變化，當載體、型態以及製作方式改變，就會改變出版工作的內容（邱炯友，2006）。學術出版品主要是學術圖書與學術期刊，參與者常為專業出版社、大學出版社；讀者以學者、研究人員、專業人員與圖書館為大宗。

學術出版是學術社群的傳播行為，也是發表論文的學者的學術能力獲得肯定的證明，此與商業出版不同。學術出版重視學術品質，保障著作品質有三項學術標準，第一標準是「公開性」（publicity），是由學者向讀者公開告知學術著作的存在，如期刊訂閱、新書通告、廣告、與學者論著的引用文獻行為。第二是「信賴性」（trustworthiness），是透過社會互動過程，向讀者保證學術著作符合學術社群的規範，具有高度學術水準與值得信賴，包括同儕評閱、出版社聲譽與贊助等。第三是可及性（availability），表示讀者不依賴作者即可穩定、隨時藉由圖書館、出版社、書店確認並取得學術出版品（Kling & McKim, 1999）。

　　前述三項標準以學術信賴性對學術出版影響最大，學術專書與學術期刊為保證學術水準與內容正確，成立編輯委員會與「同儕評閱制度」（peer review），在學者投稿專書或期刊論文時，編輯委員會送交專門領域的學者評核，評審通過並經著者修正，專書與論文才正式發表。同儕評閱制度多年來已成為學術傳播的機制，但由於評閱的公平性與出版時程延遲也常引起爭論。

　　學術出版程序是一連續的生命週期，參見圖 2-1。大學與研究機構提供研究

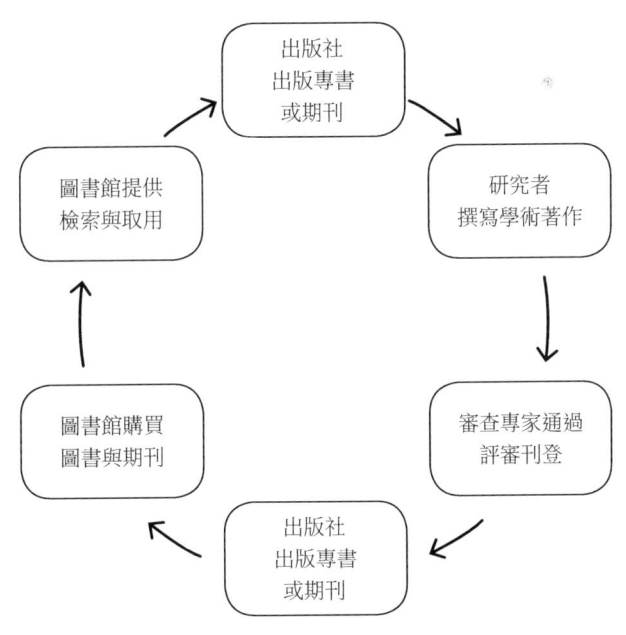

圖 2-1　學術出版生命週期

資料來源：Johnson（2014, p. 401）。

人員良好的學術研究環境，研究人員蒐集前人文獻，分析資料進行研究。他們將研究發現撰寫成論文、專書、或報告投稿給出版社，出版社出版成學術出版品。另一方面，研究人員也因專長受邀為編輯委員參與學術審查工作。學術出版社一方面成立審查委員會從事評鑑專書與期刊論文，一方面要擔負學術著作的編輯、製版、打字、印刷、出版、發行等工作。圖書館購買學術出版品，經過組織整理後提供檢索、取用以及典藏服務。綜上所述，學術出版程序是一生命周期，涵蓋：研究者收集前人文獻，進行分析研究，撰寫學術著作、出版社進行學術審查、出版學術作品，圖書館購買學術出版品，提供組織與檢索服務以推廣學術出版品使用。在此過程中，研究者參考前人作品，啟發靈感而不斷創新發表研究（Johnson, 2014）。

第三節　改變中的學術傳播

　　網際網路是上帝送給人類的禮物，使學術變成全球即時活動，電腦科技減少人們取得的障礙，增進學術文獻的取用，研究數據以及資料來源更受到重視。網路提供研究者跨越時間與地理限制促成更多的合作，成為現今學術交流重要的方法。研究者透過網際網路擴大對談機會，發現更多資訊內容。學術傳播因為網路的電子郵件、部落格、線上實驗筆記、電子討論群組、網頁、電子期刊、電子書、數位典藏，變得更加活絡多元（Johnson, 2014），轉變為網路與數位學術傳播。非正式學術傳播管道與正式傳播管道一樣活躍，電子郵件、社群網路、網路、線上會議受到歡迎。在非正式管道中，使用者是資訊接收者也是資訊生產者，不須經由中介者；因此，學術傳播從單向傳播轉向互動分享、交換、與協作式的傳播。

　　Borgman（2007b）重新界定數位時代的學術傳播：「係研究社群的正式與非正式活動，透過公開與私人管道來進行資訊使用與傳播」。學術傳播研究包括：學術或學者間的傳播活動比較、使用群的資訊需求與使用、正式與非正式傳播的關係。網路與數位科技顛覆了學術出版，人人都能成為出版者，讓所有資訊公開出版。以學術界自我出版（self-publishing）為例，從前著者需要同儕評審與出版社編輯印製才能出版；並經過圖書館購買學術出版品與進行蒐集、組織，提供取用服務。但現今學者可直接在網際網路上自行出版，對於傳統學術出版體系帶來重大的影響。

學術出版因為數位科技應用而改變，許多學術著作採用數位作業，包括：數位組織，數位處理，數位產製，數位傳播與行銷，從印刷出版改變為數位出版。另一個影響學術傳播的力量是「公開取用運動」（open access），改變了學術出版的生命週期。現今的作者在出版著作時，將面對多元抉擇，除了商業出版選擇外，還有「金色公開取用」（gold open access）與「綠色公開取用」（green open access）兩種方案，詳細將於下節說明（Johnson, 2014）。

　　綜上所述，由於網際網路與數位科技應用，社群網站興起，以及公開取用運動，學術傳播發生改變。轉變中的學術傳播出現下列特徵：一、出版模式正在轉變，從紙本出版轉向數位出版。二、任何人可在線上取得、修改並分享資訊，並且著作權的觀念也在改變。三、許多大學教師與研究人員還未意識到這些改變為其研究帶來影響。四、圖書館政策與館藏規劃需要調整修正。五、計畫補助單位要求研究人員將研究成果上傳網路。六、社群網路工具使學者社群迅速分享並傳播資訊（楊美華，2011）。七、公開取用運動促進公開學術出版、公開科學、公開學術發展。八、圖書館成為學術傳播的傳播者、詮釋者、出版者、與合作夥伴。九、非正式學術傳播管道在網際網路活躍，促進學者、學術社群、學術機構、出版者、圖書館、與使用者的資訊分享、交流、創作、與協作活動。

第四節　公開取用運動

一、公開取用的源起與意義

　　1990年代，學術圖書館由於期刊價格上漲與經費縮減，而遭遇期刊訂購的困難，稱為「期刊危機」或「學術傳播危機」。學術圖書館與學者共同體驗到期刊刪訂導致學者研究的障礙，而對於學術傳播體系的運作發生影響（ARL, 2015）。學術社群發現網際網路與數位科技的潛在影響力，開始尋找在傳統學術傳播之外的替代方案，希望排除障礙，讓研究者用任何語言，公開取用學術成果。於是引發「公開取用」（open access，簡稱OA）概念提出，其理念是將學術資源公開在網際網路上提供使用者免費檢索取用。

　　2001年12月，Open Access Institute（2002）在Budapest召開第一次公開

取用會議。討論並公布〈布達佩斯公開取用計畫協議〉（Budapest Open Access Initiatives，簡稱 BOAI），提出新觀念：「這是一個結合舊傳統和新技術以成就前所未有的公共利益。舊傳統是科學家和學者為了探究知識，願意無償地在學術期刊公布自己的研究成果。而新技術是運用網際網路成就公共利益，將同儕評審期刊文獻在網路傳布，免費提供所有的科學家，學者，教師，學生取用。這樣可排除取用障礙將加速研究，充實教育，使窮人與富人共享學習機會，增進文獻應用並奠定人類智慧對談與探索知識的基礎」。布達佩斯公開取用計畫界定「公開取用」：「提供使用者可以免費取用，網際網路我們合法閱讀、下載、複製、散布、列印、檢索、連結論文全文、用其來做索引、將資料轉至軟體中；而不受財務、法律、技術等限制。唯一在創作與傳布的要求是，保持作者掌控其著作權，並要在參考文獻引用與適當致上謝意」（Open Access Institute [OAI], 2002）。

2003 年 6 月 20 日，"Bethesda Statement on Open Access Publishing" 公布，進一步解說公開取用的內涵。簡單而言，公開取用是學術文獻在網際網路免費提供使用者取用。雖然創作作品沒有額外的金錢回饋，讓使用者可以為研究和教育的目的在網路上免費取得，但是公開取用出版實施時仍然需要成本投入。因此效益的使用與傳布資訊的管道，仍需要公開取用處理費用，所以公開取用機制不適用於期待獲得收入的作者，出版社與廠商（Suber, 2007）。

為了促進公開取用的推動，有兩項重要的策略：公開取用期刊（open access journal）與自我典藏（self-archiving）。公開取用期刊是因為學者需要廣泛傳布期刊，不希望受到著作權限制，而產生新形式期刊，著重在利用網路傳播以保證所有論文永久公開取用。自我典藏是指作者典藏自己的論文，通常是免費電子印本（e-prints）公開數位典藏；也有學門進行自我典藏或機構自我典藏（OAI, 2002）。

二、公開取用期刊

2003 年，學術期刊出版有了新發展，Public Library of Science 出版 *PLoS Biology*，開創公開取用期刊先河，有些報導評論：「這是即時將研究上網連線之科學期刊」（Willinsky, 2005/2007）。由於科技與醫學期刊價格昂貴使得讀者無

法使用，需要在網路上提供免費新期刊。公開取用期刊界定為：「在網際網路上免費提供的學術期刊，允許使用者閱讀、下載、拷貝、傳播、列印、檢索，連結論文作索引，或是使用，只要合乎法律，就沒有財務、與科技屏障。其唯一限制是要求使用者賦予作者完整著作權，並適當引用」。公開取用期刊與商業期刊不同，其著重在利用網路傳播提供使用者免費使用，並保證學術論文永久公開取用（OAI, 2002）。

公開取用期刊具有下列特色：（一）為學術期刊。（二）具有審查機制，因此學術品質與一般期刊相同。（三）為數位化。（四）免費提供。（五）允許作者保有著作權。（六）使用者在使用公開取用期刊時，可採用創用 CC 授權或相似授權（Bailey, 2006）。雖然公開取用期刊不向使用者收費，但並非免費，仍然需要下列出版成本，包括：同儕評閱、手稿印製準備、電腦伺服器空間、與廣告費。所以公開取用期刊需要成本經費因此發展新經營模式（Suber, 2007）。

公開取用期刊有二種出版策略，因此作者將論文提供出版時，面對三種選擇：商業學術出版，「金色公開取用期刊」（gold open-access journal）與「綠色公開取用期刊」（green open-access journal）。當作者選擇著作採用金色公開取用策略時，出版社出版期刊論文，使用者免費檢索取用，作者需負擔期刊論文處理費，圖書館依據金色公開取用政策提供線上免費取用。當作者選擇綠色公開取用政策，作者可以自我典藏著作，或是出版社提供綠色公開取用期刊；但取得時間會較正式出版日期延後，使用者免費檢索取用。圖書館可以數位典藏公開取用期刊以提升著作能見度（Johnson, 2014）。

Lund University Libraries 為推廣公開取用期刊，建置 Directory of Open Access Journals 網站，組織整理公開取用期刊，提供檢索與取用。公開取用期刊發展快速，從 2002 年不到 1,000 種，到 2016 年已發展 11,028 種，其中 6,859 種期刊提供 2,160,864 篇全文論文（Lund University Libraries [LUL], 2016）。臺灣開始重視公開取用期刊，圖書資訊學領域出版若干公開取用期刊，如《教育資料與圖書館學》、《圖書館學與資訊科學》、《圖書資訊學研究》、《圖書資訊學刊》、《圖資與檔案學刊》，免費提供期刊網站，但仍保留紙本發行（李治安、林懿宣，2007）。

三、公開取用專書

圖書也受到公開取用運動影響，出現公開取用專書（open access monographs）與公開取用教科書的出版，但發展較緩慢。Directory of Open Access Books 網站專門記錄同儕評閱公開取用圖書，已有 54 個出版社提供 1,603 篇專章。公開取用學術專書發展較期刊困難。首先面臨出版成本的挑戰，公開取用專書比較一般紙本圖書，增加圖表、照片、與符號、公式處理；此外，作者也擔心著作版稅減少。大學出版社和學術圖書館發展多元的公開取用專書商業模式，有些收取全書使用費而提供每頁閱覽免費；有些提供全書或單章下載，收取紙本印刷專書銷售費。Michael Jensen 發現公開取用專書因為線上取用方便，有助於提升紙本圖書銷售量（Johnson, 2014）。Scholarly Publishing Office, University of Michigan Library 是一成功個案，致力於學術出版，研發 Open Access 專書商業模式，並出版紙本圖書與公開取用專書（Johnson, 2014）。

四、自我典藏與數位典藏

自我典藏是公開取用運動的另一推動策略，是指作者將自己的論文典藏，或學門自我典藏或機構自我典藏，典藏的資源有許多，如期刊預印本（preprint）、後刊本（postprint）、學位論文、課程資料、學科資料庫（departmental databases）、資料檔案（data file）、影音檔案、機構文件、與圖書館數位特藏等。

學科典藏（disciplinary repositories）係指許多學科建立的典藏庫以分享和儲存研究材料，如：古典文學、哲學歷史、經濟、化學、認知科學、數學、物理。學門自我典藏著名的個案，arXiv.org e-Print archive，是 1991 年，由物理學家 Paul Ginsparg 建立的跨學門電子文件典藏中心，對機構典藏庫的發展產生良好示範作用。物理界鑑於期刊時效不夠，學者需要交換研究報告預印本而建立本網站，主要提供物理學、數學、非線性科學、與電腦領域的學者交換電子預印本。由 Cornell University 經營，獲得美國 National Science Foundation 與 National Center for High-Performance Computing 補助，如今成為國際著名的物理學電子預

印本交換典藏中心。學門自我典藏另一個案，PubMed Central，是由美國醫學圖書館的生物技術資訊部門發展，支持生命科學期刊文獻的數位典藏，提供免費和無限取用。參與 PubMed Central 的學者均為自願，出版社負責儲存期刊文獻，而著作權屬於期刊或作者（Johnson, 2014）。

五、機構典藏

許多大學建置機構典藏（institutional repository，簡稱 IR），是保存大學與學術機構成員智慧結晶的數位典藏。2002 年，美國研究圖書館學會（Association Research Libraries）推動機構典藏庫的構想。鑑於大學面臨學術傳播轉變，教授升等的需求，大學需要支援改革與創新；各學門資料庫不足，於是促成機構典藏庫的誕生（Lynch, 2003）。

Lynch（2003）界定機構典藏為：「是將大學與其社區成員創作的作品予以數位化，而提供數位資源的管理與傳播之服務。由大學收藏與管理該機構的學術著作數位資源，包括長期保存，以及數位資源的組織、檢索與傳播」。其最重要的貢獻是典藏教職員數位的著作，並且提供永久保存、組織、取用與傳播功能。機構典藏目的有三：（一）提供學術傳播體系的要件，包括擴大研究成果取用，由學術界重新掌控學術作品，增加競爭力與減少壟斷，並且紓解教育機構與圖書館經濟壓力。（二）作為大學品質評量指標，以展現研究活動的科學、社會、經濟的相關層面。（三）機構典藏庫提供一種新的學術出版典藏模式，以及提升機構的能見度與學術聲望。機構典藏的成功需要由圖書館員、資訊人員、檔案管理員、教師、大學主管與決策者共同合作。

DSpace 系統是最早研發的機構典藏系統，2000 年，由美國的麻省理工學院（Massachusetts Institute of Technology，簡稱 MIT）和惠普公司（Hewlett Packard Corporation）合作建立，並提供其他大學使用（Lynch, 2003）。其目的是希望藉此建立系統以獲取、保存、傳播 MIT 教師及研究員的智能產出，並提供永久保存數位文件的功能。對於教師而言，提供其用影像、資料集、影片、音訊多媒體方式展現作品。對作者而言，有更豐富展現媒體的機會，也提供跨學門領域分享學術作品。對圖書館而言，使其成為教學與研究中心，幫助展現該校學術成果（Celeste, 2003）。

國立臺灣大學是我國第一個建立的機構典藏，修改 DSpace 為臺灣大學的機構典藏系統。2005 年 5 月，教育部委託國立臺灣大學圖書館進行「建置『臺灣學術研究資源中心』運作架構、機制與執行策略計畫」，訂定建置機構學術成果典藏作業程序，與其他大學院校共同遵守使用機構典藏系統需求與標準規範；合作建置臺灣的學術機構典藏，共有 130 餘大專院校參加（陳光華，2012）。

第五節　出版意涵與程序

一、出版的意義

出版（publishing）是人類文化具體表現，出版事業標誌國家的文化水準。本節探討出版的意涵，有關數位出版將於第六節說明。1450 年，德國人古騰堡發明活字排版，開啟人類印刷出版的紀元。其後，圖書、期刊、報紙成為人們普及閱讀的媒體，紙本圖書更促進人類的宗教、知識、藝術的革命。出版是將圖書文獻、文學、音樂或資訊編製與傳布社會大眾的過程，林志鳳（2003）定義其為：「用印刷或其他機械方式將文字、圖書、攝影等作品複製成各種形式的出版品，並提供給眾多讀者的系列活動」。出版具有多項功能包括：企劃、編輯、設計、美工、印製與發行。

許力以（1992）解釋：「出版是透過一定的物質載體，將著作製成各種形式的出版物，以傳播科學文化，信息和進行思想交流的一種社會活動」。狹義的出版是指圖書報刊的編輯、印刷和發行；廣義的出版不只是指圖書報刊，還指錄音、錄影以及其他文字語言和圖像的媒介載體的編輯、印刷、製作和傳播。

二、出版的程序

出版泛指出版、印刷、發行三方面，包括了出版社、印刷廠和書店的工作。印刷出版過程是線性程序，包括五項步驟：作者創作，出版者編輯設計與印刷，印刷者印製，出版者、書店與經銷商行銷，傳播消費者。印刷出版的特質是單向傳輸，穩定而出版品數量固定，並可預測大眾傳播型態。但由於印刷出版周期

較長,圖書期刊出版經常延遲,消費者抱怨出版品的資料早已過時(林志鳳,2003)。

一本書從作者構思到市面出售,需歷經許多的過程。首先由作者完成草稿,作者與出版社接洽出版事宜。有些時由出版社決定出版書籍後,再委託作者撰寫。當決定出版某一種書籍後,出版社將書籍初稿交由排版。如果規模較大的出版社擁有本身的排版、印刷廠。規模較小的出版社往往將初稿交由專門排版的公司排版。

出版編輯工作繁複而精細,出版程序一般包括了選題的確定、組稿、審稿、編輯加工等系列的工作。直至定稿、發稿,發稿以後對原稿進行技術整理,確定開本,進行版式,封面設計和插圖的安排,紙張材料的選用、製版、印刷、裝訂方法的決定,成本定價的計算,印製數量和發行方式的確定,印刷廠的聯繫安排,排樣校對。一直到出書,交付發行,才完成出版(許力以,1992)。

我國出版業在出版圖書之前,需要先向國家圖書館申請國際標準圖書編號(International Standard Book Number,簡稱 ISBN)與圖書預編資料。出版社取得國際標準圖書編號及圖書預編的資料後,進行圖書的清樣,完成藍圖,印刷、裝訂,最後圖書的銷售。國家圖書館的國際標準書號中心參考《中文圖書分類法》,將出版品分為總類、哲學、宗教、自然科學、電腦資訊科學、應用科學、社會科學、史地人傳記、語言人文學、兒童文學、藝術等 11 大類,每年公布我國圖書出版統計。

國際標準圖書編號是因應圖書出版與管理需要,以及便於國際間出版品的交流與統計所發展的國際統一編號制度。由一組冠有「ISBN」代號的 13 位數碼組成,整合於 EAN 全球商品碼中,代表圖書,用以識別出版品所屬國別地區(語言)、出版機構、書名、版本及裝訂方式。ISBN 號碼由商品類型碼、群體識別號、出版者識別號、書名識別號、檢查號五部分組成,說明如下(圖 2-2)。

商品類型碼	群體識別號	出版者識別號	書名識別號	檢查號
978	957	678	000	4

ISBN:978-957-678-000-4

圖 2-2　ISBN 組成示意圖

三、出版業

　　出版業是指營利性的、經常性的出版事業。經營出版業的負責人稱作出版人、出版者、發行者；經營出版業的機構稱為出版社、發行所。出版業主要有四大要件：作者、出版社、印刷社、圖書銷售者。《中華民國出版年鑑》記錄我國出版業每年重要發展，將出版業分為：圖書出版業、新聞出版業、雜誌出版業、有聲出版業、與數位出版業。

　　圖書出版業還有其他相關行業，包括排版業、印刷業、裝訂業。我國圖書出版業規模大多屬於中小企業，資本與從業人員的構成，多屬民營。出版業主要從業者包括：（一）作者，翻譯者，合著合譯者等。（二）編輯與美術設計人員，係按其本身機能構成的總體表現形式，從事編輯、版面設計和圖案設計工作人員。（三）發行人員或中盤商（書報社），介於書店和出版社間。另有一種專營書籍批發的中盤商，也就是一般的書報社。一般而言，百分之七十出版的圖書透過書報社轉到書店，百分之三十出版的書是由出版社直接發到書店（林志鳳，2003）。

　　國家圖書館書號中心統計顯示，2014 年（民國 103 年 1 至 12 月），全國 5,087 家（單位）出版社出版 41,598 種新書（國家圖書館書號中心，2015）。我國圖書出版社可分為五類：綜合性出版社、專業性出版社、傳播機構附設出版社、大企業及財團法人創辦出版社、及大學出版社。綜合性出版社出版的圖書以綜合性質的圖書為主，如臺灣商務印書館、正中書局、三民書局、遠流出版公司等。專業性出版社以主題為主，如文學相關的爾雅出版社、九歌出版社及大地出版社。傳播機構附設出版社由傳播機構成立的出版社，如聯經出版社、時報文化、與天下文化等。企業及財團法人創辦出版社，如洪建全文教基金會出版社、信誼文教基金會。有些大學設有大學出版社，如臺灣大學出版中心、政治大學出版中、臺灣師範大學出版中、空中大學出版中心等。

四、圖書資料行銷

　　圖書出版與行銷關係密切，出版是幕後工作，行銷是幕前工作，也是將出版的圖書資料傳送到顧客的程序。完善的出版計畫必須配合健全的行銷策略，促進

圖書銷售管道的暢通。出版與行銷的發展分成三階段：（一）印刷、出版、行銷不分家，皆由同一公司負責。（二）出版與印刷分成不同的專業。（三）有獨立的書店或出版社經營的書店出現，出版、行銷成為不同專業。出版社不再經營印刷，行銷，也成另一專業（林志鳳，2003）。

　　出版社行銷圖書的方法一般分為下列幾種：（一）書店：出版社將出版的圖書寄放於書店代售，並給予書店若干折扣。（二）書展：書展的方式有定期、不定期，全國性、地方性、國際性等。國內有重要的書展，如每年的臺北國際書展。（三）郵寄廣告及郵政劃撥：採用郵寄新書廣告，會將該出版社的郵政劃撥帳號告知，以方便讀者或機構購書。（四）新書發表會：讀者可以直接和作者面對面的交流，藉此瞭解作者創作的心路過程。（五）書訊：由出版社或某些單位所發行的刊物，主要為讀者提供新書的訊息，如：金石堂書店的《出版情報》、中國時報的《開卷版》等。（六）出版目錄：包括新書通報的目錄、年度出版中的目錄、主題目錄等。（七）直銷：有些出版社採直銷方式，直接由業務員向讀者或購書的機構推銷圖書。（八）利用傳播媒體：各類型的傳播媒體都可以用來推銷圖書。（九）連鎖書店：專門銷售圖書、雜誌及相關文具用品，例如：金石堂、誠品等。（十）讀書會：有些團體設有讀書會之類的組織，出版社提供這類組織出版資訊，以達到促銷圖書的目的。（十一）戶外廣告：選擇地理位置適中，視野良好的高樓建築，將出版品廣告展示於建築物。（十二）書評與書介：專門推介新書的書評刊物。如：《全國新書資訊月刊》。（十三）參加國際書展：國際間定期舉辦國際書展，出版業者積極參與此類的書展，如德國法蘭克福國際書展。（十四）拓展海外市場：圖書向海外銷售。（十五）提供圖書館購買（林志鳳，2003）。（十六）社群網站行銷：如用部落格、Facebook 臉書、Twitter 等，進行圖書廣告行銷。

　　圖書行銷通路一般包括：（一）學校通路：行銷到學校的出版品，如教科書、參考書、工具書、考用書等。（二）店銷通路：發行公司為總經銷、地區總經銷、與地區經銷之通稱，有些出版社只經由書店到讀者；有些經由數家地區經銷到書店再到讀者；有些經總經銷、再到地區總經銷，再經由書店到讀者手中。（三）書店通路：有不同的書店，包括傳統書店、連鎖書店、主題書店、便利書店。（四）網路書店：網路書店提供讀者查檢網站，購買圖書、雜誌，並獲得優惠價格，如Amazon、博客來，與讀冊TAAZE等。（五）郵購、團訂以及特殊方式等行銷管道。

第六節　數位出版

一、數位出版的意義

　　數位出版（digital publishing）是指出版應用數位化技術，又稱為電子出版（electronic publishing）。數位科技是數位媒介與資訊科技結合引發的另一次革命，係利用數位化技術，把所有表達的知識都用 0 與 1 的字串來表達。成本低廉，處理知識能力大增（謝清俊，2007）。美國、日本與大陸的數位出版產業發展迅速。以大陸為例，2014 年，中國大陸數位出版產業整體收入為人民幣 3,387.7 億元，比 2013 年，增長 33.36%。其中，電子書（含網路原創出版物）收入人民幣 45 億元，網路期刊收入人民幣 14.3 億元，數位報紙（不含手機報）收入人民幣 10.5 億元，博客收入人民幣 33.2 億元，線上音樂收入人民幣 52.4 億元，網路動漫收入人民幣 38 億元，行動出版（手機彩鈴，移動遊戲等）收入人民幣 784.9 億元，網路遊戲收入人民幣 869.4 億元，網路廣告收入人民幣 1,540 億元（張立，2015），顯示數位出版產業蓬勃發展。出版業與電腦業預測，到了 2020 年，出版市場將有半數以上為數位產品。因此，數位出版未來發展值得重視。

　　邱炯友（2006）界定「數位出版」：「係將創作品的文字、圖像、聲音、動畫等予以數位化後，依展現機器不同，而產生不同之媒體」。廣義而言，數位出版是指採用數位化技術來編輯製作出版品內容，隨後將出版品大量複製成為數位出版品，最終透過版權管理機制與網際網路交易作為出版及發行方式。通過作者、出版社、資訊工作者、網路傳播者和讀者，構成了數位出版產業，讓傳統出版在經營上產生改變，創造新的營運模式，進而加快傳播的速度，帶動數位知識的生產、流通及服務鏈發展，達到知識共享的目的。數位出版不僅是透過光碟或通訊網路發布資訊的電子出版，亦包括使用數位技術的圖書報刊及影音製品之出版（王祿旺，2012）。

　　中華民國經濟部工業局界定數位出版：是「運用網際網路、資訊科技、硬體設備等技術及版權管理機制，讓傳統出版在經營上產生改變，創造新的營運模式及所衍生之新市場，帶動數位知識的生產、流通及服務鏈發展」。產品或服務包含圖像或文字之光碟出版品、電子書、電子雜誌、電子資料庫、電子出版、數位發行及資訊加值服務等（祝本堯，2011）。

臺灣數位出版聯盟將我國數位出版產業分為下列三類：（一）依數位出版的內容形式：如光碟、電子書、電子雜誌、電子資料庫等。（二）依數位出版的流通形式：如數位版權網、閱讀網等網際網路形式。（三）依數位載體：如手持式播放器、電腦、手機、PDA 等。數位出版市場逐漸成熟，圖書館面對紙本資源與數位資源館藏並存的挑戰，也提供將紙本書刊掃描數位化用於傳遞服務（祝本堯，2011）。

二、數位出版的特色

數位出版與傳統出版不同，具有下列特色：（一）在數位出版的過程，文字、圖像及影音等資訊，以二進位形式進行讀寫與傳輸。（二）傳統出版的載體是紙質，數位出版的載體是數位化形式，它可以存於 CD、VCD 等磁碟，也可直接儲存於電腦。（三）傳統出版品的發行是以實體進行傳播；數位出版品可以是實體，如光碟，也可以將出版品內容透過網路傳播。（四）傳統出版品在印刷完成無法對其內容作修正；數位出版品可以隨時修正內容，讀者也可以檢索、下載、分析及重新編輯（王梅玲，2003b）。

數位出版的流程與紙本圖書大不相同，在數位化流程中，出版社將是以圖文資料庫管理系統為核心，搭配數位編輯資料平臺，將紙本、網路或是原創內容資料於平臺上建構或編輯，以便進行數位出版管理和使用。完成標準數位化作業流程，出版社可以因應未來各種管道及數位載具格式的應用，達成出版工作的協調以及高效率運作（祝本堯，2011）。數位出版過程非線性而是隨時重覆與互動的程序，特質是合作式與雙向式傳播，周期縮短，可以依據顧客的需求隨時產製各類出版形式，印刷圖書或電子書均可，並大量客製化。但由於數位資訊易於下載、複製與網路傳輸，數位出版也容易引發著作權、校園複製、公開傳播等問題。我國數位出版產業以電子期刊與電子書最受到教育機構與圖書館重視與使用。

第七節　電子期刊

電子期刊（electronic journals; electronic serials）自 1990 年代興起，由於提供全文內容與便利檢索深受學者的喜愛。有關其廣義定義：「係為不論其資料傳

輸載體及方式，只要是以電子形式出版的連續性出版品，以光碟方式、網路通訊、討論族群或是直接連線，在資料出版上是連續性、計畫長期出版」。狹義定義為是以電子形式連續出版，並藉由電腦網路傳遞的學術性期刊。1980 年代，由於科技期刊成本過高，學術圖書館刪訂期刊而引發嚴重問題。因此，電子期刊的出現帶給學者新希望，具有傳播迅速與學術文獻取用便利的特色。1980 年代，美國國家科學基金會（National Science Foundation）出版 *Mental Workload* 與英國 British Library Research and Development Department 出版 *Computer Human Factors* 等電子期刊，但因時機未成熟而宣告失敗。1992 年，*Psychology and Online Journal of Current Clinical Trails* 電子期刊發展成功。繼之，Elsevier 期刊出版社在 1995 年與圖書館合作進行 TULIP Project（The University Licensing Project）計畫（王梅玲，2003b），這些實驗計畫推波助瀾促成電子期刊出版成功。

1996 年之後，電子期刊興起，提供個人、機構、圖書館訂購，科技與醫學類期刊尤其活躍。以 *D-Lib Magazine* 為例，為探討數位圖書館免費檢索的網路電子期刊，也是純電子期刊，並無紙本，但有專家評審。自 1995 年創刊，由 Corporation for National Research Initiatives 主編，目的是「提供學者共同利用新科技引導全球數位圖書館研究」。另一方面，過期期刊數位化計畫也有發展，如美國圖書館與出版社合作的 JSTOR 計畫，將 100 餘種人文與社會科學重要學術過期期刊進行數位化，並提供網路檢索取用（郭麗芳，1996），如今成為重要的過期電子期刊商業資料庫。

電子期刊具備下列特性受到使用者喜好：（一）製作成本較紙本期刊低：電子期刊的設計及維護成本與紙本期刊大不相同，較紙本期刊便宜。（二）出版速度快：電子期刊減少從創作到印製時間，出版社編輯接受電子檔後，可立即上網公布。（三）期刊價格收費多樣：電子期刊有許多訂購與價格制度不同的商業模式。（四）提供多元功能：具彈性，且易於取閱與查詢。（五）引用率較高且有連結功能：電子期刊易於引用，藉由連結至書目引用文獻而提高引用率。（六）超連結互動性高：電子期刊提供作者與讀者更佳互動機會，可以迅速張貼讀者意見，加速傳播（王梅玲，2003a）。

電子期刊成長快速，1991 年 27 種，1999 年 10,332 種，2014 年在 Ulrichsweb 線上版，收錄發行中的電子期刊約有 20,548 種。Kling 與 Mckim（1999）依出版形式將其分成下列四類：（一）純電子期刊：只有電子版形式。（二）電子期

刊附紙本：主要以電子版為主，但出版限量印刷本。（三）紙本期刊附電子版：主要以印刷期刊為主，但也出版電子版。（四）紙本與電子版並行期刊：係印刷與電子版平行發行。電子期刊除了公開取用期刊外，多為商業出版，依來源分為下列五類：（一）出版社電子期刊：係由出版社出版的電子期刊，如 Elsevier 公司早期參與 TULIP 計畫，發展商業性 SDOS 系統。（二）專案計畫電子期刊：Johns Hopkins 大學出版社的 MUSE Project 電子期刊傳遞計畫，其他尚有 D-Lib Magazine 計畫等。（三）專業學會電子期刊：專業學會如電機工程領域的 IEEE 公司發行了 IEEE/IEE Electronic Library，提供該學會線上版電子期刊、會議論文集、以及電機相關全文標準等。（四）匯集代理商電子期刊：由匯集代理商（aggregator）發展的電子期刊，如 EBSCO 期刊代理商發行 EBSCOhost 資料庫等。（五）圖書館聯盟電子期刊：如 OCLC 發展 Electronic Collection Online 資料庫（王梅玲，2003a）。

第八節　電子書

　　電子書（electronic books，簡稱 E-Book）是運用數位化技術將圖書內容呈現，同時結合多種媒體，如影片、動畫、音樂等，具備多種加值內容，透過網路或科技產品傳播，並需電腦設備閱讀（王梅玲，2013）。1971 年，美國 University of Illinois 大學公開古騰堡電子書計畫（Project Gutenberg），受到世人的稱讚，率先將公共版權的圖書數位化免費供眾閱覽，其第一份數位文件是美國〈獨立宣言〉（Declaration of Independence），至今已有 33,000 餘種電子書放在網路上。商業電子書始於 1980 年代日本的「電子手帳」，但未全面革命。1993 年，Apple 推出第一款「個人數位助理」（PDA），從掌上型 PDA 透過網路接收行動資訊、閱讀從簡訊到大部頭書籍的文字內容。1990 年代，電子書開始出版。2000 年，「PDF + 筆記型電腦 + 網路」開始普及，2000 年到 2007 年，是電子書混沌時期，雖有技術、但缺少平臺與適當的行動平臺可以閱讀書籍（Jason, 2013/2014）。

　　2007 年，是電子書出版的重要里程碑，亞馬遜的 Kindle 電子閱讀器問世，奠定電子墨水閱讀器的產學標準，也讓亞馬遜網路書店登上電子書的龍頭地位。Kindle 整合電子書的出版、通路、電子商務的數位閱讀生態系統，也成為電子書業者仿效目標。2010 年，Kindle 促成電子書銷售熱潮，2011 年 1 月，美國的電

子書銷售總量首次超越傳統紙本圖書（Kaplan, 2012）。為回應全球發展趨勢，我國經濟部將 2011 年訂為「電子書元年」，展現推動電子書出版產業的決心。

電子書界定為：「係將紙本圖書的內容以數位內容的方式呈現於電腦螢幕上，不限於紙本印刷，可以儲存文字、聲音、影像、動畫等多媒體來輔助圖書內容」。林美惠（2002）認為電子書是指將數位化的書籍檔案，透過網際網路方式，提供使用者線上閱讀，亦可將數位檔案下載至個人電腦、PDA 或電子書閱讀器等進行離線閱讀。綜上所述，電子書是將圖書內容以電腦科技處理，而用電子方式呈現，整合文字、聲音、影像、動畫等多媒體資訊，透過網際網路、個人電腦、電子書閱讀器、平板電腦、PDA、手機等提供使用者線上或離線閱讀（王梅玲，2013）。

電子書因具有下列特色而受歡迎：（一）易檢索：人們易用關鍵詞查詢相關電子書。（二）可修改：電子書可經常更新內容。（三）易攜帶：一個電子書載具可包括數千種電子書。（四）電子書載具多樣性可以選擇。（五）可閱讀：電子書閱讀器可以放大縮小字體與影像易於閱讀。（六）具附加價值與互動性：許多電子書具有聲音、影像、遊戲、與動畫效果增加互動性。（七）節省空間：電子書可以節省書架空間。電子書有多種電子格式及閱讀載具與紙本書不同，包括許多電子檔格式，如 EPub、HTML、PDF、XML 等，且必須透過閱讀載具檢索與閱讀，如網際網路、個人電腦、電子書閱讀器、平板電腦、PDA、手機等。但也常因缺乏共通標準，帶給使用者困擾（張慧銖，2011）。這些反映電子書帶來出版與閱讀的改變，而形成「數位化的閱讀」現象，也是提供電子書服務時應該關注的重點。

臺灣電子書出版產業價值鏈包括：作者、出版社、電子書銷售平臺。作者將作品交給出版社，出版社找尋合作電子書製作商或是直接與電子書店合作，最後再透過掌上電腦、手機、平板電腦的載體傳遞到讀者，共同形塑臺灣數位出版產業的運作模式。電子書店營運者包括電信商、獨立電子書製作者、硬體業者、出版社、通路商（祝本堯，2012）。電子書出版未來會隨著行動科技、雲端運算、與數位閱讀發展更加接近讀者與圖書館。館藏館員應持續關注數位出版、電子期刊、與電子書發展，納入館藏服務以滿足使用者需求。

學術傳播是學者創作與傳遞知識的重要機制，包括各學門的學者、出版社、學術機構、圖書館、與讀者，並且提供正式與非正式的學術傳播管道。隨著出版術發明，正式傳播管道在過去五百年間為學術傳播主流，以學術圖書與學術期刊

受到矚目。21世紀以降，網路與數位科技發達，轉變了學術傳播，非正式傳播活躍成為重要的學術傳播管道。新的學術傳播藉由公開取用，促成學者與研究機構將學術資源放在網路提供使用者免費檢索、取用與下載。大量公開取用學術資源加速學術社群的分享與交流。出版發生巨大變革，數位出版的興起，使出版過程更加迅速與互動。數位出版的兩大支柱，電子期刊與電子書開啟第二波古騰堡革命。館藏發展與管理館員在今日轉變的學術傳播與出版世界中，應主動積極參與。向大學的教師與學生推廣新的學術傳播系統，幫助使用者認識公開取用的意義與策略，推廣使用開放學術資源以促成學術傳播交流與互動。圖書館是學術傳播的重要成員，主動參與公開取用的活動，建構公開取用數位典藏提供取用，也成為公開取用出版者與合作夥伴。館藏館員最重要的是學習學術傳播與數位出版的新理念與新技能，不斷改進館藏與服務，以嘉惠學術社群與使用者。

關鍵詞彙

學術傳播體系 Scholarly Communication System	學術出版 Scholarly Publishing
公開取用 Open Access	公開取用期刊 Open Access Journal
自我典藏 Self-Archiving	機構典藏 Institutional Repository
出版 Publishing	電子書 E-book; Electronic Books
電子期刊 Electronic Journals	電子資源 Electronic Resources
數位出版 Digital Publishing	國際標準圖書號碼 ISBN

自我評量

- 學術傳播有哪些管道？目前在網際網路上出現哪些新的學術傳播管道？

- 學術出版有那些？與商業出版有何不同之處，請比較？
- 你看到哪些新的數位出版，請說明？其與紙本圖書有何不同？
- 你使用過哪些公開取用資源？請說明？其與一般出版品有何不同？

參考文獻

Jason, M.（2014）。下一波數位化浪潮（吳慕書譯）。臺北市：商周。（原著出版於 2013 年）

Willinsky, J.（2007）。學術論文公開取閱之精神（王秀華譯）。臺北市：五南。（原著出版於 2005 年）

王梅玲（2003a）。從學術出版的變遷探討學者、出版者與圖書館的角色。國家圖書館館刊，92(1)，67-93。

王梅玲（2003b）。電子期刊興起及其對學術傳播影響的探討。中國圖書館學會會報，71，61-78。

王梅玲（2013）。從電子書數位閱讀探討圖書館推廣策略。臺北市立圖書館館訊，30(4)，9-24。

王祿旺（2012）。數位出版。在圖書館學與資訊科學大辭典。檢索自 http://terms.naer.edu.tw/detail/1678952/

李治安、林懿萱（2007）。從傳統到開放的學術期刊出版──開放取用出版相關問題初探。圖書館學與資訊科學，33(1)，39-52。

林志鳳（2003）。圖書資訊的出版與行銷。在王梅玲（編），圖書資訊選擇與採訪（頁 21-44）。臺北市：國立空中大學。

林美惠（2002）。網路電子書企業之核心資源與經營策略之研究（未出版之碩士論文）。南華大學出版學研究所，嘉義縣。

邱炯友（2000 年 3 月）。電子出版的歷史與未來。在電子出版與圖書館學術研討會。玄奘人文社會學院圖書資訊學系暨圖書館主辦，新竹市。

邱炯友（2006）。學術傳播與期刊出版。臺北市：遠流。

邱炯友、林串良（2003 年 5 月）。變遷中的學術傳播。在 2003 年資訊科技與圖書館學術研討會。淡江大學資訊與圖書館學學系主辦，新北市。

祝本堯（2011）。臺灣數位出版之現況與前瞻。全國新書資訊月刊，145，65-68。

祝本堯（2012）。2012 臺灣電子書市場發展與閱讀現況。全國新書資訊月刊，170，31-34。

國家圖書館書號中心（2015）。*103 年臺灣圖書出版現況及其趨勢分析*。檢索自 http://nclfile.ncl.edu.tw/nclhistory/public/Data/54109142371.pdf

張立（編）（2015）。*2014-2015 中國數字出版產業年度報告*。北京市：中國書籍出版社。

張慧銖（2011）。*在圖書館電子資源組織：從書架到網路*。新北市：Airiti Press。

許力以（1992）。出版與出版學。在中國大百科全書（頁 8-15）。臺北市：錦繡。

郭麗芳（1996）。*網路電子期刊之評估研究──以生物醫學資源為例*（未出版之碩士論文）。輔仁大學圖書資訊學系，新北市。

陳光華（2012）。機構典藏。在圖書館學與資訊科學大辭典。檢索自 http://terms.naer.edu.tw/detail/1678958/?index=1

楊美華（2011）。圖書館在新學術傳播模式的角色。在科技政策研究與資訊中心（編），*2011 年全國學術電子資訊資源共享聯盟研討會論文集*（頁 1-10）。臺北市：科技政策研究與資訊中心。

蔡明月（2003）。學術傳播與書目計量學。在資訊計量學與文獻特性（頁 20-47）。臺北市：華泰。

謝清俊（1997）。*資訊科技對人文、社會的衝擊與影響期末研究報告*（編號 -(86)023-602）。臺北市：行政院經濟建設委員會。

Association of Research Libraries. (2015). *New models for scholarly communication*. Retrieved from http://www.arl.org

Association of Research Libraries. (2016). *Scholarly communication*. Retrieved from http://www.arl.org

Bailey, C. W. (2006). What is open access? In N. Jacob (Ed.), *Open access: Key strategy, technical and economic aspects* (pp. 13-26). Oxford, UK: Chandos.

Borgman, C. L. (2003). *Scholarly communication and bibliometrics*. Newbury Park, CA: Sage.

Borgman, C. L. (2007a). The continuity of scholarly communication. In *Scholarship in the digital age: Information, infrastructure, and the internet* (pp. 47-74). Cambridge, MA: MIT Press

Borgman, C. L. (2007b). The discontinuity of scholarly publishing. In *Scholarship in the digital age: Information, infrastructure, and the internet* (pp. 75-114). Cambridge, MA: MIT Press.

Celeste, E. (2003). Building DSpace to enhance scholarly communication. In J. Wayne (Ed.), *E-serials: Publishers, libraries, users and standards* (pp. 239-248). New York, NY: Haworth Press.

Johnson, P. (2014). Scholarly communication. *Fundamentals of collection development and management* (pp. 399-454). Chicago, IL: American Library Association.

Kaplan, R. (2012). The electronic book-beginnings to the present. In *Building and managing e-book collections: A how-to-do-it manual for librarians* (pp. 3-11). Chicago, IL: Neal-Schuman.

Kling, R., & McKim, G. (1999). Scholarly communication and the continuum of electronic publishing. *Journal of the American Society for Information Science, 50*(10), 890-906.

Lund University Libraries. (2016). *Directory of open access journals*. Retrieved from https://doaj.org/

Lynch, C. A. (2003). Institutional repositories: Essential infrastructure for scholarship in the digital age. *ARL Bimonthly Report, 226*. Retrieved from http://www.arl.org/storage/documents/publications/arl-br-226.pdf

Open Access Institute. (2002). *The Budapest Open Access initiative*. Retrieved from http://www.budapestopenaccessinitiative.org/read

Suber, P. (2007). *Open Access overview: Focusing on open access to peer-reviewed research articles and their preprints*. Retrieved from http://www.earlham.edu/~peters/fos/overview.htm

Ulrich's Periodicals Directory Online. (2015). *Ulbrichweb*. Retrieved from http://www.ulrichsweb.com

第三章
館藏發展與管理政策

作者簡介

范豪英
(efliu@dragon.nchu.edu.tw)
國立中興大學
圖書資訊學研究所教授

學習目標

研讀本章內容之後,學習者應能夠:

- 瞭解館藏發展與管理政策名詞的演變與意義
- 認識館藏發展與管理政策的價值與功用
- 瞭解各種館藏發展與管理政策的內容要項
- 學習制定政策之步驟
- 學習查用館藏發展與管理政策的範例

本章綱要

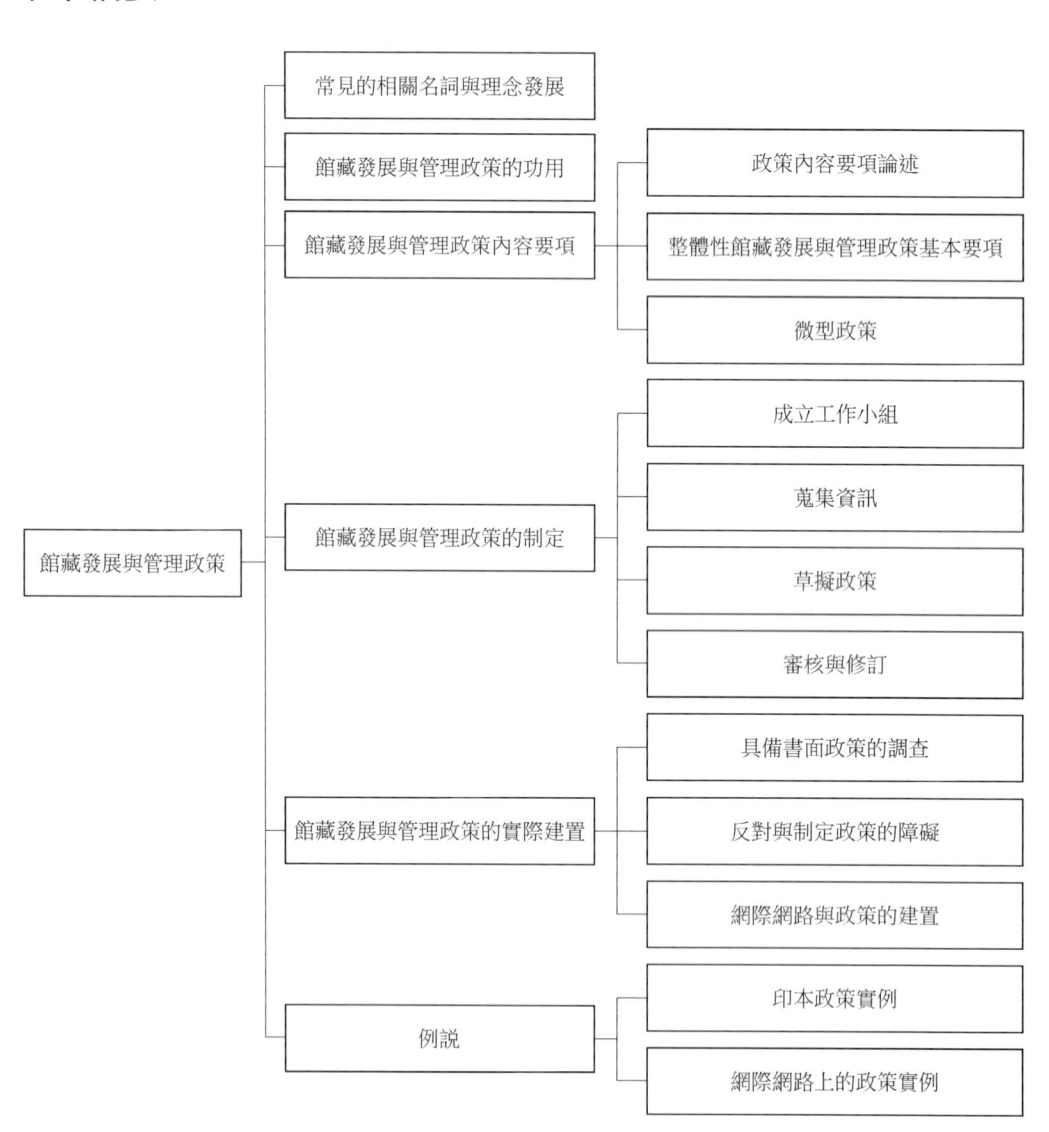

```
館藏發展與管理政策
├── 常見的相關名詞與理念發展
├── 館藏發展與管理政策的功用
├── 館藏發展與管理政策內容要項
│   ├── 政策內容要項論述
│   ├── 整體性館藏發展與管理政策基本要項
│   └── 微型政策
├── 館藏發展與管理政策的制定
│   ├── 成立工作小組
│   ├── 蒐集資訊
│   ├── 草擬政策
│   └── 審核與修訂
├── 館藏發展與管理政策的實際建置
│   ├── 具備書面政策的調查
│   ├── 反對與制定政策的障礙
│   └── 網際網路與政策的建置
└── 例說
    ├── 印本政策實例
    └── 網際網路上的政策實例
```

第三章
館藏發展與管理政策

第一節　前言

　　館藏發展與管理政策是建構與管理一所圖書館館藏的藍圖。該館重要的館藏發展與管理理念，如館藏服務目標，會在政策中闡明；館藏相關的日常工作與活動，會以政策為導引；館藏的中長程規劃，會以政策為基礎。館員在規劃、建構、與進行管理與維護館藏時，不論是僅在腦中思索或是實際翻閱政策內容的機會很多。同時，每當涉及館藏問題，圖書館內部工作者之間，以及圖書館與外界溝通時，此一書面文件都是重要的溝通工具。因此，認識館藏發展與管理政策是融會貫通館藏發展與管理理論與實務，不可或缺的一環。本章檢視相關名詞與理念的發展，政策的內容要項及其涵義，制定並維持一份通用的館藏發展與管理政策其背後的原由，制定與修訂政策的程序。目前，國內並非每所圖書館都備有一份書面的館藏發展與管理政策。也許有些館員會面臨制定此一政策的需要或要求，研讀本章亦有助於實際撰制館藏發展與管理政策。

第二節　常見的相關名詞與理念發展

　　書面的館藏發展與管理政策是圖書館據以建構、發展與維持館藏的基礎。在中、英文文獻中，此一政策之名稱除了館藏發展與管理政策（collection development and management policy）之外，屢見的相關名稱或用以替換使用的名稱尚有：選擇政策（selection policy），採訪政策（acquisitions policy），館藏發展政策（collection development policy），館藏政策（collection policy），館藏管理政策（collection management policy）。從這些名稱的關聯、演替嬗遞，

可以更清楚地認識館藏發展與管理理念的演變及其時代意義。

首先，在上述詞語中「政策」（policy）是一較常見的正式用語，藉以顯示圖書館的一些目標、原則、策略。Stueart 與 Moran（1993, p. 55）指出政策源自最初的決策，用以規範未來的思考；政策是用以指導行動方式，旨在防範脫離既定之標準，避免因個人偏見或非理性力量而產生的歧異。政策一詞帶有限制性意味，有時被聲明（statement）與計畫（plan）兩詞替代使用，「聲明」之詞性較中立溫和，常用以概括表達圖書館的立場。「計畫」一詞更能凸顯此一文件具有圖書館正式或有系統的規劃屬性。Johnson（2014, p. 98）認為圖書館少了館藏發展政策正如企業缺少企業計畫。若業主、員工、外界有意投資者對於此一企業目前在做什麼，未來會如何發展都不清楚，其前景委實堪憂。

有些學者視館藏發展政策為基本政策，選擇政策與採訪政策則是工作過程，以此區別（吳明德，1991，頁 63；Gorman & Howes, 1989, p. 29）。此一論點可能說明了現在這些名詞之間的一些差異，實際上選擇、採訪與館藏發展三詞受到圖書館館藏概念在時序上的發展影響更深。

選擇政策與採訪政策兩個名稱出現較早。Carter 與 Bonk 於 1959 年出版 *Building Library Collections* 一書，闡述館藏建置之原則與實務，盛行近 30 年之久，影響深遠。因為圖書館當時的館藏以紙本圖書為主，他們所提館藏建置的理論與實務範圍，自然偏重在圖書選擇與採訪之上。此書發行之時，美國圖書館正面臨每年大量新書出版的壓力，如何以有限的經費，為服務之大眾選擇最適合的出版品，十分受到重視。在這種背景下，Carter 與 Bonk 論述館藏建置的重點，就放到圖書選擇上。該書內容分兩部分，共有九章。第一部分圖書選擇便占了六章，包含選擇原則，審查（censorship）與選擇，選擇者及其工具等常見論題之外，尚有調查與淘汰館藏及社區調查研究，可見當時「選擇」一詞所包含的理念與工作，範圍已相當廣，並不侷限於選書實作程序。

該書於附錄 B 列出圖書館選擇政策與程序，摘錄許多圖書館在選書政策中之詞語釋義，如選書責任、社區分析、圖書館目標、選書標準、富爭議性之議題等（Carter & Bonk, 1959）；這些至今仍是圖書館在其館藏發展與管理政策中，需要明確地釋述的詞語。附錄 B 隨之選錄的七則當時選書政策相關文件，皆行文精練，不過二至五頁。例如洛杉磯公共圖書館的選書政策 "Book Selection Policy" 於 1956 年 8 月 22 日，由圖書館理事會通過，內容分別依成人與少兒圖書，敘明

圖書館之目標，選書責任，一般選書因素、標準、特殊考量，及政策之解釋（Carter & Bonk, 1959, pp. 232-235）。紐澤西州 Bloomfield 城的 Free Public Library 於 1956 年 9 月所公布的 "Book Selection Policy"，包含了該館在社區的地位、經營理念與選書原則，社區大眾之影響因素，與鄰近其他圖書館之合作關係等項（Carter & Bonk, 1959, pp. 219-223）。上述政策中館藏發展的理念，在距今 60 年前已進展至令人稱羨的地步。

約自 1970 年起，書面的採訪政策與選擇政策在美國各類型圖書館漸漸普遍，尤以大型的大學圖書館為然。此後十餘年間專業文獻中出現許多鼓吹撰寫政策的論著，與個別圖書館政策案例（Bonk & Magrill, 1979, p. 29）。因為在此時期美國圖書館專業發展已臻成熟，專業教育興盛因而專業人才充足，專業分工更細，研究分析活動加強；同時經濟緊縮帶給行政體系壓力，財務支出與館藏建置受到檢視，尤其大型研究圖書館與公共圖書館常被要求對支出負起責任。此外合作組織的興起也使得圖書館重視館藏結構（Curley & Broderick, 1985, p. 28; Vickery, 2004, p. 337）。政策的制定恰可向外界說明圖書館館藏服務的目標，選擇的標準等，因而制定政策開始風行。

Boyer 與 Eaton（1971）在蒐集各類型圖書館選擇政策時，定義選擇政策是一詳述「決策之理性框架」，服務之社群，具選擇決策權之人員，可接受之實體與內容品質，與處理問題資料或是爭議性主題之方法。採訪政策則是一份明細表，按著主題一個個依次列出某間圖書館期望達到的館藏深度（轉引自 Bonk & Magrill, 1979, p. 29）。在當時這些政策已屬於正式而積極的建置館藏依據。

採訪政策一詞，更因 1977 年 Futas 編著之 *Library Acquisition Policies and Procedures* 一書留下歷史性紀錄。當採訪政策與館藏發展政策正在蓬勃發展，而取得紙本政策樣本不易之際，這本書及時地蒐集了大量的學術圖書館與公共圖書館館藏採訪完整政策，以及按內容組織分類的部分政策。它立即成為許多館員草擬政策的範本。作者於 1984 年修訂第二版時，雖仍沿用原書名，但已注意到當時流行的術語是館藏發展，重視的是淘汰、修復、更新、或稱之為館藏維持的業務與理念。第二版書中所附 24 份全文政策，學術圖書館 10 份，公共圖書館 14 份。整體而言，稱為選擇政策者略多，但是學術圖書館之中則以館藏發展政策名稱居多。至 1995 年作者修訂第三版時，館藏發展與管理一詞已廣泛用以指稱圖書館館藏之建置與管理，而採訪一詞被降為整個過程的一部分（Futas, 1995, p. 3）。

作者於是決定放棄老舊的名詞「圖書館採訪」，而改採 Collection Development Policies and Procedures 為書名。此版列出四份全文政策，其中三份皆冠以「館藏發展」，其後連接「政策」、「聲明」、「計畫」三個名稱各一次；另一份政策則名為「館藏管理計畫」。

同一時期，美國圖書館學會（American Library Association，簡稱 ALA）資源與技術部之館藏發展委員會，於 1977 年，出版了 Guidelines for the Formulation of Collection Development Policies，在此規範中以含義較寬廣的館藏發展政策，一併納入了選擇與採訪政策。1989 年，修訂此一規範時，參照大量相關文獻、政策聲明文件、手冊指引、與公聽會的意見之後，負責的小組將之更新成為 Guide for Written Collection Policy Statements（Subcommittee on Guidelines for Collection Development, American Library Association, 1989）。該指引書名雖採館藏政策，但是館藏發展政策，館藏政策與館藏管理與發展政策三個名稱，都在這本指引的正文中出現。

上個世紀中期之後，隨著圖書館館藏由紙本資料而發展至多媒體，而後至電子資源，由館內實體物件而兼具館內外的數位內容，館藏概念與館藏服務方面的種種進展，累積而形成影響時下館藏發展與管理的重要動力。1980 年代，有些圖書館學專家開始推動館藏管理的概念，認為它是全面性、系統化的、有效的圖書館資源管理，超越了選擇資料、建構館藏（Mosher, 1982; Root, 1985）。

Wortman（1989）從整體性的觀點推動館藏管理一詞，認為它可涵蓋關於選擇、採訪與維持適當、可用之館藏的所有工作。他認為當時這些工作零零散散，而館藏之發展與維持都是互相關連的工作，館員應視之為一個融合的整體。另一方面，有些學者提出館藏生命周期說，將館藏分成下面的階段：選擇、採訪、加工處理、上架、借出、再上架、修復／維持、淘汰再回至選擇。他們指出館藏發展重點在選擇，其實這只是館藏生命周期的一小部分，因而強調管理採用了館藏管理政策之名；他們認為此一政策有助於館員在選擇、採訪、處理、利用、維護、淘汰上的決策（Hibner & Kelly, 2010）。

時勢所趨，連館藏發展的重要教科書 G. Edward Evans 所著的 Developing Library and Information Center Collections，在更新了五版，問世三十多年後，於 2012 年，也易名為 Collection Management Basics。館藏管理一詞在現代圖書館事業中，確實已取得其立足之地。

另一方面,館藏發展與管理方面的用詞,尚未真正統合。Evans 的書名雖改,他也一再指出館藏管理政策在名稱上的分歧,有些圖書館稱之為採訪政策,有些稱之為選擇政策,有些稱之為館藏發展政策、有些稱之為館藏管理政策,還有些逕直稱為一件「聲明」(Evans & Saponaro, 2012, pp. 22, 70)。

Johnson 在其新版的 *Fundamentals of Collection Development and Management* 一書中,雖用館藏發展政策聲明(Collection Development Policy Statements)為小節標題,內文卻寫著:「館藏發展政策亦稱選擇政策,館藏聲明,或是館藏發展計畫,反映它作為建構與維持一批館藏總計畫之現實狀況,此館藏則同時包含館內擁有與遠端取用之館藏」(Johnson, 2014, p. 98)。這些學者的觀察與意見,證諸現在圖書館冠於其書面政策上的名稱,多樣性的名稱仍是現況。

總括而言,從圖書館館藏概念在時序上的進展來看,選擇政策,採訪政策,館藏發展政策確有各自的發展時代背景、作用與意義。自上一個世紀中葉至今六、七十年間,建構、維護與保存圖書館館藏的工作,已有極多的改變。早期偏重選擇的理論與實務,歷經擴增吸納館藏發展、館藏管理方面的理念,自開始建構到維持現代化圖書館館藏,涉及館藏各方面的工作。現代圖書館的館藏資源,強調的是及時與經濟地利用館內外資源,滿足使用者資訊需求。目前看來,館藏政策過於籠統,未能凸顯圖書館其發展與管理館藏的重點。館藏發展與管理一詞,至今推行已久,且其理念、原則與策略涵蓋範圍較廣,舉凡建構館藏,評量社區與需求,館藏評量、淘汰、更新與維護館藏,合作館藏發展等,與館藏有關的種種工作與活動,都可納入。本章下面的討論將採用此一名詞。

所謂館藏發展與管理政策,簡言之就是一份書面的正式文件,闡明一所圖書館建構與維持館藏資源的整體規劃。具體而言,館藏發展與管理政策即是一所圖書館根據該館的任務、目標、社區讀者需求等,規範館藏資源的範圍與層級,持續發展館藏資源的計畫,及有關館藏資源之保留、汰除、維護、與存置的規範。它也可能針對一般選擇或淘汰標準、合作館藏發展、知識自由等做出聲明。

第三節　館藏發展與管理政策的功用

圖書館學專家歷年所提館藏發展與管理政策的功用,有繁有簡。細述館藏發

展與管理政策之功用者，則可舉出逾 10 項之多。例如 Evans 在 20 世紀早些版本中所提之 14 項功用至 2012 年仍維持不變（Evans & Saponaro, 2012, p. 71）：

一、使人人知曉館藏性質與範圍。
二、使人人知曉蒐藏之優先次序。
三、促使考量館藏在機構中之優先次序。
四、對達成機構目標做出某種程度之承諾。
五、設置蒐藏與排除之標準。
六、減低個別選擇人員與個人偏見之影響。
七、作為導引與訓練新進人員之工具。
八、有助於確保長期一致性，不受人員異動影響。
九、引領工作人員處理讀者投訴。
十、協助淘汰與評鑑館藏。
十一、協助合理分配經費。
十二、提供公共關係資料。
十三、提供評量館藏發展工作整體績效之工具。
十四、提供外界有關館藏發展目的之資訊（為一究責工具）。

　　Gardner（1981, pp. 222-224）提出 12 項功能，與 Evans 列舉內容雷同之處甚多，但是他更強調識別短程與長程之使用需求，服務整個社區以及營運績效。

　　馭繁為簡，吳明德（1991，頁 66-68）提出政策的兩種功能：它是規劃的文件與溝通的工具。Johnson 在 2014 年亦維持原先所提的館藏政策兩點功能—即是溝通與保護。但是在溝通的大項下，她納入了宣示圖書館任務，現有館藏強弱，未來目標；蒐藏優先次序；內部與外界之預算編製與經費配置；與館內工作人員，行政部門，服務對象之溝通；教育與訓練相關人員；指出所有的合作館藏發展計畫，此一溝通大項幾乎涵蓋其他學者的主要功能項目。在保護的大項下，她提出許多其他專家較少闡述的細項，她指出館藏發展政策聲明可保護圖書館免受外界壓力。書面政策一方面引述美國圖書館學會（American Library Association，簡稱 ALA）〈圖書館權利宣言〉（Library Bill of Rights）保護讀者知識自由，另一方面可列出申請重審館藏資料之程序細節與回應步驟。此外，政策尚有保護圖書館不受外界壓力，購入或接受不當或不相關的資料；在預算縮減時停訂期刊，淘汰與館藏移存之規劃的判斷，不會招致偏見及不負責任之指責；在處理保密問

題時有所依循等功用（Johnson, 2014, pp. 101-103）。

上述學者所提館藏發展與管理政策功能的項目，詳簡不一，看起來眾說紛紜。實則各家功能內容的討論，重點大致相仿。美國圖書館學會在 1996 年 *Guide for Written Collection Policy Statements* 中，提出五項功能。它認為館藏政策聲明是具有公開規劃、經費配置、資訊溝通、行政、與訓練功用的文件（ALA, 1996）。這件規範所提功能明確、具系統性，便於記取。

本節以美國圖書館學會規範為基礎，綜合眾議，提出政策六項功用，並略加說明如下（ALA, 1996）：

一、規劃：述明圖書館目的、未來目標、蒐藏優先次序及標準等，使館藏在既定框架下，有計畫地成長。

二、資訊溝通：館內工作者之間、圖書館之間、對服務對象、對社會大眾溝通的的工具。

三、預算編製與經費配置。

四、行政：館藏評量、淘汰、館際合作、館藏管理績效、公共關係等指引規範。

五、訓練新進人員及教育相關人員。

六、保護：保護的功能，雖然源自美國圖書館的實際業務需要，目前我國民眾教育普及，自主意識高漲，對圖書館的要求、干預、投訴漸漸增多。為化解誤會，處理爭端，館藏發展與管理政策亦應考慮其保護功能，明確地敘述館藏蒐藏、評量、淘汰指導規範，判斷原理等，保護圖書館與其使用者。

這六項功能應能系統性地涵蓋館藏發展與管理政策欲達成的主要功能。

第四節　館藏發展與管理政策內容要項

一、政策內容要項論述

圖書館因為類型、發展背景、任務與目標及服務的社群等方面的差異，在館藏發展與管理政策的擬定上，應有很大的差異（Wood & Hoffmann, 1996, p. 26）。即使屬於同一類型，圖書館因其規模大小，社區環境等因素之不同，所擬政策亦不盡相同。書面的館藏政策「明確地描述一所圖書館發展館藏之目標」（ALA, 1996, p. 2），因而他館的政策無法直接複製成為己館的政策。Futas（1995,

p. viii）認為她蒐集編製的政策只是供參考的樣本，不應全文照抄。雖然每所圖書館的館藏發展與管理政策內容有其獨特之處，學者對政策所涵蓋的重要項目，看法趨於一致。關於政策內容要項的論述，數量甚多，下面簡介一些重要的論述。

（一）美國圖書館學會的館藏政策規範

這份代表專業組織的權威性文件指出七大要項（ALA, 1996, pp. 6-12）：

1. 序論：強調必須包含政策目的與針對之研讀者、機構與服務對象概述；館藏發展與管理任務與目標；知識自由、查禁與著作權議題之正式立場等四項。另有六項應納入序論，除非在政策中另有陳述：館藏概述；館藏發展與管理部門的組織；與使用者群體之聯繫；預算結構與分配政策；與館藏管理其他政策及計畫之關係；合作館藏發展協議；館內利用與遠距電子文檔、文本之設備與技術支援採購政策。
2. 一般館藏管理與發展政策：敘述主題範圍之外的一般政策，並按館藏資料之型式，語言，使用或情境來控管。
3. 主題館藏詳析：採取館藏綱要法與敘述式聲明兩種方式，描述主題館藏的範圍與深度。
4. 特殊館藏詳析：對於大量因形式或地點而分離的館藏會有額外的政策聲明。這些政策可能與主題館藏之政策有所不同，但是蒐集的層級仍要說明。這些資料如：分館館藏、視聽資料、電子型式資料等。
5. 館藏蒐集層級。
6. 語言代碼。
7. 索引。

美國圖書館學會的規範是要協助各類型不同規模的圖書館擬定館藏政策，因而包羅極廣。其序論部分實際上幾乎是許多書面政策的主體。一般館藏政策與特殊館藏分析又多重複。此一規範在實際利用時，需要仔細閱讀，就各館實際情況揀選所需項目。

（二）Futas（1995）

蒐集 61 所圖書館政策，在全文政策外之部分政策範本，按 17 個項目呈現這些部分的政策：序論；使命，目標與目的；功能；社區；經費分配；選擇政策；

選擇之責任；館藏層級；選擇標準；閱選計畫；贈送與設置紀念；服務對象；法律問題與知識自由；合作組織；館藏維護；蒐藏主題；蒐藏型式。

同時，Futas 在導論指出架構安排並非一成不變的，能妥善呈現一館的館藏發展政策便是好的架構。她建議的政策架構項目包含（Futas, 1995, pp. 9-13）：
1. 使命宣言：介紹政策之目的，社區描述，圖書館任務，及目標與目的等序論。
2. 選擇：選擇之權責所在，蒐藏型式與選擇標準，新科技產品之選擇標準等。
3. 服務對象與特殊館藏。
4. 特殊議題與法律問題：討論不在蒐藏之列的資料如教材或學位論文，以及需特別關注的議題如贈送，交換及複本等。法律問題常涉及知識自由與審查，保密，與著作權。
5. 館藏維護：淘汰，更新，複本，裝訂，精裝與平裝，災害預防，維護，館藏評量政策與程序。
6. 館藏主題分析。
7. 合作組織，合作協議，聯網。
8. 修正聲明。

Futas 建議之政策架構所含項目，基本上與許多學者的觀點十分近似（吳明德，1991，頁 70-77；Evans & Saponaro, 2012, p. 72）。

（三）Hoffmann 與 Wood（2005）

彙整近 90 所圖書館館藏發展政策，他們辨析出好政策的構成要項達下列 25 項之多：
1. 宗旨聲明
2. 背景敘述
3. 館藏發展之責任
4. 目標與目的
5. 訴求對象
6. 預算編製與經費
7. 評量標準
8. 型式聲明
9. 政府出版品

10. 特殊資源之處理
11. 特殊館藏
12. 資源共享
13. 服務聲明
14. 選擇工具
15. 著作權聲明
16. 知識自由聲明
17. 徵集
18. 贈送與交換聲明
19. 館藏維護聲明
20. 淘汰聲明
21. 館藏評量部分
22. 政策修訂
23. 名詞定義與詞彙
24. 書目
25. 附錄

　　Johnson（2014, pp. 105-106）採用他們的要項為基礎，略作修飾，加上圖書館可能使用的讀者主導採購，使用計次付費兩項，與館藏被投訴之處理，成為她的標準項目。

二、整體性館藏發展與管理政策基本要項

　　有關政策要項的論述很多，詳簡不一。然而比較 ALA 的規範與學者專家論點，再參詳實際的圖書館整體性館藏發展與管理政策後發現，雖然各家之要項或者用詞不一，或者組織呈現方式不同，但是基本要項之許多理念是相同的。本節選取其中獲得較多認同且較適合國內圖書館之基本要項，並簡述其涵蓋之內容如下：

（一）導論：簡述撰製政策之目的與過程，圖書館任務與目標，服務社群，圖書館館藏目標等資料與聲明。不同類型的圖書館在此宣示重點常有差異。有些公共圖書館會聲明其社教功能，為該地區居民提供資料，個人發展與休

閒之資料，設備與服務；而學術圖書館常會介紹大學、圖書館、館藏發展簡史，強調支持教學，研究與公眾服務。

(二) 社區／機構描述與分析：圖書館的館藏都是為某一獨特的社區而規劃，建置，與維持的。顯而易見的，社區／機構描述與分析是政策的重要背景資料。公共圖書館常描述居民人數、結構與分布、外籍居民、當地主要產業、文教機構以及這些群體的資訊需求。學術圖書館會描述使用者類別與人數、包含大學生、研究生、外籍與交換學生、夜間及周末修習學生、教師、研究人員等；政策可能會敘述課程、授予學位、研究中心等做為圖書館發展館藏之背景資訊。同一個公共圖書館系統內之圖書館、大學圖書館分館、或是合作組織內之圖書館，有時亦被當作圖書館「社區」看待（Futas, 1995, p. 194）。

(三) 經費配置：此一項目在政策中出現時間雖然晚近，卻很重要。公開經費配置，至少有兩項功效，其一，可讓服務社區瞭解圖書館如何運用經費於館藏建置。近 20 年來美國民眾要求「究責制度」（accountability）呼聲漸高，圖書館經費亦在監督之列。公開經費配置可滿足供應經費單位與使用者群體知的權利。再者，館內同仁瞭解各種資料、系所、年度獲得之額度、比例，可以有效地運用經費。此一部分可敘述主要資料經費之來源；基本分配方式，例如圖書館按學科主題，資料型式，服務對象等分配；館藏蒐集先後順序；合作計畫之撙節；輔助性資金來源等。美國的學術圖書館有許多讀者對於經費配置較為重視，因而學術圖書館的政策常會將之列為要項。為此，有些館藏政策甚至列出了計算的公式，例如 USC-Aiken 校舉了圖書館流通統計、教學課程數、學生修習時數、全職教師人數、與等值分配五個等值權重，來計算系所分配額度（Futas, 1995, pp. 201-202）。

(四) 館藏發展與管理之責任歸屬：此一要項存在於政策之中已久。這一部分應明確地說明館藏建置終極權責者之職稱或頭銜。其實，此一職責通常是落在圖書館館長肩上。在美國較大的圖書館，此一職責有時由直接督導館藏發展之主管，如技術服務部副館長承擔。公共圖書館除館長之外，有時由董事會承擔館藏發展之責。學術圖書館因為教師參與選擇資料的傳統，有時與圖書館共同承擔發展館藏之責，如 Kenyon College Library（Hoffmann & Wood, 2005, p. 17）。這些責任歸屬敘述正式的，法定的層

第三章｜館藏發展與管理政策

級,顯示圖書館的指揮系統。而日常館藏發展與管理工作則屬實際運作的層級。後者的組織配置可分成兩部分再加簡述,其一為配置人員即分派職責,其二為使用者群體之聯繫(Subcommittee on Guidelines for Collection Development, American Library Association, 1989, p. 5)。

(五)選擇標準:或稱評量標準。它說明為什麼選購某些資料。列出選擇標準可讓圖書館服務的社群知曉決策過程與經費去向。許多圖書館提出概括性標準(general criteria)與特殊性標準(special criteria),分開陳述。概括性標準可作最廣泛的應用,例如館藏要均衡地發展,考慮到各種媒體型式、各使用者社群的需求、興趣、各類主題等;考慮到資料真實性、時效、觀點、價格等等。特殊的標準因採取獨特,精細的考量觀點,常歸併於資料型式,主題類別,贈與等部分處理。

(六)館藏範圍與深度:以仔細,統一的方式敘述館藏層級、採購、館藏目標等。以學科或主題分析的描述方法有三:

1. 文字敘述:每一主題之蒐集與排除的資料類型、特殊限制、重點蒐藏、負責之館員、相關活動等。每一主題可依語文、出版日期、涵蓋之地理區域、涵蓋之時代、資料型式細述蒐集範圍。蒐集深度通常以代碼表示館藏蒐集目標之層級:0為不蒐藏,1為微量級,2為基礎,3為支援學習或教學級,4為研究級,5為廣博級。

2. 館藏綱要法(conspectus):根據美國 Research Libraries Group(RLG)與 WLN(Western Library Network)的綱要,按主題,分類系統或兩者混合體,呈現館藏蒐集的資料範圍與層級。此法流行於1990年代早期。因為通常以表格呈現館藏主題、分類號碼、蒐集層級與語言代碼,看起來形式化與技術性較高。若是採取同一標準方式,這種綱要法撰成的政策,可以做為圖書館之間館藏比較的工具,亦可作為合作館藏計畫之一基礎。但是一般讀者與圖書館專業之外的政策閱讀者,解讀不易。

3. 混合上述兩種方法:政策部分採用綱要法之表格呈現數據,其餘部分採用文字聲明。

(七)特殊館藏:很多圖書館對其特殊館藏,另行敘述其選擇標準、蒐集層級、服務重點等相關問題。特殊館藏通常有兩方面意義:

1. 型式特殊,例如許多學術圖書館會針對期刊、微縮資料、視聽資料、手

稿、政府出版品、數位資源等各訂更切合的政策。公共圖書館會針對兒童部門之實物（realia）——木偶、學習用的組具，提出特別考量，如美國伊州的 Bettendorf 公共圖書館；或是在政策中，為學前幼兒蒐集玩具提出聲明，如加州 Pasadena 公共圖書館（Hoffmann & Wood, 2005, pp. 91-92）。

2. 內容特殊：特藏相對於一般館藏，是內容專精的館藏子集（sub-collection）。學術圖書館會蒐集到第 4 級研究級或第 5 級廣博級的館藏子集。例如 Michigan State University 之 Comic Art Collection 有 100,000 件編目資料；美國之外，蒐集歐、亞、非、拉丁美洲之漫畫書，漫畫之歷史與評論，動畫，相關資料等（Hoffmann & Wood, 2005, pp. 113-118）。臺北市立圖書館之多元文化資料蒐集韓文、越南文、印尼等八種語文資料，分別陳列使用，便是特藏一例。此外，珍善本圖書，當地歷史與作家都是常見的圖書館特殊館藏。

（八）捐贈：接受捐贈含交換資料成為館藏，是許多圖書館徵集的一種方法。但是處理捐贈與交換資料，要投入大量時間，精力甚至金錢。圖書館因而在館藏政策中常會明訂選擇標準，處理方式等。未被選入館藏的贈送資料，有時會引發爭端，事先告知程序並訂定捐贈同意書，較為妥當。此外，捐款購置館藏與設備，在現代圖書館營運常感經費不足的情況下，已成極佳的輔助性資源。國內外有些圖書館將勸募捐贈視為例行工作，捐贈政策聲明可以訂得更細密，包含相關的處理規範，銘謝，表彰方式等。

（九）館藏維護：選擇、徵集之後，館藏質量的維持端賴維護。近年來由於資料價昂，館藏維護日益受到重視。對於館藏資料處置之標準及原則，館藏發展與管理政策若訂出明確的條文，工作人員有所依據，行動有所規範，館藏維護相關活動會更有效率。這一類政策可細分如下：

1. 傳統的維護活動如資料之修復、裝訂、替換更新、保護政策。
2. 館藏子集之移置、保留、處置、淘汰政策。
3. 維護計畫與災變處理政策，例如防蟲、水災、火災、地震等應急防災的規範。例如紐約 Le Moyne College 的水災應變策略，明訂水災時緊急聯絡人，危機處理步驟等（Futas, 1995, pp. 270-271）。

（十）合作與資源共享：若是在社區機構描述與分析中，未曾敘明在合作組織與

其他圖書館合作的活動，可在此一部分敘述。除了館際互借、文獻傳遞的服務，圖書館參加的合作組織對建置館藏與讀者利用館藏亦可能有影響。例如合作組織之協議為了資源共享，可能規範圖書館共購資料如電子書刊，或是合作存置的責任。在政策中述明這些協議，對圖書館的督導單位及使用者，皆有溝通與澄清的功效。

（十一）特殊議題與法律問題：討論不蒐藏的資料、複本、教科書等未討論之議題。法律問題多涉及知識自由、保密、著作權、讀者投訴等。

（十二）館藏發展與管理政策之修訂：由於館藏發展與管理政策配合持續變動的出版市場，社區需求等環境影響因素，要經常地審視與修訂政策，方能維持其適用性與效果。有些政策僅在導論或其他部分添加修訂短語。例如美國 Carroll 大學的館藏管理政策，在序論中言明每兩年審視與修訂（網址：http://www.carrollu.edu/library/info/collectionmanagement.asp?nav=5806）。另立專項敘述修訂，似更能顯示審視與修訂政策的決心與承諾。此一項目下，常提供審視之期，負責的館員或單位，修訂與陳報程序，最後審查與核定者等訊息。臺北市立圖書館與國立公共資訊圖書館之館藏發展政策，均以政策的訂定與修正為最後一個項目。

整體性館藏發展與管理政策包羅面廣，許多圖書館在擬定時，往往會採用整體性政策模式，各館自基本要項中擇取切合己館情況者，組織整理成該館之館藏發展與管理政策。大多數圖書館會強調其重視的議題，例如學術圖書館可能會說明各類型資料之經費配置，公共圖書館會討論讀者投訴之處理。

三、微型政策

近年來一種微型政策（mini-policies）的出現，提供了館藏發展與管理政策型式方面另一種選擇。Wortman（1989, p. 127）在討論館藏發展政策時，曾倡言「許多政策」（policies）或許是較適合的用詞，因為館藏的每一部分都要由其專屬政策來說明。相對於整體性政策納眾多項目於一長篇宏論，微型政策只針對整體館藏某部分，或館藏管理某一部分業務提出規範，因而內容專精，篇幅簡短。

微型政策中，最常見的是學科分科政策，多為大型的學術圖書館採用，為特定科目、領域分別擬訂學科政策。因為此種微型政策主題明確，能更仔細地分析

館藏現況,相關的課程,讀者的興趣與需求,以及合作協議的影響(McGuigan & White, 2003, p. 19)。實際上,負責某一學科資料資訊發展的館員,因為教育背景或是業務歷練,對該學科認識較深,久之,成為學科專家,且與該學科教師聯繫較密切,極適合負責學科分科政策之擬訂。美國哈佛大學圖書館系統有逾70所圖書館,館藏近1.9千萬冊／件。這種規模的圖書館系統,一件整體性館藏發展與管理政策,制定過程浩繁,且內容難以掌控。哈佛圖書館理事會乃於2013年6月25日,通過策略性計畫"Towards a Collections and Content Development Strategic Plan for the Harvard Library",提供方向性指示。而營運上則要求每間圖書館撰訂該館之館藏發展政策,並與整個哈佛圖書館系統分享及合作(網址: http://library.harvard.edu/02042013-1336/library-board-approves-library-collections-and-content-development-strategic-plan)。例如哈佛大學法學院圖書館館藏發展政策七頁,哈佛大學神學院圖書館館藏發展政策14頁,均已公布於網際網路上,供大眾參閱。

康乃爾大學圖書館館藏發展政策,其名稱政策一詞特地使用複數policies,表示不止一件政策。逾30件政策按學科或領域的英文名稱排列,各自陳述蒐藏目標,範圍,並表列學科內蒐藏類型的優先順序、層級。每件政策最後均列出負責制定者,審核者,修訂者之姓名與日期。因為各學科、領域政策均可藉網路查閱,內容格式一致,文字精確,又有負責者可聯繫,顯得切實易用(網址: http://mannlib.cornell.edu/collections/collection-policies)。

哥倫比亞大學圖書館亦採用Collection Development Policies為名,綱要式的內容分為三部分:(一)整體性政策聲明八個,如複本政策,淘汰政策,(二)主題政策聲明58個,如中國研究,西藏研究,(三)型式政策聲明八個,如政府文件,圖形藝術。這些政策聲明均採用複數型式(policy statements),每一政策聲明均可鏈接展示內容。目前整套政策聲明匯集一處,未來會增添主題分析資料庫,功能將更為圓滿。這是整個圖書館館藏發展與管理政策都採微型政策的案例(網址: http://library.columbia.edu/about/policies/collection-development.html)。

國內淡江大學圖書館分別針對資料交換贈送,淘汰等館藏發展與管理業務,制定之「書刊資料交換贈送政策」及「期刊裝訂移置密集書庫及淘汰政策」等10種政策,各自專精而獨立,均屬微型政策。

除了最常見的學科／領域主題微型政策，前述範例中的複本、贈送、淘汰等政策之外，電子資源，合作館藏發展，知識自由與審查等均可以微型政策宣示相關規範。

綜合上述，整體性館藏發展與管理政策架構完整，涵蓋面廣，是流傳較久的傳統式政策。但是，因為涵蓋面廣，制定與修訂時投入人力多，涉及的部門、人員亦多，工程浩大。微型政策因為範圍獨特，針對性強，制定，討論，與修訂時動員人力較少，議定過程靈活、便捷。

第五節　館藏發展與管理政策的制定

一、成立工作小組

Wortman（1989, p. 124）認為館藏發展政策，是每個圖書館對館藏如何能善全圖書館使命這種認知的具象化。策劃制定館藏發展與管理政策之團隊或個人，應訂下工作目標、日程，並選派適當的人員成立工作小組，才能獲得最佳成果。

工作小組成員通常包含：在館藏發展、管理相關部門工作的人員；對圖書館營運有興趣的熱心讀者，如圖書館委員會教師與學生代表；圖書館行政團隊代表，如採購部門主管等。組成人員或對館藏業務有充分瞭解，或對社區群體有深入認識，或對圖書館任務，目標，未來願景有透澈的認知並持有積極的看法。這樣的小組成員，有利於凝聚更好的集體判斷力。許多專家都認為有較多的相關人員參與，提供意見，制定之政策越能反應社區需求，其內容越趨周全，執行時阻力越少（Futas, 1995, p. 6; Evans & Saponaro, 2012, p. 72; Johnson, 1997, p. 99）。

二、蒐集資訊

除了圖書館及其上級單位之使命、目標、願景之外，工作小組規劃政策還需要許多資訊與數據，方能做出正確、有用的判斷。首先要掌握館藏現況及其強弱，服務之社群並辨認其資訊需求，才能決定館藏為誰徵集與徵集的方向，進而確定政策中館藏主題及深度，維持館藏強項，糾正弱項等。關於圖書館的資訊與數據，

可以從圖書館年報，館務統計，流通與館際互借統計等處，取得許多基本但是重要的相關訊息。關於服務的社區和群體，各級政府提供的人口統計，可提供公共圖書館服務社區群眾的年齡、性別、教育程度、平均收入等訊息和數據。機構學校的簡介、課程表、教師著作目錄等可提供學校圖書館許多訊息和數據。詳細而特殊的資訊與數據，可能要透過問卷、調查、訪談等方式取得。

美國 Tulane 大學在擬訂館藏政策之初，便著手一項編製教學部門與單位名錄（academic inventory）的工作。此一名錄列出學生與教師人數，攻讀學位類別，可分辨各教學單位目前的規模。由於 Tulane 大學圖書館建立起資料經費分配架構之後，多年來甚少變動，新編的名錄顯示有一學院與一些跨學科教學單位的課程，因發展較晚，未獲圖書館積極支持。此一發現使得資料經費分配方式，在館藏政策中，獲致重新調整（Corrigan, 2005, p. 67）。此一教學部門與單位名錄，便是該館為政策下決斷積極蒐集資訊的成果。

三、草擬政策

工作小組在研擬政策期間，有時會邀請相關單位主管、館員、與具有專精知識經驗的學者專家以顧問身分，參與討論會議並提供意見（國立公共資訊圖書館，2013，頁 22）。他們有時會分派工作給專案小組，研擬次級或微型政策，例如 Tulane 大學圖書館分派書目專家會同教師擬訂某一學科的微型政策（Corrigan, 2005, p. 67）。

雖然館藏發展與管理政策是一件正式的文件，但是它終極的目標是實際應用，因此政策要寫得清楚易懂。負責草擬者通常是圖書館的工作人員，館員雖然也是政策的使用者，但這份文件的閱讀者還有一般民眾，讀者，行政人員等。為了兼顧不同的檢閱需求，書面政策用詞要避用術語，文字結構與篇幅亦需清晰精練。有些書面政策會特地定義專門辭彙或在附錄中列出辭彙表。擬訂政策的過程中，如有讀者提供意見或參與，不但能加強圖書館對讀者資訊需求的瞭解，也能添增政策的公信力。學術圖書館因此十分重視教師代表的參與政策擬製（Johnson, 1997, p. 99）。

四、審核與修訂

　　擬訂妥之政策須經正式管道與程序審核，通過，公布後，方可實施。已公布的館藏政策條文顯示，國內許多學術圖書館是經過館務會議、或圖書館諮詢委員會審議通過，陳請校長核定後公布實施。國內大型公共圖書館多由館藏發展委員會或小組草擬，館務會議審議，再由館長核定後實施，如高雄市立圖書館、臺北市立圖書館。較小的公共圖書館，其館藏發展政策則多由上級主管單位核可後施行，如臺東縣之延平鄉與鹿野鄉之鄉立圖書館館藏發展政策，均分別由其鄉長核可後實施。審議通過與取得最高層級主管核可，是 Futas（1995, p. 13）極力倡導美國圖書館的作法。她認為公共圖書館的政策若未經其董事會通過，只是另一份文件而非政策。一旦有了爭議甚至訴訟，未經審查核可的政策不能充分保護圖書館。

　　Johnson（1997, p. 101）認為館藏發展政策都是進行中的作品，需定期評量，修正，增添以保持其效果。實際上，西方有許多圖書館在其政策上都明訂了修訂的期限，例如前文所述 Carroll 大學圖書館定下每兩年修正，Oxford 的 Bodlein 圖書館也定下每年審視的期限。

第六節　館藏發展與管理政策的實際建置

一、具備書面政策的調查

（一）美國圖書館

　　1977 年，美國研究圖書館學會（Association of Research Libraries，簡稱 ARL）調查當時 69 所大型學術圖書館，僅有 20 所（29%）擁有書面政策（ARL, 1977）。1979 年 Bryant（1980）分析 52 所中型學術圖書館的調查結果，20% 有完整的政策，13.5% 有不完整的政策，41.5% 在草擬中，及 25% 沒有書面政策。這兩份報告都顯示出，1980 年代之前學術圖書館具備館藏發展與管理政策者，在 20～29% 之間，屬於少數。

　　1988 年的一份調查 200 所中、小型學術圖書館的報告，指出有 58% 的圖書館具有書面政策；這些政策有些是詳盡的文件，有的只是一頁圖書館任務聲明

（Taborsky & Lenkowski, 1989）。雖然這些政策的內容詳簡不一，但是具備政策的圖書館數量大為增多。顯示學術圖書館屆至1980年代末期，重視政策者已成多數。

此外，根據Futas（1995, p. 4）多年的觀察與研究，她於1977年編撰採訪政策，蒐集資料時，察覺當時很少圖書館具有採訪政策；1984年撰著第二版時很多圖書館已經開始思考為其館藏制定政策；1995年她出第三版時，許許多多的圖書館已制定了館藏發展政策。Futas在1992～1993年展開的調查，取得問卷的樣本館共384所，其中公共圖書館233所，學術圖書館151所。據Futas進一步分析，學術圖書館之中72%有書面政策，而這些政策大部分（62%）是在1980年代制定的；沒有書面政策的圖書館屬於私校的占79%，屬於公立校院的占21%（Futas, 1995, pp. 14-20）。這些數字與前述學術圖書館的三次調查結果相符，顯示美國的學術圖書館在書面政策方面，至1990年代初期已取得良好的進展。Futas將1980年代大力推動書面政策，歸因於聯邦及各州教育部門，以及校內行政體系，開始要求正式的圖書館內部政策，經費之究責制度。公立校院圖書館較可能具備館藏發展政策，表示政府單位給他們更大的壓力（Futas, 1995, p. 20）。

關於其他類型圖書館政策制定之時間，美國圖書館學會的Public Library Service從1950年代中期開始，便主張每所公共圖書館應有書面政策以選擇與維持館藏。美國學校圖書館員協會董事會於1961年開始有類似的宣示，要求採用政策做為選擇優質資料之基礎，並向家長，社會大眾交待學校圖書館資料選擇之目的與標準（Wood & Hoffmann, 1996, p. 3）。因為公共圖書館發展政策較早，Carter與Bonk（1959, pp. 212-239）選錄的1950年代圖書選擇政策除了一件地區中等學校之外，全屬各地公共圖書館，也就不足為奇了。前述Futas（1995, p. 30）的調查亦指出，公共圖書館具有書面政策者占78%；在1980年代制定之政策占45%，數量最大。

約自1960年代開始，美國的圖書館開始在經費與行政壓力下開始制定館藏發展政策（Vickery, 2004, p. 338）。1960～1980年這一時期，美國圖書館館藏經費經歷了大增之後隨之大刪的困境，迫使許多圖書館檢討蒐藏的目標，優先順序，館藏維持費用及方法之改善（Wood & Hoffmann, 1996, p. 7）。Vickery（2004, pp. 338-339）認為大部分政策，尤其是公立機構的，都是在過去40年中制定的。

（二）我國圖書館

　　國內圖書館制定館藏發展與管理政策為時較晚。國家圖書館（改制前名為國立中央圖書館）之館藏發展政策，發表於 1988 年，被認為是國內首份正式書面的館藏發展政策（曾堃賢，1996）。

　　根據 1995 年教育部圖書館事業委員會「推動全國圖書館館藏發展計畫」之報告，當時調查 154 所圖書館，僅有 19 所圖書館具備書面的館藏發展政策：其中國家圖書館一所，公共圖書館二所，大學校院圖書館七所，及專門圖書館九所（曾濟群，1995，頁 113）。整體具備書面政策者，僅占總數的 12.34%。

　　2010 年 6 月中國大陸學者張新興、肖希明瀏覽臺灣地區大學圖書館網站，共蒐集到 30 所大學圖書館館藏發展政策。至於制定的時間，他們的研究報告指出，1993～2000 年有七件，2001～2010 年有 23 件；而且 2000 年以後每年都有書面政策的制定，2005 年之後更是進入了政策制定的高峰期，在不到六年的時間大學圖書館共制定了 17 件書面政策，占其樣本總數的 56.7%（張新興、肖希明，2011，頁 49）。首先，這些數據顯示國內大學圖書館於 20 世紀末開始制定館藏發展與管理政策，為時較美國大學圖書館遲緩約 40 年。但是，21 世紀以來這些圖書館變得相當重視館藏發展與管理，並積極制定相關的書面政策。其次，這些數據源自兩位作者蒐集到的網路版館藏發展政策，並未包含印本的書面政策，例如國立中興大學圖書館館藏發展政策第一版編印於 1995 年（第二版於 2013 年更新為網路版）。

二、反對與制定政策的障礙

　　美國的圖書館普遍地制定館藏發展與管理政策時間較早，可溯至 1960 年代，我國的圖書館則可溯至 1990 年代，但是至今有些圖書館仍然沒有此一文件。許多專家鄭重推薦的書面政策，具有種種重要功用，為何尚未普遍惠及各類型圖書館？實際上，書面政策在獲得稱譽之外，也另有一些專家與館員提出反對與排斥的意見，認為制定政策會遭到一些障礙。下面是反對擬定書面政策最常見的一些意見：

（一）需要投注大量時間與人力：例如描述館藏範圍與深度，分析評量館藏強項，

弱項，社區描述與資訊需求分析等，需要蒐集大量數據，不僅耗費時日，而且匯編不易（Vickery, 2004, p. 339）。此外，在制定政策時，取得服務社群的廣泛關注與參與，是最耗時費力的工作。因為要重複陳述討論多次才能將建議化為共識，以確實反映社區的需求（Evans & Saponaro, 2012, p. 72）。在實際日常營運中，人力不足原是許多館，尤其是中，小型圖書館的難處，等待處理的急務很多，他們不願投注大量人力去制定書面政策（Bryant, 1980, p. 9）。

(二) 政策呈現的是理想狀況，與現實不符：書面政策不代表現實情況，有了政策也不能保證館藏之均衡發展（Cargill, 1984）。Vickery（2004, p. 340）亦認為書面政策作為公關文件，是概念上蒐集館藏的目標，是一個理想。持這類想法者，認為書面政策於日常選擇無甚助益。Snow（1996）在抒發他反對書面政策的意見時，取的篇名便是〈浪費筆墨：書面館藏發展政策與學術圖書館〉（Wasted Words: The Written Collection Development Policy and the Academic Library）。批評書面政策過分理想化，流於廣泛說明，無益於程序性決策。

(三) 書面政策太過複雜，難以向使用者傳達訊息：1950 年代的政策不過數頁。Vickery（2004, p. 339）認為近來趨向顯示，書面政策篇幅越來越長，包含更多的細節與技術性文字。這個看法與 Futas（1995, p. 8）的觀察相同，後者指出 1990 年代的書面政策，與 15 到 25 年前的政策相比，篇幅更長，更明確，綜合性少，程序性多。這種使用術語，技術性強，鋪陳細節的書面政策，Vickery（2004, p. 339）甚至建議應該加上一個簡單的摘要，方能讓圖書館專業以外的人員看得明白。

(四) 書面政策制定後，閒置少用：紙本的書面政策，時常在文件櫃中歸檔，積攢灰塵；數位型式的政策，查看其更新日期，便知使用情形一二。這種情形確實存在，有專家提出解釋，認為政策是思考的規範，給予從事圖書館館藏建置與維持工作者，寬廣的框架（Evans & Saponaro, 2012, p. 71）。有經驗的館員一旦吸收了文件內訊息，可能不需要常常參閱。然而政策制定後，若是束之書櫃中或閒置網路上，就無法跟得上各種變化，如資訊環境、社區需求、經費增刪等等的改變。當然也就無法發揮效用。Vickery（2004, p. 340）援引加州大學某一校區圖書館，原於 1982 年制定的館藏

發展政策,至 2003 年尚未修訂之案例,說明館藏發展政策需要演進,跟上時代,才不會被看成毫無關聯,被棄置。
(五)圖書館工作人員不知如何著手制定書面政策:傳統的整體性書面館藏發展與管理政策,分項既多,內容資料亦多。刊印出來的單行本,洋洋灑灑,篇幅長達數十頁,在尚未制定書面政策的館員眼中,羨慕之餘可能心生餒怯。制定工程看來浩繁,千頭萬緒,令人生畏。但是現在已有一些教材、手冊,只要依照建議,由成立工作小組,蒐集資訊,草擬政策到送交審核與修訂,一步步進行,問題逐個解決,政策的擬訂可以水到渠成。

三、網際網路與政策的建置

網際網路興起後,許多圖書館即利用此一新技術建置其館藏發展與管理政策。Straw(2003, pp. 81, 85)在 21 世紀初期,便注意到此一有趣的發展。他調查美國 ARL 124 所成員圖書館的網址,發現這些重要的研究型圖書館提供館藏管理聲明者占 57%,而提供完整性館藏政策聲明者占總數 30%。網際網路讓圖書館能廣為宣揚館藏相關的訊息、政策,擴增使用者協同發展館藏的機會。本世紀以來,許多圖書館結合網際網路技術,重拾館藏發展與管理政策的修訂或重訂工作,下面兩件擬定政策的報告,顯示其制定過程,政策的結構與利用等方面,都出現許多新嘗試與改變。

美國德州農工大學的重修政策經驗顯示(Pickett et al., 2001):
(一)該圖書館系統在更新館藏發展政策之初,便參考及研究同儕大學的網址,觀察這些圖書館的整體性館藏發展政策及/或主題政策,有多少是公布於網上,而其特色又是什麼。以往紙本政策通常印量不大,因而流通規模小,甚至變成館內文件,他館索求不易。圖書館之間難以傳承制定政策經驗。而今,可以立即研讀許多圖書館的最新文件。
(二)該圖書館系統除了整體性館藏發展政策之外,另外有 84 件核可的主題館藏發展政策。他們設計出一種覆蓋廣泛的政策,以規範整體館藏發展,卻不會僵硬地阻礙學科專家為其特定社區發展的主題館藏政策。這種整體性館藏發展與管理政策下,再加上許多微型主題政策似乎成為一種新趨向。
(三)該館整體性館藏發展與管理政策自 2010 年 2 月核可後,至 2015 年 3 月,

五年時間已修訂六次之多。當初六位作者期盼他們完成的政策是有彈性，有活力，而且是跟得上時代的。由政策修訂之勤來推測，它應該是受到重視，而且是與時俱進地發展著（網址：http://library.tmau.edu/about/collections/collection-development/index.html）。

另一個制定政策的案例報告是 Tulane 大學圖書館，其特色如下（Corrigan, 2005）：

（一）該館在制定的過程中，亦參考了同儕大學的政策。作者列出 10 所 ARL 研究型大學圖書館館藏政策的網址，覺得他們學科取向的選擇標準，助益很大。

（二）將草擬階段的政策立刻公布於網上，避免以往印本政策塵封被遺忘的命運。另一方面公布政策象徵了圖書館採取公開透明的溝通方式。

（三）學科專家撰擬相關主題的館藏政策，但是要與該學科教師會商。其成果是 40 餘件館藏政策，置於圖書館網址供人立即參閱。圖書館一方面要掌握系所，跨學科課程教學需求，另一方面與教師討論，取得共識，溝通合作更密切。

正如上述兩篇報告題名所示，網際網路上「再生」、「復活」的政策，數量增多，而且內容結構也有改變。網路上的政策更公開透明，立即可用，修訂便捷，傳布範圍廣大，而且微型政策增多，實用性提升。

第七節　例說

書面的館藏發展與管理政策經過數十年的鑽研、撰訂、與傳布，前例甚多。參考其他圖書館的書面政策，確實有助於樹立政策的架構、選取內容範圍等。但是參考不是抄襲。Wortman（1989, p. vii）提出一個不可抄襲的根本理由，他認為每所圖書館的館藏都是獨一無二的一個連貫整體，為了某一獨特的社群，由某些特定的圖書館館員在一個確切的時空裡發展與維持著。每間圖書館據此而擬訂的館藏發展與管理政策，亦應是獨一無二的，因為每間圖書館的歷史背景，讀者社群，館藏目標與現況等均不盡相同。制定政策的真正目的是展開一趟「發現自我」之旅，原封不動地複製其他圖書館的政策於此毫無助益。下面介紹的是一些印本與網路上的政策實例。

一、印本政策實例

(一) Collection Development Policies and Procedures

　　Futas（1995）在本書中列出四份全文政策，分別選自美國東、西、中西、與南部的圖書館。這些圖書館有大型與中型圖書館，其中二所為學術圖書館，二所為公共圖書館，可供不同類型，規模之館制定政策時參考。例如 University of Wisconsin -- Stout Library Learning Center Collection Development Policy 其書面政策目次表如下：

I. Philosophy

II. Select Mission of the University of Wisconsin – Stout

III. Library Learning Center Mission

IV. Selection Guidelines

V. Preview Policy – Books and Other Media

VI. Gifts

VII. Serials

VIII. Videocassettes, Video Discs and Films (16 mm)

IX. Microcomputer Software Acquisitions Policy

X. Textbooks

XI. Reprints -- Monographs

XII. Theses and Dissertations

XIII. Paperbacks

XIV. Special Collection

XV. Selection Responsibility

XVI. Selection Levels

XVII. Equipment Catalog File

XVIII. Educational Materials Center (EMC)

XIX. Reference Collection Development Policy

XX. Vertical File Guidelines

XXI. An Evaluation Weeding and Replacement Program

XXII. Area Research Center
American Library Association Library Bill of Rights
Intellectual Freedom Statement
Statement on Labeling
Statement on Legal Title
Certificate of Gift

除了綜合性的完整政策之外，Futas（1995）書中另一重要部分為分項政策，依政策要項列舉部分政策，如社區、經費分配、合作組織等，陳述各館服務理念，與處理之原則。

（二）Library Collection Development Policies

Hoffmann 與 Wood（2005）在本書提供分項書面政策，完全依政策內容項目列舉，例如宗旨、背景、館藏發展之責任等共有 25 項之多（參見第四節之（三））。該書蒐集的政策來自學術、公共、與專門圖書館，數量上仍以美國的學術、公共圖書館居多。這些分項政策，可供快速地查閱他館政策的組織架構，涵蓋內容等。

（三）《世界各國圖書館館藏發展政策精要》

高紅、朱碩峰與張瑋（2010）在本書輯錄並簡介規模較大的 13 所圖書館館藏發展政策，其中包括國家圖書館四所，公共圖書館五所，與學術圖書館四所。全書以簡體中文印出，比起上述兩本英文的著述，對國內大多數學生而言，仍是便捷易讀些。

上述三種印本都包含了許多書面政策，足可成為初次研擬政策之範本。值得注意的是，這些印本上的政策，受限於印製的時間，其中最新的政策輯要取自 2009 年的資料，距今六年，許多圖書館已公布了更新的資料。

二、網際網路上的政策實例

（一）"AcqWeb's Directory of Collection Development Policies on the Web"

這份指南依公共圖書館、社區學院圖書館、大學圖書館、學術圖書館特藏、國家與州政府圖書館、與學校圖書館，列出許多書面政策，提供鏈接。只是此一資源久未更新，有些網址與內容可能已有變動。

（二）個別圖書館的書面政策

現在許多圖書館將政策公布於其網頁上，一般民眾或圖書館館員隨時可以參閱，極其方便。下面是國外、國內的一些書面政策實例。

1. 國外圖書館書面政策實例

(1) 英國 Edinburgh 大學 "Library Collections Policy"，整套館藏政策，由三個部分組成：a. Library Collections Policy 2005，這是基礎部分，包含導論、重要政策聲明、館藏發展、館藏管理四大部分，加上兩個附錄（其一為辭彙表）。b. Library Collections Policy 2005, revision 2009。c. Library Collections Policy 2013 -- Key Policy Statements（網址：http://www.ed.ac.uk/schools-departments/information-services/about/policies-and-regulations/operational-policies/collections）。

(2) 美國 "Columbia University Libraries -- Collection Development Policies"，如上文第四節中的〈微型政策〉所述，實際上完全由微型政策組成。這些微型政策安排在：a. 整體性政策；b. 主題政策；c. 型式政策共三大項目之下。該大學圖書館整體性政策同樣地由八個微型政策做說明，是其獨特之處；例如「一般選擇規範」提出：與該校教學研究計畫實際及潛在需求相關聯，範圍與內容，現有館藏的主題深度與待購資料本地取用可能，品質，時效與新穎性，書目可取用性，價格，原始出版國與語言，分項簡要敘明這些一般選擇的標準。整體性政策項下之「複本政策」，聲明「每種書通常只蒐集一本，除非預計有大量複本需求。」要言不煩，僅用一行文字交待，可算是微

型中的微型政策（網址：http://library.columbia.edu/about/policies/collection-development.html）。

(3) 美國 "Carroll University Library -- Collection Management Policy"，用三頁簡要地交待：一般考量如品質、時效、完整性、複本、保存、語言、地理、受贈資料等。此份書面政策較特殊之處是，在其短短的序論中，有一則排除聲明：「圖書館不為教師研究蒐藏資料」。Carroll 大學在美國威斯康辛州，目前學生 3,481 人，以大學部學生為主，占學生人數 86.79%。圖書館也直言不諱其館藏資料是以學生的需求為建構目標（網址：http://www.carrollu.edu/library/info/collectionmanagement.asp?nav=5806）。

(4) Saint Paul Public Library -- Collection Management Policy，因為制定之書面政策之目的，是向民眾說明，該館館藏發展的政策與實務規範，文字簡約，只有三頁，分別針對館藏原則、中央圖書館、資料之選擇、受贈資料、館藏評量、與知識自由，宣示圖書館的立場（網址：http://www.sppl.org/print/node/1896）。

2. 國內圖書館書面政策實例

(1) 國家圖書館書面館藏發展政策，2012（網址：http://www.ncl.edu.tw/public/Data/322516113771.pdf）

(2) 國立公共資訊圖書館館藏發展政策，2013（網址：http://www.nlpi.edu.tw/About/introduction/library04.htm）

(3) 國立臺灣圖書館館藏發展政策，2013（網址：http://www.ntl.edu.tw/public/Data/482116161071.pdf）

(4) 臺北市立圖書館館藏發展政策，2014（網址：http://www.tpml.edu.tw/ct.asp?xItem=1108972&ctNode=62456&mp=104021）

(5) 高雄市立圖書館館藏發展政策，2010（網址：http://www.ksml.edu.tw/df_ufiles/a/%E9%AB%98%E9%9B%84%E5%B8%82%E7%AB%8B%E5%9C%96%E6%9B%B8%E9%A4%A8%E9%A4%A8%E8%97%8F%E7%99%BC%E5%B1%95%E6%94%BF%E7%AD%96%E8%8D%89%E6%A1%88.pdf）

(6) 苗栗市立圖書館館藏發展政策，2013（網址：http://www.mlcg.gov.tw/mlcg_book/）

第三章｜館藏發展與管理政策

(7) 國立臺灣師範大學圖書館館藏發展政策，2010（網址：www.lib.ntnu.edu.tw/service/NTNULIB_CDP_99.pdf）

(8) 輔仁大學圖書館館藏發展政策，2014（網址：web.lib.fju.edu.tw/chi/sites/default/files/pdf/collpolicy.pdf）

(9) 國立竹南高中圖書館館藏發展政策，2013（網址：http://lib.cnsh.mlc.edu.tw/about-lib/cdp.htm）

(10) 國立旗美高中圖書館館藏發展政策（網址：http://www.cmsh.khc.edu.tw/releaseRedirect.do?unitID=206&pageID=3619）

　　上面選列的國內圖書館書面館藏發展與管理政策實例，顯示這些圖書館網頁上的文件名稱很一致，使用的是館藏發展政策；制定或更新的日期很新；內容趨向綜合型聲明。具備政策的圖書館，以規模大者居多。

關鍵詞彙

館藏發展與管理政策 Collection Development and Management Policy	選擇政策 Selection Policy
採訪政策 Acquisitions Policy	館藏政策 Collection Policy
書面政策 Written Policy	審查 Censorship
語言代碼 Language Codes	館藏蒐集層級 Collection Levels
究責制度 Accountability	館藏綱要法 Conspectus
館藏子集 Sub-Cllections	館藏 Collections
微型政策 Mini-Policies	

自我評量

- 為何要費時費力撰寫一件館藏發展與管理政策？你認為圖書館制定此一政策，占有何種優勢？擬制政策會有何困難？
- 館藏發展與管理政策的整體性政策基本要項有哪些？微型政策是什麼？其制定過程有何特殊之處？
- 若是你被聘為館藏發展館員，而該館尚未有書面的館藏發展與管理政策，你如何進行擬撰此一政策？

參考文獻

吳明德（1991）。館藏發展。臺北市：漢美。

高紅、朱碩峰、張瑋（2010）。世界各國圖書館館藏發展政策精要。北京市：海洋出版社。

張新興、肖希明（2011）。臺灣地區大學圖書館館藏發展政策研究。大學圖書館學報，2，49-55。

曾堃賢（1996）。臺灣地區各類型圖書館館藏發展政策的比較研究。圖書館管理學報，2，53-72。

曾濟群（1995）。推動全國圖書館館藏發展計畫。臺北市：教育部社教司。

American Library Association. (1996). *Guide for written collection policy statements* (2nd ed.). Chicago, IL: Author.

Association of Research Libraries, University Library Management Studies Office. (1977). *Collection development policies*. Washington, DC: Author.

Bonk, W. J., & Magrill, R. M. (1979). *Building library collections* (5th ed.). Metuchen, NJ: Scarecrow Press.

Boyer, C. J., & Eaton, N. L. (1971). *Book selection policies in American libraries: An anthology of policies from college, public, and school libraries*. Austin, TX: Armadillo Press.

Bryant, B. (1980). Collection development policies in medium-sized academic libraries. *Collection Building*, 2(3), 6-26.

Cargill, J. (1984). Collection development policies: An alternative viewpoint. *Library Acquisition Practice and Theory*, 8(1), 47-49.

Carter, M. D., & Bonk, W. J. (1959). *Building library collections*. New York, NY: Scarecrow Press.

Carter, M. D., & Bonk, W. J. (1964). *Building library collections* (2nd ed.). New York, NY: Scarecrow Press.

Corrigan, A. (2005). The collection policy reborn: A practical application of web-based documentation. *Collection Building, 24*(2), 65-69.

Curley, A., & Broderick, D. (1985). *Building library collections* (6th ed.). Metuchen, NJ: Scarecrow Press.

Evans, G. E., & Saponaro, M. Z. (2012). *Collection management basics* (6th ed.). Santa Barbara, CA: Libraries Unlimited.

Futas, E. (1995). *Collection development policies and procedures* (3rd ed.). Phoenix, AZ: Oryx.

Gardner, R. K. (1981). *Library collections: Their origin, selection, and development*. New York, NY: McGraw-Hill.

Gorman, G. E., & Howes, B. R. (1989). *Collection development for libraries*. London, UK: Bowker-Saur.

Hibner, H., & Kelly, M. (2010). *Making a collection count: A holistic approach to library collection management*. Oxford, UK: Chandos.

Hoffmann, F. W., & Wood, R. J. (2005). *Library collection development policies: Academic, public, and special libraries*. Lanham, MD: Scarecrow Press.

Johnson, P. (1997). Collection development policies and electronic information resources. In G. E. Gorman & R. H. Miller (Eds.), *Collection management for the 21st century* (pp. 83-104). Westport, CT: Greenwood Press.

Johnson, P. (2009). *Fundamentals of collection development and management* (2nd ed.). Chicago, IL: American Library Association.

Johnson, P. (2014). *Fundamentals of collection development and management* (3rd ed.). Chicago, IL: American Library Association.

McGuigan, G. S., & White, G. W. (2003). Subject-specific policy statements: A rationale and framework for collection development. In D. C. Mack (Ed.), *Collection development policies: New directions for changing collection* (pp. 15-32). New York, NY: Haworth Information Press.

Mosher, P. H. (1982). Collection development to collection management: Toward stewardship of library resources. *Collection Management, 4*(4), 41-48.

Pickett, C., Stephens, J., Kimbell, R., Ramirez, D., Thornton, J., & Burford, N. (2011). Revising an abandoned practice: The death and resurrection of collection development policies. *Collection Management*, *36*(3), 165-181.

Root, N. J. (1985). Decision making for collection management. *Collection Management*, *7*(1), 93-101.

Snow, R. (1996). Wasted words: The written collection development policies and the academic library. *Journal of Academic Librarianship*, *22*(3), 191-194.

Straw, J. (2003). Collection management statements on the world wide web. In D. C. Mack (Ed.), *Collection development policies: New directions for changing collection* (pp. 77-86). New York, NY: Haworth Information Press.

Stueart, R. D., & Moran, B. B. (1993). *Library and information center management* (4th ed.). Englewood, CO: Libraries Unlimited.

Subcommittee on Guidelines for Collection Development, American Library Association. (1989). *Guide for written collection policy statements*. Chicago, IL: American Library Association.

Taborsky, T., & Lenkowski, P. (1989). *Collection development policies for college libraries*. Chicago, IL: Association of College and Research Libraries.

Vickery, J. (2004). Making a statement: Reviewing the case for written collection development policies. *Library Management*, *25*(8/9), 337-342.

Wood, R. J., & Hoffmann, F. W. (1996). *Library collection development policies: A reference and writers' handbook*. Lanham, MD: Scarecrow Press.

Wortman, W. A. (1989). *Collection management: Background and principles*. Chicago, IL: American Library Association.

第四章
圖書資料選擇

學習目標

研讀本章內容之後，學習者應能夠：

- 瞭解圖書資料選擇理念的發展歷程
- 瞭解西方主要的選擇與採訪理論
- 認識各類型圖書館的特性與其選擇工作
- 認識選擇工具與資訊來源並能辨識其內容、特性、用途
- 瞭解選擇圖書資料時的評量要點

作者簡介

范豪英

(efliu@dragon.nchu.edu.tw)

國立中興大學
圖書資訊學研究所教授

本章綱要

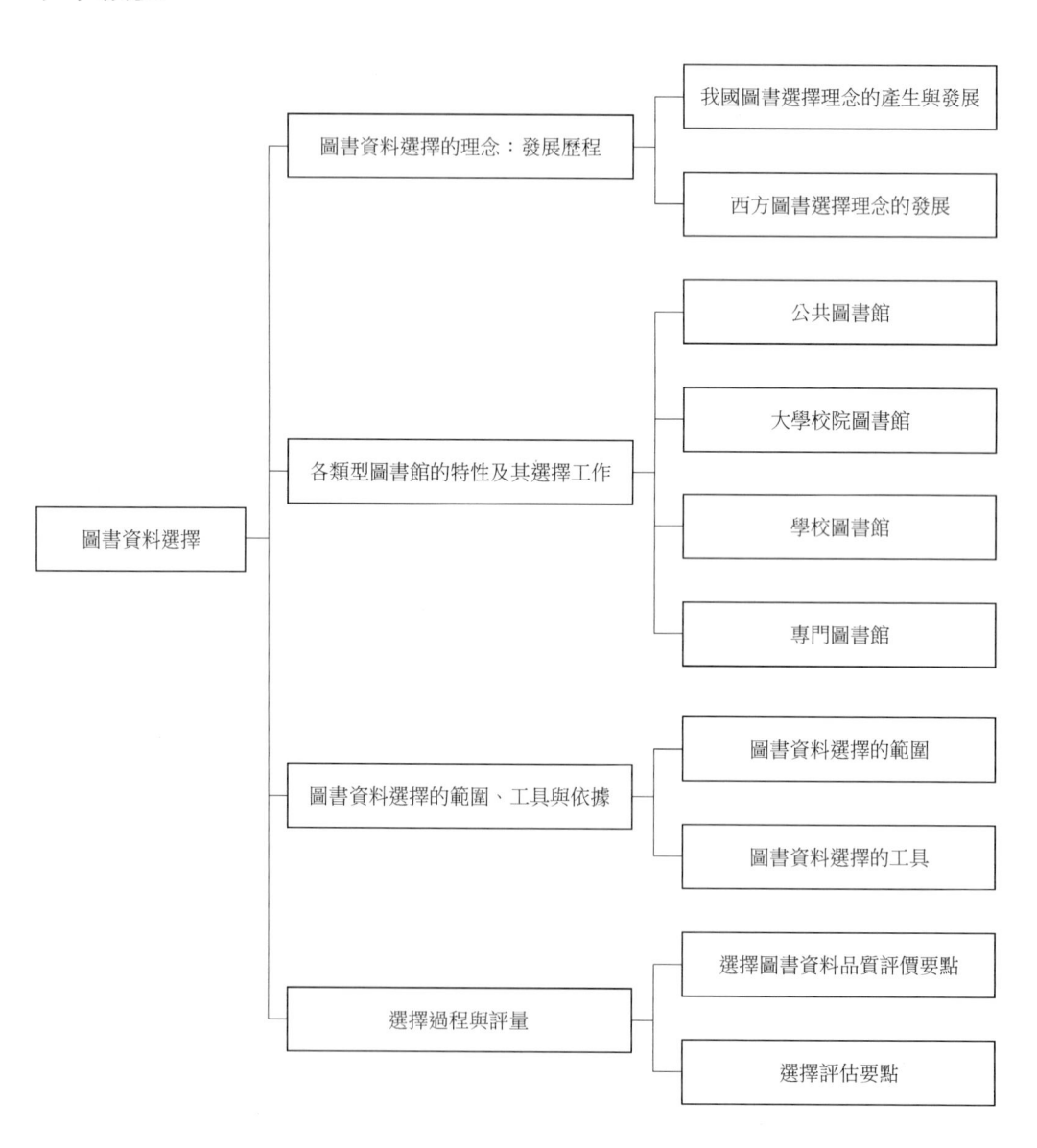

- 圖書資料選擇
  - 圖書資料選擇的理念：發展歷程
    - 我國圖書選擇理念的產生與發展
    - 西方圖書選擇理念的發展
  - 各類型圖書館的特性及其選擇工作
    - 公共圖書館
    - 大學校院圖書館
    - 學校圖書館
    - 專門圖書館
  - 圖書資料選擇的範圍、工具與依據
    - 圖書資料選擇的範圍
    - 圖書資料選擇的工具
  - 選擇過程與評量
    - 選擇圖書資料品質評價要點
    - 選擇評估要點

第四章
圖書資料選擇

第一節 前言

　　現代出版事業發達，每年出版在銷售中的圖書資料數量龐大。圖書館為建構館藏，如何從浩瀚的圖書資料場域中，為讀者取得優質而合用的資源，端賴選擇得當。下文所論圖書資料選擇，涵蓋圖書、期刊、視聽資料等類型資料之選擇。電子資源館藏因有專章討論，本章不贅。選擇理念與實務所論不僅針對待購資料，亦含其他待增資料。透過交換與贈送所取得的館藏，應接受與購買資料同樣的選擇評量程序。同時本章所論選擇，係指首次添增入藏的抉擇，不含館藏淘汰時之選擇。

第二節 圖書資料選擇的理念：發展歷程

　　近百年來，館藏被視為圖書館提供讀者的一種重要、基礎服務，而如何建構優良的館藏，亦成為圖書館館員與圖書資訊學師生關注之一議題。20世紀早期，因為圖書是當時主要的出版品類型，所以有關館藏的專著，如1925年，Lionel Roy McColvin所著 *The Theory of Book Selection for Public Libraries*，1926年，杜定友著《圖書選擇法》，與1930年Francis Drury之 *Book Selection*，這些20世紀經典論著都是專攻圖書選擇。物換星移，隨著出版品量增，類型與資訊載體的多樣化，以及讀者需求的浩繁，選擇的理念也由圖書選擇不斷地修正、發展，形成了比較成熟的思想體系。本節試圖簡要地回顧有關圖書資料選擇重要理念的發展歷程。

一、我國圖書選擇理念的產生與發展

（一）古代中國的藏書與藏書樓

近人有關中國藏書史、藏書樓的研究與專論甚多。下面僅簡述古代藏書發展，作為瞭解我國圖書選擇理念產生的背景。

根據吳晞《從藏書樓到圖書館》一書中的考證，藏書樓之名約源自唐宋之際私家藏書之書樓，後來引申為古代官府、書院、私家等所有藏書機構之統稱。及至清末中國近代圖書館問世，往往也冠以藏書樓之名（吳晞，1996，頁7-8）。本文沿襲此一觀點，使用藏書樓一詞為統稱，用以包括自古至清末各個時期，官藏、私藏、公藏各個藏書系統；藉此統稱顯示所有舊時藏書機構，以有別於近代、現代圖書館。

至於藏書，在紙張發明之前，文獻的主要載體為簡牘縑帛，非貴即重，且傳抄不易，因此古代將藏書視為珍貴的財產，以防散佚為首要。一般認為，早期藏書是人們為了積累、保管、閱讀、鑑賞、校勘、研究等目的，而進行的收集、典藏、整理典籍圖書的活動（李家駒，2005；謝灼華，1987）。

古代藏書樓的源起，有些學者認為可追溯到殷商時代，那時已有甲骨文。據《尚書‧多士》篇記載，「惟殷先人，有冊有典」，推測這裏的冊、典就是殷代的史料跟典藏（陳益君，1999，頁387）。但是因為缺乏實物資料的直接證據，亦有學者對上述冊、典做不同的解釋（來新夏，1990，頁11-12）。一般較無爭議的論點是根據《史記‧老子韓非列傳》所記：「老子者……周守藏室之史也」主張春秋時期的周朝已有了藏書樓的雛形——藏室，並設置了專司管理職責的人——守藏室之史，專事國家典籍的收藏與管理，是國家藏書之始。

我國古代藏書系統依其出現先後，大致有四：

1. 官府藏書：即國家藏書，後來又分成中央官府藏書與地方官府藏書。這種藏書具有獨占性，僅為帝王、權貴、官吏之用。
2. 私人藏書：受到私人講學與著述的影響，春秋戰國時代民間已有收藏法家、兵家等著述的情況，如惠施、蘇秦的藏書。
3. 寺、觀藏書：佛教寺院藏書多蒐集佛經、典籍、御賜文札、僧人著作。道觀藏書，蒐集道家諸子經典、符圖、論著。此外基督教亦曾設立藏書樓。例如天主

教於 1847 年創辦於上海的徐家匯藏書樓，收集基督教圖書、教士手抄本，中國方志等，頗具規模。
4. 書院藏書：書院為師生研習之用，較具開放性。藏書來自朝廷敕賜，官吏向官書局征收，官吏及私人捐贈。因此書院藏書位列「私辦公助」的藏書機構。

（二）古代藏書文化與文獻採訪思想

從古代藏書發展的過程看，「藏」似乎是重點，而「用」往往處於一種次要地位。在單篇傳寫的時代，早期圖籍的來源要靠收集零散的文獻加以整理與編纂。孔子便是一位較早且有明確紀錄的編撰圖書者。據《漢書‧司馬遷傳》，「幽、厲之後，王道缺，禮樂衰，孔子修舊起廢，論《詩》、《書》，作《春秋》，則學者至今則之」。孔子的修舊起廢，須有前人典籍作參考並要得到比較正確的本子。為了採集利用各國各地藏書，他周遊列國，廣泛地利用魯、宋和周王室的藏書，整理與編訂詩、書、禮、樂、易、春秋六種典籍。

古代中國的書籍文獻形式在隋唐之前是寫本書。這些文獻不似現代出版品市場龐大，可輕鬆購得。寫本書量少，聚積不易，需要從訪問、徵求、抄錄而得。歷代興衰交替，加上戰爭天災毀損，連官府藏書也經常要重建。兩漢之際，帝王為重建官府藏書，至少三次向全國徵書，可見當時圖書積聚不易（焦樹安，1994），借抄或抄錄則是寫本時期私家的主要集書方法。

藏書事業的發展，與其產生技術息息相關。自造紙、雕版印刷發明並逐漸普及後，藏書樓的發展至唐、宋進入繁榮時期，因為圖書印製、流通較易。在圖書繁多，藏書事業逐漸完善的情況下，藏書建設的理論初步成形。宋鄭樵（1104～1162）在《通志‧校讎略》提出求書八法，即：「即類以求、旁類以求、因地以求、因家以求、求之公、求之私、因人以求與因代以求」，以便搜求採集較全較優的圖書。鄭樵同時也針對這八種方法詳加說明：屬某類學科的圖書，訪求於該學科專家，如樂律之書訪求於官府、民間樂工，便是即類以求。《周易》一類的書，訪求於有關聯的專家如卜筮家，便是旁類以求。人物傳記的書，可到傳記主人公的家鄉及主要活動地區去訪求，即是因地以求。到著作者後嗣所在訪求圖書，便是因家以求。向官府藏書機構訪求，是求之公。向民間藏書家訪求，便是求之私。知道某人結交、藏書由來，向他訪求，便是因人以求。有些書因年代久遠，容易亡佚，所以近代著作，要及時搜求，是因代以求。他特別強調訪求圖書的方法多

樣，不應拘泥於某一種方法，而是應該綜合運用各種方法。鄭樵長年研究文獻、訪求圖書，總結經驗所提出的系統性理論，對後世公私藏書系統的訪求均有重要價值。

此後至清末，歷代藏書家中，注重圖書文獻採訪，總結經驗與理論，為古代圖書建設做出貢獻者，亦不乏其人。例如明代祁承㸁（1563～1638）在其《澹生堂書約》裏分撰《藏書訓略》，明示子孫如何購書、讀書、鑒書。祁承㸁根據藏書建設的實踐，歸納出購書三原則：即眼界欲寬、精神欲注，而心思欲巧。他同時也提出鑒書五法：審輕重、辨真偽、核名實、權緩急，與別品類。可見祁承㸁蒐集圖書雖然講求採用各樣方法去積累，但是他的藏書也講求認識圖書的內容、價值。《藏書訓略》原是他總結生平篤學經驗留給子孫的訓誡，但是他對於圖書選擇、鑑別、採訪的論述，理論與實用兼顧，卻為藏書之道貢獻了一些重要的理念（劉兆祐，1997，頁 183-190）。

又如清代孫從添（1692～1767）撰著《藏書紀要》，詳述藏書技術；他特重選購時內容與版本之鑑別、傳抄、校訂等。他的藏書樓「上善堂」擁書萬卷，蒐集許多舊時名家藏書，且編製書目，藏書均鈐有名字印記。他的論述一方面繼承、補充了鄭樵、祁承㸁等人的研究，另一方面對後世採訪思想的發展，亦有相當影響。

總括而言，藏書樓時代藏書主要是為了積累與保管，且藏書高度集中於極少數皇室、官員、富紳之手。當時圖書因為相對地稀少，格外珍貴，圖書建設的思想偏重在訪求，鄭樵的「求書」八法便是代表。同時鑑別、輯佚、利用版本目錄的能力都成了採訪基礎技術。

（三）近代圖書館選擇理念的發展（清末至 1949 年）

清末維新運動將建設圖書館做為啟迪民智、強國手段之一。從此圖書館開始走向民眾，以開放、平等的方式提供圖書使用。有別於藏書樓的圖書館深受西方文化和技術的影響，在藏書內容、型式、結構方面均產生了巨大的改變。圖書館的館藏亦從傳統地以中國文化歷史古籍為主，變為重視開拓知識。自然科學、應用科學、社會科學、新文學等領域之圖書受到重視；新型出版物──教科書、地圖、雜誌、報紙的大量出現，使得供眾閱覽的館藏類型更為多元。西洋鉛印術、洋紙、精裝、平裝版式改變了書籍的形式，推動了圖書出版事業。在近代社會變

化和技術革新的影響下，圖書館面對內容、形式、數量龐雜的出版物，以及民眾的閱讀需求，選擇遂日漸重要。

此一時期之選擇專論，以杜定友於 1926 年首次發表的《圖書選擇法》最為重要。與往昔相比，杜定友觀察到的是一學術昌明、印務發達的環境，他覺得當時出版物汗牛充棟，而且濫竽充數者亦不在少數，偶一選擇不慎，即受其害。是以他在此書之開端，便強調「選擇之必要」，表示「圖書之良否，於人民智識風俗，極有關係，故圖書之選擇，實為圖書館管理法中之重要問題」（杜定友，1931，頁 1）。選擇的目標中，首先便是為讀者而選擇，處處以讀者之程度、背景、需要來考慮；同時他也指出「選擇館藏必須能盡圖書館之責任，即所選圖書對於文化方面有保存、宣傳、調和、提高四種功用」（杜定友，1931，頁 3-4）。實務上，他提出選擇時需要思考的一些先決問題，如採購經費，欲購圖書用途，圖書館所在環境，讀者閱讀需求與興趣，附近圖書館是否已有此書，合乎選擇原理和標準與否。杜氏受了西方圖書館學影響，為當時的圖書館學貢獻了嶄新且重要的選擇理念，即在今日仍有許多可做參考之處。

（四）現代我國圖書館選擇理念的發展（1950 年－）

以西方圖書館為範本，借鑒其圖書館學理念和方法，我國的圖書館學研究與實踐有了長足的進展，在圖書資料選擇思想方面，也產生了一些重要的理論。王振鵠所著《圖書選擇法》，最初由國立臺灣師範大學圖書館於 1972 年出版，他提出選擇的基本原則有三（王振鵠，1987）：

1. 目的性：根據圖書館的方針與任務，讀者的需要，與地方特性而選擇。
2. 經濟性：兼顧供求關係，瞭解本館藏書之虛實，與他館合作選購，以及互換有無以各盡其用。
3. 計劃性：有系統、有計劃的選購，並且經常汰舊換新。

此書雖以「圖書」為名，實則書內所論館藏資料範圍包括圖書、叢刊、官書、學位論文、手稿及檔案、輿圖、樂譜及唱片、小冊子及剪輯、攝影複印資料、視聽資料，充分反映 20 世紀中期館藏多元的類型。

同一時期，顧敏（1979）於《圖書館採訪學》中，亦提出選擇圖書的相似原則：即經濟性、計劃性與政策性原則。

隨著圖書館事業不斷地進步，圖書選擇、採訪逐漸被納入館藏發展，一個更

寬廣的概念。吳明德（1991）之《館藏發展》在成熟且完整的館藏發展理念下，提出五個圖書選擇的基本原則：
1. 符合圖書館的目的。
2. 符合讀者的需求。
3. 注意圖書的品質。
4. 維持館藏的均衡。
5. 建立與其他圖書館的合作關係。

1980年代後，電子資源的興起，使得許多圖書館同時擁有紙本和電子兩種館藏系統，而且館藏觀念由傳統的擁有權，擴及取得資料的使用權。2005年，詹麗萍發表《電子資源與圖書館館藏發展》討論圖書館關切的新議題。電子資源的選擇因已納入本書專章討論，本章在此不贅。整體而言，自政府遷臺以來，國內圖書館事業吸納西方經驗，已有蓬勃的發展。圖書館學在選擇理念上，積累實務經驗，研究成果甚豐。

（五）中國大陸的選擇理念發展

20世紀中葉以後，中國大陸的圖書館學研究隨著其特有的國情、社會環境，亦在積極地發展。自1949至1991年有關文獻採訪學研究的論文達1,219篇（黃宗忠，2001，頁63）。可見此一主題受到重視且有豐碩的研究成果。有關選擇理論的專著亦陸續問世，對其藏書建設教育與藏書建設實務，影響甚大。茲擇其要，簡介如下。

1987年，沈繼武出版的《藏書建設與讀者工作》，以專章討論藏書建設四項原則：1.實用性原則：符合圖書館的類型、任務、讀者需要，符合地區的特殊需要；2.系統性原則：重點藏書的系統完整；3.發展與剔除原則；4.分工與協調原則：館與館之間資源共享（沈繼武，1987）。

吳慰慈、劉茲恒在《圖書館藏書》提出的四項藏書補充原則為：1.針對性原則：針對圖書館的專業方向，服務對象，具體任務和時限；2.系統性原則；藏書體系完整，突出本館特點；3.特色化與協調性原則；4.經濟性原則（吳慰慈、劉茲恒，1991）。

2001年，黃宗忠主編的《文獻採訪學》提出的文獻採訪工作原則有六：1.實用性原則：根據圖書館性質與任務，讀者需要，文獻價值做選擇；2.思想性原

則：以社會主義為辦館方向；3. 經濟性原則；4. 系統性和發展性原則：藏書內容系統完整，結構合理；並注意讀者需求變化的趨向，選購新的出版品；5. 特色化和分工協調原則：講求收集重點、特色學科或專題的文獻；建構資源共享、文獻資源保障體系；6. 多載體文獻信息一體化原則（黃宗忠，2001）。黃宗忠所論，融合前人更為完整。除了第二項思想的原則，與臺灣地區圖書館倡導維護閱讀自由，蒐集資料公正中立等專業倫理有所牴觸之外，其他各原則內涵兩岸圖書資訊學者所論皆相近。

海峽兩岸選擇理念除了政治思想上的歧異，其發展過程亦不盡相同。臺灣地區圖書館學專業受西方，尤其是美國、英國影響甚鉅；而大陸地區圖書館學受原蘇聯影響較深，近年來其學術研究與西方思想交流增多，也漸融入其館藏建設理念。例如美國的「法明敦計畫」（Farmington Plan）對前述大陸三位學者所提分工協調原則——資源共享與文獻資源保障體系，有明確的影響。總括地看，兩岸圖書館事業均各自在努力現代化，並且與國際接軌。

二、西方圖書選擇理念的發展

歐洲國家進入 16 世紀後開始積極探求新的藏書補充方法。1537 年，法國 Francois 一世頒布了 "Ordonnance de Montpellier" 法令，規定凡在法國境內印刷的出版品，每種均須送繳一本至皇家圖書館，確保皇家圖書館有永久性的藏書補充。這也是各國繳存制度之始。

隨著印刷術的發展，圖書館的選擇理念發展更加活絡。法國 Gabriel Naude（1600～1653），根據當時積累的圖書館學知識與自身辦館經驗，於 1627 年，發表了《關於創辦圖書館的建議》（*Advis Pour Dresser une Bibliotheque*）。此書闡明了為何建置圖書館，應該蒐集和不應該蒐集的圖書。這本歐洲最早的圖書館學概論，第一次系統性地闡述採訪理念。在選擇圖書方面，他認為首先要蒐集各領域的主要專家著作，不論古籍或現代著作，只要同一學科的學者看重的著作就要收集。他為法國主教 Mazarin 蒐集了 40,000 冊書建置之圖書館 Bibliotheque Mazarine，被譽為那個時期最優良的圖書館（New Encyclopaedia Britannica, 2003a, 2003b）。

及至 19 世紀之後，西方的選擇和採訪理論更是層見疊出，本節將簡述一些

重要的選擇思想流派，包括完整論、需求論、價值論、均衡發展論與合作館藏發展論，說明如下：

（一）完整論

大英博物館圖書館的館長 Anthony Panizzi（1797～1879），不但擁護藏書完整論，而且奉行不渝。他認為 British Library 顧名思義，應致力於蒐藏英國著作以及大英帝國有關的各學科著作，同時為了成為世界最偉大的印本蒐藏，每種主題每種語文都要適當地蒐集，成為這些語文在其國境外最佳蒐藏。當時圖書館慣以蒐集 15 世紀圖書多寡來分館藏良窳，他將不足 400 冊的搖籃本（incunabula）館藏，努力增至 3,600 冊，而且館藏圖書亦由 235,000 冊增至 540,000 冊，成為當時最大的圖書館（Miller, 1979, pp. 8-11）。此一選擇理念影響後世甚鉅。一直到 20 世紀，許多學術圖書館為了支援研究需求，總是企圖購置大量的圖書資料，信奉「大即是優」，存置許多資料，以備不時之需。在可取得圖書數量稀少時，此一目標或可達成。例如 1879 年美國當時商業性出版品年產約 2,000 種，時任哈佛大學圖書館館長的 Justin Winsor 便極力主張盡力蒐集圖書，他認為：「印出的資料，不論當時看來多麼無足輕重，也許有一天會用得上」。過了將近一世紀仍有大學館員呼應：「研究型圖書館的理想是完整性，而且一本被排除掉的書會造成館藏缺口」（Broadus, 1991, pp. 6, 8）。

但是也有許多學者專家抱持不同的觀點。從每年出版量估算，圖書館在空間、經費、人力等資源有限的情形下，實在無法達成館藏完整論的理想。即使是國家圖書館有繳存制做後盾，其空間與人力等資源，僅能支持最大限度地蒐集本國出版品，無法做到完整地蒐集全球出版品。

（二）需求論

此派倡議為滿足圖書館讀者閱覽需求而選擇資料。美國圖書館界早期的知名專家、學者如 F. B. Perkins、William Frederick Poole、Justin Winsor 與 Charles Cutter 都贊同讀者需要論，支持公共圖書館選擇與供應讀者有興趣，包含比較流行通俗的圖書。

Perkins 認為公共圖書館最大的失誤就是選書過於嚴肅。蒐集大眾應該閱讀的書，再勸誘民眾去讀，只是徒然；真正務實的作法是提供大眾已經想讀的書，

再來改善閱讀習慣與品味（Perkins, 1876, p. 420）。Poole 也覺得讀者需求不同，閱讀初淺的資料，正如小學的初級讀本，可導引讀者至更具文化的作品（Poole, 1876, pp. 479-480）。由閱讀比較不複雜的資料，可引領讀者進而閱讀較高深的著作，這種看法至今仍有許多人信服。Cutter 則指出公共圖書館服務對象多樣性明顯，因而必須提供種類、性質，程度不同的好書，免得單一選擇對某些人顯得程度偏高，對其他人又偏低（轉引自 Bonk & Magrill, 1979, p. 10）。Winsor 探討為民眾設置的公共圖書館時，指出大多數讀者到這些圖書館為的是休閒，他們找的是小說（Winsor, 1876, pp. 431-433）。這些 19 世紀的學者專家，都認為選擇圖書應適合讀者需求，公共圖書館讀者的教養、興趣、年齡等不同，其閱讀需求也不同，因而根據各地各館的讀者需求選擇，成為一種選擇主流思想。

英國的 McColvn 強調需求為公共圖書館的主要選擇原則，他主張公共圖書館是應需求而存在的，而選書是一種供需活動。圖書館要瞭解讀者的要求，包括提出的與潛在的資訊要求，供應各式各樣的讀物以滿足讀者的要求（McColvin, 1925）。Drury 全面探討圖書選擇，在書的開端便提出「在適當的時機，將適當的書提供給適當的讀者」（Drury, 1930, p. 1）。在此理念中讀者成為中心。圖書館要做有目標有效率地選擇，努力蒐集各學科品質最好的書；但是也會增添普通水準有人閱讀的書，而不蒐集品質好卻沒有人看的書（Drury, 1930）。

21 世紀出現的「讀者主導式採購」（patron-driven acquisition，簡稱 PDA），這種選擇資料的方式，不但取代了學術圖書館「備用」（just-in-case）式的選擇傳統，而且選購的資料有人用過，還可降低圖書館合作組織成員館之間大量重複資料（Allison, 2013）。在現代數位環境下，「讀者主導式採購」可視為需求論的理念發展極致。

（三）價值論

支持者主張圖書館選擇應依圖書資料的品質而定。此一想法由來已久。1780 年，法國 Sorbonne 的館長便提出圖書館館藏之組成，應該限於「真正優質與公認有用的圖書」（Cotton des Houssayes, 1780/1906, p. 43）。需求論令人擔心館藏品質無法控制。主張以圖書資料品質為重的館員，會重視主題的重要性，資料與內容的正確性，著者的權威性，文采與表達順暢等。強調公共圖書館教育功能之士，認為圖書館的責任就是要教育讀者，帶領他們讀好書，尤其是嚴肅的，富

教育性的書。美國的公共圖書館負有社區的教育功能，要提供民眾機會和資源，使之成為民主社會中有知識有能力的一員。這種看法導致某些資料如繪本、小說在圖書館適當性之長期爭議。

　　Dewey 為美國圖書館學會（American Library Association，簡稱 ALA）所擬標語：「以最少的花費，給最多讀者，最好的讀物」強調要選擇最好的資料。但是同時也點出另外兩個選擇因素，即：使用因素，而且是供許多人利用；以及經濟因素，所謂最低的代價，不僅包括以經費購買，亦含合作、交換等方式，滿足讀者需求。選擇質優圖書同時兼顧資料使用與資源耗費情形的這種價值論，今日仍有參考價值。

　　在價值論的影響下，有時館員成為品質的仲裁者，有些專家甚至以審查者（censor）自居。Bostwick（1908）提出公共圖書館員審查者角色的正面意義，認為館員有責任去刪除任何不是善、真、美的東西。其實審查的觀點違背了圖書館自由閱覽的宗旨。1939 年，ALA 採行〈圖書館權利宣言〉（Library Bill of Rights），公開反對審查制度與壓制民眾之閱覽自由。民主國家尊重公民的個人權利與自由，選擇人員應避免採取審查的立場，以個人信仰、偏見主導選擇。另一方面並不是所有的館員都有信心選到真、善、美的資料。隨著美國的圖書館學專業進展，學會與專家為選擇提供了一些直接的指引，倒如 *Guide to the Study and Use of Reference Books*（1902），*Booklist*（1905），*Book Review Digest*（1906）等，協助館員選擇優質的資料。

　　結合品質理想與實用的是 Haines，她認為選書是一個動態的過程，要經常調整，以達到平衡。她的基本假設是人們既要短暫流行的資料如暢銷小說，亦需要深入持久的資料。圖書館應努力建置最好的館藏：某個主題最好的書、某個作者最好的書、叢書中最有用的書，而非建置一個「完整」的館藏（Haines, 1950）。

　　讀者需求與圖書品質之爭常發生於公共圖書館。一般讀者感興趣的圖書常屬小說、暢銷書、漫畫等。圖書館在考慮到大眾的要求之外，蒐集有益於增長知識見聞或適合長遠使用的經典著作，亦是其不可推卸的選擇責任。這也是體現 S. R. Ranganathan 所提的「圖書館五律」中的前三律：Books Are for Use ──圖書館蒐集圖書的終極目的，乃在提供讀者利用。Every Reader His Book ──務使每一讀者不論身分、年齡、教育等，皆有可用的圖書。Every Book Its Reader ──選

擇入館的書適合社區民眾的興趣與需求,使得每本書都有其讀者。需求與品質兩種理念,可以在圖書館採取彈性立場下,取得平衡與共存。

(四)均衡發展論

所謂均衡,並非要求館藏各主題、各學科建置的數量相等。因為各學科出版的數量並不一致,而讀者對各學科資料的需求也不相同。維持均衡是指圖書館應蒐集主要學科的基本資料不可偏廢某些主題、範圍。另一方面圖書館在紙本書刊之外,亦應適當地補充其他類型資料及電子資源。

均衡發展論另一重意義著重在選擇時,態度公平公正,取得平衡的觀點。20世紀後半,許多美國圖書館倡行均衡論的理想,蒐集均衡的館藏意指「試圖在重要以及有爭議的議題上,選擇代表所有觀點的資料」(Johnson, 2014, p. 23)。

(五)合作館藏發展論

意謂圖書館之間採取合作採訪,依議定的主題、範圍,分工合作蒐集圖書資料,避免不必要的重複,擴大資料蒐集範圍,進而資源共享,提供讀者更豐富的圖書資料。美國大規模的合作採訪計畫 Farmington Plan,自 1948 年至 1972 年,有 64 所圖書館參與,依地區與主題分工蒐集了將近 100 個國家的資料。此計畫對於各國重要著作之蒐集、保存、與提供學術研究之用,有極佳的成果。雖然後來由於二次世界大戰結束後,海外書市恢復暢通,加上採訪方式、經費、整體規劃上的問題而結束計畫,但是其成效與經驗,激勵了許多國家的全國性與區域性合作採訪計畫之實施。

合作館藏發展是現代圖書館經營之一重要趨勢,因為出版品繁多,以一館的財力、人力、空間,難以建構齊備的館藏給讀者利用。在合作館藏發展系統中,圖書資料選擇者需瞭解其他圖書館之館藏現況,及其館藏發展與管理政策。另一方面,選擇館員所做經費分配與選擇決定,不能因合作計畫而致使本館讀者需求受損。

從上面選擇理論發展看,隨著圖書館學之發展,經營與服務理念革新,選擇的理論也在修正改變。實務上,館藏範圍從早期的紙本書刊擴展到非書資料與電子資源,從擁有權到使用權,館藏供求與使用方式都有改變。早期圖書館追求完

備炫大炫多，現在已屬罕見。讀者需求、圖書資料品質、館藏均衡、合作發展等理念，多已融會一處。選擇理論不斷地發展，正是選擇理念更趨完善的歷程。

第三節　各類型圖書館的特性及其選擇工作

由於各類型圖書館之目的、服務對象、功能不同，選擇工作人員權責、任務不同，其選擇之依據、讀者參與選擇的程度、蒐集館藏資料的重點皆有相當差異。因而各類型圖書館之選擇工作亦有相當差異，簡析如下。

一、公共圖書館

（一）公共圖書館的特性

公共圖書館之設立是提供圖書資訊，推展社會教育使民眾得以繼續教育自己，增長專業技能，培養藝文興趣，進行休閒活動，而公共圖書館的服務對象是社區內全體民眾。從幼兒到成年人到退休長者，從尚未識字到具專業學識人士，都是公共圖書館的讀者。公共圖書館要以有限的經費、人力、空間建構並維持一個館藏能滿足各年齡層、各種背景的讀者，確非易事。

實際上，受資源所限，除了大型的圖書館之外，公共圖書館的館藏以符合當地環境與居民的興趣為考量，社區需求是其選擇圖書資料最重要的考慮因素。為了因應讀者終身學習與參考上的需要，各類學科與一般性的圖書都要蒐藏，但不需要過於專門性。圖書資料以滿足讀者目前的需要為主，常會偏重休閒娛樂性資料，一般不會建構回溯性館藏。近十餘年來，公共圖書館致力於兒童、青少年閱讀服務，隨著閱讀向下紮根，少兒讀物的質量逐漸在圖書館增長。此外，外籍配偶與新移民，銀髮族的閱讀推廣活動，亦拓展了新的讀者與館藏主題範圍。

（二）公共圖書館之選擇工作

公共圖書館依現行「公共圖書館設立及營運基準」，分為：國立圖書館、直轄市立圖書館、縣市圖書館與鄉鎮圖書館四個等級。若以實際服務人口數與圖書

館館舍面積、經費、館藏、人力等資源來區分其規模，國立與直轄市立圖書館之規模當屬大型，縣市級圖書館多屬中型，鄉鎮級圖書館則多屬小型公共圖書館。

1. 大型公共圖書館之選擇工作

　　這些圖書館因為人力較為充沛，選書工作通常會有專責人員主辦。圖書館館長、各部門主任、及學有專精的館員亦可能組成選書小組或選擇委員會，分擔蒐集書目、定期挑選審查待購資料清單。主辦選擇業務的館員則通常負責書目之複本查核，以及針對分齡讀物、不同類型的資料、分館圖書資料等分項預算、額度，提出說明，供小組做抉擇時之參考。

　　2014年，大型公共圖書館的館藏圖書與非書資料數量約在150至726萬冊／件之間（公共圖書館統計系統，2014）。這些圖書館在選擇與添置新書、暢銷資料之外，某些主題館藏之積累可能導致它們轉向研究型蒐藏與服務，例如有些讀者會利用特殊的大量臺灣史料蒐藏進行研究。因此，增加特藏資料甚至選擇性地增加古典、回溯性資料，也可能包含在大型公共圖書館的選擇工作中。

　　此外，都會性大型公共圖書館除了為中央的、總館的大型館藏做選擇，同時也可能要為位於社區較小的分館館藏做選擇。分館因為所在社區的背景不同，讀者的興趣、要求可能會有差異。一般而言，分館館藏重點是在時下流行的閱讀資料，不會建構大量的參考館藏，也不會蒐集罕用的、學術研究性資料。大型公共圖書館常年預算較為寬裕，選擇預期有用處的圖書資料，範圍可從寬，較能滿足大多數的讀者。

2. 中型公共圖書館之選擇工作

　　這些圖書館服務的行政轄區較為遼闊且人口較多，讀者之異質性仍高，閱覽需求紛繁。選擇工作因為人力較少，經費較少，在資源的限制下，要從每年巨量新出版資料中，挑選出最值得蒐藏的資料，難度升高，圖書館需要更精準地掌握讀者閱讀需求。負責選擇的館員會蒐集、查核、彙整出版訊息、讀者推薦之資料，按各類資料預算額度編製成書目清單，送請選書小組審核。選書小組除本館相關業務館員之外，常邀當地讀者代表、專家協助選擇工作。通過審核的書目經圖書館館長或上級行政主管核准之後，再進行採購作業。

3. 小型公共圖書館之選擇工作

　　按照2014年的統計，鄉鎮圖書館每館約有編制內1.5人，即使加上臨時人員、約聘人員，每館亦僅有四人（公共圖書館統計系統，2014）。人力薄弱與每年的購買書刊資料預算不足，是這些圖書館的難題。選擇書刊資料主要是建置供大量使用的館藏，以滿足讀者當下的需求，而通常無力負擔罕用的資料。美國亦有相同的情況，多年前就有人指出其小型公共圖書館「主要是一個小說借閱圖書館」（Bonk & Magrill, 1979, p. 18）。因服務的社區小，館員較能掌握民眾的閱讀需求。一般預算分配上，兒童圖書分配較高，而且兒童讀物的借閱量亦較高。選書工作在人力不足的情況下，通常是由一位館員兼辦，蒐集讀者的推薦書單，目前的閱讀興趣、暢銷書單等。選書小組或委員會多由社區讀者代表、當地學者、專家擔任委員，協助選擇與審核。

二、大學校院圖書館

（一）大學校院圖書館之特性

　　大學校院圖書館（以下簡稱為大學圖書館），根據其隸屬學校之目標提供資訊服務，以達成支援教學、研究與推廣學術為主要任務。由於主要服務對象是學校的師生員工，與公共圖書館相比，其使用者同質性較高，閱讀需求較為集中。

　　臺灣地區高等教育體系主要由大學、學院與專科學校組成。目前的校數是：大學124所，學院21所，專科學校14所（教育部統計處，2015）。整體而言，圖書館之館藏發展深受隸屬大學教學研究目標影響，例如學校開設的課程，學生的學習階段（大學部、碩士班、博士班），選課及攻讀學位學生人數，教師與研究生的研究主題，推廣教育的種類與數量等，都會影響到館藏建構之主題範圍與層級。圖書館對於課程相關的學習資料，各個專業基本理論，參考工具書都要適當地蒐集。因授課領域廣，館藏一般蒐集的主題範圍亦廣，館藏量大。加上近年推行通識課程，目標在全人、通才教育，課程幾乎應有盡有；為支援這些課程，館藏主題範圍擴展更廣。此外，教師授課多訂有課程綱要，教學內容與進度皆依計畫行事。這些教學計畫週期性與穩定性高，以致學生對學習相關的書刊資料要求，亦呈週期性；教材、輔助教材、參考資料之利用亦呈階段式的密集。在圖書

資料利用的高峰期，館藏常出現供不應求的窘況。因而圖書館不但藏書要廣博，同時要注意讀者需求，提供適合的資料量，或採替代辦法如指定參考書（reserved books）供應密集的閱覽需求。

大學館藏的另一重要特色是庋藏之資料富學術價值。有學術價值的圖書，即便使用次數不多，圖書館亦會購入蒐藏。在上一世紀電子資源尚未普及時，美國許多大學為支援研究所需，會購入 UMI 公司複印本或微縮型式的他校博士論文，滿足單一研究要求。大學越以研究為重，其隸屬之圖書館越會蒐藏學術性、罕用的、珍稀的資料。在資源條件許可下，圖書館會建置回溯性館藏，或參加全國、地區或專科合作組織，特別增購一些邊緣學科資料，以增強其學術研究資源。目前，國內 145 所大學校院之中，設置研究所者達 138 校（95%）；而且這些校院中，兼設博、碩士班者，有 79 校（教育部統計處，2015）。設置研究所的大學校院，其圖書館館藏除了廣博之外，更須往精深發展。

至於資源類型方面，紙本圖書借閱量受到電子書可使用量增的影響，近年雖有下降的趨勢，但是根據 2013 年 148 所大學校院圖書館的統計數據，年平均借書（含續借）仍有 133,003 冊。圖書、報紙與期刊等連續性資料、視聽資料都是重點資源。微縮資料在一般體系的校院中，占了逾 15% 的館藏量，卻有 67% 的技職體系校院圖書館未典藏此類型資料（陳雪華，2015，頁 121，124）。這也說明了大學校院圖書館因隸屬校院的性質、教育目標等方面的差異，其館藏資源的規模、類型等亦有不同的發展。語文方面，受到一般教學與研究需求的影響，許多圖書館都有數量可觀的英文書刊、視聽資料、電子資料庫。其他的語文，則視學校開設的相關課程與教師的需求而定，較常見的語文資料有日文、法文、德文、西班牙文等。大學圖書館館藏受教、研需求影響，致使館藏資源類型多元化，館藏語文亦走向多元化。

再者，大學教育目標之一是提升文化，因而圖書館在培養學生文化、藝術素養方面亦有責任，相關的書刊、視聽資料應加以選擇蒐藏。至於純屬娛樂休閒的書刊資料，往昔多採不予蒐藏的態度（王振鵠，1972；吳明德，1991）。時代改變，讀者需求在改變，審時度勢，大學圖書館視資源條件，會酌量建置一些休閒讀物，供師生調劑身心。清華大學圖書館建構的小說專區和世新大學圖書館的漫畫專區都頗受讀者喜愛。

（二）大學圖書館之選擇工作

　　綜合型的大學圖書館人力、經費等資源較為充足，重要的選擇決定卻大多取決於各系教師。期刊與電子資源的購置經費，在2013年，約占大學校院圖書館總經費75%；紙本圖書約占經費20.1%（陳雪華，2015，頁123）。專業期刊、電子資源攸關教學研究工作，且價格昂貴，常常成為相關系、所關切重點。有些圖書館續訂、新訂專業期刊，逕由相關系所選擇決定，或委由教師代表與負責選擇與相關業務的館員，一同開會討論議定。圖書資料，尤其是學術性資料、外文資料，亦多由教師或系所推薦購置。館員負責選擇的圖書資料，多是一般性參考資料，非課程相關之書、刊、視聽資料。

　　至於資料的選擇應由教師或館員負責，議論頗多。主張教師負責選擇者，認為教師具專業知識，瞭解師生需求。但是教師的教學與研究負擔已重，可能無暇或無力從事選書工作。主張館員選書者認為館員雖然學科知識不及教師專精，卻能掌握出版訊息，瞭解館藏整體發展與預算配置。權衡之下，較為穩妥的做法是協同選擇：

1. 館藏發展與管理政策之擬訂，在學科蒐藏範圍、層級等方面，先與相關系所教師協商，為選擇工作訂立架構與原則。
2. 每年一次性的選擇，如期刊、電子資源，館員可與院系代表溝通、協議。
3. 經常性的選擇，如學科圖書與視聽資料，可提供出版目錄供教師選擇。採行學科館員選書時，一開始可列出清單並檢附選擇依據供教師參考。此後若獲得相關系所授權，圖書館可主動依據選書工具來選擇。

三、學校圖書館

（一）學校圖書館之特性

　　「圖書館法」稱之為中小學圖書館，本節依中外文獻慣用名詞稱之為學校圖書館。這些圖書館為了配合課程需要，協助學生獲取基本知識，需建構課程相關的學科與主題之核心資料，同時也提供適當的讀物以增廣見聞、激勵健全的思想與人格發展，培養閱讀興趣，如名人傳記、哲學、藝術等方面著作。館藏通常不

會建構回溯性資料。除了語文課程的需求外，甚少蒐集外國語文資料。教師雖是圖書館的使用者，但是因經費、空間所限，館藏通常僅能支持其教學方面之需求。教師個人進修與研究所需資料資源，一般要靠當地其他的圖書館來支應。

（二）學校圖書館之選擇工作

各級學校圖書館設立及營運基準皆明訂圖書館委員會之設置，而委員會成員包括相關單位主管、教師、專家學者與家長代表等。不論有無圖書教師，館內負責選擇之教師、館員皆應與圖書委員會配合，共同擔任選擇工作。委員會成員對課程需要、學生的閱讀興趣與能力、學校財務狀況、社區文化背景皆有相當瞭解；圖書教師與館員則能掌握師生利用資料資源的實況，熟悉出版訊息，瞭解專業規範與標準，雙方的溝通合作，有利於發展出最適合的館藏。

學校圖書館一般規模較小，資源較少，其館藏選擇工作因服務對象之影響，常遭遇一些特殊問題，簡析於下：

1. 閱讀能力不一的問題：圖書館服務的學生，其閱讀能力差異頗大。小學低年級的學生識字未久，閱讀能力尚淺，高年級的學生可能已具資訊素養。依據〈國民小學圖書館設立與營運基準〉第21條的規範，若是學校附設了幼稚園，館藏與服務還要兼顧幼稚園師生之需求，便需蒐藏幼兒使用的繪本與識字書。至於國、高中階段的學生，正值青少年時期，身心發展速度有快有慢。從心智成熟、閱讀能力強到讀、寫、運算、推理的學習能力較差的學生，都是圖書館的使用者。因此館藏不但要涵蓋課程的主題，還要兼顧各主題不同深淺層級的資料。

2. 出版資料與審查問題：近年來許多複雜難解的社會現象，例如：吸毒、墮胎、同性戀、虐待兒童、未婚父母等，原先僅在成人書刊中討論的主題，慢慢地滲進兒童與青少年讀物。類此的出版品令許多家長、校董會、社會團體不安，認為這些複雜的社會問題與偏頗的價值觀，不適合兒童、青少年階段之閱讀。家長與社區團體因為關心兒童、青少年發展，對於館藏的注意、挑剔與責難，是各類型圖書館中最常見的。提供相關書評，或提供書刊實物給圖書館委員檢視，均有助於釐清實際情況，消除疑慮。

3. 學習資料資源不足的問題：美國的學校圖書館館藏類型極多，有圖書、期刊、報紙、小冊子、微縮資料、視聽資料、地圖、地球儀、模型、玩具、標本等；

圖書館並購置各種播放、投射資料的設備，因而學校圖書館多稱之為媒體中心。學生可透過讀、聽、看，來獲得查取、評估與利用資訊的經驗；教學與個別自學與充實都很依賴視聽媒體。臺灣地區的學校圖書館，館藏發展仍以圖書為主，其他類型的資源則明顯不足。在 2013 年，2,579 所國小圖書館與 720 所國中圖書館之中，尚有 23% 圖書館藏書量不足 10,000 冊；期刊、報紙在小學、國中圖書館逾半未達設立及營運基準；視聽資料與數位資源仍未成典藏重點項目。高中職圖書館的館藏圖書平均 34,334 冊，視聽資料在 1,503～3,246 件之間（賴苑玲，2015，頁 152，167）。整體而言，學校圖書館尤其是小學及國中圖書館之期刊、報紙、視聽資料、數位資源都有待積極擴增，建置豐富多元的館藏資源。

四、專門圖書館

（一）專門圖書館之特性

專門圖書館是一統稱，我國的專門圖書館通常細分為：政府機關（構）圖書館、醫學圖書館、學（協）會圖書館、工商圖書館、大眾傳播機構圖書館、宗教圖書館、其他圖書館（如各國駐華單位之文化中心圖書館）。這些圖書館目標特定、明確，以特定讀者群為服務對象，蒐集特定主題或類型圖書資訊，提供專門性資訊服務。有時專門圖書館兼具另一類型圖書館的特性，如高雄醫學大學圖書館既是醫學圖書館又是大學圖書館。

專門圖書館館藏學科或主題範圍比較精細，但是資料類型卻廣含多種。書刊之外，學位論文、小冊子、技術報告、會議紀錄、實驗筆記、檔案資料、電子資源等，但凡與學科或主題有關的資料，只要使用者有需求，不論語文、不論出版地、不論資料類型，圖書館都會設法蒐集。由於圖書館一般空間不大，尤其是與上級單位共用房舍者，因此蒐集重要的核心書刊資料，偏重當前要用的資料。通常不建置回溯性館藏。偶有這方面的需求，則依賴館際合作來滿足。圖書館常重視資訊技術與設備，重視線上資訊與電子資源。館藏建置的預算較為充裕，如有特殊需求，上級機構亦多予支持。

（二）專門圖書館之選擇工作

由於館藏講求新、專、深，無法使用一般的選書工具作為選擇依據，因為它們涵蓋的主題不夠專精。館員即使受過學科教育與訓練，具豐富的工作經驗，採訪仍然以使用者提出購置需求為主。從事選擇工作的館員需充分瞭解服務對象的相關研究計畫、企業發展、生產技術、專業活動等，積極蒐集專業出版訊息、代理商目錄等提供給專家組成的圖書委員會、選書小組或機構負責人進行選擇。具有多年工作經驗之館員可以主動蒐集線上出版訊息、專業期刊上的書訊、書評提供使用者選擇。

第四節　圖書資料選擇的範圍、工具與依據

在選擇的過程中，深切瞭解並掌握圖書資料的範圍，選擇的工具，與評定的依據，是工作良窳之關鍵。本節將分別簡析於下：

一、圖書資料選擇的範圍

（一）出版市場

古代的藏書樓沒有所謂的選擇問題，因為書少，有書可以取得或抄寫便好；雕版、活字印刷術時代來臨後，書籍大量生產，藏書機構對蒐集入藏的圖書才審慎起來。現代出版品類型多元，圖書資料數量龐大，精挑細選已成為館藏發展與管理的基礎工作。2014 年，臺灣地區出版 41,598 種新書。最近三年（2012～2014 年），雖然新書出版呈現下滑的現象，但是年平均量仍有 42,007 種新書。

2014 年的新書以語言／文學類最多，計有 9,874 種，占 23.74%，加上兒童文學 2,762 種，共計 12,636 種，占全部新書總數 30.38%（表 4-1）。新書出版偏重語文類，正與國內大多數圖書館借閱流通偏重語文類館藏的情況一致。

至於全球書刊出版情況，圖書方面 Wikipedia 提供的最新數據是，全球年產約 220 萬種新書及新版圖書。在 124 個國家或地區中，出版圖書數量最多的前三者為：中國 440,000 種，美國 304,912 種，英國 184,000 種（Wikipedia, 2015）。

表 4-1　出版新書類別統計

序號	圖書類別	圖書種數（2013 年）	圖書種數（2014 年）
1	總類	683（1.62%）	301（0.72%）
2	哲學	1,633（3.88%）	1,791（4.31%）
3	宗教	2,020（4.8%）	2,083（5.01%）
4	自然科學	1,416（3.36%）	1,080（2.6%）
5	電腦與資訊科學	1,194（2.83%）	1,498（3.6%）
6	應用科學	6,479（15.38%）	6,908（16.61%）
7	社會科學	6,204（14.73%）	6,167（14.83%）
8	史地／傳記	2,440（5.79%）	2,909（6.99%）
9	語言／文學	10,567（25.09%）	9,874（23.74%）
10	兒童文學	2,330（5.53%）	2,762（6.64%）
11	藝術	7,033（16.7%）	6,201（14.91%）
12	其他	119（0.28%）	24（0.06%）
計		42,118（100%）	41,598（100%）

資料來源：國家圖書館（2015）。

僅此三國，每年出版新書即近百萬。期刊方面，發行的數量也很大，Ulrichsweb 列出全球 300,000 種期刊，包含學術期刊、學報、通俗雜誌、報紙、新聞通訊、電子期刊等（Ulrichsweb, 2015）。

　　圖書、期刊是大多數圖書館的主要館藏，其他如視聽資料、輿圖、政府出版品、技術報告、會議文獻、學位論文、電子資源等，亦常是許多圖書館蒐藏的資料資源。總括的看，圖書館面對的情勢是出版品數量龐大，出版市場分工專精。每年要從廣大的圖書資料天地中，篩選合適的書刊資料成為館藏，確非易事。

　　此外，每年出版品價格上漲，而許多圖書館在經濟欠佳的影響下，經費每每遭到刪減，即使經費增加，通常幅度不及上漲幅度。再者，圖書館空間有限，每年新增的實體館藏，會形成空間的壓力。在這些限制性因素的作用下，選擇圖書資料更須審慎。

（二）圖書館蒐集資料之歸類

　　資源較充足的圖書館，因每年選購資料量大，常將出版資源分成類別，指派

專人負責不同類別資源。資料型式（format）是常見的一種類分方法，用以區分印本、微縮型式、視聽資料，及電子資源等。印本是最早也是最普遍的館藏種類，依其文字體裁又可細分為專書、參考書、教科書、期刊、雜誌、報紙、學位論文、政府出版品、漫畫等。館藏資源亦可按學科類分，如人文學科、社會學科、科學。此外資料資源亦可按出版語文類分為中文圖書、英文圖書，或依其服務之讀者群體來劃分──如幼兒、兒童、青少年，或成人圖書。圖書館依其屬性、規模、特色等，劃分選擇資料資源方法甚多，不一而足。

圖書館其人力越充足，館藏類別之劃分越細，其選擇工作越專精。資料資源選擇者隨著類別之劃分越細，其專家屬性越明顯。公共圖書館的兒童讀物，會由兒童室的館員負責選擇；工作人員較多者，其幼兒繪本圖書可能由推動「閱讀起步走」計畫（bookstart）的館員負責選擇。再者，館藏資源區分類別，便於利用專門性目錄、書評等選書工具，就主題範圍、資料型式、或是讀者群體等，更有效地覓求最適當的資料。

二、圖書資料選擇的工具

（一）選擇館員與資訊工具

選擇雖是重要的工作，卻很少圖書館專設選擇館員（selector）的職位。因而館內的其他工作者──館長、主任，或是相關的館員，便須提撥相當時間投注於選擇的工作。在他們專注於選擇工作的時段裏，實際上他們就是選擇館員，使得選擇工作運行不輟。在檢視選擇館員的資格時，實質上執行選擇任務者應視同選擇館員。

往昔，館藏建構的論著都很注重選擇館員的資格。Drury 除了提出選擇館員在教育、專業訓練、圖書館經驗三方面的條件外，他還細列 24 大項基本的個人特質，其中最重要的三大項特質是判斷力、文學欣賞能力、專業知識。此外他在細項中特別推崇閱讀的特質，如閱讀為文精緻的書、閱讀多種領域的書與快速閱讀的能力（Drury, 1930, pp. 336-344）。

另有專家勾勒的理想選擇館員則近乎超人，因為資格之一是，讀盡所負責學科的現行出版品，以便選擇出最佳資料（Bonk & Magrill, 1979, pp. 96-97）。

參照現今出版市場的規模，以個人的能力與時間，選擇館員確是無法企及此一理想。但是實務上選擇工作仍需達成兩項基本任務：其一，要能快速地掌握需要的出版訊息。其二，要能做出適當的選擇判斷。館員獨自面對浩如煙海的圖書資料，甚難掌握，遑論判斷。倚靠種種不同的選擇工具，憑藉眾多專家的判斷力，便成為選擇館員達成任務之最佳助力。因此熟知並善用資訊來源、資訊工具進行鑑別、篩選，便成為選擇館員之一基本素養。

（二）選擇工具與其他資訊來源

購置圖書資料的品質常取決於書目資訊蒐集工作的精良程度。書目資訊質量若是不高，蒐集的資訊來源不夠全面，就難以替館藏選擇到優質的資料。常見的選擇資訊工具有各種書目、書評、書摘、非書評論、專題目錄、標準書目、核心清單等，可以幫助選擇館員找到確實的作者、圖書或資料名稱、出版者與其他必要的基本訊息。在取得確切的出版訊息基礎上，館員才能分析、評量，並做出適當的選擇決定。因為這些工具收錄資料的目的和範圍不同，單一資訊來源無法解決選擇工作面臨的所有問題。某種工具可能對選擇兒童讀物最適宜，另一種工具可能對選擇科技圖書最適宜，它們所涵蓋的範圍不同，適用的讀者不同，針對的圖書館類型不同，各有其局限性。很明顯地，選擇館員不能依賴單一工具或資源，要熟習各種工具與資源之內容與特性，以備需用時能快捷地揀閱最適當的資源。

1. 選擇工具

一般常用的選擇工具大約可分成下面三種：

(1) 書目

常見的書目依照其收錄資訊的時效，可分為現行的與回溯的兩種書目。出版品書目屬現行的書目，針對新近出版或市面上可以購得圖書資料，提供基本的書目資訊，如著作者、書名、刊名或資料名稱、出版者、出版時間或頻率、價格等訊息。例如國家圖書館國際標準書號中心出版之《全國新書資訊月刊》，收錄前一個月出版之新書，按 11 大類列出書目。美國 Bowker 公司出版之 *Books in Print* 為全球印行中的英文圖書、有聲書、電子書、多媒體資料提供書目訊息；該公司另一產品 *Ulrich's Periodicals Directory*，則是國際性的期刊書目。上述這些印本工具書，目前均有對應的網路版電子資源可用，如全國新書資訊網。此外，

相同性質圖書館的新書目錄或每月新進資料清單，亦可提供近期出版資料的訊息。

回溯性書目涵蓋範圍最廣的應是國際圖書館線上電腦中心（Online Computer Library Center，簡稱 OCLC）的 WorldCat，它是全球最大的聯合目錄，涵蓋 347,400,683 筆書目紀錄（OCLC, 2015）。因為資料量大，對求證著者、書名、版本等訊息，很有幫助。同樣地，「全國圖書書目資訊網」（National Bibliographic Information Network，簡稱 NBINet）收錄我國國家圖書館及 82 個合作單位提供的書目資料，極適於查詢、求證書目訊息，或是查尋附近圖書館是否擁有某件資料。

另一常見的回溯性書目是標準書目，適於選擇基本館藏之用。當圖書館建構一全新的館藏，需要快速且大量地增添圖書資料，或是補充學科／主題間隙，標準書目最方便好用。例如美國圖書館學會出版之 *Books for College Libraries*，是專家為大學圖書館輯錄的基本館藏，第三版（1988）收錄 50,000 種核心圖書。目前更新為網路版 "Resources for College Libraries"，收錄 117 個主題，85,000 種核心印本圖書與電子資源。

核心圖書資料清單是另一種重要的書目工具。這些清單以某一學科、主題為範圍，由學者或學科專家選擇出其中最重要的圖書資料，協助選擇館員發展館藏。特殊的、專門的核心資料清單對於未具學科背景的選擇新手，是極佳的助力。例如：以往在醫學館藏發展頗具影響力的 Brandon-Hill 核心書目，目前已由 "Doody's Core Titles" 取代，在網頁上每年五月更新，時效較佳（Wiley, 2015）。

標準書目、核心清單多限於英文圖書資料。再者，它們由專家學者評斷把關，選輯耗時，更新不易，利用此種工具，須注意資訊時效。

(2) 書評、書摘

書摘是提煉精華，介紹全書大要與其精彩之處。書評則是在介紹之後，加上評價——對於作品的思想、藝術特色、社會價值、作家的創作經驗等所作之評述。理論上，書摘書評都掌握了圖書的內容甚至價值，遂成為許多選擇館員判斷某件著作或資料是否適合館藏之工具。

一般性的書評常刊於報紙、期刊上。*New York Times Book Review* 每周日發行，由專家評述新近出版品，並刊出暢銷書排行榜，它是許多美國圖書館常用的

選書工具。國內兩大報系《中國時報》與《聯合報》亦有書評專欄，評析新書。上述三種報紙所刊載之書評，皆可上網查用。

以館員為主要閱讀對象的書評有 *Booklist*、*Choice* 與 *Library Journal* 等期刊，評述適合成人、青少年、兒童閱讀的新書，各類媒體、電子資源等。單一學科／主題的書評多刊登在專業期刊上，例如 *Science* 刊登科技類書評。利用書摘、書評選擇資料雖然便捷且具權威性，但是它亦有下面局限之處，值得注意。

a. 書評數量少，涵蓋範圍小。圖書館大量選購新書時，此類工具助益不大。以 OhioLINK 合作聯盟成員館為對象之一項研究顯示，2004～2005 年，這些成員館收到 YBP 供應的圖書有 89.9% 沒有獲得任何書評。另一項調查指出，2009 年美國圖書出版量為 175,443 種，書評有 47,654 則。年度新書僅有 27.2% 得到一則書評。扣除重複的書評後，新書實際得到的書評比率更低（Evans & Saponaro, 2012, p. 86）。

b. 書評的時效較差。書評因為研讀原書、撰文、發表耗時，通常落後新書出版相當時日才會刊出。幸而有些書評目前亦有網路版，如 Booklist Online，可稍為彌補時效。另外，網路上出現的書評網站日多，有個人書評網站，亦有圖書業者如誠品站之「讀家書評」（誠品站，2015）。

c. 書評可能不夠客觀。期刊報紙常有各自社、經背景，選擇被評圖書資料時，可能受到其背景立場影響；再者，撰寫書評者有自己的觀點，因而書評常被指為流於主觀。美國有些圖書館在利用書評選擇時，要求具有兩篇以上書評推薦，為的就是防範觀點偏頗。

(3) 出版公司的目錄、書訊

這些商業性的目錄與書訊旨在行銷產品，一般而言，選擇館員在利用此類資料時，甚為審慎，但是出版品目錄與書訊提供基本的書目資料，目次表及內容介紹，而且時效較佳。目前有些出版品目錄、書訊以電子資源型式在網路出現，如「Wiley 在中國」（網址：http://as.wiley.com/WileyCDA/Section/id-826309.html）或以電子郵件直接傳給館員與教師，如「知訊圖書新書通報」。

2. 其他出版資訊來源

(1) 讀者薦介資料：讀者接觸到新資料，察覺館藏疏漏而提出的資訊需求訊息，不可忽視。若是讀者推介的圖書資料，符合館藏發展與管理政策，應循固定

的流程快速處理，從查證資訊、通知採購決定，至資料到館後之取用通知。
(2) 書展與書店：大型書展如「臺北國際書展」，小型書展如各種學會年會上的書展，都招徠出版商展出重要與最新產品，發布目錄與書訊。書店也提供可當場翻閱試讀的新書。大型連鎖書店陳列之暢銷圖書與輯錄之暢銷書榜，都可供參考。專門性的書店如「女書店」、「偵探書屋」還有助於搜尋專題資料。
(3) 館內訊息：館際互借紀錄可供選擇參考，重複借用書刊可納入選擇考量。圖書屬於一次性採購，將讀者實際需求納入選擇因素，不致有何爭議。增訂期刊在選擇過程中考慮因素較多。流通紀錄若顯示某書常有讀者探詢、預約，則可考慮增添複本。館內同仁在專業文獻或一般報刊，閱讀到可蒐藏的圖書資料書訊或書評，常會將之轉交選擇館員傳閱。
(4) 好書通報：全國新書資訊網輯錄之「得獎好書」專欄，刊出 12 類得獎與推薦好書之書目資訊，並提供「得獎紀錄查詢」，可查得中外歷年各類得獎或推薦之圖書清單（網址：http://isbn.ncl.edu.tw/NCL）。臺北市立圖書館輯錄之「好書通報」，亦蒐集中外各類推薦清單與書評（網址：http://www.tpml.edu.tw）。《圖書教師電子報》亦提出「好書推薦」，圖書類別與數量較少，卻特別適合發展學校圖書館、公共圖書館兒童與青少年館藏（網址：http://teacherlibrarian.lib.ntnu.edu.tw）。這些好書通報便捷好用，但是部分書單所列圖書，有重複之處。

第五節　選擇過程與評量

　　選擇圖書資料基本上是根據圖書館的館藏發展與管理政策，著眼於圖書館的性質、任務、特色、讀者需求，所持續進行的建構館藏初階工作。日常的抉擇判斷來自對擬增圖書資料的評量。1950 年代，Haines 對此即提出她精闢的看法，認為判斷一書之道有三：根據閱讀後個人觀感，判斷該書對他人的用處或價值，與判斷其本身品質（Haines, 1950, p. 123）。30 年後，Katz（1980, p. 89）提出選擇的兩個關鍵：判斷資料本身的品質，與判定資料是否符合讀者需求。時至今日 Johnson（2014, p. 144）仍沿襲此一想法。以資料之內在品質與是否符合讀者需求，決定是否增添之。綜合這些學者的看法，例行選擇的評量過程，可分兩方面：

1. 評價：考量待購或待增圖書資料本身的品質，判斷其優點與價值。英文用詞以 evaluation 稱之。
2. 評估：考量該圖書資料是否有使用價值，是否符合當地讀者需求，此項工作英文稱之為 assessment。

　　實務上，評價與評估是同時進行，很難分割。例如：為兒童室館藏做選擇時，館員不會耗費精力為一本《職業傷害預防》專論做品質評價，因為它不符兒童閱讀的需求。同樣地，某一資料品質評價極低時，即使其主題符合讀者需求，館員亦不應選之入藏。

一、選擇圖書資料品質評價要點

　　資料因類型不同，評量重點亦有差異，例如視聽資料要考量配合的器材設備，期刊要考慮長期訂閱費用。一般而言，圖書資料主要的評價標準有（Gardner, 1981, pp. 448-452; Johnson, 2014, pp. 144-145）：

（一）主題或內容的重要性。
（二）客觀與正確。
（三）處理資料的廣度與深度。
（四）數據與資料的新穎性。
（五）文體與編排，如流暢、易讀。
（六）著作者、插畫者、出版者的資格、聲譽。
（七）閱讀層級。
（八）被書評、書目輯選情形。
（九）技術方面──如音響、圖像真切。
（十）外形方面──紙張、裝訂品質。
（十一）價格。
（十二）其他特性──參考書目、附錄。

二、選擇評估要點

評估的重點在確定考慮中的圖書資料是否符合讀者需求。主要考量的項目有（Futas, 1995, pp. 223-232; Johnson, 2014, p. 149）：

(一) 符合圖書館任務、目標。
(二) 支持當地讀者閱讀興趣──主題、作者。
(三) 支援課程、研究。
(四) 與現有館藏的關係。
(五) 合作館藏發展的責任。
(六) 附近圖書館已經典藏。
(七) 圖書館有合適的典藏空間、設備。
(八) 預期與潛在利用。

圖書館的業務由圖書資源徵集開始，唯有選擇、徵集了適當的圖書資料，良好的圖書館服務才有發展的機會。爭論近百年的選擇理念，至今還是以讀者為中心。Drury 當年提出：「在適當的時機，將適當的書提供給適當的讀者」（Drury, 1930, p. 1）。只要將「書」，換上現代的「圖書資源」，這席話仍是十分貼切的選擇理想。

建構出適合讀者需求的優良館藏，需要長期不懈的努力。在此長期努力中，選擇館員扮演守門人的角色，因而首先要瞭解本館的館藏發展與管理政策或理念，要確知蒐藏範圍、層級、重點、館藏現況、圖書資料利用情形與圖書資料預算。其次要熟悉負責的主題，包括研究與出版趨勢。選擇館員的工作一方面挑戰性大，另一方面又可獲得很高的成就感，需要不斷地充實圖書館專業知能，出版新知與學科知識。

關鍵詞彙

圖書資料	選擇工具
Books and Materials	Selection Tools
選擇	出版在銷售中
Selection	In-Print

選擇館員	書評、書摘
Selector	Book Review, Book Digest
需求與品質	評價
Demand and Quality	Evaluation
出版資料	評估
Published Materials	Assessment

自我評量

- 請說出：一、小型公共圖書館館藏特性與其選擇工作的關係；二、大學圖書館館藏特性與其選擇工作的關係。

- 請比較出版公司新書目錄與書評兩者，做為選擇新書工具之優點與限制。

- 請說出圖書館鼓勵讀者薦購圖書資料的理由，與讀者薦購圖書資料可能產生的問題。

參考文獻

Wiley.（2015）。*2015 年 Doody 健康科學領域核心書目*。檢索自 http://as.wiley.com/WileyCDA/Section/id-826309.html

公共圖書館統計系統（2014）。*2014 年度彙整結果*。檢索自 http://publibstat.nlpi.edu.tw/index.php?do=statistic_2014

王振鵠（編）（1972）。圖書選擇法。臺北市：學生書局。

吳明德（1991）。館藏發展。臺北市：漢美圖書。

吳晞（1996）。從藏書樓到圖書館。北京市：書目文獻出版社。

吳慰慈、劉茲恒（1991）。圖書館藏書。北京市：書目文獻出版社。

李家駒（2005）。中國古代藏書管理。臺北市：花木蘭文化工作坊。

杜定友（1931）。圖書選擇法。上海市：商務印書館。

沈繼武（1987）。藏書建設與讀者工作。武漢市：武漢大學出版社。

來新夏（1990）。中國古代圖書事業史。上海市：上海人民出版社。

國家圖書館（2015）。*103 年臺灣圖書出版現況及其趨勢分析*。檢索自 http://nclfile.ncl.edu.tw/nclhistory/public/Data/54109142371.pdf

教育部統計處（2015）。*中華民國 104 年版教育統計*。檢索自 http://www.edu.tw/News_Content.aspx?n=829446EED325AD02&sms=26FB481681F7B203&s=B19AF3B0B4D7BFAC

陳益君（1999）。淺論中國藏書樓的歷史變遷與文化價值。在黃建國、高躍新（編），中國古代藏書樓研究（頁 386-396）。北京市：中華書局。

陳雪華（2015）。大專院校圖書館。在國家圖書館（編），中華民國一〇三年圖書館年鑑（頁 119-150）。臺北市：國家圖書館。

焦樹安（1994）。*中國古代藏書史話*。臺北市：商務印書館。

黃宗忠（編）（2001）。*文獻採訪學*。北京市：北京圖書館出版社。

劉兆祐（1997）。*認識古籍版刻與藏書家*。臺北市：臺灣書店。

賴苑玲（2015）。中小學圖書館。在國家圖書館（編），中華民國一〇三年圖書館年鑑（頁 151-176）。臺北市：國家圖書館。

謝灼華（1987）。典籍的產生與保藏（商—春秋）。在謝灼華（編），*中國圖書和圖書館史*（頁 1-15）。武昌市：武漢大學出版社。

顧敏（1979）。*圖書館採訪學*。臺北市：學生書局。

Allison, D. A. (2013). *The patron-driven library: A practical guide for managing collections and services in the digital age*. Oxford, UK: Chandos.

Asheim, L. (1953). Not censorship but selection. *Wilson Library Bulletin, 28*(1), 63-67.

Bonk, W. J., & Magrill, R. M. (1979). *Building library collection* (5th ed.). Metuchen, NJ: Scarecrow Press.

Bostwick, A. (1908). Librarian as censor. *Library Journal, 33*, 257-259.

Broadus, R. N. (1991). The history of collection development. In C. B. Osburn & R. Atkinson (Eds.), *Collection management: A new treatise* (pp. 3-28). London, UK: JAI Press.

Bryson, L. (2000). *Core list of astronomy books*. Retrieved from http://ads.harvard.edu/books/clab/

Cotton des Houssayes, J.-B. (1906). *The duties and qualifications of a librarian* (J. C. Dana & H. W. Kent, Trans.). Chicago, IL: A. C. McClurg. (Original work published 1780)

Drury, F. K. W. (1930). *Book selection*. Chicago, IL: American Library Association.

Evans, G. E., & Saponaro, M. Z. (2012). *Collection management basics* (6th ed.). Santa Barbara, CA: Libraries Unlimited.

Futas, E. (1995). *Collection development policies and procedures* (3rd ed.). Phoenix, AZ: Oryx.

Gardner, R. K. (1981). *Library collections, their origin, selection, and development*. New York, NY: McGraw-Hill.

Gorman, G. E., & Howes, B. R. (1989). *Collection development for libraries*. London, UK: Bowker-Saur.

Haines, H. E. (1950). *Living with books* (2nd ed.). New York, NY: Columbia University Press.

Johnson, P. (2014). *Fundamentals of collection development and management* (3rd ed.). Chicago, IL: American Library Association.

Katz, W. A. (1980). *Collection development: The selection of materials for libraries*. New York, NY: Holt, Rinehart and Winston.

McColvin, L. R. (1925). *The theory of book selection for public libraries*. London, UK: Grafton.

Miller, E. (1979). *Antonio Panizzi and the British museum*. Retrieved from http://www.bl.uk/eblj/1979articles/pdf/article1.pdf

New Encyclopaedia Britannica. (2003a). Gabriel Naude. In *The new encyclopaedia Britannica* (15th ed., Vol. 8, pp. 560-561). Chicago, IL: Encyclopaedia Britannica.

New Encyclopaedia Britannica. (2003b). Library planning. In *The new encyclopaedia Britannica* (15th ed., Vol. 22, p. 951). Chicago, IL: Encyclopaedia Britannica.

OCLC. (2015). *A global library resource*. Retrieved from https://www.oclc.org/worldcat/catalog.en.html

Perkins, F. B. (1876). How to make town libraries successful. In United States Bureau of Education (Ed.), *Public libraries in the United States of America: Their history, condition, and management: Special report, Department of the Interior, Bureau of Education. Part 1* (pp. 419-430). Washington, DC: Government Publishing Office.

Poole, W. F. (1876). The organization and management of publish libraries. In United States Bureau of Education (Ed.), *Public libraries in the United States of America: Their history, condition, and management: Special report, Department of the Interior, Bureau of Education. Part 1* (pp. 476-504). Washington, DC: Government Publishing Office.

Ulrichsweb. (2015). *Global serials directory*. Retrieved from https://ulrichsweb.serialssolutions.com/ulrichsUpdate/home

Wikipedia. (2015). *Books published per country per year*. Retrieved from https://en.wikipedia.org/wiki/Books_published_per_country_per_year

Winsor, J. (1876). Reading in popular libraries. The organization and management of publish libraries. In United States Bureau of Education (Ed.), *Public libraries in the United States of America: Their history, condition, and management: Special report, Department of the Interior, Bureau of Education. Part 1* (pp. 431-433). Washington, DC: Government Publishing Office.

第五章
圖書資料採訪

學習目標

研讀本章內容之後，學習者應能夠：
- 認識圖書館採訪作業及其意義
- 瞭解圖書館採訪的程序
- 瞭解圖書館採購的方式
- 瞭解圖書館代理商的類型
- 瞭解圖書館選擇代理商的重要性
- 瞭解圖書館圖書交換及贈送作業
- 瞭解國內中文圖書採購方式
- 瞭解國內圖書採購相關規範

作者簡介

林呈潢

(lins1028@mail.fju.edu.tw)

天主教輔仁大學
圖書資訊學系助理教授

本章綱要

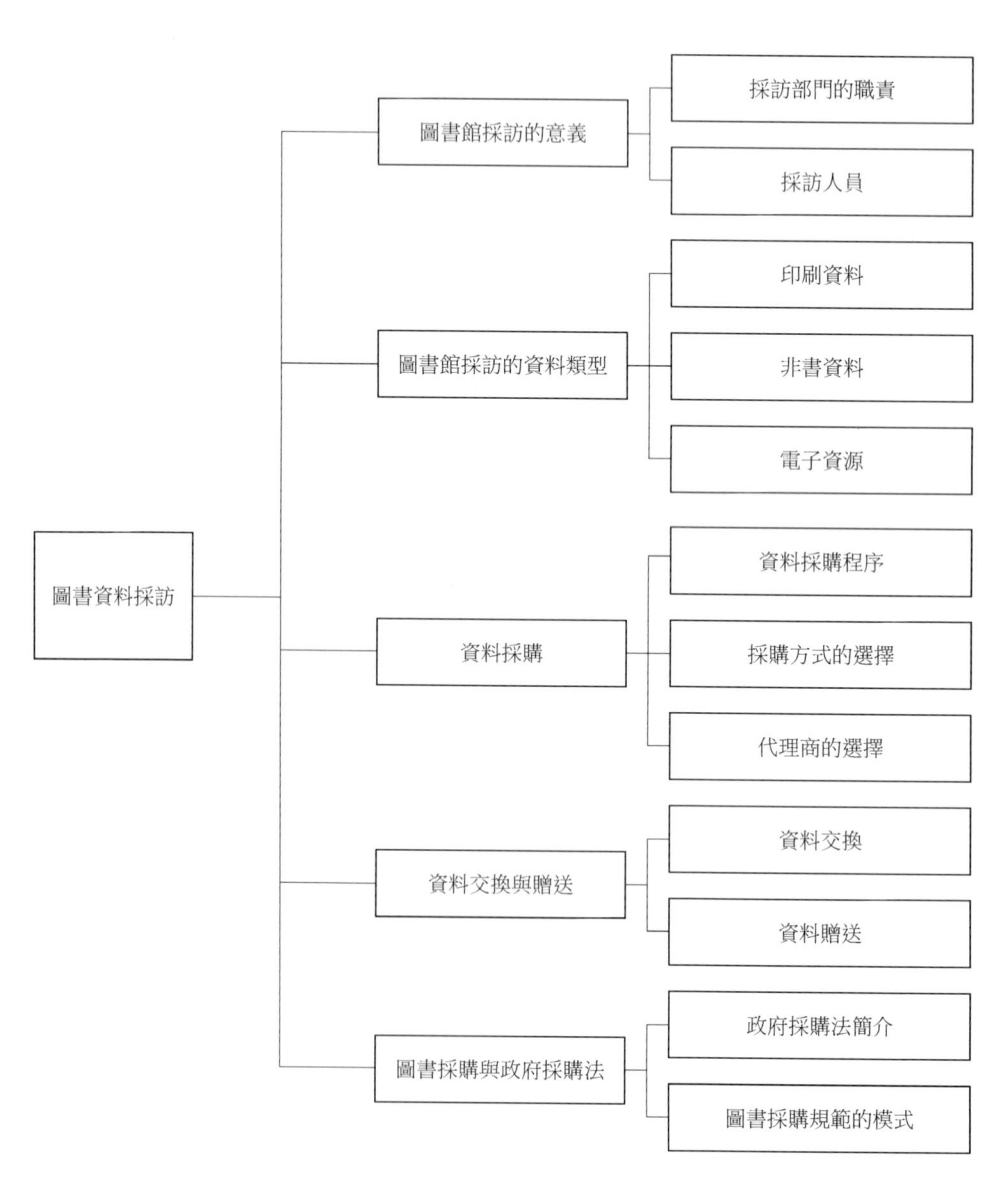

```
圖書資料採訪
├── 圖書館採訪的意義
│   ├── 採訪部門的職責
│   └── 採訪人員
├── 圖書館採訪的資料類型
│   ├── 印刷資料
│   ├── 非書資料
│   └── 電子資源
├── 資料採購
│   ├── 資料採購程序
│   ├── 採購方式的選擇
│   └── 代理商的選擇
├── 資料交換與贈送
│   ├── 資料交換
│   └── 資料贈送
└── 圖書採購與政府採購法
    ├── 政府採購法簡介
    └── 圖書採購規範的模式
```

第五章
圖書資料採訪

第一節　前言

採訪是圖書館重要的技術服務作業，相較於其他技術服務的功能，採訪工作的內涵與處理方式在過去數十年中有很大的變化。圖書館「獲取資料」的定義，超越傳統購買、訂閱和取得使用權限的範圍；採訪的業務，包括版權管理的議題。本章主要內容以一般資料採購、交換、贈送為主。有關數位版權管理（digital rights management，簡稱 DRM）的議題另章介紹。

第二節　圖書館採訪的意義

選擇資料後，圖書館訂購和取得資料的過程與系統稱為採訪（acquisitions）（Johnson, 2014, p. 158），資料的採購與館藏發展息息相關，雖然有些圖書館選擇與採訪由不同人員或不同部門負責處理；但是，基本上，採訪通常包括訂單處理、訂單（或資料）催補、刪訂（期刊）、點收、付款和發票處理。國內圖書館的採訪業務也許由總務（事務）單位處理，但是將資料選擇和資料採購合併作業是國內外圖書館較常見的作法。

提供讀者資訊需求是所有類型圖書館的共同使命。各類型圖書館都有其特定的服務目標，以支援讀者的資訊活動；圖書館選書人員必須瞭解服務對象的資訊需求，採訪人員需要投入時間瞭解所服務之對象或機構，同時也需要瞭解那些資源可用來滿足圖書館服務對象的特定需求。當然，由於經費資源有限，加上圖書館館必須在預算年度內，決定讀者需求以及出版品購買的優先順序，這些是本書前述圖書需要選擇的主要因素之一。

本書前面章節提及，政策可以減少圖書館在選擇圖書資源過程中決策的困擾，一般而言，圖書館會由不同的人員分擔選擇資源上的職責。不過，不同的人共同執行選擇圖書資源的方式，也會增加協調和瞭解選擇資源程序的需求。所以需要一個明確的選擇政策，使所有參與選擇資源人員（或單位）能互相協調，並充分瞭解處理過程。此種選擇政策通常包括下列重點（Evans, Intner, & Weihs, 2011, p. 82）：

一、在政策上說明誰是選擇資源的主要負責人（這個負責人通常是館長，但館長一般會授權給部屬）。
二、說明那些人執行選擇資源的工作。
三、說明圖書館館藏的目的和目標。
四、說明選擇資源的準則。
五、說明選擇資源的參考資源。
六、說明處理抱怨館藏的標準作業流程（特別是讀者對圖書館有無某特定館藏的抱怨問題）。
七、說明有關館藏預算分配之準則。

一、採訪部門的職責

圖書館採訪部門的資料徵集，包括採購、交換和贈送；現代圖書館大都提供電子書以及網路版資料庫服務，因此，館藏（collections）的概念超越實體資料館藏。相對的，採訪部門除了資料（包含印刷與電子資源）的選擇、採購與基本書目資料的處理，也處理資料相關的法律及財務議題。所以，大部分採訪部門的工作人員需要具備電腦、網際網路和資料庫檢索的知能與技術。當然，採訪部門通常只負責採購與圖書資料相關的業務，他如家具、書車、電腦等通常由總務（或事務）單位負責。

在資訊環境下，因為多數電子資源是透過租賃而非採購取得所有權，同時有許多電子資源是經由聯盟共同採購，其複雜與困難，超過圖書館自行採購的範圍（Evans et al., 2011, p. 83）。因此，除上述工作技能外，圖書館會需要採購電子資源的專業技術人員，以採訪圖書館所需的電子資源。至於採訪部門的目的，

除了達成整體圖書館目標，採訪部門的主要目的，大致可以歸納如下（Johnson, 2014）：
（一）提供資訊生產者（如出版商）作業的相關知識。
（二）協助選擇資料和館藏發展處理。
（三）處理推薦資料。
（四）監控館藏發展經費的支用。
（五）維護和製作有關經費紀錄及處理的報表。

由於多數出版商或代理商並不確定圖書館採購的決策者，所以推廣新產品時，經常會重複不斷的寄送各種出版訊息，採訪部門有義務將出版資訊傳送給相關人員或相關單位作為選擇圖書資料的參考。

對採訪部門內部而言，以下四種是常見的內部目標：
（一）盡快地獲取資料。
（二）維持所有工作程序的高度正確性。
（三）簡化工作流程，降低單位成本。
（四）與其他圖書館單位和代理商建立密切與友好的合作關係。

速度是達到讀者期望的顯著要素，也是評估圖書館服務品質的關鍵議題，本地書店可以購得的書，如果需要耗費三至四個月時間採購，將會變成圖書館服務的問題。而透過保持簡單程序、定期審查工作流程，採訪部門可以幫助圖書館提供最優質的服務。速度、正確性和節省經費是採訪部門的共識。當然網路線上訂購、電子發票大大提升了處理速度，節省許多處理傳統文書工作的時間。

二、採訪人員

採訪部門內的工作人員是多元的，除了圖書館員為部門最主要的管理者，工讀生、臨時人員經常是重要的工作人力；當工作量增加時，可能會由其他次級單位共同分工；另外，在不同的組織架構下，圖書館也可能會將書目查核、訂購、帳務、裝訂、點收、贈送和交換分別在不同單位進行。

對採訪人員而言，儘速找到資料、獲得資料，提供讀者使用，代表的是圖書館高效率的服務。圖書館採訪工作是一系列評估、預測、控制、選擇、確認和量

化的過程,需要一套特別的技能以管理整個採訪流程,採訪館員應具備下列技能（Ogburn, 1997, p. 168）：
（一）評估的能力：能評估採購的風險和可行性。
（二）預測的能力：預估資源的可得性和成功獲取資料的機會。
（三）控制的能力：瞭解控制的系統和控制的方法。
（四）選擇的能力：資源和提供服務的選擇。
（五）驗證的能力：瞭解確認資源本身正確的能力。
（六）量化的能力：資源、業務、經費的執行和評估。

第三節　圖書館採訪的資料類型

　　從每年大量出版的資料中選擇所需是一項艱鉅的工作。圖書資料的出版量年年上升,聯合國教科文組織（United Nations Educational, Scientific and Cultural Organization,簡稱 UNESCO）已經不再統計全世界的出版量,Wikipedia（2016）估計每年出版新書（含再版）約 220 萬種圖書。Bowker（2012a）的報告顯示 2010～2011 年美國傳統印刷圖書增加 6%,達到 347,178 種,雖然這是 2008 年最大幅的成長,但主要的成長仍然看好自行出版的市場（self-publishing）。根據 Bowker（2012b）的報告,自行出版的書從 2006～2011 年間成長了 286%,這個數字只是來自有編配 ISBN 的圖書,電子書方面,雖然銷售數據可以取得,但是電子書實際發行數量仍然無法取得。期刊也是一種持續成長的出版品,2013 年 Bowker 的 Ulrichsweb.com（轉引自 Johnson, 2014）收錄 234,650 種期刊學術期刊（包括大型的同儕審查期刊和許多 Open Access 的期刊）、通俗性雜誌、報紙、通訊類期刊以及其他類型的印刷及電子期刊。

　　對圖書館而言,挑戰的不僅僅是出版量的激增,不斷飆升的資料價格也是圖書館的挑戰。以美國為例,2007～2008 年的物價指數增加 0.1%,但美國期刊價格增加 8%,北美出版的學術性圖書價格在 2009～2010 年間增加 12.4%,但同期物價指數只增加 1.5%,同一時間精裝書的價格上揚 5.54%（Johnson, 2014）。

　　每一個圖書館的館藏都是為達到教育、資訊、休閒、娛樂、研究等的目標；每一個目標都需要混合不同形式資源。圖書館採購人員對此等資料應有深度的認

識，也應瞭解合適的資源來源。以下針對印刷資料、非書資料，以及電子資源等圖書館採購的主要資料介紹。

一、印刷資料

圖書和印刷資料在圖書館所採購之資料中仍占有顯著的比例。美國的出版商仍然每年出版超過 30,000 種的新書以及 10,000 種以上新的版本，圖書館幾乎不可能購入所有出版的新書。大型圖書代理商庫存數十萬種英文圖書，絕版書經銷商有上百萬的英文書可供銷售。其他語言書籍的數量也有數千萬冊。幾乎所有這些書都會引起某些圖書館的興趣（Johnson, 2014）。

除了圖書之外，每年也有成千上萬的紙本期刊以及來自從地方、中央到國際政府組織的府出版品，政府資訊是另一種各類型圖書館都採購的資料類型，雖然許多政府出版品已經變更為電子資源，但紙本資料仍深受歡迎。其他如學術出版品、學位論文、學（協）會出版品基本上仍以印刷形式為主。各種地圖，如地圖集（atlases）、單張地圖、折疊地圖（folded maps），和地球儀也是圖書館的主要資源。

樂譜是另一種採訪人員需要熟悉的資料類型。總譜（full score）、縮印或研究用之總譜（score, miniature or study size）、有鋼琴伴奏之聲樂譜（piano-vocal score）、聲樂樂譜（voice score）、合唱譜（chorus score）、濃縮譜或鋼琴指揮譜（condensed score, piano conductor score）等是大型或音樂圖書館的館藏。小冊子以及各種類型應時資料（ephemera）（如巨幅傳單、機構刊物、個人文件）也是採訪部門會訂購與接收的資料（Johnson, 2014）。

二、非書資料

最熱門的媒體形式為錄音帶、音樂 CD 和 DVD。大多圖書館多少有部分的視聽資料館藏。公共和學校圖書館往往有較多的視聽媒體館藏。微縮（microform）類型是介於紙張和媒體之間的一種形式。微縮捲片（microfilm）與微縮單片

（microfiche）是兩種最常見的微縮形式資料，也是常見的媒體，微縮資料能節省書架空間，適合使用率較低的印刷資料，如報紙和善本書典藏。

三、電子資源

電子資源有多種不同形式，如 CD、磁帶（tape loads）、網頁資源等形式。電子資源主要分為原生電子資源，以及將印刷式出版品數位化的資源。許多產品都是以印刷為基礎發展的多元性資料，如百科全書、索引、摘要服務。以及全文以印刷為基礎的出版品，如圖書、期刊與其他原本就是電子形式的出版品。

隨著資訊科技進步，越來越多的產品具有多媒體的特性，包括全文、聲音和影像。每種形式、功能都不同，圖書館採購時可以入考慮。電子資源有其特有的法律議題。有關電子資源的相關議題，本書於第六章介紹。

第四節　資料採購

當圖書館評估過資料後，接下來，就是決定是否要採購。採購包括取得資料所有權或只取得資料的使用權。由於出版資料的數量眾多以及採購預算的有限，圖書館經常陷於要買什麼與不買什麼的抉擇；而買與不買最基本的界線在於經費資源（Atkinson, 1994）。

選擇是採訪部門主要的功能之一，因此採訪館員接到相關出版資訊時，除了有權決策的部分外，應傳遞給其他適當人員參考。一般圖書館採購作業程序，從一、接受讀者（或選書人員）的推薦（或稱介購）開始。二、書目驗證，也就是對書目資料的正確性以及館藏狀況做書目驗證的查核。三、訂單的準備，確認訂購後，產生訂單、寄送訂單（此過程包含決定採購方式與選擇代理商）。四、預算的分配及支出，確認預算科目並調整預算。五、各種紀錄控制，發出訂單後處理各種圖書館控制紀錄，包括訂購中檔案以及代理商檔案等。六、點收資料、調整帳目，並七、處理後續書目資料處理工作，包括移送採購之資料到編目單位。圖書館採訪的主要流程如（圖 5-1）。以下分別說明。

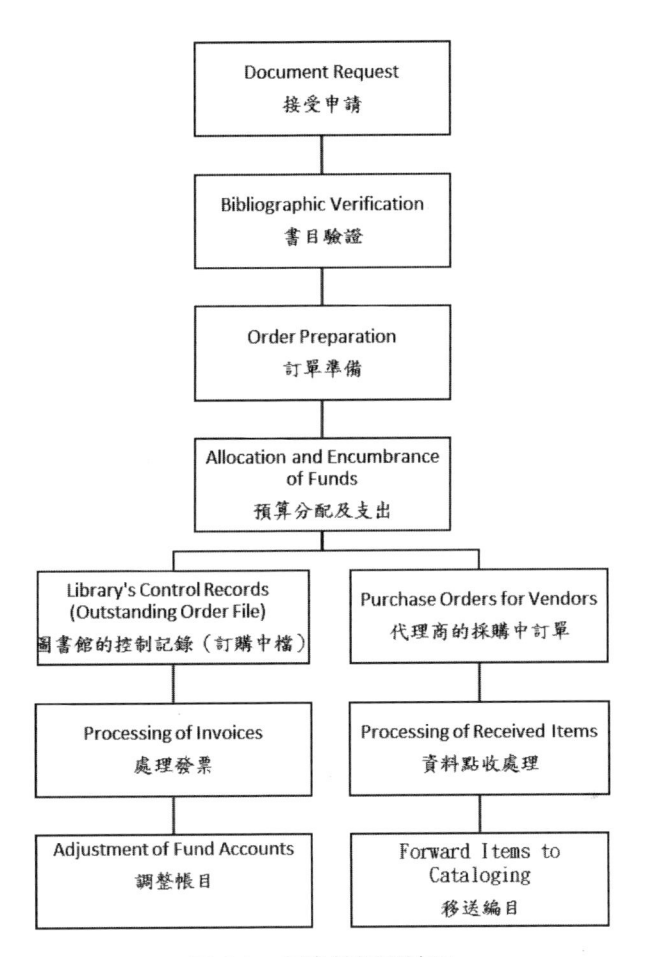

```
                    ┌─────────────────────┐
                    │  Document Request   │
                    │      接受申請        │
                    └──────────┬──────────┘
                               │
                    ┌──────────▼──────────┐
                    │Bibliographic Verification│
                    │      書目驗證        │
                    └──────────┬──────────┘
                               │
                    ┌──────────▼──────────┐
                    │  Order Preparation  │
                    │      訂單準備        │
                    └──────────┬──────────┘
                               │
                    ┌──────────▼──────────┐
                    │Allocation and Encumbrance│
                    │       of Funds       │
                    │    預算分配及支出     │
                    └──────────┬──────────┘
                               │
                  ┌────────────┴────────────┐
                  │                         │
    ┌─────────────▼─────────────┐ ┌─────────▼──────────────┐
    │ Library's Control Records │ │Purchase Orders for Vendors│
    │ (Outstanding Order File)  │ │  代理商的採購中訂單      │
    │圖書館的控制記錄(訂購中檔) │ │                        │
    └─────────────┬─────────────┘ └─────────┬──────────────┘
                  │                         │
    ┌─────────────▼─────────────┐ ┌─────────▼──────────────┐
    │  Processing of Invoices   │ │Processing of Received Items│
    │        處理發票           │ │     資料點收處理         │
    └─────────────┬─────────────┘ └─────────┬──────────────┘
                  │                         │
    ┌─────────────▼─────────────┐ ┌─────────▼──────────────┐
    │ Adjustment of Fund Accounts│ │  Forward Items to      │
    │        調整帳目           │ │     Cataloging         │
    │                           │ │      移送編目          │
    └───────────────────────────┘ └────────────────────────┘
```

圖 5-1　圖書館採訪流程

資料來源：Evans 等（2011）。

一、資料採購程序

（一）處理申請資料

　　採訪的第一個處理申請資料（request processing）步驟，為圖書館收到申請或推薦購買。申請或推薦（或稱介購）有各種不同形式，除一般的推薦（介購）單，有些圖書館接受口頭推薦、或影印出版書訊、甚至將書目資料謄寫成清單；至於申請管道，常見的有直接送圖書館或透過網路推薦，視圖書館處理政策而

定。表 5-1 為哈佛圖書館（Harvard Library）的圖書推薦申請單，讀者可以直接在系統上填寫推薦單。

一個完整的申請單和齊全的書目資料，能使採訪工作更有效率，所以推薦單

表 5-1　哈佛圖書館圖書推薦申請單

Contact Information
Your name * _____
E-mail address * _____
Telephone: _____
Harvard Affiliation *
Harvard ID #: _____
You must include your Harvard ID above if you would like to be notified when the item is available.

Item information
Author: _____
Title and Edition: _____
Place & publisher *: _____
Date" _____
Series & volume# : _____
Source of citation: _____

Type of request:
request option list *
_____ My request is simply a purchase suggestion.
_____ This request is NOT a rush, but I would like to use this item whenever it is received.
_____ I need this item as soon as possible.
_____ I need this by the following date: needed by _____

Preferred format
Preferred Format list *
　Print（or other physical media）
　Online
　No preference

Additional comments:

資料來源：修改自 Harvard Library（2016）。
註：* 為必備欄位。

圖書資訊學系列｜館藏發展與管理

的設計應予以注意；圖書館收到申請（或推薦）後，整理成標準格式，以方便訂單的處理。每一圖書館都有自己的訂單格式，訂單有紙本和電子等不同版本，國際上常見申請單（如表 5-2），通常包括以下類別資訊：著者、題名、出版者、出版日期、版本、國際標準書號（或國際標準期刊號）、標準地址編號（臺灣無此種標準編號）、價格、份數等。

表 5-2　圖書介購單

Order no.	Author		LC no
Dealer	Title		
Request by:	Publisher:		ISBN:
Fund Chagd.	Year:	Edition:	Vols:
	No. Copies:		List Price

資料來源：Evans 等（2011）。

　　上述圖書推薦（介購）表格，圖書館可以據以做為修改成適用格式參考，在設計表格時，可參考下列設計原則（Chapman, 2004; Evans et al., 2011; Fessler, 2007）：
1. 使用者是否易於填寫？
2. 是否提供圖書館工作人員有邏輯的查核路徑？（館員是否易於查核？）
3. 資料是否可以直接輸入系統或輸出到訂單上？
4. 是否可以查核訂購中檔案？以瞭解此本書是否已被訂購。
5. 是否方便查核收到的書是訂購中的書？
6. 是否能隨著書從採購、編目到加工的處理流程？

　　當然，有時會因為讀者對推薦程序不清楚，或未能有效運用圖書館公用目錄檢索或偶爾合併或混淆著者、題名、出版者等書目資料，造成書目資料錯誤、重複申請或申請資料已有館藏。因此書目驗證的工作，成為採購程序的重要步驟。

（二）書目驗證

　　書目驗證（verifying）包括書目核對與複本查核兩部分。圖書館取得申請單（或推薦單）後，首先要辨識申請者所提供的書目資料是否正確。辨識的方式主要藉由人工執行書目查詢（searching）和書目驗證。書目查詢與書目驗證目的，

在確認資料的正確性。另一種驗證的工作，在查核申請（推薦）的資料是否已有館藏，並確認圖書館是否需要購買該資料做為館藏，亦即利用館藏目錄確認是否有重複收藏和是否需要購買複本。圖書館複本的典藏原則，一般都會在館藏發展政策中明訂各類型資源的複本政策（如典藏複本與否？複本數量等）。

　　書目驗證的步驟如下：1. 檢查作者、題名、出版者和其他訂單必要資料的正確性。2. 確認圖書館是否已經有該題名的資料？是否為同一資料？是否正在訂購中？是否已到館但尚未在公用目錄上？是否需要多個複本？

　　除了確認額外複本需求外，圖書館的整合性自動化系統，可以協助採訪館員快速完成驗證工作。書目查詢除利用各種選擇資源的工具（詳見第四章），隨著網際網路的方便性，圖書館經常利用網路書店、或透由其他圖書館館藏目錄作為檢查的工具。

　　前述申請單，如果填寫人具有豐富經驗，是一種最有效率確認需求的開始，根據研究（Schmidt, 1990），30%～40% 非圖書館員填寫的申請單是不正確或該館已有館藏。所以，當申請單來自使用者所占比例大，則建議以題名作為查詢的檢索項目，先確認申請的資料是否已有館藏。因為團體作者、研討會論文、議事錄等搜尋都較為麻煩。書目驗證人員應對編目規則應有充分的知能和訓練。

　　此階段，技術服務領域常存在一個爭議性問題，也就是該由誰主導建立主要書目紀錄？從圖書館自動化系統看，採訪人員開始建立主要書目紀錄，可以節省人員和編目的時間。但此種作業方式，採訪人員必須要具備更多編目相關知識和訓練；除具備編目基礎，在書目查詢的作業上，也需要具備書目檢索的技術和能力。

　　外文資料（包括非英語系語言），另一個明顯的問題在於作者姓名的拼音變化以及出版品上作者的姓名變化，英語姓名拼音相似性大，且同姓氏者多，加上全集和共同作者，對書目檢索者而言，也是挑戰。所以，當遇到有問題的申請單時，館員必須使用其想像力，有維護姓名權威檔案的圖書館，能輔助多變的名稱形式和同名同姓問題。

　　在工具方面，西文書除了 WorldCat 外，美國國會圖書館、加拿大圖書檔案館、英國圖書館或澳洲國家圖書館的書目，都可以用來作為快速驗證的來源，以美國國會圖書為例，在檢索功能中，提供了 14 個選項（Evans et al., 2011）：
1. 關鍵字

2. 題名關鍵字
3. 作者／創建者關鍵字
4. 主題關鍵字
5. 姓名／題名關鍵字
6. 集叢題名／劃一題名關鍵字
7. 專家搜尋
8. 題名檢索（省略冠詞）
9. 作者／創作者瀏覽
10. 主題瀏覽
11. 索書號瀏覽（LC 分類編號）
12. 索書號瀏覽（其他排架號）
13. 號碼檢索（如 LC 控制號、ISBN、ISSN 等標準號碼）
14. 作者／創作者瀏覽，依題名排序

（三）訂購

　　圖書館使用電腦處理訂（ordering）購和儲存電子化數據，降低了傳統人工處理採購業務所需要的各種檔案的需要。傳統人工作業中相關訂購業務的介購檔（requested file）、訂購中檔案（in-order file, outstanding file）、處理中檔案（in process file）、催補檔案（claim file）、擬購檔案（want file）、訂購函件檔案（correspondence file）、發票檔案（invoice file），以及代理商檔案（vendor file）等，在自動化處理的環境，都可由圖書館的整合性自動化系統處理。

　　圖書館雖然已進入電子化處理訂單，但是尚未能完全實現無紙化訂購。供應商和圖書館曾共同訂定了一套採購的指南，其中建議之一，就是圖書館使用美國國家標準學會（American National Standards Institute，簡稱 ANSI）的「圖書館單本圖書資料訂購單」（Order Form for Single Titles of Library Materials，3 × 5 英寸，約 8 × 13 厘米）（ANSI Z39.30-1983），這個尺寸多年來普遍使用於國際圖書館的技術服務單位。儘管如此，供應商（或代理商）仍會要求圖書館提供足夠的資訊，以確保能正確出貨，這些資訊包含：著者，題名，出版社，出版年，價格，版本（如果有不同版本），份數，訂單號，以及任何關於發票或付款方式的說明。而且，越來越多的供應商要求國際標準書號（International Standard

Book Number，簡稱 ISBN）或國際標準期刊號（International Standard Serials Number，簡稱 ISSN）。所有的圖書館都需要使用國際標準號碼（ISN 系列），號碼代表特定期刊或特定版本的題名。這些號碼也用於編目、資料處理以及讀者服務等用途。所以，瞭解 ISBN 以及知道 ISBN 如何使用是重要的。

國際標準書號（ISBN）是因應圖書出版、管理需要，並便於國際間出版品交流與統計所發展的一套國際統一的編號制度，由一組冠有「ISBN」代號的十位數碼所組成，用以識別出版品所屬國別地區（語言）、出版機構、書名、版本及裝訂方式。這組號碼可以說是圖書的代表號碼（全國新書資訊網，2009）。2007 年起 ISBN 由 10 碼改為 13 碼。整合於 EAN 全球商品碼中。

13 碼的 ISBN 結構分為五個部分，分別為：1. 商品類型代碼（EAN Prefix），此號碼由國際 EAN 商品碼規定 978 為圖書商品碼，977 為期刊商品碼。2. 群體識別號（group identifier），由國際標準書號總部根據 ISO-2108 規定分配給各國或各地區的書號中心，用以區別出版者的國別地區、語文或其他相關群體（組織）。臺灣的號碼為 957 及 986。3. 出版者識別號（publisher identifier），為各出版機構的代號，其號碼包括二位至五位數字不等，位數的長短與該出版社的出版量成反比，由各國書號中心視各出版機構出版情況編配，我國由國家圖書館書號中心，負責出版者識別號的編配。4. 書名識別號（title identifier），用以區別各種不同內容、不同版本、不同裝訂的圖書。5. 檢查號（check digit），單一的數字，能自動核對國際標準書號的正誤（如圖 5-2）。

商品類型碼	—	群體識別號	—	出版者識別號	—	書名識別號	—	檢查號
978	—	957	—	678	—	000	—	4

圖 5-2　國際標準書號

資料來源：全國新書資訊網（2009）。

國際標準期刊號（ISSN），是根據國際標準組織 1975 年制定之 ISO-3297 的規定，由設於法國巴黎的國際期刊資料系統中心（International Serial Data System -- ISDS International Centre）賦予申請登記每一種刊物一個具有識別作用且通行國際間的統一編號。國際期刊資料系統中心在分配 ISSN 時，必須為該期刊編訂一個有別於其他期刊刊名的識別題名（key title）。國際標準期刊號由兩

組四位數字組成，中間由符號「-」來連接。如《全國新書資訊月刊》的編號為：ISSN 1560-6708，最後一位「8」為檢查碼。

　　國際標準號碼（如 ISBN、ISSN）的最後一位數字具控制功能。所以透過 ISBN 號碼訂購，可以節省很多時間：不用鍵入著者、題名、出版社、地點、日期或價格。但是只使用 ISBN，還是有出現錯誤的可能（如印刷錯誤），如果圖書館除了 ISBN 還能加上著者、題名以及出版者，即便印刷錯誤，經銷（代理）商也能正確提供圖書館所需要的資料。其他 ISBN 可能存在的問題，包括：1. 出版社可能在重印（同一版本再刷）時，使用新的 ISBN 號碼。2. 出版社經常在其出版目錄上只用 ISBN 號碼的最後二段（甚至只用書名識別號碼）。3. 許多書評的工具，如《出版者周刊》（*Publisher Weekly*），經常會印錯 ISBN 號碼（Eaglen, 1989; Evans et al., 2011）。

　　ISBN 是很好的檢索工具，但因為同一書的平裝本和精裝本甚至套書都各編配有不同的號碼，所以，ISBN 適合用來驗證書目，但不能用來決定圖書館是否已有相同館藏。

（四）報表

　　前面提及採購的速度是讀者判斷圖書館服務品質的衡量指標之一。訂單送出後，圖書館整合性自動化系統的採購模組會依據訂購資料，產生資料預定到貨時間，並產生催補報表，合理的催缺時間為訂單發出後的 30 天，亞馬遜書店（Amazon.com）平均回覆報告的時間為兩週。不當或不正確的催補，會增加圖書館的成本和時間（Evans et al., 2011）。供應商的訂單狀態報告有下列幾種（王梅玲、林志鳳、林孟玲、賴美玲，2003）：

1. OP（out of print）絕版，表示該書已不再印行。
2. OS（out of stock）缺貨，是該資源有重印或重新出版的可能，只要有重印的需求量，重印的日期底定，重印及可紓解缺貨的窘境。
3. OSI（out of stock indefinitely）不確定性缺貨，出版社回報 OSI，是因為出版社不願太早宣布出版品絕版的消息，但對於是否重印仍抱持著遲緩態度。通常採購看到 OSI，可以預期絕版的可能性很高。
4. YP（not yet published）尚未出版，指所列的出版品沒有按原先預定出版計畫時間出版，若有新的計畫出版時間會在報表中呈現。

5. NOP（not our publication）非本公司出版品，係因圖書館人員在驗證時未詳加查驗，可能將題名的相關資料輸入錯誤或訂單送錯出版社，需要再確認所列的書目訊息。

相較供應商，出版社可以對出版品提供最即時的供應。對於出版狀況不明的出版品，圖書館訂單通常以 90 天為訂購期限，若 90 天出版社無法供應，圖書館將取消訂單。雖然這些報表具法律約束力，但圖書館會另行寄送取消通知，取消要在正常的時間內；但也有例外，比如圖書館的預算無預期遭到刪減。所幸，大多數的供應商會配合圖書館調整。

因為圖書館必須在一定期間內動支預算，為避免或減少在最後出現不確定因素干擾而取消未完成訂單和訂購資料，發送訂單的同時，設定固定的取消訂單日期不失為一種好的措施。

最後，在訂購前，工作人員必須做出三個重要決定：1. 使用那些採購方式。2. 使用那些代理商。3. 使用那一個預算科目。

（五）點收與驗收

當訂購的資料到館，採訪部門必須依照圖書館相關的規定執行點收（或驗收）程序。有些單位要求審計（稽核人員）必須參與點收的工作。

1. 點收程序

(1) 拆封

點收過程必須小心謹慎的拆封。資料不論是裝箱運送或以包裹郵寄，基本上每一批貨都有一份裝箱單（packing list），或稱為裝運清單，裝運清單代表該批貨運的所有寄送內容，大型圖書館每天都會收到不等數量的資料，有時來自同一家代理商，有時來自不同代理商。基本上每一批貨物都有一份完整的清單，點收時要細心找到並保留該清單。

(2) 驗證裝箱單

第二步是找到每一次出貨的裝箱單（或稱為清單）。裝運清單常黏貼在紙箱或信封上，並寫明「裝箱單」，裝箱單也可能夾在圖書資料中，或置於箱內的底部。裝箱單代表真正寄出的貨物，所以點收人員務必找出並與實際貨物核對。如果有所不符，需要立即和代理商反映。典型的問題包括清單上的資料有缺，或者

清單上的資料與實際到館資料不符，或者是清單上有不屬於本次訂購甚至不屬於本館的資料。

(3) 核對原始訂單

目的在檢查，寄出的資料是否有多寄？少寄？甚至重複寄送？原始訂單圖書館應保留作為核對之用。

(4) 檢查資料的狀態

圖書館應同時檢查每一件資料是否完整，比如圖書是否有缺頁？是否有空白頁、是否錯裝或倒裝？DVD 等資料是否有受損？在蓋上館藏財產註記（如館藏章）前，要完成相關檢查。

(5) 資料安全性議題

收到資料以後，圖書館應盡速加上館藏註記（如蓋上館藏章、暗記章等）或安全保護（如防盜磁條），避免在點收和移送編目的空窗期發生資料遺失。最好，點收資料同一天完成處理。

二、採購方式的選擇

圖書資料經由選擇之後，常見的採購方式有下列幾種（Evans et al., 2011）：

（一）一般採購

一般採購（firm order）是圖書館最常用的採購方式，是將圖書館的訂單，經由圖書採購程序進行訂購，或委託代理商訂購。其處理程序，通常是經由推薦者（包括館內的選書委員或讀者）填寫推薦（介購）單、或由採訪部門（或各分館、各部門）自己選擇的書，填寫或彙整在訂購單上，採購部門再將這些介購單、訂單加以整理，分別寄給出版社或代理商。採訪部門通常集中一些訂單後才寄給代理商或出版商，以節省時間和人力，但對於急需要的資料，則須優先處理，即便只有一本書，仍應即時發送訂單。圖書館採用的小額或緊急訂購、網路訂購，以及國內依《政府採購法》規範之各種採購方式，都屬於一般採購的範圍。有關國內依《政府採購法》規範之採購方式，本章將另節敘述。

（二）指令統購

　　指令統購（blanket order）亦稱全盤訂購，是圖書館採購圖書的方法之一。所謂指令統購，是由圖書館與特定出版社訂立合約，由圖書館規定購買圖書的類別及最高價格的限度，凡在所指令的圖書類別及價格限度範圍內的新書，不論多少，全部購買。這種購買有兩個先決條件：一是訂約的出版社，聲譽卓著，對其所出版之某類圖書，更是有口皆碑，可以信賴，無須逐一選擇，即可全數購買。另一是買書的圖書館，通常是經費充裕的大型圖書館，或某一類型的專門圖書館，前者為迎合各種讀者的廣泛興趣與需求，後者在建立館藏特色或充實其特有館藏，均有大量採購的必要。不過圖書館的經費畢竟有限，如其中有些價格特別昂貴，超出其預算範圍，亦無法購買，故在這種購買方式簽約時，圖書館常規定最高價格限度，任何特定圖書超出其所規定的限度，必須事先徵得圖書館的同意後，才能寄書（國家教育研究院，2012）。

（三）閱選訂購

　　閱選訂購（approval plan）或稱為認購計畫，是一種圖書訂購方法，現已成為許多學術圖書館徵集圖書資料作業之重要部分。這種採購計畫起源於1960年代，美國增加許多大學及學院圖書館，購書預算亦大量增加，由於缺乏處理之館員，於是許多圖書館紛紛接受認購計畫或指令統購方式購買圖書。指令統購係指出版社與圖書館雙方協議，一旦出版品出版，在計畫之範圍限制內，出版社即提供每一出版品給圖書館，圖書館無退書之權利。而閱選訂購是由圖書代理商（dealer）配合圖書館所提之「館藏需求書」（collection profile）所述之主題（subjects）、選擇層次（levels）、資料型式（formats）、價格（prices）、語言（languages）等要求負責選擇與提供相關圖書資料。圖書館有退書之權利。有些認購計畫直接將符合條件之書送至圖書館，有些則先提供圖書館「通知單」（notification slips），待圖書館審核認可後再送書。

　　閱選訂購有許多優點：1.可享較便宜價格，以其一次供書數量多，可較一般逐本訂購，獲得較多折扣。2.圖書館收書迅速，由於書一出版即送來，較一般訂購之繁複程序，快速許多。3.可節省館員人力，由於省略準備繕製訂單與發訂單等程序，可精簡許多人力。4.可在見書後再選書，有助於判斷圖書之品質。因之

閱選訂購已成為美國許多學術圖書館徵集圖書資料之重要方法。

當然，此一計畫也有若干缺點：1.由於選書是館藏發展之重要基礎，唯有圖書館才能掌握自己之需求，作好書刊選擇工作，圖書選書之責任從館員移轉給圖書代理商，如果，代理商服務品質不好，也將造成選書不當。2.有些圖書館缺乏人力或館員失職，不論圖書好壞，全部接受書商提供之書刊資料。

為彌補上述缺點，應作好資料之評鑑工作，檢討收到圖書與圖書館館藏之適切性，改善閱選訂購之服務品質，達到滿足圖書館之需求。然，閱選訂購並不適合對國外客戶提供服務，由於郵寄費用、資料傳遞時間等成本過高，一般很少對國外客戶提供此項服務（國家教育研究院，2012）。

（四）長期訂購

圖書館對套書（例如：成套之百科全書、大部頭字典陸續部分出版）、叢書（例如以叢書連續號碼出版之圖書）、年刊或不定期期刊等，常常採用長期連續方式訂購（standing order）。圖書館為持續訂購某出版品，使其不致中斷，遂向出版社或圖書代理商發出長期訂購訂單，當這些連續性叢書或套書出版時，代理商或出版社即主動寄送圖書與發票給圖書館收書付款，一直至出版完成或停止出版或圖書館主動刪訂為止。長期訂購通常無需預先付款，但圖書館一旦收到帳單後，即需驗收付款。圖書代理商會主動向圖書館提供這類套書、叢書之長期訂購服務。特別將這類長期訂購與一般訂購分開處理。平日書商主動寄送有關長期出版圖書之書目消息提供圖書館選購，並且定期針對圖書館已發出之長期訂購作訂購報告，含長期訂購書刊之出版訊息、圖書館已收書紀錄、與預測未來收書之時程。而年刊或不定期期刊之長期訂購多半由期刊代理商代購。傳統上，圖書館為協助訂購作業建立許多訂購檔案輔助，除維護處理中檔外，長期訂購檔（standing order files）也是重要之檔案。這些檔案記錄圖書館長期訂購之歷史資料與各長期訂購之套書與叢書詳細到館紀錄。

在查核長期訂購檔時尤其需要小心查證擬購資料之題名，是否屬於叢書之部分。叢書名與個別書名應審慎辨識，以免造成重複發訂，而購買複本圖書。圖書館對長期訂購之書刊每年須編列購買預算，唯經費常因上漲或部分年刊不定期出版而難以估算。長期訂購書刊之催缺，亦因年刊不定期出版與套書叢書未依預定時間順序出版而變得十分困難。另外，長期訂購之刪訂，尤須謹慎處理，圖

館一旦決定刪除訂購，必須預留充裕時間俾使書商能及時向出版社辦理刪訂作業（國家教育研究院，2012）。期刊訂閱（subscriptions）是另一種長期訂購方式，有些文獻將長期訂購（standing order）與閱選訂購的結合稱為訂閱，本節將期刊訂閱歸入於長期訂購範圍，不再另行介紹。

（五）租賃

租賃（leases）通常應用於電子資源的處理，特別是網路形式的資料庫（web-basd database），一般而言，以租賃取代購買的決定，通常是由出版商或代理商決定而非圖書館。租賃與購買最大的不同，在於前者圖書館付款後只取得約定期間的使用權而非永久所有權，後者則是圖書館採購後擁有永久的使用權。所以，以租賃方式採購，當圖書館決定不續約後，將失去對該資料庫的使用權。本書將在第六章「電子資源館藏發展與管理」中詳加探討。

三、代理商的選擇

圖書資料的訂購，就其途徑而言，一般可分為兩種：（一）直接訂購，如同一家出版社或書店所出版的資料，需求甚多時，可直接向其採購。（二）透過代理商訂購，如訂購內容包含不同出版社的資料時，可委託代理商訂購以節省文書作業工作、會計手續及人力等。

圖書館可透由代理商、經銷商、零售商或直接訂購，或者使用匯集商提供資料。圖書館在選擇書商時應慎選。

（一）代理商

代理商，英文或稱為 vendor 或稱為 wholesales、dealers 或 book vendors，圖書館透過第三方取得資料，基本的理由在於代理商有能力整合訂單、發票等工作，可以節省圖書館處理訂單的人力與時間的成本，圖書館也可以依賴第三方催補延宕或有問題的資料。代理商一般可分為圖書代理商（book vendors）以及期刊代理商（subscription vendors），前者提供圖書代理服務，後者主要為期刊及連續性出版品的代理，但近年來，因為二者都提供電子書館藏服務，兩者界線愈來愈模糊。

1. 代理商服務

　　一般代理商，或稱為大盤商（wholesales）、中間商或圖書代理商，他們通常合併出貨並給予折扣，可以提供圖書館圖書（含電子書）、期刊、視聽資料、資料庫等的資料服務。Baker and Taylor、Blackwell、Brodart、Follett、Ingram以及 YBP 等都是美國著名的代理商；許多國際的代理商也提供同樣的服務，如德國的 Harassowitz，成立在 1872 年，主要針對學術及研究圖書館提供期刊及電子期刊的長期訂購、資料庫、圖書及電子書的訂購及閱選訂購、樂譜的閱選訂購等，可以處理許多歐洲的資料；義大利的 Casalini，成立於 1950 年代，專長於義大利、法國、西班牙、葡萄牙、和希臘資料的提供；法國巴黎的 Touzot 提供歐洲、加拿大等地的法文資料；此外，美國圖書館學會的圖書館館藏暨技術服務學會（Association for Library Collections and Technical Services，簡稱 ALCTS）的《外國書商指南》（*Foreign Book Dealers Directory*）（網址：http://www.ala.org/CFApps/bookdealers/）可做為選擇東歐、中歐、非洲、亞洲及中東和大西洋地區代理商的資訊資源。

　　代理商處理來自各出版社的出版品，他們也許在某些主題或學科領域（如音樂、醫學、法律等）、出版社、資料類型（如視聽資料）或服務圖書館類型（如公共圖書館、學術圖書館）等有所專精；某些類型資料（如小量出版或替代性資料）也許只能直接從出版社訂購。前述圖書館的一般訂購，是將圖書交由代理商或出版社直接購買，並要求在一定價格和時間完成交易，此種訂購是對個別圖書的選擇（micro-selection）。相較於個別選擇是整體選擇（macro-selection），所謂整體選擇是圖書館同時增加大量資料，通常是透過大宗採購計畫來管理，包括閱選訂購計畫、指令採購和長期採購（有時稱為非定期性持續採購（nonperiodical continuations）、或大宗回溯館藏採購（包括贈送），在國外多見於大型公共圖書館及學術圖書館，學者也認為小型學術圖書館也是用此種採購方式，因為閱選訂購計畫具有效率、成本效益、完整收集等優點，但閱選訂購計畫也讓館員需要付出更多的時間在圖書館採購檔案的建立，以及與閱選代理商間的溝通，因為圖書館員在選擇的過程，必須決定一些準則作為代理商提供出版品的指南。建立閱選訂購和指令統購也許會有些實質的成本和時間來建立和監控，但一旦開始實施，這些前期費用就可以由圖書館節省的時間來抵銷（Johnson, 2014）。

　　除上述優缺點，圖書館對代理商服務有下列的期望：(1) 加強顧客服務及溝通，並能提供客製化的服務。(2) 提供一個網站式的友善介面，讓圖書館可以下

第五章｜圖書資料採訪

載出版品目錄、也能有效的利用代理商資料庫（包括資料庫使用訓練）。(3) 書目服務，包括訂單紀錄及編目紀錄服務。(4) 有能力提供可以做為圖書館館藏發展決策的報表。(5) 與聯盟成員一起作業的能力，如權限、資源分享、訓練、新產品的試用和介紹（Bosch, Tucker, Sugnet, & Corbett, 2011）。

2. 期刊代理商

期刊代理商（subscription agents）提供圖書館一種集中式的服務，節省圖書館與個別期刊出版社聯繫的時間成本，EBSCO 是著名的期刊代理商之一；許多圖書代理商也接受期刊訂購的代理服務，透過期刊代理商訂購期刊，通常需要支付一定服務費，服務費的比率依圖書館訂購的學科主題及數量不一，通常是介於年度訂購金額的 5% 至 10%（Johnson, 2014）。大型期刊代理商會提供書目及全文資料庫的使用；圖書館在選擇期刊代理商，也會考慮一家以上的代理商，以分散風險並得到更專業的服務。同時代理商彙集各出版社的發票，節省圖書館處理發票和付款的時間及人力。總之，期刊代理商提供集中式的線上訂購、催缺、續訂、刪訂、以及各種報表服務。國外圖書館選擇期刊代理商的方法通常是以需求書的方式徵求代理商的服務建議書，再從事選擇的工作；國內因限於《政府採購法》令規範，大都以招標方式為之。

（二）零售商

零售是向最終消費者個人或社會集團出售生活消費品及相關服務，以供其最終消費之用的全部活動。圖書零售商（retails）主要目地在直接銷售給個別消費者或圖書資訊服務機構，如果需要快速取得資料，圖書館經常會考慮從零售商購買；購買方式包括圖書館員直接到書店購買或零售商接到訂單之後快速寄送資料。美國圖書館界經常透過亞馬遜書店採購（Johnson, 2014）。透由零售商購買，通常需要依定價購買，如果需要寄送還必須加上運費。

（三）出版社

以往出版社（publishers）很少將圖書館列為主要的基本客群，普遍的商業模式是經由代理商提供圖書館所需資料，雖然圖書館也能直接從出版社購買，但是圖書館無法取得和代理商一樣的折扣，出版社和代理商是密切（有些出版社本身

也兼具代理商身分）的合作夥伴，通常出版社提供代理商較大折扣，出版商和代理商的平行服務對圖書館而言，可以節省圖書館處理發票的時間和人力，出版社提供給代理商的折扣如果高，也能回饋圖書館。電子資源推出後，為了銷售套裝產品，出版社開始直接提供圖書館服務。王梅玲等（2003）歸納透過出版社採購的優缺點，優點包括：1. 容易掌握資料狀況，比如資料是否絕版？缺貨？尚未出版？2. 能迅速取得圖書，當讀者對暢銷書需求高，從出版社直接訂購可以迅速同步取得資料，滿足讀者需求。參考書或不定期出版的連續性出版品，直接訂購，可以確保收到資料正常或定期更新館藏，避免向隅。

至於缺點則有：1. 圖書館增加處理的人力與時間，圖書館直接向出版社訂購，對出版社的聯絡、報價、資料寄送、發票對帳等事務必須周而復始的耗費處理人力，增加處理人力及時間是直接向出版社訂購的主要缺點之一。2. 增加購書成本，和其他行業一樣，一般商品交易的優惠價格通常是建立在大量採購的基礎之上，直接向出版社訂購，有時不見得能節省經費，甚至還需要花費更多郵費，徒然增加購書成本。

（四）匯集商

匯集商（aggregator）是代理商的一種，他匯集來自不同出版社的資訊內容（如期刊、文章、圖書或其他媒體），並透過共同的介面或平臺及查詢系統，提供使用者使用，如 Ebook Library（EBL）、EBSCO eBooks（formerly Net Library）、ebrary、OverDrive 和 3M 的 CL，都匯集來自多個出版社的資料，並提供線上檢索使用。根據 2012 年一項調查研究（Primary Research Group, 2013），美國各類圖書館電子書合約有 81% 都是透由與匯集商簽訂。例如，Recorded Book.com 提供 15,000 種未刪節的有聲讀物給圖書館、學校下載使用。並經銷 Zinio 5,500 種以上之通俗性電子雜誌，包括臺灣出版之商業週刊、天下等。

匯集商依其專長如 Library Ideas、OverDrive 等提供各種不同來源的影音串流資料。許多索引摘要資料庫的出版商也提供匯集的文章，並建立索引摘要與全文之間的超連結，結合索引的檢索與全文的使用。例如，EBSCOhost 的 Academic Search Premier 收錄 13,600 種以上期刊的索引並提供 4,700 種以上全文期刊，同屬 EBSCOhost 的 Business Source Premier 則提供 2,200 種以上的商業類

的全文期刊。透過匯集商取得數位內容的好處是只須簽定一份合約（EBSCOhost, n.d.）。

匯集商提供各種不同的電子書價格模式。最常見的方式是依書名逐筆選擇和購買包裝的主題合集。電子書可以單人或多人同時使用；也提供購買使用權或擁有權的採購模式；一般而言，個別電子書的價格通常高於紙本書的定價，套裝購買中，個別圖書的價格依圖書館採購的同時使用人數之不同而異。一般而言，套裝圖書通常比個別單本採購的價格便宜。套裝的電子書和電子期刊合集一樣，主要的缺點是合集中包含許多對圖書館而言價值不高或效益不大的圖書。

1. 匯集商的優缺點

利用匯集商採購資料的優點如前所述，圖書館只須簽署一份採購合約、匯集商提供整合檢索的能力、圖書館使用者可以 24 小時使用全文資料、免費的機讀書目（MARC）紀錄、以及圖書館的使用統計。

另一個議題，是：(1) 匯集商和出版商間的協議經常起伏不定，合約也經常變化。就如 Academic Search Premier 所敘述的「本資料庫收錄之出版品，囿於與出版商的合約，如有更改，恕不另行通知」（EBSCOhost, n.d.），亦即匯集商所提供的資料庫內容會受到匯集商與出版商彼此利益衝突而改變；另一個問題，是 (2) 匯集商提供的電子期刊，有時只提供選擇性的文章（與紙本期刊內容不完全一致），或未包含包括書評、廣告、「編輯的話」、高品質的圖表，也可能有：(3) 現刊期刊內容延遲（embargoes）供應，時間從數個月到數年之久，這些都是常見的問題；(4) 期刊出版社，經常會將期刊授權予多個匯集商，也可能直接接受圖書館訂購。圖書館會發現他們從多個不同來源取得相同資料，圖書館應該比較其範圍，避免重複購買相同內容的資料。

事實上，匯集商的合集是一種方便又兼具成本效益的方式，使圖書館可以取得一定規模的數位文獻，但他們甚少保證套裝內的數位內容能長期使用。

2. 匯集商簡介

Project MUSE、BioOne 和 JSTOR 是三個以學術內容為主的匯集商，雖然其客戶包含公共圖書館、博物館、中小學和高等教育機構，本節分別介紹。

Project MUSE 是結合圖書館和出版社的非營利組織，由約翰霍普金斯大學

（The John Hopkins University）的圖書館 Milton S. Eisenhower Library，結合其他圖書館以及 120 家以上之大學出版社及學術社群所成立的非營利組織，以長期穩定提供高品質的學術內容為其主要使命，MUSE 自 1995 年即提供各類型圖書館各種研究需求所需期刊資料庫，並以人文及社會科學類資源為主。各期刊出版社提供他們所發行的完整期刊資源。針對 MUSE 的客戶，期刊出版社也提供過刊期刊的資料庫，供圖書館回溯補充館藏之不足。如果出版社停刊或停止供應 MUSE，圖書館仍然可以使用所有已訂購的期刊。至於 MUSE 的電子書，則是由其合作夥伴，美國的大學電子書出版社聯盟（University Press e-book Consortium（UPeC）提供。圖書館訂購電子書後取得永久使用權（perpetual access right）。電子書可以用 PDF 檔案格式取得全文，也可以依章節檢索。

因為電子書未宣告數位版權管理，圖書館的使用者可以列印、複製、下載和儲存數位內容。圖書也可以依日期或主題訂購套裝合集（packaged collections）或只訂購使用權（Johnson, 2014）。

BioOne（網址：http://www.bioone.org）是另一個與科學性社群、圖書館、學術機構合作組成的非營利組織，1999 年 BioOne 由五個學術機構合作組成：美國生物科學院（The American Institute of Biological Sciences）的學術出版和學術資源聯盟（The Scholarly Publishing and Academic Resources Coalition，簡稱 SPARC），堪薩斯大學（The University of Kansas），西大圖書館聯盟（Greater Western Library Alliance），和艾倫出版社（Allen Press）。提供套裝的生物、生態和環境科學之研究期刊。大部分 BioOne 的期刊是由小型的學術學會和其他非營利組織所出版。和 Project MUSE 一樣，BioOne 提供最新和完整的數位內容，主要出版品包括匯集性全文資料庫（full-text aggregation）：BioOne Complete，以及公開取用期刊（open-access journal）：*Elementa: Science of the Anthropocene*。

JSTOR（網址：http://www.jstor.com）成立於 1995 年，是一非營利組織，最初以專門收錄回溯學術期刊之全文資料為主。每種期刊的收錄年限不同，以收錄各期刊完整之卷期為目標。JSTOR 內容是由 900 多個出版商提供的。包含超過 1,900 種期刊，50 多個學科資料庫。目前 JSTOR 平臺的學術資源包括期刊、圖書和基本資源（primary sources）三種，期刊又分為現刊期刊（current journals）以及回溯期刊（archival journals）二個資料庫，並依學科主題分為數十個資料

庫，圖書館可選擇訂購所需學科的資料庫。JSTOR 大多數期刊，採用延遲收錄（moving wall）的出版方式，亦即 JSTOR 提供的最新卷期之間的延遲，延遲收錄時間通常為一至五年。JSTOR 自 2012 年六月開始提供學術性圖書。基本資源合集（primary sources collections）則包括 Global Plants、19th Century British Pamphlets、Struggles for Freedom: Southern Africa 以及 World Heritage Sites: Africa 等四個資料庫的 200 種以上的基本資源。它提供了近 2,000 種學術期刊的全文檢索，資料庫的期刊大部分是透過訂閱才能使用，但一些較舊（1923 年前美國出版的期刊以及 1970 年以後其他地區出版的期刊）（Brown, 2011）的公共領域的內容則免費提供使用。

選擇適當的匯集商需要廣泛研究和比較，圖書館需要評估各種替代產品、檢查內容，商業模式，以及使用權和數位版權管理等，找到最適合圖書館需求的匯集商。

第五節　資料交換與贈送

一、資料交換

交換（exchange）是採訪的方法之一。有兩種基本的交換模式：（一）不需要的複本或贈送資料交換、（二）圖書館之間新資料的交換。通常只有大型的學術或研究型圖書館會參與新資料交換。有些圖書館則將「交換」作為圖書館整體選擇館藏的一種形式（Johnson, 2014）。與國外的合作夥伴交換資料，是常見的資料交換模式，透過交換比直接訂購更經濟實惠，也經常可以得到許多無法以正常管道取得之資料。

一般而言，圖書館交換資料的來源，大致可分為（王梅玲等，2003）：（一）圖書館擁有的複本資料；（二）圖書館的出版品；（三）本機構的出版品；以及（四）特別採購用來交換的出版品，亦即圖書館以本國（或本地）出版品提供給國外的合作圖書館或機構，對方也以其國家的出版品回贈。交換的對象可能是圖書館、學術社團或學會、大學系所或研究機構。交換雖然不等同於採購，但是交換的資料也必須符合館藏優先政策。雖然有些圖書館陸續停止交換計畫，但仍有許多圖書館陸續簽訂更多的交換合約，因為他們從取得出版品、跨文化合作以及

幫助其他圖書館的角度,把交換計畫視為一種具成本效益的機制。

加拿大圖書交換中心(Canadian Book Exchange Centre,簡稱CBEC),是由加拿大國家圖書檔案館(Library and Archives Canada)經營的服務,是個再分配中心和資源交換中心,提供圖書館中各種形式資料交換。這項服務是免費的,但參與的圖書館必須付運費。個人可以捐贈資料到中心,但不能接受或換取資料。

二、資料贈送

贈送(gift)可以將個別圖書或套書帶進圖書館成為館藏。圖書館可以利用贈送蒐集到許多免費的資料,但贈送的資料不代表不需要成本,圖書館的成本來自檢視受贈圖書資料、編目處理、上架和修護。所以,對贈書而言,圖書館應該在館藏成本與贈書的價值之間取得平衡。一般資料贈送的方式,大致可分為三種:(一)請求贈送,亦即圖書館對於他人所擁有的特定圖書資料主動要求贈送,特藏館員也可以針對已知的收藏家,商談捐贈藏書。(二)自動贈送,捐贈者未經圖書館要求,主動送資料到圖書館。(三)贈送金錢,個人或團體捐款給圖書館購書,或經和圖書館協商後,採購圖書館需要之資料送給圖書館(王梅玲,2003)。

因受贈圖書來源不同,所以檢查受贈圖書雖然是耗時耗力的工作,但也是重要的工作。圖書館不能放棄有價值的或需要的贈書;但是,圖書館必須牢記一個事實,不應該因為贈書是免費的就增加不必要的館藏。受贈館藏的典藏與處理成本,與新資料的典藏與成本是相同的。較舊的書籍需要仔細檢查,評估受贈圖書是否具有收藏價值的準則,除了圖書價格外,大致與選擇新書的準則相同。以下將贈書的優缺點簡單說明(Carrico, 1999):

(一)資料贈送的優點

受贈資料主要優點大致有:
1. 贈書可以替代圖書館耗損和遺失的出版品。
2. 贈書有可能是絕版書籍。
3. 贈書計畫可以促進圖書館與社區的溝通交流。

4. 贈書也許會成為暢銷書或重要研究資料。
5. 贈書可能是無法購買得到的書籍。
6. 未符合館藏典藏的贈書，如果仍具價值，可以出售或轉贈給資源不足的圖書館和機構。

（二）資料贈送的缺點

贈書除了上述優點之外，其缺點分析如下：
1. 處理贈書需要花費館員的時間以及較高的處理成本。
2. 即便是善意的捐贈者，也經常會給館員帶來負擔。
3. 贈書會占用圖書館寶貴的空間。
4. 許多館藏管理人員把處理贈書的優先順序排得很低，所以贈書等待上架的時間可能比較長。
5. 大多數贈書，不會被加入館藏，如何處置成了問題。
6. 整體而言，因多數成為館藏的贈書都是較舊版本，較不常被讀者使用。

第六節　圖書採購與政府採購法

圖書館的圖書屬財物性質，進行圖書採購須符合政府採購的作業規範，因此，本節就運用《政府採購法》進行圖書採購之各種模式及相關議題說明。

前面提及，圖書資料經由選擇後，常見的採購方式有：一般訂購、長期訂購、閱選訂購、指令統購、租借計畫等。大體而言，國內圖書館，採購國內中文圖書以一般採購居多，較少使用閱選訂購或指令統購。而圖書因為題名、著者、出版社、出版時間的不同，每本圖書可視為一個採購項目，因此，當購買圖書種冊數較少，或有緊急需求時，館員可自行向出版社、經銷商、書店或網路書店購買；當擬購圖書種（冊）數龐大時，集中由圖書代理商的管道是較節省採購作業人力及購書經費的方法（閔國棋，2004）。

一、政府採購法簡介

《政府採購法》（以下簡稱採購法）於 1999 年正式實施，全文共 114 條（包

括 2001 年 1 月 10 日修正公布之第 7 條），其主旨在建立政府採購制度，依公平、公開之採購程序，提升採購效率與功能，確保採購品質（《採購法》第 1 條）。

我國《採購法》尚未立法前，辦理採購的主要依據以〈機關營繕工程及購置定製變賣財物稽察條例〉、《審計法》及其施行細則為主，兼及數量及內容龐雜的行政規則的規定（王慧綾，1997；林芊慧，2015）。1999 年 5 月 27 日《政府採購法》實施後，公告金額十分之一（10 萬元）以下之採購得不經公告程序，逕洽廠商採購，也就是說當圖書館年度購書經費在 10 萬元以下或小額緊急訂購，得不經公告程序，直接找圖書出版單位或代理商採購。未達公告金額而逾公告金額的十分之一（10 萬元以上未達 100 萬元）之採購，依規定公開取得三家以上廠商之書面報價或企劃書，擇符合需要者辦理比價或議價，但若有符合《政府採購法》第 22 條第 1 項規定者，例如第 1 項第 2 款屬專屬權利、獨家製造或供應等無其他合適之替代標的者，可以採限制性招標方式辦理。公告金額以上（100 萬元以上）之採購，其招標方式依採購性質可採下列方式辦理：（一）符合《政府採購法》第 22 條第 1 項規定者可採限制性招標。（二）符合第 20 條第一款經常性採購者之情形，可辦理選擇性招標，建立合格廠商名單。綜合上述，國內公共圖書館採購中文圖書的辦理方式已由以往一年一度辦理的公開招標逐漸改為多元，如隨時辦理小額採購、公開招標不以價格決標而採折扣區（並可搭配一般訂購、閱選訂購或其他方式）、選擇性招標、集中採購所訂共同供應契約等。各館可依據經營目標、讀者特性、經費、人力等選擇最適合的採購方式（林芊慧，2015；閔國棋，2004）。

另依《政府採購法》規定，法人或團體接受公家機關補助辦理採購，其補助金額占採購金額半數以上且逾公告金額；以及機關委託法人或團體代辦採購，均適用《政府採購法》的規定。換言之，即便是私立學校，接受或申請政府機關的專案經費或補助款等部分，亦須符合《政府採購法》的相關規定（林芊慧，2015）。

二、圖書採購規範的模式

圖書館運用《政府採購法》於圖書採購，大致可分為下列幾項（林芊慧，2015；閔國棋，2004）：

（一）總價格之最低標

　　公開招標指以公告方式邀請不特定廠商投標（《採購法》第 18 條第 2 項），圖書館須事先完成擬購書單並訂有底價，經公開程序進行招標作業，達公告金額新臺幣 100 萬元以上應公開招標。未達公告金額之採購，其金額逾公告金額十分之一（即新臺幣 10 萬元以上未逾 100 萬元），除《採購法》第 22 條第 1 項外，仍應公開取得三家以上廠商之書面報價（《採購法》第 19、49 條），開標時以進入底價且最低價者得標（《採購法》第 52 條第 1 項第 1 款），倘認為最低標之廠商之總標價或部分標價偏低，顯不合理，有降低品質，不能誠信履約時之虞，得限期通知該廠商提出說明或擔保；廠商未於限期內提出合理之說明或擔保者，得不決標該廠商，並以次低標廠商為最低標廠商（採購法第 58 條）（林芊慧，2015）。

　　實務上為提高採購效率，多採〈中央機關未達公告金額採購招標辦法〉第 3 條規定，即辦理第一次公告未能最得三家以上廠商之書面報價，得經機關首長核准，改採限制性招標，依實際投標家數改採議價或比價。

（二）折扣標採購

　　所謂折扣標方式為一次招標，館方分批提供訂購清單，廠商分批交貨。通常在會計年度開始，即依當年度購書預算進行招標作業，廠商投標時不以總價決標，而以折扣數決標；該年度內館方擬訂購之圖書皆由得標廠商依決標折扣數價格提供。也就是於招標作業完成後，館方才提出訂購清單，分批交由廠商依限交貨，其基本架構和作業方式與一般標案無太大的差異，茲就其優缺點分別說明（閔國棋，2004）：

1. 折扣標優點
(1) 保留招標的精神：以折扣標方式辦理購書仍屬公開招標方式，符合《政府採購法》的規範，集中採購，一次發包。
(2) 縮短採購時程：圖書館可定期或定量，分批提供採購清單交給得標廠商購書，不似以往需累積一定金額和數量，才進行採購作業，大幅縮短採購時程。
(3) 省卻重複的行政作業：一年辦理一次招標，減少繁複的招標文書作業、人力

和時間等行政資源。
(4) 降低缺書率：因可隨時提供訂購清單，縮短與新書發行的時差，可以降低缺書率。
(5) 縮短圖書驗收時程：圖書館可依人力與經費採分批送交清單，廠商分批交貨，減少因集中交貨數量龐大，清點人力與空間不足等相關問題，而使驗收工作延遲。

2. 折扣標缺點
(1) 標的物提出時程影響投標意願與折扣數：由於廠商投標時並不確定未來採購的圖書內容與數量，較難估算其成本及利潤，因此可能會降低其投標意願或提高其投標之折扣數。
(2) 圖書漲價部分由圖書館負擔：書款的計算是定價乘上決標折扣數，若圖書價格調漲，則圖書館必需自行負擔。
(3) 價格之查證：書款的計算如上所述需以定價為依據，因此圖書驗收時要確實查核圖書之定價。當所購圖書未登載價格，則必需要求得標廠商提供原出版社開具之價格證明。

（三）選擇性招標

依《採購法》21條第1款規定，圖書館之圖書採購屬經常性採購，若其採購金額達公告金額（100萬元）以上，得採用選擇性招標。所謂選擇性招標是指：以公告方式預先依一定資格條件辦理廠商資格審查後，再進行邀請符合資格之廠商投標（《採購法》第18條第3項），意即預先辦理廠商資格審查，建立合格廠商名單（經常性採購，應建立六家以上之合格廠商名單），圖書館於進行採購時依序邀請廠商參加投標，茲就其優缺點分別說明（閔國棋，2004）：

1. 選擇性招標優點
(1) 採購程序透明化。
(2) 可分批採購圖書，縮短採購時程。
(3) 招標廠商資格已預先審核，較易掌握招標及開標作業。
(4) 廠商競價投標，可獲得較大折扣。

第五章｜圖書資料採訪

(5) 採購程序完備，使稽核控制作業完整。
(6) 訂定圖書採購契約，有效掌握廠商資訊，使管理制度化，並能兼顧館方與廠商間權利義務之公平性。若廠商有違約不法情事，其處罰亦明確化。

2. 選擇性招標缺點

(1) 行政手續繁瑣。
(2) 投標廠商若低價搶標，將影響到書率。
(3) 標案的執行到完成期間較長。

（四）共同供應契約

共同供應契約屬「集中採購，複數決標」，得標廠商為多家，可供選擇，依《採購法》第93條規定，各機關得就具有共通需求特性之財物或勞務，與廠商簽訂共同供應契約。依〈共同供應契約實施辦法〉第2條，共同供應契約是指兩個以上機關具有共通需求特性之財物或勞務，由一機關代表與廠商簽訂契約，適用機關可直接依此契約向廠商訂購，不需各機關自行辦理招標作業。圖書採購適用共同供應契約採購。2003年公共工程委員會及中央信託局協助圖書館界研訂公共圖書館採購圖書的共同供應契約，供各級圖書館參考採行。圖書依各類別訂定其折扣數。近幾年則由臺灣銀行承辦，及至2013年共同契約廠商已達百家，使用的館所眾多；惟已執行多年的共同契約截止於2013年底，爾後臺灣銀行即停止續辦（林芊慧，2015）。

（五）最有利標

最有利標是因具異質性而不宜以最低標辦理，〈採購法施行細則〉第66條明定異質採購，係指不同廠商所供應之工程、財物或勞務，於技術、品質、功能、效益、特性或商業條款等有差異者。〈最有利標評選辦法〉第5條另有異質判定原則。最有利標應先逐案檢討是否有具體事實與理由可採用，且須成立評選委員會辦理廠商評選，相關作業可參見最有利標評選辦法，機關異質採購最有利標作業須知等規範。公共工程委員會曾於2014年提出「改善政府機關及圖書館中文圖書採購方式」建議方案，建議各機關自行辦理圖書採購，得依所需服務內容之異質性，採「最有利標」或「異質最低標」之方式辦理招標，最有利標得不定底

價（《採購法》47條），續依《採購法》第52條第1項第2款及施行細則第74條規定，邀集對於採購標的價格具有專門知識之機關職員或公正人士組成評審委員會，就廠商報價審核其合理性後，再予以決標（林芊慧，2015）。

（六）異質採購最低標

　　文化部2013年建議「異質最低標」方式，依據公共工程委員會2006年函示，應指標的物異質項目較少或差異程度較小之工程及非以現貨供應之財物採購，宜採異質性最低標決標；即該法採分段開標，資格、規範符合者，再開價格標，以最低標決標。惟先前資格、規格標之訂定及審查，須借重專家學者之專業審查機制，可參酌〈機關異質採購最低標作業須知〉。其與一般採購之最低標決標屬同質採購之認定不同，異質採購最低標作業規定準用最有利標（林芊慧，2015）。

　　上述各種模式均屬合於《政府採購法》之下，圖書館可作為採購中文圖書參考。

　　採購是實務導向且具一定複雜度，同時也是有趣且具挑戰性的工作。館員需要具備資料處理程序的知識，這些知識也包括對某些法律的議題的瞭解，例如，認知一般訂購的訂單其本身就是個合約、電子產品所伴隨著的合約和租賃的形式，甚至，贈送都存在法律的議題。資訊技術可以協助採訪館員面對不斷增加的出版品，但採購工作仍然是一個必須投入時間瞭解資訊行業以及資訊處理方式的工作。

關鍵詞彙

採訪	長期訂購
Acquisitions	Standing Order
贈送	租賃
Gift	Leases
交換	代理商
Exchange	Vendors
一般採購	期刊代理商
Firm Order	Subscription Agents

指令統購 Blanket Order	零售商 Retails
閱選訂購 Approval Plan	匯集商 Aggregator
出版社 Publishers	政府採購法 Government Procurement Law

自我評量

- 何謂書目驗證？其功能及步驟如何？
- 設計圖書館介購單時，有哪些應注意事項？
- 試述圖書館有那些資料採購方式？試分別說明並比較其優缺點。
- 請舉二種國內公共圖書館適用採購法採購資料的方式。
- 試述圖書館透過代理商訂購資料的優缺點為何？
- 請列出四個你想要請教代理商的問題。
- 試述圖書館應如何選擇代理商？

參考文獻

王梅玲、林志鳳、林孟玲、賴美玲（2003）。圖書資訊選擇與採訪。新北市：空大。

王慧綾（1997）。評政府採購法草案招標程序之規定。月旦法學雜誌，31，45-54。

全國新書資訊網（2009）。檢索自 http://isbn.ncl.edu.tw/NCL_ISBNNet/

林芊慧（2015年5月）。政府採購法與中文圖書採購模式之探討。在輔仁大學 2015 年圖書館學與資訊社會研討會。輔仁大學圖書資訊學系暨圖書館主辦，新北市。

國家教育研究院（2012）。指令統購。檢索自 http://terms.naer.edu.tw/detail/2070914/

閔國棋（2004）。公共圖書館中文圖書採購模式探討。全國新書資訊月刊，62，7-12。

Atkinson, R. (1994). Access, ownership, and the future of collection development. In P. Johnson & B. MacEwan (Eds.), *Collection management and development: Issues in an electronic era* (pp. 92-109). Chicago, IL: American Library Association.

Bosch, S., Tucker, C., Sugnet, C. L., & Corbett, L. E. (2011). *Do libraries still need book vendors and subscription agents?* Retrieved from http://www.ala.org/alcts/resources/z687/vend

Bowker. (2012a). *Publishing market shows steady title growth in 2011 fueled largely by self-publishing sector*. Retrieved from http://www.bowker.com/news/2012/290244861.html

Bowker. (2012b). *Self-publishing sees triple-digit growth in just five years, says Bowker®*. Retrieved from http://www.bowker.com/news/2012/Self-Publishing-Sees-Triple-Digit-Growth-in-Just-Five-Years-Says-Bowker.html

Brown, L. (2011). *JSTOR-free access to early journal content and serving unaffiliated users*. Retrieved from http://about.jstor.org/news/jstor%E2%80%93free-access-early-journal-content-and-serving-%E2%80%9Cunaffiliated%E2%80%9D-users

Carrico, S. (1999). Gifts and exchanges. In K. A. Schmidt & American Library Association (Eds.), *Understanding the business of library acquisitions* (2nd ed., pp. 205-233). Chicago, IL: American Library Association.

Chapman, L. (2004). *Managing acquisitions in libraries and information services*. London, UK: Facet.

Eaglen, A. (1989). The ISBN: A good tool sorely misused. *Collection Building*, *10*(1), 76.

EBSCOhost. (n.d.). *Academic search premier magazines and journals*. Retrieved from https://www.ebscohost.com/titleLists/aph-journals.htm

Evans, G. E., Intner, S. S., & Weihs, J. R. (2011). *Introduction to technical services* (8th ed.). Santa Barbara, CA: Libraries Unlimited.

Fessler, V. (2007). The future of technology services. *Library Administration & Management*, *21*(3), 139-155.

Harvard Library. (2016). *Purchase request form*. Retrieved from http://library.harvard.edu/purchase-request-form

Johnson, P. (2014). *Fundamentals of collection development and management* (3rd ed.). Chicago, IL: American Library Association.

Ogburn, J. L. (1997). T2: Theory in acquisition revisited. Library acquisitions. *Practice & Theory*, *21*(2), 163-171.

Primary Research Group. (2013). *Library use of ebooks*. New York, NY: Author.

Schmidt, K. A. (1990). Cost of pre-order searching. In J. Coffey (Ed.), *Operational cost in acquisitions* (pp. 5-18). New York, NY: Haworth.

Wikipedia. (2016). *Books published per country per year*. Retrieved from https://en.wikipedia.org/wiki/Books_published_per_country_per_year

第六章

電子館藏發展與管理

作者簡介

王梅玲

(meilingw@nccu.edu.tw)

國立政治大學
圖書資訊與檔案學研究所
教授

學習目標

研讀本章內容之後，學習者應能夠：

- 認識電子資源生命周期與電子館藏發展概念
- 學習電子館藏發展政策的意義與內涵
- 學習電子資源選擇的工作與原則
- 學習電子資源採購的方法與程序
- 學習授權合約的原理與協商
- 學習電子資源取用的方法與工具
- 學習電子資源使用統計與評鑑應用
- 學習電子資源管理系統的原理與功能

本章綱要

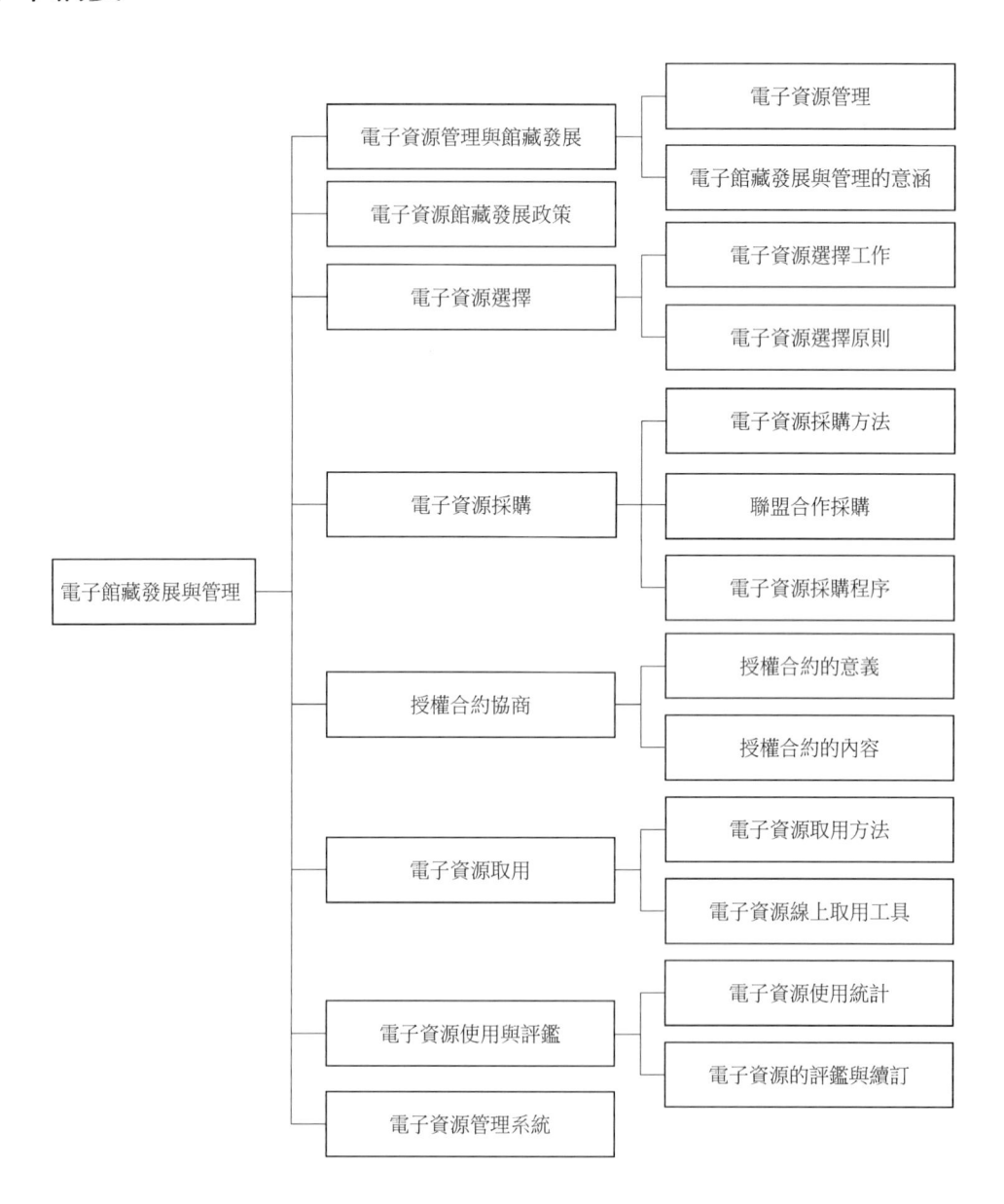

```
                                              ┌─ 電子資源管理
                    ┌─ 電子資源管理與館藏發展 ─┤
                    │                         └─ 電子館藏發展與管理的意涵
                    │
                    ├─ 電子資源館藏發展政策
                    │
                    │                         ┌─ 電子資源選擇工作
                    ├─ 電子資源選擇 ──────────┤
                    │                         └─ 電子資源選擇原則
                    │
                    │                         ┌─ 電子資源採購方法
                    ├─ 電子資源採購 ──────────┼─ 聯盟合作採購
電子館藏發展與管理 ─┤                         └─ 電子資源採購程序
                    │
                    │                         ┌─ 授權合約的意義
                    ├─ 授權合約協商 ──────────┤
                    │                         └─ 授權合約的內容
                    │
                    │                         ┌─ 電子資源取用方法
                    ├─ 電子資源取用 ──────────┤
                    │                         └─ 電子資源線上取用工具
                    │
                    │                         ┌─ 電子資源使用統計
                    ├─ 電子資源使用與評鑑 ────┤
                    │                         └─ 電子資源的評鑑與續訂
                    │
                    └─ 電子資源管理系統
```

第六章
電子館藏發展與管理

第一節　前言

　　21 世紀網際網路與數位科技發達,促進電子資源大量產生,由於其具有易於更新複製與便利檢索取用特質,受到人們的喜愛。圖書館大量採購電子資源,於是形成電子館藏典範,與紙本館藏發展成為二元化圖書館經營模式,包括實體館藏與虛擬館藏。電子資源異於紙本書刊,有其生命周期,影響電子資源的管理與館藏發展。館員進行電子資源的採購與管理時,除了檢視資源內容外,還要考慮成本、授權合約、組織與取用、系統平臺、技術支援、電腦與網路設備等。電子資源的管理與館藏發展不同於紙本資源,值得探討。本章從電子資源生命周期管理程序,探討電子館藏發展與管理,涵蓋:電子館藏發展政策,電子資源選擇,電子資源採購,授權合約協商,電子資源提供取用,電子資源使用統計、電子資源的評鑑與續訂,與電子資源管理系統。

第二節　電子資源管理與館藏發展

一、電子資源管理

　　數位科技與網路科技促進電子資源蓬勃發展,不斷改變圖書館的館藏與服務之面貌。1990 年,資料庫盛行;1996 年起,電子期刊大量出版;2008 年,Amazon 宣布電子書載具 Kindle 問市,使得電子書方便閱讀大受歡迎。另一方面,網路資源隨著網際網路與 Web 2.0 發展不斷成長,藉由檢索引擎檢索深受人們喜

愛。圖書館也發生轉變，從實體經營轉向電子圖書館與數位圖書館。線上資料庫、電子期刊、電子書、數位教材、數位典藏、數位內容，正顛覆傳統而迅速發展，並影響民眾的教育、學術工作與生活。

圖書館大量採購電子資源（electronic resources，簡稱 ER、E-Resources），使得電子館藏愈來愈重要。《英美編目規則第二版》（*Anglo-American Cataloguing Rules 2nd Edition*，簡稱 AACR 2）界定「電子資源係藉由電腦操作而呈現的作品，其利用方式包括直接取用或遠端利用」。Johnson（2012）定義：「電子資源係透過電腦取用的資料，透過個人電腦、大型電腦、手持式行動設備，或遠端透過網際網路或在本館取得。電子資源種類多元，包括：電子期刊、電子書、全文資料庫、索引與摘要資料庫、參考型資料庫、數據與統計資料庫、電子影像資料、電子影音資源等」。電子資源吸引人，因為具有下列特色：容易檢索與取得全文，同時具備「即時」、「互動」、「連結」、「整合」功能，打破過去紙本資料的時效性和單一性，能夠迅速連結起各相關的人、地、事、物，提供作者、讀者、編輯、通路之間即時互動。除了文字之外，電子資源也能結合圖像、影音等不同的元素，或是透過跨產業之間的合作，激發出不同形式的創作（王梅玲、謝寶煖，2014）。

電子資源與紙本資料在形式與結構大不相同，具有下列特徵：（一）網路位置的變動性；（二）內容的多變性；（三）資訊結構具延伸性可被任意編輯；（四）流體性質以不同方式或片斷被取用；（五）滿足個人化需求；（六）取用代替擁有；（七）來源及取用方式的多樣性（張慧銖，2011）。

電子資源的閱讀不像圖書展開即可覽讀，而必須藉由電腦與網路取用。因此，帶給圖書館選擇與採購工作許多挑戰：不僅針對電子資源內容，還必須考慮成本、技術可行性、授權合約、資料取用、資料存檔、與使用者需求。McClure（1996）指出電子資源採購時，不是只針對資源，還包括其他條件：（一）技術基礎建設：包括電腦軟體、硬體、設備、通訊線與網路技術建設。（二）電子資源內容：網路提供資訊資源。（三）資訊服務：提供服務幫助使用者完成其活動需要。（四）技術支援：協助與支援服務，幫助使用者達到最佳網路使用。（五）電子資源管理：綜合人力資源、行政管理、經費管理與網路服務規劃。上述顯示電子資源採購與管理為新的模式，原本的紙本資料的館藏發展理論無法適用。

電子資源管理（electronic resource management，簡稱 ERM）觀念於是提出，

成為圖書館的新典範，主要因為電子資源館藏不斷增加，以及電子資源的生命具有循環特質，不同於紙本資源。Pesch（2008）電子期刊，發現以「電子源生命周期」，說明電子資源管理程序，依次觀察進行，循環，而自成體系。許多利益關係者參與過程，共享價格、館藏與書目、使用權等資訊，形成資訊供應鏈。電子資源連結許多數位內容網站，透過中介者，如代理商、採購聯盟、出版社、資訊系統公司等提供取用，並與資料庫與檢索引擎連結。這些利益關係者需要交換電子資源的資訊，電子資源產業包括代理商與各種資訊系統，他們需要交換資料與通訊協定，所以制定了許多相關標準，如 NISO（The National Information Standards Organization）、Editeur、COUNTER（Counting Online Usage of Networked Electronic Resources）、DLF（Digital Library Federation）、ICEDIS（International Committee on EDI for Serials）、UKSG（United Kingdom Serials Group）等組織的標準。

Pesch（2008）研究電子期刊作業，參考相關標準，歸納「電子資源的生命周期」（e-resource lifecycle），包括六項管理程序：採購（acquire）、提供取用（provide access）、行政管理（administer）、技術支援（support）、評鑑（evaluate）、續訂檢視（review）。各項管理程序內容如下：（一）採購：期刊刊名清單、價格表、訂購清單、訂購商業條款、授權合約協商、訂單、發票。（二）提供取用：編目、館藏清單、Proxy 支援、註冊與啟用、檢索與連結。（三）行政管理：使用權與限制、館藏變更、刊名變更、登錄、催缺。（四）技術支援：合約、障礙排除。（五）評鑑：使用統計、成本資料。（六）續訂檢視：期刊刊名、訂購商業條款、續訂訂單、發票；電子資源採購後需要後續檢視。電子資源的管理依循這六程序進行，參見圖 6-1。

電子資源的採購與管理作業精細而複雜，除了電腦軟硬體、網路設備、系統平臺，還需要考慮成本、技術可行性、授權合約、取用模式、使用者需求、與資料存檔。因此，圖書館需要發展電子館藏發展與管理的理論與實務。Weir（2012）修正 Pesch「電子資源生命週期」理論，歸納電子資源管理八項程序，包括：發現電子資源，電子資源試用與報價，採購與價格協商，授權合約協商，電子資源啟用與提供取用，電子資源使用統計，障礙排除與問題解決，評鑑與續訂，參見圖 6-2。

電子資源管理的第一階段，是發現電子資源，館員發現新的電子資源，檢查

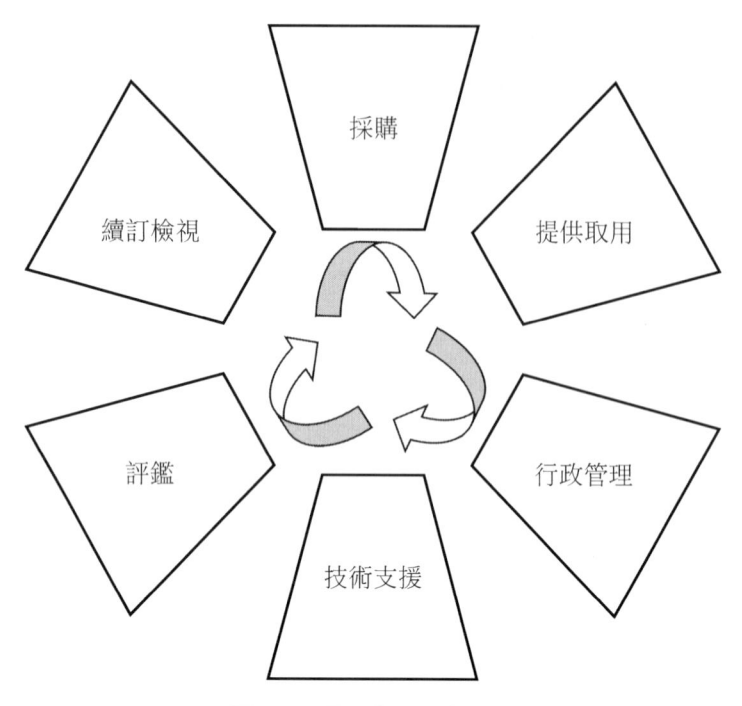

圖 6-1　電子資源生命周期

資料來源：Pesch（2008, p. 482）。

資源是否重複、授權合約期限、取用資訊、計價方式、與使用者規模。第二階段，是電子資源試用與報價，館員依據圖書館需求確定電子資源是否能夠取用，如使用者人數、IP 服務範圍、服務數量及網址、主要使用群、取用模式（如 IP 認證或登入）、試用確認、與檢討使用回饋。第三階段，是採購與價格協商，館員採購電子資源並檢視資源數量、採購方式、價格、存檔典藏權利、代理商服務、授權合約期限。第四階段，是授權合約協商，也是重要而困難工作，館員必須檢視授權合約條款的合理性、彈性，以及著作權議題。

　　電子資源管理的第五階段，是電子資源啟用與提供取用，館員在電子資源正式啟用與取用之前，需要檢視電子資源取用工具，取用方式，平臺功能與成本效益。第六階段，是障礙排除與問題解決，電子資源服務時常發生使用問題，如系統技術出現障礙、資料錯誤、IP 資訊錯誤，館員需要與系統館員及廠商合作迅速解決。第七階段，是電子資源使用統計，館員定期收集電子資源使用統計，包括

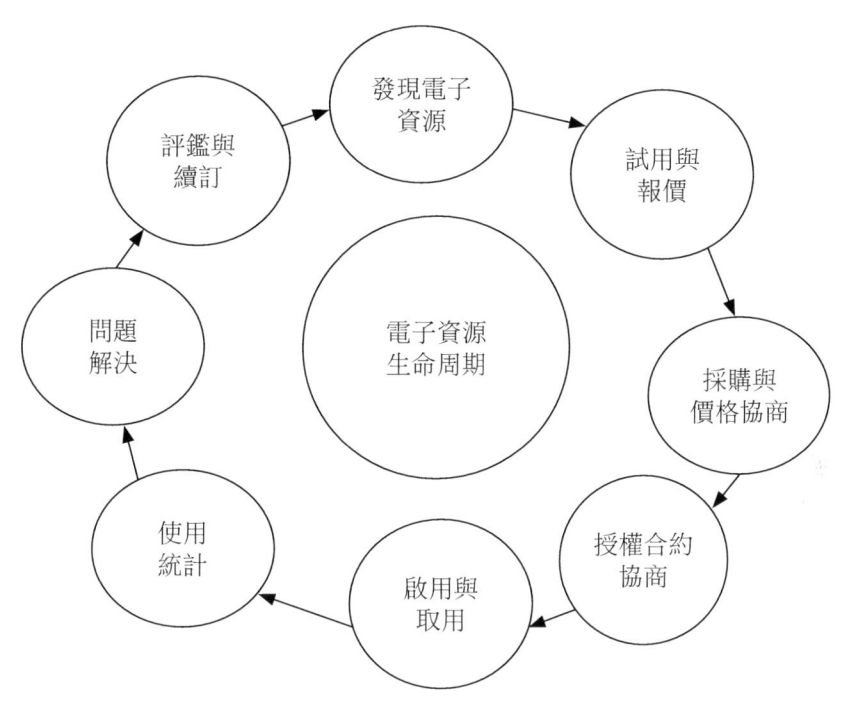

```
                    發現電子
        評鑑與       資源
        續訂                      試用與
                                  報價

    問題              電子資源
    解決              生命周期            採購與
                                        價格協商

        使用                       授權合約
        統計          啟用與        協商
                      取用
```

圖 6-2　電子資源管理生命周期

資料來源：Weir（2012, p. 5）。

連線成功、失敗、點閱次數，可依使用次數計算成本效益。第八階段，是電子資源評鑑與續訂，圖書館每年進行電子資源評鑑以為續訂或刪訂作業的參考。電子資源管理大致依據此生命周期的八項功能，周而復始循環進行（Weir, 2012）。

二、電子館藏發展與管理的意涵

本書第一章界定館藏發展與管理：「係圖書館配合母機構與使用者需求，在財務與人力範圍內，整合實體與虛擬資訊資源，對館藏進行規劃、建設、與管理維護的過程。圖書館有系統、有計畫地依據既定政策建立館藏，評鑑館藏，分析館藏強弱，探討館藏使用情形，以使用者需求為目標，及時與經濟地運用館藏資源，增進資訊保存、合法取用，致力於圖書館合作，以提供使用者有效的使用館藏與服務」。

電子資源管理是循環的生命周期，包括電子資源的發現、選擇、授權合約協商，採購，組織與取用，使用統計、評鑑與續訂等。面對新的作業環境，圖書館需要發展電子館藏發展與管理指南以引導工作。電子資源採購不同於紙本資料，更加複雜，如多元的電子格式，電子資源內容、採購模式、與取用模式不斷推陳出新；電子資源取用有多種模式，如傳統取用模式（透過合約擁有），閱覽付款取用，資料庫取用，顧客主導採購取用等。

Johnson（2012）鑑於圖書館的電子館藏發展作業重要但遭遇困難，而為國際圖書館協會聯盟採訪與館藏發展委員會（IFLA, Acquisition and Collection Development Section）研定《電子資源館藏發展指南》（*Key Issues for E-Resource Collection Development: A Guide for Librari*es）。他歸納電子資源館藏發展有四項重要工作：電子資源館藏發展政策、電子資源選擇與評鑑、授權合約簽訂、訂購檢討與續訂。無獨有偶，另一位學者，Johnson（2013）探討管理與發展電子資源館藏實務，羅列重要作業包括：電子資源選擇與評鑑、電子資源採購、電子內容授權合約協商、與廠商商業交易、跨組進行電子資源採購與管理、以及預算與財務管理。

作者綜合相關文獻，歸納電子館藏發展與管理涵蓋八項功能：電子館藏發展政策、電子資源選擇、電子資源採購、授權合約協商、電子資源提供取用、電子資源使用統計、電子資源評鑑與續訂、電子資源管理系統，參見圖6-3。

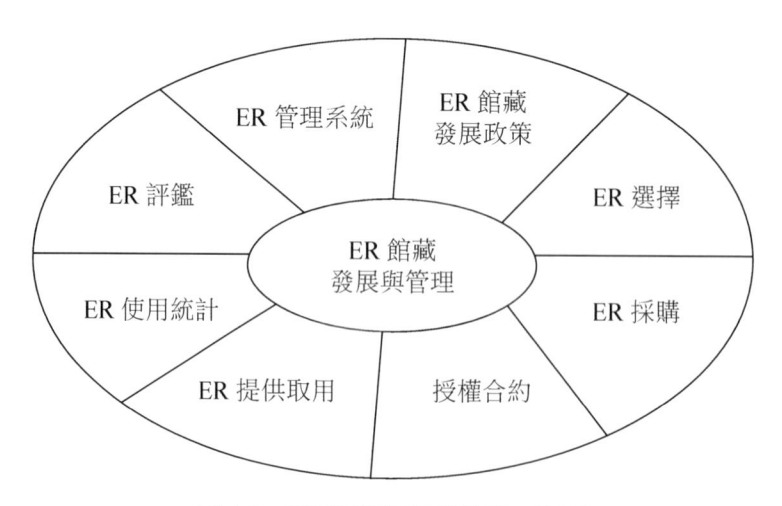

圖 6-3 電子館藏發展與管理示意圖

電子館藏發展政策是電子資源管理與館藏發展的規劃策略與作業指南，圖書館依據電子館藏範圍、經費現況、使用者需求而訂定電子資源館藏發展政策。其二，電子資源選擇，館員分析電子資源種類與主題、系統平臺功能、廠商服務、價格與計價模式、使用者需求，進行電子資源選擇。其三，電子資源採購，館員採購電子資源，依據電子資源的種類與特質、採購方法、取用模式、廠商商業模式、授權合約內容，決定電子資源採購的方式與程序。其四，授權合約協商，電子資源採購之前需要協商簽訂授權合約。授權合約是電子資源廠商授與圖書館採購後取用電子資源的權利，規範圖書館有關電子資源的種類、合法使用群、使用期限、使用範圍等協定。

其五，電子資源提供取用，在正式啟用之前，電子資源需要組織與建置取用工具，提供使用者檢索與取用。其六，電子資源使用統計，館員需要定期蒐集電子資源使用統計與分析，以瞭解電子資源使用現況。其七，電子資源評鑑與續訂，館員每年進行電子資源評鑑與續訂討論，根據電子資源使用統計與評鑑結果，以決定電子資源的續訂與刪訂。其八，電子資源管理系統，由於電子資源管理複雜，要考量電子資源採購，授權合約管理、電子資源組織與取用、以及使用統計與評鑑，需要電子資源管理系統協助管理。本文就電子館藏發展政策、電子資源選擇、電子資源採購、授權合約協商、電子資源提供取用、電子資源使用與評鑑、電子資源管理系統等議題，詳細探討如下：

第三節　電子資源館藏發展政策

館藏發展政策是圖書館建立館藏的最高指導文件，不僅描述館藏現況與強弱，並指引館員徵集館藏，是圖書館有策略、有計畫、有組織地進行館藏發展的藍圖。圖書館透過館藏發展政策，可以有效選擇、採購、徵集、組織、維護與管理館藏，是資料選擇和保存決策的指南，也是規劃藏書發展、合理配置購書經費的依據。電子資源更加需要館藏發展政策，Johnson（2012）界定電子館藏發展政策（Electronic Collection Development Policy），是指導館員從事電子資源館藏發展作業，配合圖書館與使用者需要，有關電子資源技術可行性、功能與信賴性、廠商支援、電子資源提供取用、與授權合約協商等相關政策。

電子館藏發展政策是圖書館對於電子館藏的選擇、採購，授權合約協商、

提供取用的相關原則與標準，有助於圖書館以科學、合理的方式管理電子館藏。電子館藏發展政策較紙本館藏更加複雜，紙本館藏發展政策的館藏主題、收藏層級、以及使用對象政策仍可適用。但由於電子資源種類與形式多元，館員應掌握各類電子資源的特性訂定政策，並與既有的館藏發展政策相互關連參照。電子館藏發展政策的制定有三種模式：其一是圖書館在既有館藏發展政策中對於電子館藏制定獨立條款；其二是圖書館在既有館藏發展政策中未有獨立條款，但適用於電子館藏；其三是圖書館另訂電子資源館藏發展政策（林巧敏、陳雪華，2008）。

Johnson（2012）探討館員內部工作需要的電子館藏發展政策有五大項目，包括：電子資源技術可行性、功能與可信度、廠商支援、電子資源供應、與授權合約協商。其一、電子資源技術可行性政策，館員要注意電子資源的可提供性、認證作業、電腦軟硬體兼容性、儲存與維護（如遠端主機或圖書館本端）、電子資源取用平臺。其二、有關系統功能與可信度政策，由於電子資源需藉由系統取用，故需要考慮系統的檢索功能、電子資源匯出與下載、資料庫查詢結果排序、介面（瀏覽、導覽）、整合、穩定性與回應性。其三、有關廠商支援政策，電子資源廠商技術支援十分重要，包括：使用者教育訓練、產品試用、技術支援與系統處理回報、統計報告、客製化服務、書目資料提供、資料安全與存檔典藏政策。其四、有關電子資源供應政策，電子資源有不同的採購、取用與商業模式，包括：採購模式（訂購、購買、閱覽後付款、租用）、計價模式（選擇性或優惠採購）、取用方案（單一使用者、多位使用者）、資料存檔、維護費與刪訂權等。其五、有關授權合約政策，採購電子資源前必先簽訂授權合約，包括：模式／標準授權，管理的法規，違法使用罰則，授權使用者定義，授權網站定義，合理使用，合約終止，退款，使用期限，以及配合採購聯盟的規定。

Gregory（2006）探討並羅列電子館藏發展政策要點，包括：一、圖書館任務與目標。二、電子館藏發展目標。三、使用者分析。四、電子資源館藏範圍。五、各類型電子館藏描述，如電子書、電子期刊、資料庫、網路資源。六、電子資源授權合約要點，如允許多少使用者線上使用，以及館際合作與文獻傳遞服務。七、電子資源選擇工具。八、電子資源評選原則與指南。九、電子資源採購方法與程序，如圖書館自行採購或是透過聯盟採購。十、電子資源組織與取用。十一、電子資源與紙本重複問題。十二、電子資源技術服務與館員訓練。十三、電子資源數位保存。十四、電子資源評鑑、續訂與刪訂。

有些圖書館訂定電子館藏發展政策可為參考，例如 University of Hong Kong Libraries Electronic Resources Collection Development Policy，該圖書館為了有效整合印刷資料、非書資料與電子資源，以支援大學教學、學習與研究功能，而訂定本政策。政策首先說明該館收集商業與免費的電子資源，電子資源種類包括索引與摘要資料庫、匯集型全文資料庫、電子期刊、電子書、參考性資料庫、數據與統計資料庫。該館電子資源館藏政策內容包括：一、緒論；二、政策範圍；三、收錄的電子資源；四、收費電子資源選擇原則；五、選擇工具；六、電子資源採購程序；七、授權合約；八、評鑑程序；九、免費電子資源選擇原則（University of Hong Kong Libraries, 2008）。

紐西蘭的公共圖書館 Dunedin Public Libraries 研訂的電子館藏發展政策內容具體可為參考，其目的是作為該館電子資源之選擇、採購、淘汰、保存與提供取用之指南。該館電子館藏包括提供所有使用者的線上與離線電子資源，不僅有授權資料庫，也有免費電子資源，但不包括影片與DVD。該館電子館藏政策包括：一、館藏範圍；二、館藏目的；三、館藏歷史；四、各類電子館藏描述（線上資料庫、電子書、電子期刊、其他網路資源）；五、電子資源設備；六、電子資源所有權與價值（免費或商用採購）；七、館藏管理；八、電子資源選擇工具；九、電子資源評選原則；十、電子資源淘汰；十一、電子資源形式；十二、電子資源採購等（Dunedin Public Libraries, 2011）。

第四節　電子資源選擇

一、電子資源選擇工作

電子資源選擇工作重要而困難，除了應用紙本資料選擇原則，還要考慮授權合約、取用模式、網路科技、價格、擁有權、不斷升級的設備與標準。此外，電子資源的價格較昂貴，故採購之前應謹慎選擇。電子資源選擇館員無法單獨作業選擇電子資源。必須與其他部門同事討論，如系統技術組、採訪組、與讀者服務組，另一方面，也需要瞭解使用者，從電子資源使用反應，試用意見，作業發現電子資源的價值與問題。

館員選擇電子資源時，檢視價格十分重要，還要考慮其他成本，如採購、儲

存、維護、存檔典藏等，需要收集具體數據提供參考。為了維持電子資源選擇的一致性，首先參考電子館藏發展政策，並編製電子資源選擇檢核表，以為工作指南。

二、電子資源選擇原則

Mangrum 與 Mary（2012）探討電子資源選擇有六項要點：內容選擇、成本、電子資源取用、電子資源優使性、評鑑、與授權合約。其一，內容選擇：電子資源選擇時應檢視內容是否符合母機構目標，支持主題範圍，品質良好，配合師生讀者需求，與獲得多人使用。電子資源選擇原則包括：不重複、新穎性、權威性、有價值、正確性與完整性。其二，成本，電子資源價格較高，有不同計價模式，需注意價格公平性。館員考慮電子資源採購是訂購或買斷？價格如何計算？其三、電子資源取用：館員選擇時需要注意電子資源取用問題，如電子資源與紙本資料重複；參考購買方式與計價模式，包括個別購買數位內容、整體購買模式、使用付費計價、租用模式、聯盟計價、紙本加電子版、套裝計價，使用者與網站數目等。

其四、電子資源的優使性：電子資源介面親和易用可增進使用率，包括電子資源與異質資料互用、軟體需求、MARC書目資料提供，介面優使性、教育訓練。如與 OpenURL 探索資源互通嗎？增加軟體時，需要增加取用或額外成本嗎？線上公用目錄可以提供電子資源檢索嗎？電子資源容易使用與檢索嗎？其五、電子資源評鑑：包括廠商、試用、使用者回饋。廠商信譽良好嗎？是否在採購前提供試用與收集回饋資料？在試用或續訂時是否收集使用者回饋資料？其六、授權合約：館員需要考慮授權合約所列的使用者統計、續訂決策、認證授權、合約期限等條款（Johnson, 2012）。

Johnson（2013）詳列電子資源選擇原則可作為館員選擇工作參考：
（一）電子資源的內容：考慮電子資源是否有權威？內容正確嗎？電子資源是否符合使用者需要？電子資源是否可填補紙本館藏的缺口？
（二）廠商商業模式：電子資源廠商有出版社、代理商、匯集商等，他們的商業模式是製作、傳遞、與提供取用電子資源以創造營收。商業模式元素包括：付款後圖書館可以取用那些電子內容與取用期限，或是買斷的電子內容。

（三）內容取用永續性：瞭解電子資源的範圍與授權合約期限，並保障在合約到期之前，圖書館可以永續取用電子內容。
（四）使用者介面功能：使用者透過系統介面取用電子資源，介面必須功能良好、容易使用並且有效，提供使用者方便檢索與取用。
（五）使用認證容易：使用電子資源時需要經過認證程序，所以認證程序應該容易簡單。
（六）電子資源取用性。電子資源的取用設計應便利使用者與身體障礙者取用。技術設計應注意：電子資源的組織、瀏覽網站、符合標準、與系統整合。技術需求包括：電子資源的瀏覽、電腦軟硬體、服務、與認證，並且可應用 OpenURL 連結程式。
（七）與本館應用服務的連結：電子資源需要與圖書館應用服務程式整合，如網頁、線上導覽、使用協助指引、電子書閱讀器等。
（八）電子資源輸出結果與傳遞方式：是否符合圖書館需求與期望。
（九）與行動設備的配合：使用者經常使用行動載具取用電子資源，如智慧型手機、PDA、平板電腦、電子閱讀器等，所以電子資源需配合行動設備。
（十）電子資源與圖書館原有館藏重複：電子資源是否與圖書館既有館藏重複？電子資源是否取代紙本館藏？是否電子資源與紙本一起購買？有些電子書一次只能提供一位使用者，圖書館是否需要購買複本提供多位使用？
（十一）電子資源使用統計：圖書館需要收集電子資源使用統計，以瞭解使用成效，作為評鑑與續訂參考，故廠商應提供電子資源使用統計。
（十二）編目書目提供：廠商將電子資源編目資料與線上目錄連結，便利使用者檢索與取用。
（十三）授權合約的期限、條約與限制：圖書館簽訂電子資源授權合約是否透過聯盟採購？是否提供館際互借服務？

美國波士頓公共圖書館的電子資源評選原則可為參考，該館成立電子資源小組，研定電子資源評選原則，包括：（一）內容（正確性、完整性、新穎性、明確使用者對象）。（二）費用。（三）親和的使用者介面。（四）授權範圍（包括檢索、取用、轉檔、保存、版權與館際借閱提供）。（五）電腦軟體與硬體需求。（六）使用統計與報表提供。（七）逐漸廢止印刷與光碟版本。（八）資料庫使用訓練。（九）其他資料庫無法提供資源（Boston Public Library, 2012）。

臺北市立圖書館（2015）的評選原則也值得參考，該館電子資源館藏包括資料庫、電子書、電子報、電子期刊，線上影音資料等。其電子資源選擇原則如下：（一）具新穎性且持續更新者。（二）檢索介面易於使用者。（三）優先考量具永久使用權及擁有權者。（四）電子資料庫格式符合本館現有系統設備者。（五）廠商技術支援及人力資源配合較佳者。（六）與現有館藏內容重複之電子資源產品，選擇具較佳檢索效益或效率者。（七）有信譽且具獨特性之資訊提供者。（八）代理商及廠商能夠提供相關教育訓練課程以及系統簡介與操作手冊。

第五節　電子資源採購

　　電子資源採購不同於紙本圖書，圖書採購主要針對選定的圖書，決定採購方法，下訂單交由書商採購，報價、收書、付款完成採購程序。但電子資源採購工作複雜，包括檢視資源內容、採購、管理、與傳遞等作業，並非單一部門獨立完成，需要與資訊部門、廠商、讀者服務部門協力完成。

　　電子資源的採購與紙本書刊主要差別如下：一、大部分圖書館只獲得電子資源取用而非擁有。二、電子資源需要界定授權合約範圍並牽涉相關法律。三、電子資源出版商或代理商不願圖書館資源分享。四、電子資源需要考量成本、平臺、購買內容、易用程度以及科技設備以進行議價。五、許多電子資源經由聯盟採購，益增採購流程複雜。六、圖書館需要依賴廠商提供的統計以評估電子資源。七、電子資源經常變動，易造成維護問題（Evans & Saponaro, 2012）。以下進一步探討電子資源採購方法、聯盟合作採購、與電子資源採購程序。

一、電子資源採購方法

　　電子資源有不同類型，如電子期刊、電子書、資料庫，有不同的採購方式。紙本圖書的購買為一次買斷，期刊多為每年訂購，而電子資源採購方法多元，包括：買斷、租用、與每年訂購；又可分為圖書館個別採購與聯盟合作採購。電子資源購買有時會考量紙本書刊，如電子期刊與電子雜誌。電子資源採購方法經常推陳出新，例如最近出現讀者主導採購。電子資源採購方法取決於廠商取用服務，涵蓋採購模式、取用模式、與廠商類型，以下分別說明（Johnson, 2013）。

電子資源採購模式常分為：租用（lease）、買斷、閱覽後付款（pay-per-view）（Johnson, 2013）。電子資源買斷與紙本圖書購買類似，採購一次即完成交易，主要用於不常更新的電子資源，如回溯性書目資料、百科全書、字辭典等資料庫。電子資源租用類似期刊訂購，圖書館每年訂購電子資源。租用的資料庫多由匯集商（aggregators）製作，匯整設計廠商的資料庫檢索介面，提供圖書館承租資料庫內容，如醫學資料庫（MEDLINE）、教育資料庫（ERIC）等。電子資源訂購只認可取用權，但是無法擁有資料庫。圖書館租用線上資料庫，一旦停止就沒有使用權或只能取得舊資料使用權。

第三種電子資源採購模式是指瀏覽後付款採購，或電子書「讀者主導採購」（patron driven acquisition，簡稱 PDA），係由讀者先使用電子書後再決定採購的方式。這種採購方法，先由廠商將書目紀錄置入圖書館目錄中，當讀者檢索閱讀時，即開啟採購程序。讀者主導採購是新採購方法，將採購權從館員轉移給讀者，使得館藏符合讀者需求，另外也降低圖書採購成本。讀者主導採購通常有價格範圍限制，並分成 者選擇、館員統籌購買，或者 者直接購（Nixon, Freeman, & Ward, 2010）。

電子資源提供多種取用模式，包括使用者同時無限取用、限制使用者同時使用（如限三個月）、單一使用者、與閱覽後付款。取用模式依據廠商提供與授權合約決定。此外，電子資源採購時需要檢視內容的電子格式，如：圖像、PDF、HTML、EPub 或 Windows 影片視訊、MP3、MPEG 或專屬電子格式等，均會影響使用者線上取用或下載。

電子資源廠商類型多元，有不同的功能與服務，包括：匯集商與代理商（vendors）。匯集商係從出版社匯集多種電子資源，建構系統平臺並設計檢索介面，提供電子資源訂購、買斷、套裝資源或單一資源購買的廠商，例如 EBSCO 公司提供 EBSCOhost 資料庫系統。各匯集商有其計價模式與取用模式，供圖書館採購選擇，包括：單一電子書或電子期刊購買，閱覽後付款，買斷，讀者主導採購，每年訂購，主題式採購，提供單篇電子資源支持教師指定服務等。

電子資源代理商係代理圖書館向出版社採購電子資源的廠商。其與匯集商具有相似的功能，如訂購、付款與協商授權合約。但代理商不同的是：不提供電子資源平臺，但提供編目、訂單處理、發票處理、書目資料，與折扣費用等服務。代理商的優點是整合電子資源的選擇與訂購處理；不僅提供多元訂購模式與取用

模式，且有複本控制，與提供網路採購工具的功能。綜上所述，館員採購電子資源時，需依據電子資源類型、廠商類型、圖書館需求與經費，選擇採購模式、取用模式，審慎選擇決定廠商，以利採購作業。

二、聯盟合作採購

圖書館採購電子資源經常透過聯盟合作採購，例如全國學術電子資訊資源共享聯盟（CONCERT），是我國重要的採購聯盟。電子資源授權方式複雜，在沒有合宜的著作權法保護下，廠商以「簽訂合約以賦與使用授權」的方式，界定圖書館對電子資源的使用，簽署過程繁瑣造成圖書館業務負擔。所以聯盟合作採購可以節省圖書館經費與協商較有利的授權合約。

美國的圖書館聯盟如 OhioLink、GALLIEO、Louisiana Library Network、TexShare、VIVA，發揮功能，促成電子資源採購的成效，如擴大採購基礎，爭取合理的電子資源價格，並代替成員向廠商談判，節省成員合約協商的人力與時間，為成員爭取最大權益，並獲得更多附加服務。1998 年，我國國科會科學技術資料中心主導成立「全國學術電子資料資訊資源共享聯盟」（CONsortium on Core Electronic Resources in Taiwan，簡稱 CONCERT），以整合國家資源實踐資源共享的理念，協助圖書館共同引進電子資源。

圖書館聯盟採用多種方式採購電子資源，如 CONCERT 採用兩種，其一是全國學術授權合約（National Academic Licensing），由中心或教育部支付訂購電子資源所需的費用，聯盟成員無需負擔費用即可使用資料庫。其二是小組採購（group purchasing），由 CONCERT 代表成員向資料庫廠商爭取優惠價格，由成員各自付年度使用費。除了 CONCERT 聯盟，我國還有其他電子資源聯盟，如臺灣學術電子書聯盟、數位化論文典藏聯盟、電子書的 TEBNET 聯盟等。

三、電子資源採購程序

紙本書刊購買多由館員獨立完成，但是電子資源採購需要團隊合作，採購館員執行時，同時需要與其他部門溝通與整合，甚至要有資訊系統及法律專家的諮

詢。一般電子資源的採購程序包括：（一）學科專家推薦電子資源清單給電子資源委員會，採購部門建置相關測試事宜後宣布試用作業。（二）採購部門協商授權合約與價格計算，並召開委員會進行討論、評估與達成共識，最後確定電子資源訂單。（三）採購館員針對取用權利與內容進行查核、討論，並從事合約的準備與簽訂。（四）準備電子資源書目資料。（五）確認訂購資訊，包括 URL、電子資源題名、合約資訊、電子資源類型等，以決定訂購方式；最後正式建立訂單。（六）系統館員確認取用的途徑，取得 IP 位址與登錄名稱，確認網路連線使用程序無誤。（七）取得 MARC 書目資訊。（八）電子資源取用試用與測試完成，對外宣告使用，並提供取用（陳亞寧，2000；Johnson, 2013）。

電子期刊採購程序更為複雜，圖書館需要廠商協助完成下列採購作業：期刊檢索、單種期刊訂購、期刊清單、訂購與管理、催缺與續訂處理、期刊登錄、提供取用、授權合約簽訂、刊名變更通知、報價、網路訂購、追踪訂購、發票處理、圖書館系統訂購電子資料交換、客制化報告、提供符合 COUNTER 標準的使用統計（Johnson, 2013）。

第六節　授權合約協商

一、授權合約的意義

圖書館服務一般遵守著作權法，提供書刊資料供讀者免費閱覽。但電子資源使用有著出租、共享、連結、引用或編輯等爭議，與著作權法時有衝突，許多法律條文解釋困難。因此，圖書館採購電子資源需要簽訂授權合約（licensing agreement）以取得使用許可（license; Evans, 2005）。

授權合約又稱授權協議，係出版社、代理商賦與圖書館使用電子資源的法律協議，包括授權雙方、合約條款、合法與不合法的使用者、授權與未授權使用、租用人（licensee）與出借人（licensor）義務，目的是規範電子資源使用的租用人（圖書館或使用者）與出借人（出版社、代理商、匯集商）關係的管理（Association of Research Libraries [ARL], 1997）。

授權合約說明租用人的責任，如安全、客戶服務、付款與傳遞、限制與保證、期限、賠償保證、與轉讓，所有這些因素會影響未來的使用，圖書館必須與電子

資源出借人協調。在簽約過程中館方也許有使用需求改變的情形，因此，館方須保存所有合約原件，並且遵守合約條例。有些合約會要求圖書館承諾監督使用者利用資訊，這種條款已超出圖書館能力範圍，應予排除。

二、授權合約的內容

電子資源授權合約內容一般包括：取用規定、電子資源使用、廠商支援與技術要求、彈性與擴增、法律議題五方面。其一，有關電子資源取用規定，圖書館取用電子資源時需要考慮：授權使用者與網站範圍、取用方式、典藏存檔政策與永久使用、機構典藏與自我典藏，界定合法使用者（每人、同時使用人數、使用族群的使用次數）。其二，有關電子資源合理使用與使用統計，如館際互借的應用，閱覽後付款服務（pay-per-view service），瀏覽頁面、下載與列印，支援教學與課程，使用統計，違法罰則等。其三，有關廠商支援與技術方面，如連結服務，內容一致性，書目資料，系統整合，處理通知，技術支援，客戶支援，網頁瀏覽，保證期限。其四，有關電子資源訂購彈性處理，如刪訂，價格，與紙本資料的一致性，提供性。其五，有關授權合約的法律議題，如：付款條款、寬限日期、管理法規、廠商提供取用效力。授權協議應說明合約停止或續約事項與時程。合約授權使用（authorized usage）規定電子資源內容的授權提供取用，資源內容取用是否可在母機構之外，或只限於圖書館建築物中（Johnson, 2012）。這些都是簽約前必須先溝通好。

1997 年 7 月，美國研究圖書館學會訂定〈電子資源授權合約簽訂原則〉（Strategic and Practice Consideration for Signing Electronic Information Delivery Agreement），內容最詳細可為參考，包括必須：（一）合約協議應該清楚說明租用人獲得什麼取用權，在限定時間範圍內 享有內容與取用權利的使用。（二）合約必須確認以及不限制租用人在著作權法的權利。租用人必須向出租人確認使用者的使用權利，不限制列印、下載與拷貝。（三）合約協議必須確認租用人與出借人之智慧財產權利。（四）在已告知使用者之使用限制下，合約不應該讓租用人有無法取用租用資源的情形。（五）租用人必須同意以合理方法履行租用資源的條款。（六）合約限制應使租用人在無負擔之下履行取用資源的義務，這種履行義務必須不侵犯使用者隱私權與機密。（七）租用人應該建立政策與環境俾

利使用者適當利用和租用資源,而不會逾越合約範圍外的程序。(八)合約協議必須要求出借人發現有違背合約時情形,立即通知租用人,並允許在合理時間內,讓租用人進行查核與修正。(九)合約協議的使用監查系統,不應妨礙合法使用者的資訊取用。(十)在租用人永久使用資源情形下,合約協議者必須允許租用人拷貝資料,以利用檔案資料作為保存與維護。如果合約協議不允許租用人保存拷貝,則協議書另外要說明誰有永久存檔責任,使得租用人可取用這些檔案備份。(十一)合約協議條款應考慮配合雙方簽約時間。如果條款有變動(如範圍、取用方式),合約需要求出租人或租用人配合改變必須通知另外一方。若無法接受改變時,應立即停止合約協議。(十二)合約協議應要求租用人保護自己免於第三者的專利、著作權、商標、或商業機密侵犯。(十三)雙方在執行例行資料使用時,要告示使用者遵守法律與機構政策以保護機密與隱私。(十四)合約協議不應要求租用人另遵守其他合約條款。除非這些與目前合約是一致或是經租用人同意。(十五)雙方面有中止合約協議的權利(ARL, 1997)。

第七節　電子資源取用

電子資源的取用已成為圖書館的重要服務,也是電子資源管理與館藏發展重要議題。電子資源取用牽涉許多,包括:電子資源認證、線上取用工具、代理商管理模式、障礙排除、與技術支援、並且需要電子資源取用系統(access system for electronic resources,簡稱 ASER)。電子資源提供取用時,更需要符合使用者經驗。以下從電子資源取用方法與線上取用工具二方面探討(Wier, 2012)。

一、電子資源取用方法

商用電子資源經過購買才能使用,代理商與出版社為保護授權,設計電子資源認證(authentication)制度,係廠商對於圖書館採購的電子資源在取用服務時的保護機制,裝置在電子資源的使用設備,如電腦、電子閱讀器、行動裝置等,使用者先要通過認證才可取用。常見的認證方式是使用者輸入帳號與密碼,與存取 IP(internet protocol)認證。圖書館將 IP 清單提供給代理商或出版社,清單包含機構或組織的 IP 位置;如果使用者在 IP 範圍之外使用,需要特定方式登入

資料庫；或者使用代理伺服器（proxy server）。在認證方法選定後，圖書館要決定提供資源的存取方式（Wier, 2012）。

有些廠商提供行政模組（vendor administrative models）系統，以幫助使用者設定裝備或客製化電子資源服務，例如 EBSCONET。館員不僅可以從系統平臺提供使用者線上取用工具，還可以設定取用電子資源設備功能，大部分廠商行政模組系統提供圖書館符合 COUNTER 標準的電子資源使用統計。

電子資源取用服務時常發生問題，需要提供障礙排除與技術支援（troubleshooting and technology support）服務。電子資源連結失效產生技術問題時，平臺要能自動偵察以維護連結有效。廠商必須不斷更新系統與維護技術，有問題時，必須通知採購與讀者服務館員有關系統修復與維護資訊，必要時要通知使用者。當使用者發生技術問題，由館員轉報給廠商解決問題。

使用者藉由系統取用電子資源，所以電子資源系統設計必須符合使用者經驗（user experience），如電子資源網站設計優良、內容豐富、品質良好，提供好用的電子資源取用工具，以吸引使用者。圖書館需要邀請使用者參與優使性測試或焦點團體訪談，藉由使用回饋，調整系統設計與服務。

二、電子資源線上取用工具

電子資源必須透過線上取用工具（online access tools）以提供檢索與取用，下列八種電子資源取用管道：線上公用目錄、電子資源入口網、主題索引、整合檢索引擎、連結管理器、資源探索服務、瀏覽清單、嵌入式清單，一般較多使用（Wier, 2012）。

（一）線上公用目錄（catalogs or OPACs）：線上公用目錄是圖書館自動化系統的模組，開放給使用者搜尋館藏與資料庫，可透過作者、書名、出版社、出版日期等檢索點查詢，具有書目資料與豐富資訊特色。

（二）電子資源入口網（e-resources portals）：電子資源入口網是提供使用者搜尋線上內容，常見的是 a-z 清單。最早設計讓使用者利用刊名或國際標準期刊號搜尋期刊，資源紀錄包含超連結，讓使用者快速找到電子期刊。

（三）主題索引（subject indexes）：主題索引是學科主題或學科索引資料庫，

如：Historical Abstracts for European History、LISTA for Library and Information Science、PubMed 等，有些主題索引僅提供引用文獻與摘要。
(四) 整合檢索引擎（federated search engines）：整合檢索引擎讓使用者同時搜尋多主題索引，如 Interfaces' Research Pro、Serials Solutions' 360Search、Ex Libris's MetaLib、Google Search 和 EBSCOhost Integrated Search，廠商通常提供安裝協助。
(五) 連結管理器（link resolvers）：連結管理器是使用者取用電子資源連結全文內容時必需的程式，檢查電子資源與 OpenURL 連結，符合 NISO/ANSI 標準 Z39.88。OpenURL 是有關 URL 的標準格式，能讓使用者在搜尋資料庫或資源探索工具時，連結取用適當的文本。
(六) 資源探索服務（discovery services）：資源探索服務是將圖書館館藏查詢系統與電子資源管理系統整合以查詢實體與數位館藏，並提供電子全文的資訊系統。先由廠商建置一個索引資料庫，儲存來源不同的學術性資料，採用探索服務系統的圖書館並將本館建置的資料存入其中。檢索時用單一欄位或進階檢索的多重欄位檢索，如 Serials Solutions' AquaBrowser、Innovative Interfaces' Encore、SirsiDynix Enterprise、EBSCO Discovery Services（姜義臺，2012）。
(七) 瀏覽清單（browsing lists）：瀏覽清單是使用 HTML 與 CSS 語言的網頁，包含電子資源的連結清單、主題索引與其他資料庫。使用者藉由瀏覽清單連結取用電子資源內容。
(八) 嵌入式清單（embedded lists）：嵌入式清單類似瀏覽網頁清單，不同的是，其嵌在網頁中專門提供取用電子資源。

第八節　電子資源使用與評鑑

　　電子資源已成為圖書館重要館藏，由於檢索方便與容易看到文本，深受使用者喜愛。但近年來圖書館經費減少，於是電子資源採購更加困難。電子資源費用昂貴，因此採購時更需要考量成本效益。圖書館在績效管理文化中，經常被要求提供電子資源使用統計，究其原因：如主管機關重視績效評鑑，要求圖書館呈報使用情形，證明電子資源具有價值；也有圖書館面臨預算刪減，需要資料庫使用

統計作為續訂刪訂的依據。但電子資源使用統計多來自廠商，經常缺乏一致性，未必正確解釋使用情況，所以電子資源的使用與評鑑很重要，值得探討。

一、電子資源使用統計

　　電子資源使用評鑑工作，一般分為使用統計，評鑑與續訂二方面。電子資源使用統計工作要點，包括：（一）使用者是否感到有用？（二）分析使用統計的發展趨勢。（三）計算電子資源的使用平均成本並與其他電子資源比較。（四）呈現電子資源的價格。（五）分析成本效益決定有效方案（如閱後付款、選擇內容或套裝購買）。（六）比較現期資料與過期資料使用次數。（七）電子資源使用統計須具有可信度與符合國際標準（Johnson, 2012）。

　　圖書館需要定期蒐集並分析電子資源使用統計，作為評估電子資源的依據。但電子資源使用統計有名詞與定義不一致的問題。館員應瞭解代理商的統計名詞與數據意義，如連線數（session）、檢索（search）、全文下載（full-text download）等，需要運用標準與指南，要求代理商依據標準提供資料。電子資源使用統計有許多相關標準，如 ICOLC、COUNTER、E-metrics、NISO、ISO、我國 CNS 圖書館統計標準。International Coalition of Library Consortia（簡稱 ICOLC）訂定〈網路資源使用數據的統計評量指南修訂版〉（Revised Guidelines for Statistical Measures of Usage of Web-based Information Resources），為電子資源統計的評鑑提供指引，建議評鑑項目需包括：簽入次數、查詢次數、選單數、中斷受拒次數、內容使用次數，並提出使用資料最低需求，也列出隱私權、機密性、取得性、傳遞與報表格式之規定（International Coalition of Library Consortia, 2006）。

　　廠商提供的資料庫使用資料不一致引起許多問題，因此，英國 Joint Information Systems Committee、Association of Learned and Professional Society Publishers 與 Publishers Association，在 2002 年，成立 COUNTER 組織，許多圖書館、出版商及中介商參與。COUNTER 訂定電子資源使用統計指引實務規範，要求廠商提供電子資源使用統計必須遵守，涵蓋資料庫、期刊、電子書、多媒體資訊實務規範。期刊規範包括 1 號期刊報告（每月與每種期刊要求的成功全文論文使用次數）；2 號期刊報告（每月與每種期刊的受拒次數）；3 號期刊報告

（每月與每頁期刊的拒入次數）。COUNTER 規範著重於期刊與資料庫使用統計規定，因為這些資源花費圖書館許多經費，其定義與內容架構已獲圖書館普遍接受。該組織持續推廣電子資源使用統計規範，已在電子資源廠商與圖書館發揮功能（COUNTER, 2015）。

二、電子資源的評鑑與續訂

　　圖書館將使用統計應用在電子資源的評鑑、續訂與刪訂作業。刪訂是將館藏移除的程序，電子資源刪訂表示停止採購電子期刊、電子書、資料庫。刪訂的原因可能為電子資源價格太貴，預算不夠，使用成效不佳。有時候圖書館刪訂電子資源是轉給其他代理商採購。電子資源刪訂的決策常根據檢索次數、使用次數、價格、或全文下載次數。

　　電子資源採購經費昂貴，需要進行評鑑以支持續訂或刪訂決策，但電子資源評鑑重要但十分複雜。評鑑（evaluation）是一種判斷某一種作業活動之效率（efficiency）與效能（effectiveness）的有計劃方法，可以配合作業標準與目標以協助決策（王梅玲，2012）。館藏評鑑係有系統的描繪某時間的館藏資源現況與有效程度，對館藏加以測量、分析，依據某些標準來判斷館藏的好壞，如相關性、使用次數、價格、滿意度等。

　　電子資源評鑑必須同時考量紙本館藏與電子資源需求，首先要蒐集評鑑資料，包括：（一）使用者在網路上取用與使用的活動與資料。（二）圖書館的電腦設備。（三）電子資源與網路服務成本。（四）網站與資料庫登入統計、瀏覽次數、查詢、列印、下載等資料。電子資源館藏評鑑方法有許多，包括：（一）電子資源使用統計；（二）電子資源訂購數量；（三）電子資源涵蓋資料年代；（四）使用者調查；（五）焦點團體訪談；（六）網站使用交易檔分析；（七）網站使用次數分析；（八）廠商提供統計；（九）館際合作需求統計。圖書館蒐集整理這些統計，進行使用與成本分析，最後撰寫館藏評鑑報告，作為電子資源續訂或刪訂參考（Gregory, 2006）。電子資源評鑑標準是評鑑優劣的原則，包括：使用次數、價格、成本效益、滿意度、期刊影響係數、系統功能、系統優使性、系統介面、取用性、內容相關性（Johnson, 2013）。一般圖書館評鑑電子資源採用二種或三種以上的方法，以免失之偏頗。

第九節　電子資源管理系統

　　電子資源管理需要資訊系統協助收集使用數據、成本分析，與有效追蹤、管理與評估採購效益。電子資源由於需要透過網路提供服務，產生許多新問題：一、如何強化電子資源館藏管理，支持評鑑、評選、續訂與刪訂？二、如何應用圖書館與聯盟的成本分析，支持館藏發展決策？三、如何克服授權合約限制以提供使用者最佳取用，如紙本版權、遠距取用、數位學習取用限制？四、如何應用新的連結網址技術，以控制電子期刊重複訂購？五、如何使用新檢索工具或入口網，幫助使用者找到最佳電子資源？六、如何應用開放架構與工業標準，如MARC、XML、UniCode、OpenURL等，以管理電子資源（Gregory, 2006）。上述問題均需要電子資源管理系統解決。

　　鑑於電子資源的管理需要，促成電子資源管理系統（electronic resources management systems，簡稱ERMS）的研發：「係支援圖書館的電子資源管理作業，根據商業模式與授權合約，以提供電子資源的選擇、評估、採購、取得、維護與使用的資訊系統」（Jewell, 2009）。電子資源管理系統主要針對電子資源生命週期，提供作業平臺與管理工具。

　　電子資源管理系統具備兩方面功能：採購管理與檢索取用管理。在電子資源採購管理方面，系統具有下列功能：一、支援多元電子資源採購方法。電子資源有多種採購與計價模式，電子資源管理系統可管理各種電子資源採購模式。二、協助電子資源採購績效評鑑工作，分析電子資源成本效益，以有效幫助館藏發展決策。三、追蹤電子資源授權合約內容與資料庫廠商的採購資訊，並且提供線上目錄服務以利使用者檢索取用。四、提供電子資源詮釋資料（metadata），整合標準與管理。

　　在電子資源檢索與取用方面，具有下列功能：一、電子資源管理系統提供連結服務（link service）管理維護網址連結伺服，包括資料庫與設備檔，更新科技與工具支援使用者取用與檢索。此外，支援館員編目、採訪、系統與館藏發展功能。二、具備電子資源相關入口網功能，如MetaLib（Ex Libris）提供館藏詮釋資料編目、資料檢索，應用OpenURL、SFX等電子資源技術與服務。三、遵守電子資源新模式與標準。四、採用開放架構以支援許多工業標準，如MARC、UniCode、XML、OpenURL、SOAP，協助圖書館管理電子資源。

　　數位圖書館聯盟（Digital Library Federation [DLF], 2002）主持電子資源管

理先導計畫（Electronic Resource Management Initiative，簡稱 ERMI），研究電子資源管理系統功能。該聯盟公布〈電子資源管理系統標準初稿〉，建議五方面功能，包括電子資源試用，電子資源採購，電子資源管理，電子資源產品維護與評估，以及行政管理與報表統計。2008 年，電子資源管理功能標準更新，包括：選擇與評鑑、採購與發票、取用提供、設備與裝置、資源檢索與取用、授權合約資訊、取用管理、電子資源與代理商、使用統計、續訂、問題解決、溝通管理、以及流程管理。

ERMI 的〈電子資源管理系統功能標準〉成為廠商開發系統的指南。第一個由圖書館自動化廠商提供的電子資源管理系統是 Innovative Interfaces 在 2004 年開發。其次，Ex Libris（2013）公司的 Verde 系統；Endeavo 公司的 Meridian；VTLS 公司的 Verify 系統；以及 Dynix 公司的 SIRSI（Jewell, 2009）。以 Verde 系統為例，提供工具給館員與使用者，以簡化工作流程與分享資訊，具備下列 11 項功能：個別產品維護，電子書管理，公用目錄檢索，館藏評鑑，學術統計整合，授權管理，工作流程管理，報表功能，提供採購資訊，支援編目，系統介面客製化。由於電子資源形式多元，電子資源管理系統需要透過使用者、圖書館、聯盟、出版商、代理商、與系統公司的合作與溝通，以幫助館員有效管理電子資源（Collins, 2008）。

圖書館依據電子資源生命周期，建設與管理電子資源館藏，形成電子館藏發展與管理新典範，涵蓋八項主要功能：電子資源館藏發展政策、電子資源選擇、電子資源採購、授權合約協商、提供取用、電子資源使用統計、電子資源評鑑與續訂刪訂、電子資源管理系統。面對新典範，館員應熟諳電子館藏管理技能開展業務，圖書館訂定電子資源館藏政策以為館藏發展與管理指南。電子資源的經費比例逐年增多，圖書館需要訂定電子資源評選原則，除了一般選擇原則，並要考量電子資源的優使性、數位閱讀體驗、以及使用者需求。

館員採購電子資源，應掌握與應用各種採購方法（包括買斷、租用、閱覽後付款），並具有授權合約協商知能，以及彈性運用圖書館自行購買與聯盟採購模式。圖書館應重視蒐集電子資源使用統計，運用成本效益分析，定期進行電子資源評鑑，作為下年度續訂與刪訂參考。

數位環境下的圖書館開始迎接電子館藏新典範，懂得掌握電子資源特性與生命周期，瞭解使用者的需求，建立電子館藏發展與管理的新典範，以提供使用者

愉悅的數位閱讀經驗。圖書館未來館藏發展的方向，將朝多元資訊資源徵集，除了維持實體館藏外，也要積極建設電子館藏，提供使用者方便好用。圖書館將不斷依循電子資源的發現、評選、授權合約協商、採購、組織取用、使用統計與評鑑實務，開展電子館藏發展與管理，以符合使用者需求與期望。

關鍵詞彙

電子資源生命周期	授權合約
E-Resources Life Cycle	License
電子館藏發展與管理	電子館藏發展政策
Electronic Collection Development and Management	Electronic Collection Development Policy
讀者主導訂購	使用統計
Patron-Driven Acquisition	Usage Statistics
電子資源擇選	電子資源評鑑
Electronic Resources Selection	Electronic Resources Evaluation
電子資源管理	電子資源採購模式
Electronic Resources Management	Electronic Resources Acquisition Model

自我評量

- 電子資源生命周期有哪些程序？哪些功能是紙本館藏發展沒有的？
- 電子資源的採購方式與紙本圖書有何不同？
- 電子資源有哪些線上取用工具？你使用過哪些工具？
- 電子資源館藏發展政策與紙本館藏發展政策有何區別？

參考文獻

王梅玲（2012）。從資訊使用觀點探討學術圖書館電子資源評鑑。在國家實驗研究院科技政策研究與資訊中心（編），*2012 電子資訊資源與學術聯盟國際研討會論文*

集(頁10-1-10-18)。臺北市:國家實驗研究科技政策研究與資訊中心。

王梅玲、謝寶煖(2014)。圖書資訊學導論(第二版)。臺北市:五南。

林巧敏、陳雪華(2008)。國家圖書館電子館藏發展政策之研究。國家圖書館館刊,97(1),25-62。

姜義臺(2012)。圖書館下一代整合檢索系統──資源探索服務初探。佛教圖書館館刊,54,61-73。

張慧銖(2011)。圖書館電子資源組織:從書架到網路。新北市:Airiti press。

陳亞寧(2000)。電子期刊的剖析研究。資訊傳播與圖書館學,6(4),71-91。

臺北市立圖書館(2015)。臺北市立圖書館館藏發展政策。檢索自 http://www.tpml.edu.tw/ct.asp?xItem=1108972&ctNode=32922&mp=104021

Association of Research Libraries. (1997). *Principles for licensing electronic resources final draft*. Retrieved from http://www.arl.org/storage/documents/publications/licensing-principles-1997.pdf

Boston Public Library. (2011). *Boston public library collection development and management policy*. Retrieved from http://www.bpl.org/general/policies/collectiondev.htm#electronic

COUNTER. (2015). *Counting online usage of networked electronic resources*. Retrieved from http://www.projectcounter.org/

Collins, M. (2008). Electronic resource management systems (ERMS) review. *Serials Review*, 34(4), 267-299.

Digital Library Federation. (2002). *Electronic resource management initiative*. Retrieved from https://www.diglib.org/

Dunedin Public Libraries. (2011). *Dunedin Public Libraries electronic resource collection policies 2011*. Retrieved from http://www.dunedinlibraries.govt.nz/your-library/about-us/strategy-and-policy/collection-development-policy/electronic-resources-collection

Evans, G. E., & Saponaro, M. Z. (2005). *Developing library and information center collections* (5th ed.). Westport, CO: Englewood, Libraries Unlimited.

Evans, G. E., & Saponaro, M. Z. (2012). *Collection management basics*. Santa Barbara, CA: Libraries Unlimited.

Gregory, L. V. (2006). *Selecting and managing electronic resources: A how to do it manual* (Rev. ed.). New York, NY: Neal-Schuman.

Gregory, L. V. (2011). Collection development policies. In *Collection development and management for 21st century library collections: An introduction* (pp. 31-54). New York, NY: Neal-Schuman.

International Coalition of Library Consortia. (2006). *Revised guidelines for statistical measures of usage of web-based information resources*. Retrieved from http://icolc.net/statement/guidelines-statistical-measures-usage-web-based-information-resources-1998-revised-2001-0

Jewell, T. D. (2009). Electronic resource management in libraries. In M. J. Bates & M. N. Maack (Eds.), *Encyclopedia of library and information sciences* (3rd ed., pp. 1689-1698). New York, NY: Taylor and Francis.

Johnson, P. (2013). *Developing and managing electronic collections: The essentials*. Chicago, IL: American Library Association.

Johnson, S. (2012). *Key issues for e-resource collection development: A guide for libraries. Acquisition and collection development section, IFLA*. Retrieved from http://www.ifla.org/files/assets/acquisition-collection-development/publications/electronic-resource-guide-en.pdf

Lee, S. H. (Ed.). (2005). *Collection management and strategic access to digital resources: The new challenges for research libraries*. Binghamton, NY: Haworth Information Press.

Lee, S. D. (2002). *Electronic collection development: A practical guide*. New York, NY: Neal-Schuman.

Leonhardt, T. W. (2006). *Handbook of electronic and digital acquisitions*. New York, NY: Haworth Press.

Lynch, C. (2003). Institutional repositories: Essential infrastructure for scholarship in the digital age. *ARL Monthly Report, 226*, 328.

Mangrum, S., & Pozzebon, M. E. (2012). Use of collection development policies in electronic resource management. *Collection Building, 31*(3), 108-114.

Nixon, J. M., Freeman, R. S., & Ward, S. M. (2010). Patron-driven acquisitions: A ntroduction and literature review. *Collection Management, 35*(3/4), 119-124.

Pesch, O. (2008). Pesch's electronic resources life cycle. *Serials Librarian, 55*(3), 482.

University of Hong Kong Libraries. (2008). *Electronic resources collection development policy*. Retrieved from https://lib.hku.hk/cd/policies/erp.html

Weir, R. O. (2012). *Managing electronic resources: A ITA guide*. Chicago, IL: ALA TechSource.

第七章
社區分析與館藏行銷

學習目標

研讀本章內容之後，學習者應能夠：

- 認識使用者需求與社區分析的意涵
- 學習社區分析方法
- 學習資料蒐集與分析
- 學習社區分析的應用
- 學習館藏行銷與推廣的意義與方法
- 瞭解電子館藏行銷困難，學習電子館藏行銷策略

作者簡介

王梅玲

(meilingw@nccu.edu.tw)

國立政治大學
圖書資訊與檔案學研究所
教授

本章綱要

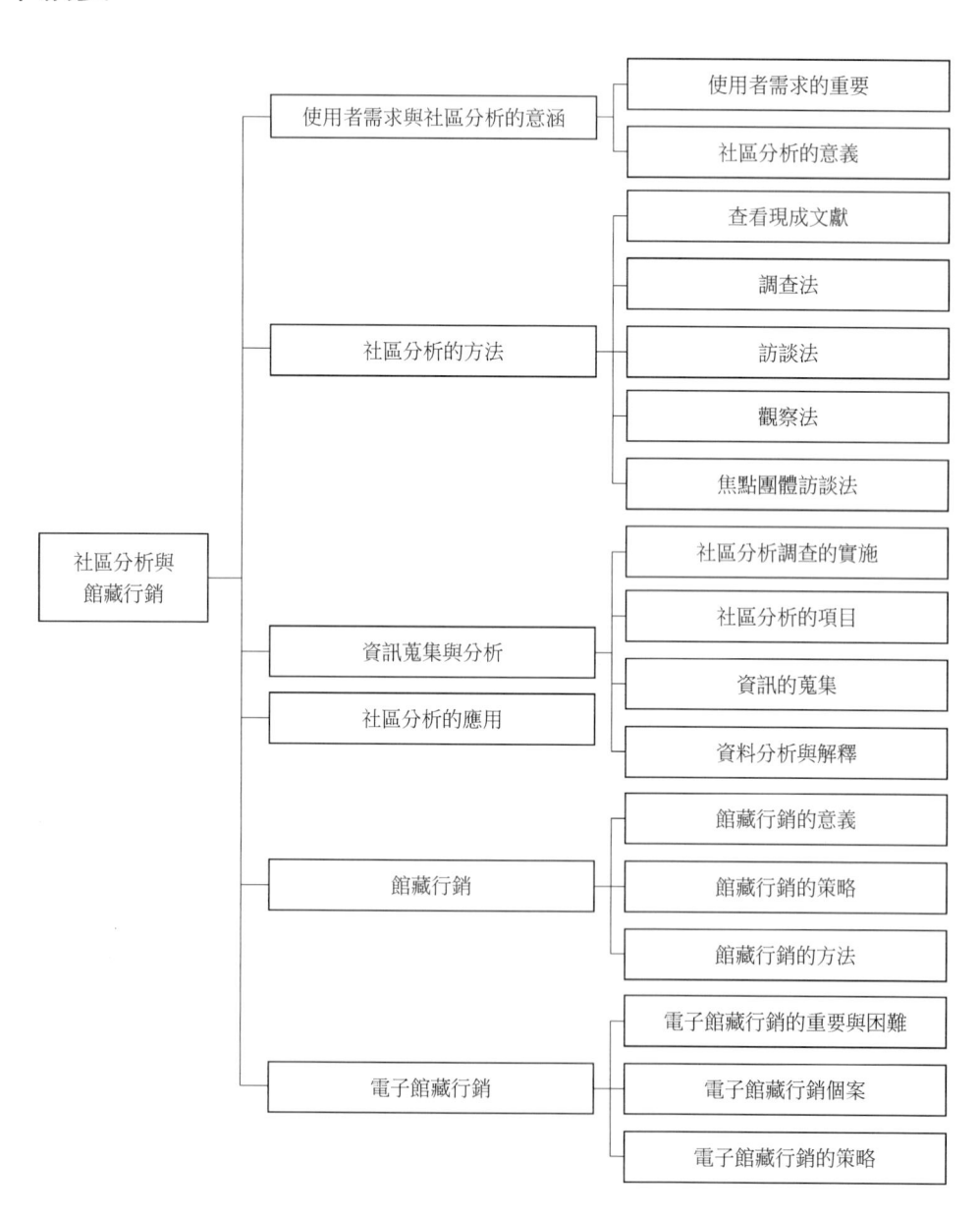

- 社區分析與館藏行銷
  - 使用者需求與社區分析的意涵
    - 使用者需求的重要
    - 社區分析的意義
  - 社區分析的方法
    - 查看現成文獻
    - 調查法
    - 訪談法
    - 觀察法
    - 焦點團體訪談法
  - 資訊蒐集與分析
    - 社區分析調查的實施
    - 社區分析的項目
    - 資訊的蒐集
    - 資料分析與解釋
  - 社區分析的應用
  - 館藏行銷
    - 館藏行銷的意義
    - 館藏行銷的策略
    - 館藏行銷的方法
  - 電子館藏行銷
    - 電子館藏行銷的重要與困難
    - 電子館藏行銷個案
    - 電子館藏行銷的策略

第七章
社區分析與館藏行銷

第一節 前言

　　圖書館最重要的任務是提供館藏與服務，滿足讀者與使用者的資訊、教育、娛樂各種需求。館藏是圖書館要件，掌握使用者需求也是館藏發展的成功關鍵。所以館藏館員需要瞭解使用者需求，善用社區分析，幫助館藏發展與資訊服務。使用者有各類需求，各種圖書館有不同的社區成員與環境，因此館藏發展首重社區分析，以便透過分析去掌握使用者的需求。

　　現代人喜歡上網找資料，因此，圖書館雖有豐富的館藏還不夠，更重要的是讓使用者知道有哪些館藏是他們需要的，並提供便利取用。館藏行銷觀念在現今更加重要，以使用者為中心，利用行銷推廣活動，將館藏的內涵與使用傳遞給使用者。館藏行銷的核心在於使用者，所以需求分析是館藏行銷的前奏。因此，社區分析與館藏行銷是館藏服務的二大重要功能。本章首先探討社區分析的意義，社區分析的方法，資料蒐集與分析，以及應用在館藏發展；其次說明館藏行銷的重要，館藏行銷的方法，以及電子館藏行銷策略。

第二節 使用者需求與社區分析的意涵

一、使用者需求的重要

　　網際網路與資訊科技的出現，為圖書館帶來競爭者，如網站、Google、社群媒體等。圖書館經常苦惱這些問題：館藏乏人問津，讀者抱怨在圖書館找不到想

看的書，服務無法吸引讀者，圖書流通量越來越少。造成的原因很多，如：館藏老舊，圖書沒有推廣，網路電子書與電子文章免費好用等。但究其根本，圖書館未能瞭解讀者的需求。尤其網際網路出現，許多讀者使用行為改變，多在網路上搜尋資訊。面對網路資訊社會變遷，圖書館的館藏發展應以使用者為中心。

分析使用者需求是圖書館有效提供館藏使用的關鍵，館藏發展應基於瞭解使用者需求與其社區環境。館藏館員瞭解使用者的職業、興趣、教育程度、資訊行為、價值等，才能在適當時間提供適當的館藏。現今正值數位與資訊環境，人們愛用電子資源，必須瞭解使用者之科技能力與使用習性，支持館藏的選擇。尤其電子資源較紙本資料昂貴，在選購時更需要瞭解使用者需求。使用者利用館藏的相關資訊，對於館藏政策與選擇工作十分重要。因此，需要對使用者及其所在社區進行有系統的分析。社區分析（community analysis）有許多同義詞，如：使用者需求分析（needs analysis）、資訊需求分析（information needs analysis）、需求評估（needs assessment）、社區調查（community survey）、社區需求評估（community needs assessment）；也與使用者研究（user studies）、市場分析（market analysis）有相似概念。Biblarz、Bosch與Sugnet界定「需求分析」（needs assessment）為「使用一種或多種技巧，蒐集、分析圖書館讀者或潛在讀者使用各類資料的直接與間接需求的過程，資料的詮釋有助於館藏管理工作」（Gregory, 2011）。

館藏館員在探討使用者資訊需求時，也要掌握使用者所在的社區及其環境。圖書館為了建設有效的館藏，必須透過對服務對象的人口及環境完整瞭解，根據社區資訊以達成目標。館藏發展需要分析使用者需求，調查社區需求。但專家指出，需求分析調查需要有系統與科學化，否則調查無效。所以使用者需求分析的方法與資料蒐集十分重要，需慎重規劃實施。

二、社區分析的意義

社區分析（community analysis）與需求分析同義，強調對圖書館服務的使用者及其所在社區的需求研究。館員對於服務社區（community）的瞭解，無論是地理分布或組織型態，均是館藏發展的基石。館員愈瞭解使用者及其社區，愈能提供使用者所需的資訊。社區泛指圖書館所服務的使用者（包括潛在的使用者）

及其所在的環境。社區可能龐大，如大都市中的公共圖書館，包括數十萬或百萬的居民；也可能很狹小，如機關內的圖書館，僅以內部員工為服務對象。本文界定社區分析為：「係圖書館為瞭解使用者及其所在社區環境，應用一種或多種方法，收集使用者資訊需求、館藏利用、與社區環境資訊，進行分析與解釋，以應用於規劃、發展與管理館藏的程序。」其是館藏發展與圖書館服務的成功關鍵（吳明德，1991）。

　　社區分析具有下列功用：（一）協助圖書館設定服務目的。（二）瞭解社區成員對圖書館服務與館藏的需要及使用現況。（三）協助圖書館館藏發展的依據。（四）協助圖書館設計新服務。（五）協助圖書館決定增設服務點與設施。（六）協助圖書館調整人力資源。（七）協助圖書館預算的編列與分配。（八）協助圖書館建立與其他機構的合作關係。（九）協助圖書館建立良好的公共關係。

　　社區分析主要探討下列問題：（一）圖書館對社區有哪些瞭解？（二）圖書館對社區使用者利用館藏的現況瞭解？（三）社區內的使用者的資訊需求為何？圖書館是否可以備足？（四）圖書館的使用量增加或減少了？（五）圖書館所服務的使用者在類型及數量上與其他機構服務的民眾有何差異？（六）圖書館多久才能回應少數族群、殘障者、以及老年人的需求？圖書館的反應適當嗎？一般社區分析要點涵蓋：（一）分析社區與使用者的組成及其背景。（二）分析社區使用者的需求與資訊行為。（三）分析社區使用者利用館藏與服務情形。（四）分析社區使用者利用圖書館未來需求（吳明德，1991）。

　　館藏館員應積極瞭解社區成員的工作任務、興趣、教育背景、資訊行為、價值等，才能在使用者需要資訊時，適當提供其所要的資訊。圖書館需要掌握社區成員的基本資訊，作為規劃、決策、選擇、與評鑑的基礎。社區需求廣泛多元，涵蓋：文化發展、社會、政治、經濟、教育、學術與研究、科技發展、個人生活、休閒娛樂、終身學習等（吳明德，1991）。因此，需要應用科學與系統的研究方法進行研究與分析。

　　公共圖書館的使用者多元且程度不一，主要成員有：學生、婦女、社區居民、政府及機關單位人員、老年人、殘障、聽障、盲胞等，每個人對資訊需求的層次不同。一般公共圖書館使用者資訊需求可分三層次：即時需求、自我成長需求、與休閒娛樂需求。個人在工作、學習、研究、報告、決策、活動計畫等方面的需求為即時需求，較為急迫。自我成長的需求是個人在心靈、精神、終生學習的需

第七章｜社區分析與館藏行銷

求，雖不急迫但較有整體性、系列性。個人的休閒娛樂的需求，較無具體目標，隨意讀取資訊。圖書館成功的經營繫賴於擁有熱情的使用者，社區分析將助益於館員對館藏使用的瞭解。此外，社會不斷變遷，社區人口統計也常因而改變，也會影響館藏工作、館藏學科取向，圖書館應配合社區改變而調整館藏布局。

第三節　社區分析的方法

由於使用者需求與社區環境的廣泛與多元，益增社區分析的困難，可以師法新聞記者採訪新聞事件的思維：「詢問誰（who）、什麼（what）、何時（when）、哪裡（where）、如何（how）」，構思蒐集事件的資訊。館員蒐集社區使用者需求的要點如下：

一、Why 人們為何使用或不使用圖書館的館藏與服務？
二、How 人們如何使用圖書館的館藏與服務？
三、Where 人們從何處獲得與使用圖書館的館藏與服務？
四、What 這些圖書館的館藏與服務哪些是好？哪些不好？
五、What 哪些圖書館的館藏與服務是使用者感到興趣？
六、How Much 使用者會花多少時間、金錢、工夫來使用圖書館的館藏與服務？

Dorner、Gorman 與 Philip（2015）說明需求分析研究常有下列六階段，可以適用於社區分析：準備期、資訊蒐集、資訊分析、報告結果、應用資訊、與評估應用結果。在準備期，館員進行準備工作，確定社區目標，探討問題，詢問何人，有哪些研究方法，有哪些資源可支援需求分析，訂定時程表。在資訊蒐集期，館員列出社區分析待研究問題，選擇研究方法，重要焦點問題，選擇資料蒐集方式，研究對象。在資訊分析期，館員採用量化與質化框架分析蒐集來的資料，最後報告需求分析結果，探討如何應用在館藏與服務管理，並且評估應用的成效。

社區分析研究通常使用單一或多元方法，採用多元方法成效較好，可避免資料偏差。實施社區分析常使用下列方法：查看現成文獻、調查法、訪問法、焦點團體訪談法、觀察法。研究方法的選擇主要考慮社區分析的目標與研究對象：查看現成文獻、訪談法、調查法為主要方法，大型社區分析計畫多使用混合方法。包含：

一、查看現成文獻

社區的需求可從現成文獻、本身館藏或相關單位獲得現成資料，例如母機構概況、業務報告、統計報告，網站更是方便取得的資訊。社區分析資料可從下列現成文獻獲得（表 7-1），但館員需注意文獻的時效性，以免引用了過時的資料，得到錯誤的訊息。

表 7-1　現成文獻提供社區分析資料

資料項目	現成文獻
社區人口特質	統計月報、統計年報、網站
社區歷史	地方誌、網站
社區內教育機構	名錄、電話簿、網站
社區內其他圖書館或資訊服務機構	名錄、電話簿、網站
社區內其他資料借閱場所	名錄、電話簿、網站
社區民眾的閱讀興趣	書店暢銷書排行榜、網站
社區民眾的社團活動	社區報紙、電子報、網站
課程名稱	學校概況、網站
學生、教師人數	學校概況、網站
新設學系計畫	校務會議紀錄、網站
學生課外活動	學生刊物、網站
公司營業項目	公司簡介、業務報告、網站

二、調查法

調查法是社區分析經常使用的方法，由於社區成員牽涉層面廣泛，比訪問法節省人力，容易收集到的資料與整理分析。但調查回收率低，將會影響資料的代表性，無法反映需求資訊。問卷可採用普查或抽樣調查。實地調查主要針對社區人口進行抽樣，收集資料作為社區分析之用。調查常用方式有：電話訪談、一對一訪談、郵寄問卷、網路問卷。調查抽樣正確與否？問卷是否詳細設計？是否經過前測？問卷的信度與效度。電話訪談法，普遍但易受到時間與受訪者興趣的限

制。訪談法可以與使用者自由接觸、自由交換意見、有較高的回應率。郵寄問卷法，可降低時間與成本，但低回覆率，且有些社區人士無法答覆。實地調查法在良好的設計與管理原則下，可產生正確、可靠的社區需求資料供圖書館館藏發展的參考。

三、訪談法

訪談法是另一種社區分析方法，多以輔助問卷調查，針對某些問題做深入探討。訪談法較花費人力，受訪對象有限，也要注意少數人的意見是否具有代表性。訪問對象可分為：一般讀者、社區關鍵人士、政府機關人員、或母機構重要成員。

四、觀察法

觀察法為社區分析較不正式的研究方法，是館員用來認識社區使用者最簡單的方法。宜審慎設計以有系統地觀察，如決定觀察哪些使用者、事物、地方，並將結果記錄下來。此法較節省人力，也容易進行，可為輔助方法，可持續觀察社區，從社區報紙、廣播電臺、電視臺、書店、報攤等，瞭解社區民眾如何獲得知識性與娛樂性的資訊。

五、焦點團體訪談法

焦點團體訪談法（focus group interviewing method）又稱焦點團體法，是研究者將訪談的技巧，運用在團體的情境中，並通過團體互動與討論預先設定的議題，來達到蒐集資料的目的。可以取代社區論壇的功能，針對重要的使用者分組進行較小的焦點團體討論，藉由小組的參與者可對議題進行深入討論。成功的焦點團體訪談需要經驗豐富的主持人引導，將會議重要討論紀錄作為社區需求資訊。焦點團體訪談通常舉行三至四組同質團體訪談，每組參與者為 6 至 10 人，依下列步驟進行：（一）確定研究的問題。（二）設計抽樣架構。（三）確認主

持人及設計訪談大綱。（四）招募焦點團體參與者。（五）進行焦點團體訪談。（六）記錄訪談。（七）資料分析、解釋與撰寫報告。

第四節　資訊蒐集與分析

一、社區分析調查的實施

　　社區分析研究必須小心計畫，選擇研究方法，注意樣本大小，事先預測需求，避免問題偏見等細節。由於社區調查需要花費大量成本與時間，各圖書館可依其目的作大規模或小範圍的研究。調查之前要回答下列問題：（一）誰負責收集資訊？（二）要收集什麼資訊？（三）用什麼方法產生所要資料？（四）如何使用調查資料？（五）誰執行社區調查？這些問題牽涉下列因素：經費支援、參與者的條件與人數、調查的深度與廣度。社區分析研究常由館外顧問規劃，館藏發展館員執行，並且成立工作小組。圖書館執行社區需求調查時，應要訂定計劃書，包括調查研究目標、執行步驟、與要探討之問題。

二、社區分析的項目

　　圖書館服務的社區有不同的特質，有其政治的管區。對學校及學術圖書館而言，則是其母機構；專門圖書館是隸屬公司。不同類型圖書館所服務的社區差異甚大，如以公共圖書館的使用者異質性高，變化大。本節以公共圖書館社區分析的項目為例，說明如下（Gregory, 2011）。

（一）人口資訊：社區民眾的人數、性別、年齡、教育程度、職業、健康衛生等，是社區分析必要蒐集的資料，應反映在館藏發展上。人口調查資料是圖書館館藏發展之起始點，不同性別、年齡、教育程度、職業的使用者資訊需求往往不同，對圖書館服務的要求也不同。

（二）民眾閱讀興趣資訊：社區人口特質會反映民眾的閱讀興趣。若社區內學生與教育程度高的民眾人數多，則他們需要圖書館的動機強烈。若民眾多從事商業活動，便有增多管理類圖書閱讀的需求。因此，圖書館應透過社區

分析，瞭解社區民眾的閱讀興趣。

（三）歷史資訊：社區的歷史很重要，瞭解社區歷史發展可以知道為什麼今日社區形成，以及預測社區未來方向。社區的歷史背景資訊可以提供線索支持區域館藏選擇與淘汰。

（四）地理資訊：社區地理資訊可瞭解社區不同區域繁榮或衰退的趨勢，社區的交通狀況會影響民眾到圖書館的意願，地理資訊有助於圖書館服務點之設置、圖書館複本購置決定。社區成長與區域之人口分布資訊，可以協助館員採購複本與館藏傳遞服務的決定。

（五）政治資訊：有關社區或隸屬組織機構的政治資訊十分重要，將影響圖書館預算決策，有些政策影響經費的獲得與分配。正式或非正式政治關係對於社區、地理、交通資訊可能發生連結互動。

（六）經濟資訊：社區民眾的就業率、經濟景氣狀態，對於館藏發展目標都會發生影響，經濟資訊會反映社區的改變，將有助圖書館規劃館藏活動。

（七）社會與教育機構資訊：社會機構及服務組織反映了社區特性與民眾喜好，最重要的是教育的需求。學術機構不僅提供學生修業，還有成人教育課程，線上課程，民眾均有不同的資源需求。公共圖書館需滿足成人在職進修與終生學習需求。

（八）文化與休閒娛樂機構資訊：社區的文化與娛樂機構反映社區成員的興趣與文化特質，圖書館應該配合文化與休閒娛樂需求，提供社區成員閱讀素材與閱讀空間。

（九）其他社區服務資訊：社區其他機構，如書店、其他圖書館、影片出租店，也會影響館藏發展計畫，圖書館應與其他社區服務合作，避免資訊服務浪費。

三、資訊的蒐集

社區分析收集資料時應注意資料來源與時效性。蒐集資料的時間可考慮圖書館使用率高的時間；或依目的選擇時段。資料蒐集來源包括主要資料提供者、社群論壇、社會指標與田野調查（Gregory, 2011），分述於後。

（一）主要資料提供者

主要資料提供者係指在社區具有影響力並瞭解社區事務與民眾需求的人，如：地方首長、社區組織負責人、領導人、教育家、神職人員及非正式領袖。計畫小組訪談他們有關於社區需求之看法及想法，為重要的資料來源。由於本資訊無法代表全部居民，雖然可以反映社區資訊需求，但應小心避免偏差。

（二）社群論壇

社區論壇是一種社區的集會，可由館藏發展顧問委員會召集，鼓勵社區民眾參與，民眾都可以表達他的意見。論壇有助於瞭解使用者個人興趣，改進圖書館服務；但另一方面，需注意平日不到圖書館的民眾不會出席會議。所以此種方式可以反映一般大眾意見、想法及評論。

（三）社會指標

社會學家發展社會指標說明社區之不同需求，不同的社區會有不同的特性，這些特性或是社會指標都具有地理性質，與社會人口統計特性，可為圖書館重要的社區分析資訊。常用的社會指標包括：年齡、性別、職業、教育、婚姻、收入、工作地點等，均可作調查研究的變數。

（四）田野調查

田野調查也是社區分析資料來源，仰賴社區樣本或全部人口之資料，不與使用者接觸，需透過調查蒐集資料。通常使用電話、面對面、晤談及郵件問卷調查表。問題設計通常有關個人、圖書館使用、閱讀行為、經濟或教育背景等資料，這些資料可以提供瞭解使用者不同的觀點。

四、資料分析與解釋

圖書館收集社區需求資料，分析製成統計表。一般常運用統計分析，如平均數、標準差、卡方檢定、變異數分析、迴歸分析等。圖書館經過統計分析，解釋

社區需求，並檢討目前館藏是否符合社區需求與興趣，並依社區需求改善館藏，並提出方案建議。

　　圖書館詮釋社區分析資料一般依循下列步驟：（一）匯總資料陳報調查結果。（二）利用圖表進行說明，彰顯社區需求看法。（三）將回應和評論列在報告結論和建議。（四）最終向圖書館長官報告。（五）圖書館審查社區分析報告。綜上所述，社區分析資訊要點包括：社區環境與使用者背景、社區與使用者需求及資訊行為、社區使用者使用館藏情形、社區與使用者未來館藏使用的需求。

第五節　社區分析的應用

　　社區分析所獲得資料必須加以應用，才能變成有用的資訊，成為館藏發展政策訂定的依據。圖書館依據資料來描述社區，包括：社區人數、年齡分布、家庭結構、性別、教育程度、收入、職業等統計資料。環境描述包括：社區內的社教文化機構、社團、文教活動、交通、經濟活動等。根據統計數字規劃館藏及服務時，需小心謹慎。社區成年人口中，擁有高學歷者所占比例較多，圖書館可能視他們為主要使用者而購置較多學術性書籍。若圖書館流通紀錄顯示自然科學類圖書流通量低於應用科學類圖書，圖書館因而決定增加應用科學類圖書經費。圖書館利用社區分析所蒐集到的資料，必須審慎地解釋，才能有效地作為館藏發展政策的參考。因為社區不斷地改變，圖書館必須持續瞭解社區，注意社區的變化，並且因應調整。

　　社區分析的應用案例可以參考吳明德、張曉萱、戈立秀與吳書葳（2004）的鄉鎮圖書館館藏發展研究，他們採用訪談法及問卷調查，探討鄉鎮圖書館讀者使用館藏情形，以及圖書館員和讀者對資源共享的看法。該研究是以南部某縣 10 所鄉鎮圖書館為研究對象，一方面進行圖書館館長訪談，有關讀者背景、館藏使用情況、館藏建立方式、以及對資源共享看法。另一方面，對該 10 所圖書館進行讀者問卷調查。研究結果顯示，鄉鎮圖書館的讀者以學生為主，讀者使用圖書館的主要目的是充實知識及休閒娛樂。讀者較喜愛閱讀生活休閒、旅遊運動、語言文學等類別的圖書。在雜誌方面，生活休閒及旅遊運動也是較多讀者喜愛的類別，讀者喜愛的程度會因性別、年齡、學歷、職業的不同而有差異。讀者使用館藏最常遭遇的問題，是圖書館未蒐藏所需資料以及想借的書已被借走。六成讀者

未曾利用其他圖書館，顯示跨館借閱或利用他館館藏並不普遍。這些調查資訊可瞭解鄉鎮圖書館讀者使用館藏需求與行為，並可作為館藏發展之參考。因此，社區分析將有助於館員瞭解館藏使用情形，以應用於館藏發展與管理。

第六節　館藏行銷

一、館藏行銷的意義

　　館藏行銷是將館藏傳遞給使用者，滿足他們的需求，與社區分析一樣，都是專注使用者研究，以改善服務的價值與實用性。圖書館建立館藏，希望經常被使用，因此館藏館員必須知道使用者需求，回應在館藏發展中，館藏行銷將實踐這些挑戰。成功的行銷是確認使用者的需求，建立產品，發展各種不同的服務來適應使用者各種需求，以創造圖書館的價值以及增進他們使用。這樣可以最少的成本吸引最多的使用者，忠實地使用圖書館，並影響他們對圖書館態度（Johnson, 2014）。本節探討館藏行銷的意義，介紹行銷的策略與方法，以及電子館藏行銷與應用。

　　The Encyclopedia of Business and Finance 探討行銷（marketing）的意義，行銷的語詞來自市場（market），市場通常是指買家與賣家交易的地點。行銷是指這些互動的過程，決定價格，促銷商品，與找尋通路販售，以促成顧客與銷售者的交易，並且合乎顧客需要與需求（Gregory, 2011）。行銷大師科特勒（Philip Kotler）認為行銷是：「瞭解顧客需求，並提出能符合顧客需求的解決方案的藝術及科學」。Johnson（2014）定義行銷是：「決定使用者的需要與需求，據以發展產品與服務，並鼓勵使用者與潛在使用者使用這些產品與服務」。

　　行銷是以使用者需求為出發點，運用一定方法，使賣方的產品或服務轉移到顧客手中，從而獲得效益的一系列活動的總和。行銷是便利、加速交換行為的各種活動，其要旨在發掘消費者的需要並令其滿足。它是確認並預期消費者的需求，就是找出的顧客要什麼，多多滿足他們；不要什麼，減少供應（林珊如，1997）。隨著社會的變遷，行銷有不同的發展，科特勒（Philip Kotler）提出行銷 1.0，2.0，3.0。1950 年代工業時代，核心技術為機器設備，行銷是將工廠產

品推銷給消費者是為「行銷 1.0」，以產品導向行銷。1970 年代，是資訊時代，核心技術是資訊科技，是「行銷 2.0」，以消費者為導向時代。由於全球化與經濟變動，現在是「行銷 3.0」，是消費者價值導向的年代，提升到人類希望、價值與精神領域（Kotler, Kartajaya, & Setiawan, 2010/2011）。

行銷涵蓋下列五個概念：（一）行銷必須先分析使用者的需求。行銷以個人及團體的調查、訪談，蒐集資訊來瞭解顧客的需求，並依顧客的需求設計產品和提供服務。（二）行銷是將潛在的市場區隔為較小的次市場。行銷是依顧客的需求設計產品和提供服務，所以要瞭解市場，並作好市場區隔。（三）服務符合顧客的需求。圖書館要檢討現有服務是否符合顧客的需要，不能一成不變。（四）發展及實施行銷計畫。行銷必須有完善的實施計畫，逐步實施。（五）評估效能。行銷是產品和服務推出之後，應定期評估顧客對產品的反應、接受程度及滿意度（曾淑賢，2004）。

結上所述，本文界定館藏行銷（collection marketing）是「確定使用者與潛在使用者需求，據以發展提供館藏與服務，推廣圖書館有哪些館藏，鼓勵使用者與潛在使用者利用館藏以滿足他們需求的程序」。為了蒐集館藏使用資訊以執行館藏發展與管理，與使用者溝通十分重要。成功的館藏行銷是確認使用者的需求，建立館藏和服務，發展各種不同的館藏服務來適應使用者各種需求，以創造使用館藏價值以及鼓勵他們使用。

二、館藏行銷的策略

從前館員不重視行銷，不認為圖書館的工作是在銷售物品。但今日配合使用者的需要提供服務，已經是圖書館的重要理念。圖書館希望吸引使用者愛用館藏，這樣與銷售有異曲同工之處。館員必須告訴使用者，他們需要的圖書在何處。因此，行銷技巧可以應用於館藏，幫助使用者發現感興趣的圖書資料。

Neil Borden 在 1950 年代首先提出行銷組合（marketing matrix）概念。Jerome McCathy 後有行銷 4P 的行銷產品管理原則做法：開發產品（product）、訂定價格（price）、進行推廣促銷（promotion）、並建立行銷通路（place）。其後，行銷提升策略層次，顧客取代產品，成為行銷活動核心，顧客管理學問誕生，包括市場區隔（segmentation）、選擇目標市場（targeting）與市場定位（positioning）

等策略，即 STP 流程發展（Kotler et al., 2010/2011）。其開發產品策略、進行推廣促銷策略、與建立行銷通路策略，三大策略均可應用於館藏行銷上，三大策略分別說明如下。

有關開發產品策略，所有可以引起市場注意，並經由取得、使用或消費以滿足人們欲望或需求的任何事物，均可成為行銷的產品。產品不一定指實質的東西，可以是一種經驗、感受或觀念。各種主題的館藏書刊，資料庫、線上目錄、電子資源等可為產品，圖書館應配合使用者需求發展館藏。

有關通路策略，通路是取得產品或經驗服務的地方。在引導產品從生產者的手上傳遞到使用者手上，通路決策有關鍵性的影響。通路決策必須思考的問題包括：如圖書館有哪些出口？在各個出口上應如何分配館藏與服務？通路又可分實體通路與電子通路。在實體通路方面，一方面是總館與分館地點與數目的考量，以及各分館或與總館之間資源分配的問題。另一方面則是館內的布局的考量。這些是圖書館管理的議題。從行銷通路的觀點而言，各個出口上，館藏資料陳列的方式與服務內容的彰顯是重點。館內的布局是圖書館常易忽略的；不只是家具及動線的安排，還有標示的設計及氣氛的營造。例如，書刊不必一成不變地書背朝外擺置，每月安排不同主題性的館藏在明顯的獨立空間或架上展示，讓讀者瀏覽學習時有賓至如歸的感覺（林珊如，1997）。

館藏行銷應充分反應使用者的需求，並使館藏方便利用。曾淑賢（2004）提出館藏行銷的概念，以顧客的眼光來組織與行銷館藏，改變圖書館館內對於館藏的組織、陳列及標示，均為增進館藏使用的重要行銷作法。例如：館藏的組織陳列應配合行銷原則：不要將館藏隱藏起來，將館藏按特定主題陳列，反映使用者的需求，促銷小說。使館藏容易使用。館藏陳列展示應予改變，門口陳設使其有趣性、促銷性、主題性、季節性展示；並符合使用者的動線。

有關推廣策略，促銷或推廣在本質上是一種溝通，依目的可區別三種溝通訊息：告知、說服與提醒。告知讀者，說服其使用這些資源的好處，提醒其採取行動來使用圖書館的館藏資源。然而，傳統上圖書館的推廣訊息多僅止於告知而未加說服或提醒，告知的內容也以產品特性為主。重要的產品行銷觀念是，要發掘消費者的需求後，推廣「產品利益」而非「產品特性」。前者為行銷導向，後者為產品導向。文獻經常指出，許多潛在使用者並非不知道圖書館有什麼，而是不知道圖書館提供的與他的需要或在解決他的問題上有何關連，即對使用者有什麼

好處並不清楚。以線上資料庫檢索為例，一般圖書館推廣文宣上常強調有多少個資料庫，包含多少篇論文，有否全文資料等。卻很少說明該類型的資料庫與使用者需求之關係，可以解決目標市場的哪種問題。例如露華濃公司的一位主管指出：「在工廠我們生產化妝品，在店裡我們出售美的希望」（林珊如，1997）。圖書館不僅要注重徵集與組織展示館藏，更要創造讀者閱讀館藏的價值與樂趣。

三、館藏行銷的方法

圖書館館藏行銷在今日更加容易，可透過網頁、即時通訊、贈品、展覽、教育推廣服務、電子報發行和出版品。Dibb 與 Simkin（2008）強調行銷規劃（marketing planning）十分重要，「是一個系統化的過程，涵蓋評估市場機會和能力、決定行銷目標、目標市場和品牌定位的策略、謀求競爭優勢、創造行銷活動、資源配置，以發展出一個實施和控制的計畫」。行銷規劃為顧客導向機構經常使用的方法。行銷理論及技巧逐漸應用到圖書館，透過行銷規劃推出符合使用者需求的服務，提升使用者滿意度，以增進圖書館的價值與永續經營。圖書館行銷應從瞭解使用者著手，再依使用者的需求，向使用者許下服務的承諾；對內則需建立願景共識，使館員願意實現服務的承諾，然後經由與使用者互動的服務過程，達成服務承諾（曾淑賢，2004）。

謝寶煖（1998）提出圖書館行銷規劃程序如下：（一）建立圖書館的願景與任務。（二）利用 SWOT（優勢、劣勢、機會、威脅）和 STEP（社會因素、科技因素、經濟因素、政治因素）二種分析方法來對圖書館所處現況進行分析。（三）擬訂行銷目標，決定要完成的任務。（四）進行市場研究，即為讀者研究，以蒐集各項與讀者相關的資訊。（五）修正行銷目標，即經由所市場研究結果，調整出適宜的行銷目標。（六）擬定行銷策略，可應用行銷組合 7P：product（圖書館服務或資源）、price（對讀者的價值）、place（實施的最佳管道及時機）、promotion（有效的促銷活動）、people（讀者和館員）、physical evidence（具體的感受）、process（服務及作業流程），具體擬訂出行銷策略。（七）執行行銷策略。（八）評估行銷績效，可以利用成本效益分析來檢視行銷成果。

Gregory（2011）提到成功的館藏行銷需要有系統地規劃，包含具體的行銷組合，需將成本、預期結果、控制因素列入考量，監控計畫的成本與成果變動。

此外,需將館員行銷努力列為評量,完善的行銷計畫應涵蓋可衡量的成果效益。館藏行銷促進讀者使用圖書館,但關鍵在於讓讀者知道圖書館有什麼樣的館藏,是符合他的需要,這才是館藏行銷的真義。

Johnson(2014)主張館藏行銷是生命周期管理,具有四個要件:進行市場研究、發展行銷計畫、實施行銷規劃、與實施評鑑。成功的行銷是一個生命周期,此四要件互相影響。首先,進行市場研究:行銷從市場研究開始,進行市場區隔與資料蒐集,將市場分類以滿足族群的需求。圖書館區分使用者族群有許多種方式,常用的是人口特質(年齡、性別、收入、種族、職業、教育程度)、地理特質(是否可以到達圖書館、到達圖書館的距離、附近居民或非附近居民)、行為特質、社交特質(生活方式、個性、興趣),圖書館可區分使用者族群以進行市場研究。將圖書館的使用族群區隔後,下一步是資料蒐集和分析。

Johnson(2014)進一步說明發展與實施館藏行銷計畫書。行銷計畫書包括建立圖書館館藏的願景與任務;利用 SWOT 分析館藏現況;擬訂館藏行銷目標,決定要完成的任務;進行使用者使用館藏研究,以蒐集使用者使用館藏相關的資訊;修正館藏行銷目標,具體擬訂出行策略。最後實施館藏行銷評鑑,館員可以利用成本效益分析來檢視行銷成果,並分析原先館藏行銷計畫的不足之處然後再進行修正。

公共圖書館經常運用行銷技巧,吸引起使用者對於館藏的注意。近年來,圖書館預算緊縮,常進行使用者滿意度(user satisfaction)調查。許多圖書館對於供應最新館藏備感壓力,並持續淘汰不需要的館藏因應新館藏的空間。圖書館加強推廣新的館藏,吸引使用者注意,已成為館員的重要工作。例如 Florida's Orange County Public Library 在公用目錄進行館藏行銷,行銷推廣許多名人及其作品(Gregory, 2011)。

學術圖書的館藏行銷與公共圖書館有所不同,常鼓勵使用者透過網站瞭解有那些可用資源與服務。Burkhardt(2010)建議多運用社交媒體,如 Facebook、Twitter、YouTube、Blog 等,促銷新館藏資訊,並用文字介紹或是影片連結。此外,圖書館積極透過社群媒體進行利用教育,提供館藏行銷。不同類型的館藏藉由行銷接觸潛在使用者(Gregory, 2011)。圖書館因為館藏行銷改變了面貌,轉為動態性、現代性、相關性、與更有活力。

圖書館為了將館藏與服務有效傳遞給使用者而提供推廣服務,主動透過各種

第七章 | 社區分析與館藏行銷

管道與活動向使用者告知、說服、提醒圖書館各項館藏與服務，幫助使用者認識、瞭解、愛用圖書館，藉以激發其使用意願，進而採取行動，而提升館藏使用價值。

第七節　電子館藏行銷

一、電子館藏行銷的重要與困難

　　今日圖書館不斷引進電子館藏，如：資料庫、電子書、電子雜誌、電子期刊等，受到年輕人與數位住民的歡迎。但這些新資訊媒體，需要藉由電腦、網路或閱讀載具才能使用。因此，使用者常有數位閱讀障礙，加上認知不多，以及電子閱讀載具多樣化缺乏標準，使得圖書館電子館藏使用率不高。所以，電子館藏行銷十分重要，但必須有推廣策略。我國大學圖書館引進電子書多年，但是使用率偏低。臺灣學術電子書聯盟於進行 91 所大學圖書館電子書使用調查，發現只有 41.4% 的師生用過電子書。師生未用電子書原因：38.6% 的人不習慣使用，30.8% 的人不知圖書館有電子書，不會使用電子書的人占 19.2%（陳昭珍，2011）。

　　吳奕祥（2010）探討兒童與青少年使用公共圖書館電子資源，發現操作的模式與使用方式不同，造成青少年的困擾。賴苑玲（2011）探討公共圖書館與國小共同推廣數位閱讀活動，以提升學童的閱讀習慣與興趣。發現國立臺中圖書館和臺北市立圖書館，在班訪的活動中介紹兒童的數位資源。國立臺中圖書館利用網路讓小學可連結至該館數位資源，不僅可解決學校圖書館館藏資源不足之處，也提供國中小學生的課外延伸知識，適合老師教學或學生自學使用。該研究建議公共圖書館應加強與學校合作，尤其需要對學校推廣與行銷，介紹圖書館的服務與資源。這二份研究顯示，我國公共圖書館雖然提供電子書資料庫，但是青少年與兒童使用尚未普遍。所以電子館藏需要行銷推廣，但圖書館必需針對電子館藏特質與使用者閱讀習性，規劃有效的電子館藏行銷。

二、電子館藏行銷個案

　　電子館藏行銷個案可為參考，美國紐約 Half Hollow Hills Community Library

公共圖書館，鑒於人們對於電子書需求日增，進行電子書行銷活動，主要運用五種策略：（一）出借電子書閱讀器，以方便民眾閱讀電子書。（二）舉辦讀書會，利用紙本圖書讀書會推廣電子書閱讀。（三）教育與鼓勵民眾使用電子書，幫助他們熟悉使用閱讀器，經常舉辦電子書利用教育研習會。（四）運用社群網站舉辦電子書行銷活動，以廣告行銷電子書，除了利用傳統方法，並且使用社群網站促銷，如臉書 Facebook、Twitter，每天至少發送一則 Facebook 與 Twitter 有關電子書的訊息。（五）辦理數位巡迴車，將電子書帶到現場提供民眾電子書體驗服務（王梅玲，2013）。

上海圖書館重視電子書數位閱讀，提供民眾透過數位和網路技術體驗圖書館資源服務，而設計「移動閱讀服務」，即以使用者數位閱讀需求而提供電子書行動閱讀服務。讓內容資源以讀者任何時間與空間的需要，滿足讀者使用需求；並充分利用科技為內容找讀者，為讀者找內容，以圖書館為平臺，以圖書館員為紐帶，協同內容出版商、閱讀器開發商，共同促進數位閱讀（金紅亞，2012）。

上海圖書館研定七大電子館藏推廣策略，包括：（一）大量購買電子書。（二）大量購買電子書閱讀器並研究閱讀器的便利性。（三）成立新技術體驗中心，提供電子書閱讀器與招募電子閱讀器試用讀者。（四）提供電子書數位閱讀推廣服務，提供圖書館開發新技術體驗。（五）培育圖書館員成為數位閱讀的知識服務專家。（六）啟動數位閱讀推廣計畫，其主體架構為市民數位閱讀平臺、數位內容、電子閱讀器。（七）建構數位閱讀平臺提供統一入口網站，消弭資源平臺間認證方式差距（金紅亞，2012）。

三、電子館藏行銷的策略

綜合美國與上海二個圖書館的電子書推廣服務個案，瞭解電子館藏推廣服務不同於紙本書刊，需要新的思惟與策略規劃，針對電子館藏特色與使用者需求，由圖書館設計電子館藏服務與行銷推廣活動。Kotler 等（2010/2011）鑑於全球化與數位科技時代的社會需求，提出「行銷 3.0 的理論」，追求消費者價值為導向來行銷。科特勒主張運用參與的協同行銷，將企業機構向消費者傳遞文化價值，並用創意思考來滿足客戶精神層面需求。圖書館電子館藏行銷可採用參與的協同行銷，邀請使用者參與使用電子館藏，也可觀察研究其數位閱讀的需求，以調整

服務。參考上述二個個案以及行銷3.0的理論，作者提出電子館藏四大行銷策略，包括：網站服務策略（service）、行銷策略（promotion）、電子館藏閱讀研究策略（research）與館員教育策略（education）。電子館藏行銷策略重點在於提供適合便利的電子館藏網站服務，發展主動參與的協同電子館藏行銷活動，進行使用者電子館藏閱讀行為研究，以及培養館員電子館藏知能，扮演使用者與出版品間橋樑。

（一）網站服務策略（service strategy）：電子館藏不只具有內容，還需資訊系統檢索與軟硬體設備配搭的閱讀載具，所以需要提供便利合適的圖書館電子館藏網站服務以引導讀者。策略要點有三：1. 建置豐富與適合所服務的讀者需要的質量具佳的電子館藏。2. 建置便利與合適的電子館藏網站平臺與統一入口網站，提供讀者一鍵連接電子資源，閱讀電子內容，無須重複進入各資料庫進行檢索。3. 提供使用者借用閱讀器以利電子館藏使用與閱讀。

（二）行銷策略（promotion strategy）：電子館藏行銷應以使用者需求與價值為導向，並運用網路科技進行參與的協同行銷，邀請他們參與。行銷策略要點有六：1. 提供電子館藏利用研習課程。幫助使用者認識電子書與學會使用電子館藏。2. 依對象實施電子館藏行銷策略，分為兒童、青少年、大學生、成年人、老年人，設計不同行銷活動。3. 運用社群媒體實施電子館藏行銷活動，邀請使用者參與行銷設計與活動。4. 舉辦電子館藏讀書會與說故事活動。5. 圖書館與教師合作推廣電子館藏閱讀活動。6. 圖書館與電子館藏供應商、出版社成立夥伴關係以協商電子館藏合作行銷。

（三）電子館藏閱讀研究策略（reading research strategy）：圖書館電子館藏閱讀研究策略要點有二：1. 成立電子館藏閱讀體驗中心，招募使用者使用，以瞭解使用者使用閱讀器與閱讀電子館藏行為，以調整電子館藏、服務與推廣活動。2. 圖書館研究發表使用者數位閱讀行為報告作為未來服務參考。

（四）館員教育策略（librarian education strategy）：電子館藏與服務成功的關鍵在於館員具備相關知能以提供適當服務。圖書館員電子館藏教育策略要點有三：1. 培育圖書館員具有電子館藏出版、館藏發展、讀者服務與行銷推廣的知識與技能。2. 鼓勵館員從事電子館藏使用行為的研究。3. 館員需要扮演電子館藏出版社、供應商與使用者之間的橋樑。

社區分析探討使用者需求，是館藏與服務成功的關鍵。圖書館缺少社區分析

與館藏行銷,難以獲得使用者肯定,將無法立足在資訊社會中。圖書館服務是免費的,越來越多資訊機構競爭者,因此,圖書館知道社區分析的重要性,但實施者有限。許多圖書館調查僅限於使用者人口特質、閱讀興趣等項目,仍缺乏整體性與系統性需求分析。圖書館應主動行銷館藏,瞭解經常到館使用者的需求,吸引潛在使用者。在網路資訊社會中,「找出使用者需求,並提供他們成功與方便取得所需要的館藏」,才是今日圖書館座右銘。

關鍵詞彙

使用者需求	資訊需求
User Needs	Information Needs
調查法	焦點團體訪談法
Survey	Focus Group
行銷	行銷組合
Marketing	Marketing Matrix
電子館藏行銷	行銷規劃
Electronic Collection Marketing	Marketing Planning

自我評量

- 圖書館在發展館藏時,館員為何首先需要進行社區分析?主要涵蓋哪些重點?

- 圖書館如何用焦點團體訪談法進行社區分析?可收集哪些資訊?

- 一般民眾使用電子館藏有何困難?有哪些策略可有效應用在電子館藏行銷吸引民眾使用?

參考文獻

Kotler, P., Kartajaya, H., & Setiawan, I.(2011)。行銷 3.0:與消費者心靈共鳴(顏和正譯)。臺北市:天下雜誌。(原著出版於 2010 年)

王梅玲（2013）。從電子書數位閱讀探討圖書館推廣策略。臺北市立圖書館館訊，30(4)，9-24。

吳明德（1991）。社區分析。在館藏發展（頁 3-60）。臺北市：漢美。

吳明德、張曉萱、戈立秀、吳書葳（2004）。鄉鎮圖書館館藏發展及資源共享問題探討。圖書與資訊學刊，51，16-34。

吳奕祥（2010 年 4 月）。兒童與青少年資訊素養之提升：如何利用公共圖書館之電子資源。在 2010 電腦與網路科技在教育上的應用研討會。國立新竹教育大學資訊科學研究所主辦，新竹市。

林珊如（1997）。二十一世紀大學圖書館：行銷服務時代的來臨。大學圖書館，1(1)，36-55。

金紅亞（2012）。移動閱讀終端的發展對圖書館傳統服務的影響：上海圖書館移動終端服務實踐。在數位時代公共圖書館發展趨勢國際研討會論文集（頁 262-269）。臺北市：臺北市圖書館。

陳昭珍（2011）。臺灣地區大學圖書館電子書使用現況調查。數字圖書館論壇，84，24-40。

曾淑賢（2004）。公共圖書館館藏的組織、行銷與閱讀氛圍。臺北市立圖書館館訊，21(3)，1-18。

賴苑玲（2011）。從推廣閱讀活動談公共圖書館與國小的合作機制。臺北市立圖書館館訊，29(1)，25-36。

謝寶煖（1998）。行銷圖書館與資訊服務。圖書與資訊學刊，27，40-54。

Burkhardt, A. (2010). Social media: A guide for college and university libraries. *College and Research Library News, 71*(1), 10-24.

Dibb, S., & Simkin, L. (2008). *Marketing planning: A workbook for marketing managers*. London, UK: South-Western Cengage Learning.

Dorner, D. G., Gorman, G. E., & Calvert, P. J. (2015). *Information needs analysis: Principles and practice in information organizations*. London, UK: Facet.

Gregory, V. L. (2011). Assessing user needs and marketing the collection to those users. In V. L. Gregory (Ed.), *Collection development and management for 21st century library collections: An introduction* (pp. 15-30). New York, NY: Neal-Schuman.

Johnson, P. (2014). Marketing, liaison activities, and outreach. In P. Johnson (Ed.), *Fundamentals of collection development and management* (3rd ed., pp. 251-296). Chicago, IL: American Library Association.

第八章
館藏淘汰

學習目標

研讀本章內容之後，學習者應能夠：
- 認識圖書館館藏淘汰的意義
- 瞭解館藏淘汰的理由
- 瞭解如何成功完成淘汰工作
- 瞭解館藏淘汰的主要原則
- 瞭解館藏淘汰的技術和方法
- 瞭解各類資料淘汰的原則

作者簡介

林呈潢

(lins1028@mail.fju.edu.tw)

天主教輔仁大學
圖書資訊學系助理教授

本章綱要

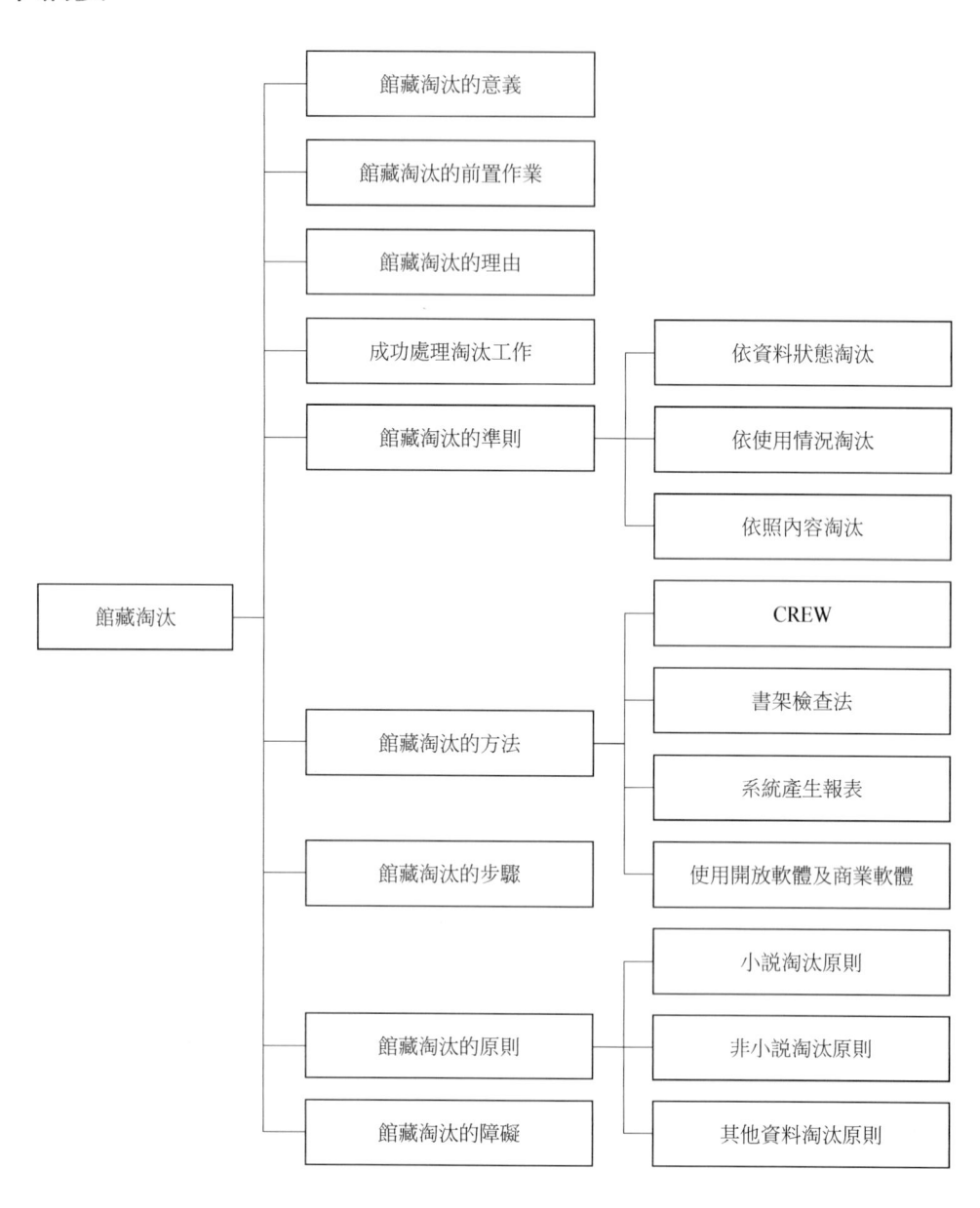

```
館藏淘汰
├── 館藏淘汰的意義
├── 館藏淘汰的前置作業
├── 館藏淘汰的理由
├── 成功處理淘汰工作
├── 館藏淘汰的準則
│   ├── 依資料狀態淘汰
│   ├── 依使用情況淘汰
│   └── 依照內容淘汰
├── 館藏淘汰的方法
│   ├── CREW
│   ├── 書架檢查法
│   ├── 系統產生報表
│   └── 使用開放軟體及商業軟體
├── 館藏淘汰的步驟
├── 館藏淘汰的原則
│   ├── 小說淘汰原則
│   ├── 非小說淘汰原則
│   └── 其他資料淘汰原則
└── 館藏淘汰的障礙
```

第八章
館藏淘汰

第一節　前言

　　館藏淘汰（weeding）可以視為一種反向選擇（selection in reverse）或館藏控制（Evans & Saponaro, 2005, 2012; Johnson, 2014）。本節定義反向選擇包含淘汰和移地典藏（relegation to remote storage）。淘汰的意義是將館藏從現行館藏中移除，以出售、轉讓或轉移到其他圖書館。移地典藏是指將館藏從現行書架下架，移到館內或館外的罕用區。反向選擇或淘汰是過去許多圖書館想過，但很少做的工作。但無論如何，淘汰是現代圖書館館藏發展發展過程中很重要的一個步驟，也是許多圖書館努力的方向。如果沒有持續的淘汰工作，圖書館館藏將變得老化不易使用，這是公共圖書館和學校圖書館中重要的議題之一。雖然採購、典藏和提供資訊仍然是圖書館主要的職能，但是很明顯的，沒有任何圖書館可以採購並典藏所有全世界的知識產品。全世界的大型圖書館，如美國國會圖書館（Library of Congress）、大英圖書館（British Library）、法國國家圖書館（Bibliothèque Nationale de France）都採購重要的資料，然而最終他們都要面對館藏達到極限的困擾，他們也和小圖書館一樣面對下列選擇（Evans & Saponaro, 2005, 2012）：購買新的設備、分割館藏（同樣需要空間）、淘汰館藏（也許需要空間也許不需要）。

　　館藏發展教育和訓練的重點通常聚焦在館藏的建立，這也是館藏發展工作中，最容易受到鼓舞和得到高滿意度的部分。另一個同樣重要和有挑戰的工作是館藏的管理與維護，所謂館藏管理，是指一本書成為圖書館館藏以後的所有管理決策，這些決策通常因為環境、預算、空間的限制，或圖書館讀者社群和母機構

組織優先次序的變化，變得至關重要。但管理館藏往往比發展館藏更充滿政治意味（Johnson, 2014）。

　　淘汰資料永遠會有反對的聲音，圖書館處置花大筆錢所採購的資料，可能會引起上級機構、行政主管、社區民眾、以及圖書館讀者的存疑，甚至圖書館員也可能因為對圖書館館藏的情感投入，所以，當圖書館取消期刊訂購，永遠會是部分讀者的痛；某些資料保存的形式（如紙本報紙）並不適合讀者長期使用，甚至無法永久保存，但是當圖書館做成保存些什麼資料，以及保存在那裡時的決策，對圖書館而言，永遠是一種挑戰。將資料移置在遠處典藏，會延宕使用時間，致使讀者失望。未來協同庋藏的儲存設備具複雜和高不確定性，雖然有許多好的館藏管理實務存在，但多數仍處在變動中。

第二節　館藏淘汰的意義

　　淘汰是為了撤架（withdrawn）或移地典藏，將使用中館藏移除的過程；撤架是從一種將館藏下架，移至其他館藏地，並註記於館藏目錄上的實際過程。撤架的資料也許直接註銷（discard）、提供拍賣或贈送給其他機構。轉移的資料包括轉移至館內其他書庫（如撤架區）或移至館外其他區域典藏（Johnson, 2014）。換言之，淘汰後的書籍，有幾種處理方式：一、作為交換之用；二、由圖書館拍賣；三、回賣給絕版書的代理商。當然，有時這些淘汰的書會進入回收場回收（Evans, 2012）。

　　McGraw（1956）定義 weeding（英國稱為移置館藏 stock relegation）為「擯棄或移轉多餘複本、罕用圖書和不再使用的資料的實務」。同時定義 purging 為「正式從圖書館館藏，完整撤除一本書（包括所有圖書館書目資料庫的書目紀錄），因為該書已不適合圖書館或已失去需要性」，purging 和 weeding 的不同在於前者包括圖書館的書目資料，後者只有館藏圖書本身。Slote 定義 weeding 為非核心館藏從主要書庫（開架書庫）移除的動作（Slote, 1997）。

　　與此相反的處理方式，是將淘汰的書列入第二級的使用，所謂第二級的使用通常是不直接將館藏開放讀者使用，而是將資料置於遠離圖書館的密集書庫系統，這個密集書庫會盡可能的利用所有的空間（Evans, 2005, 2012）。

　　其他較為委婉描述淘汰的英語詞彙，如 deselection、pruning、thinning、

culling、deaccession、relegation、deacquisition、retirement、reverse selection、negative selection、以及 book stock control（Johnson, 2014），本節都視為同義字處理。即便只是將館藏移置其他區域，這些用語都可以緩和圖書館員對淘汰館藏不安的程度。

　　Manley（1996）形容「淘汰就如在寒冬和下雪天必須清空戶外的垃圾桶」，是圖書館最不想做，但卻是最重要的工作之一。Baumbach 與 Miller（2006）則對學校圖書館淘汰意義及其重要性做了以下的描述：

> 簡單地說，淘汰是反向的選擇。淘汰是重新評估館藏中的資料，並移除那些資訊不正確、過時的、易產生誤導的、不適宜的、未使用的、書況不佳，或其他對學生有害的資料。如果圖書館和圖書館專家想為學校圖書館的館藏保持最佳的狀態，這是值得所有圖書館定期做的工作。這也是一個專業的責任，圖書館專業人員不能忽略。（Baumbach & Miller, 2006, p. 3）

　　圖書館處理淘汰也可能會碰到一些政治性問題，尤其當社區民眾發現圖書館淘汰後的資料出現在垃圾箱、垃圾掩埋場或舊書攤。1996年Baker一篇發表在《紐約人》（New Yorker）有關舊金山公共圖書館（San Francisco Public Library）大量撤架和註銷館藏的文章，引起了美國全國的關注（Baker, 1996, pp. 50-53, 56-62）。美國新墨西哥大學圖書館（New Mexico Library）2001年淘汰館藏也出現在新聞版面，主因是學校教授抗議圖書館淘汰803冊數學期刊，但事實是圖書館面對服務空間不足，以JSTOR的電子期刊取代淘汰的紙本期刊，結果最後圖書館購回所有淘汰期刊的卷期（Johnson, 2014）。2004年美國東聖路易斯州（East St. Louis）居民發現在廢棄的圖書館中堆放了一萬冊撤架的書和圖集。當圖書館在2001年搬至空間較小的新館時，這些被撤架的館藏留置在廢棄的舊館舍，圖書館原意要賣掉這些館藏，但是新圖書館長對這些館藏以及想賣掉的訊息一無所知，結果導致圖書館和東聖路易斯州民的糾葛以及不良的公共關係。其他國家也曾引發相類似的淘汰情況（Johnson, 2014）。

　　1980年前，圖書館界並未關注圖書資料的淘汰，因為當時圖書資料稀少顯得珍貴，因此圖書館著重在館藏的建置而非資料的剔除。隨著圖書館資料

不斷增加，館藏空間愈來愈受到限制，學校圖書館和公共圖書館淘汰館藏，就愈來愈普遍。美國一份早期報告顯示（轉引自 Johnson, 2014），麻塞諸塞州（Massachusetts）的 Lunn Public Library 在 1883 年淘汰 500 冊不再具使用價值的圖書。同樣在麻塞諸塞州的 Quincy Public Library 因館藏空間不足所提出的淘汰計畫，在 1893 年美國圖書館學會年會中引發了圖書館界普遍重視淘汰。美國圖書館界的知名人物普爾（William Frederick Poole）認為解決淘汰問題的方式就是蓋更大的圖書館。大型的學術或研究圖館重視館藏的完整性和價值，常以異地典藏方式取代淘汰。

第三節　館藏淘汰的前置作業

　　在開始淘汰工作前，首先要確定館員瞭解圖書館的任務、目標和服務社群，如此，圖書館員可以明白館藏必須如何發展，以及設定適當的工作指南。透過使用報告，統計和觀察，可以明白社區居民特性、那些人使用圖書館？那些人未使用圖書館？以及社區已經有那些改變或正在改變。瞭解社區可以使圖書館員發展館藏目標作為淘汰決策，強化館藏。其次，使用圖書館整合式自動化系統，以及特定淘汰計劃產生的報表，幫助決定：那些資料必須淘汰？那些必須保留或置換？檢視使用統計、學科領域的翻轉率、破損圖書報表、遺失圖書報表、館際合作申請統計、以及學科出版日期，都有助於決定淘汰些什麼資料。然後沿著書架檢查書架上的資料狀況，找出那些是最需要優先淘汰的區域。檢查一下資料放置的地方和指標，進一步瞭解資料乏人問津是否存在下列因素：

一、無法被讀者看到？因為位在擁擠的書架中，很難被讀者取得？
二、他們的書況很差？
三、最後，瞭解圖書館所服務的學校、讀書會和社區組織，並且瞭解他們對資料類型以及學科主題的需求，同時，圖書館需要將資源從紙本資料轉移至電子書、資料庫以及視聽資料等類型，並且從一個學科主題領域拓展到另一個領域以提供更好的服務。

　　在蒐集所有有關館藏的資訊後，圖書館需要爭取主管單位的支持，同時讓館員瞭解所有蒐集的資訊，使他們瞭解並進而支持館方的淘汰計畫。同樣重要的是，告知技術服務部門的工作人員，瞭解他們每星期能處理多少淘汰的書？重新

訂購資料需要多少時間？如此，工作人員才不致於不知所措。要求技術服務部門工作人員訂定修補資料的準則，確定什麼書能修補而且必須要修補，因為修補的成本經常要高於購置新書。有了這些知識和資訊，圖書館員就可以試著訂定淘汰指南，切記，沒有一種標準可以應用在圖書館的每一種類型和學科主題的資料。

第四節　館藏淘汰的理由

持續評估館藏資料，是圖書館維持現行讀者需求的一種必要館藏活動，在這個過程中，圖書資料會增加，同時書況劣化或陳舊的資料會依該圖書館館藏政策，被新版取代或移除以維持其服務社群的需要（American Library Association, 2008）。

通常圖書館淘汰的理由，不外乎：一、改善服務和館藏；二、更有效使用圖書館空間；以及三、館員需要維護館藏。圖書館處置無人使用、陳舊或不適當的資料。罕用的資料可以送至較便宜的地方管理、置於密集書庫、或圖書館內其他罕用區域。這些策略都可以緩解館藏空間不足的問題，提供現有的空間作為其他服務，也讓圖書館館藏更具吸引力、更容易維護。當然，最重要的理由，無非是要保證館藏的品質。淘汰的理由如果是合理的，就可以預期：讀者服務將見改善、讀者更容易找到新書、內容有性別歧視、種族歧視、過時和可能不正確的資料都將會被剔除；圖書館的整體外觀將有所改善；瀏覽功能將得到加強。

圖書館應該要建置書面的政策、準則，以導引淘汰決策的進行；然後，圖書館得以在有系統規劃的保護措施下，建立及從事館藏管理。淘汰的準則因館而異，完全視各個圖書館的任務、優先考量、使用者、實體設備、人員以及館藏類型和年份而定。公共圖書館最常見的三個評鑑準則分別為：流通量（circulation）、書況（physical condition）以及資料的正確性（accuracy of information）。Jacob、O'Brien 與 Reid（2014）綜合學者專家（Joswick & Stierman, 1993; Lancaster, 1993; Slote, 1997）對淘汰的看法，提出下列館藏需要淘汰的理由：

一、相關性：圖書館執行淘汰工作，因為館藏必須能反映社群的需要和利益。
二、可靠性：刪除過時和不可靠的資訊，確保讀者得到正確的資訊。
三、新穎性：確保讀者取用的資訊是最新的。
四、吸引性：移除破舊和不具吸引力的館藏資料，使館藏能吸引讀者的興趣。

五、流通或翻轉率：使讀者可以更容易在不再擁擠的書架瀏覽資料，相對的會使圖書的翻轉率提高。
六、可取用性：圖書館員可以更快速找到書和上架。
七、空間：淘汰不具吸引力和陳舊過時資料，騰出新書的空間，也給館員改善資料服務的空間。
八、意識性：使工作人員瞭解那些資料有人使用？那些資料遺失？需要什麼？以及館藏的缺口是什麼？
九、平衡性：沒有淘汰，新書會被舊書淹沒，重要的相關舊書也會無法在館藏中找到。
十、回饋性：館員可以藉由淘汰和評鑑館藏，讓主管瞭解館藏實際情況，並針對館藏長期發展編列預算。

第五節　成功處理淘汰工作

　　淘汰不是一件簡單的事，不但耗時耗力，又涉及多個圖書館內部門，而且圖書館員往往要擔負最大的政治責任。能否成功的淘汰，關鍵在於圖書館有無明確的淘汰目的（如，改善館藏、使館藏更方便使用、釋放空間等）和準則，好的規劃、充裕的時間、詳盡的考量和與行政單位及與民眾適當的溝通。這個過程必須要謹慎認真，同時，注意到政策必需與母機構的目標一致、對聯盟的承諾，以及使用者的反應。

　　與使用者、管理當局、圖書館員及時有效的溝通是重要的。在淘汰計畫中，必須說明：為何要淘汰館藏？以及淘汰館藏所能帶來之利益的資訊。溝通的第一步，可以從館員著手，館員中間也許有人對他們曾投入發展的館藏有感情。圖書館員的意見對圖書館成員是相當有用的。學術圖書館館員可以透過學科館員加強和特定學科教授的認同。Mets 與 Gray（2005）建議，應指定一位館員（如館藏協調者或主任）作為大型淘汰計畫負責人，以解決一些無法解決的問題；透明是最好的方法，能徹底改變某些決策。

　　文獻上常建議淘汰計畫應「事先做好準備」，但實務上，卻不能過分強調事前準備的重要，因為許多淘汰的計畫經常發生在無法預期的情況之下。圖書館常在被環境所迫的情境下執行淘汰計畫，其動機可能是空間的需求，需要將部分館

藏移到密集書庫或移架；也可能是一個館藏盤點或館藏分析計畫；或一個將資料重新分類的計畫或處理災損資料計畫。此種意外的計畫會迫使圖書館的單位（如流通、編目、書庫維護等）和館員評估圖書。計畫的規劃應包括執行與不執行的成本比較。淘汰的成本包括工作人員檢查資料的時間，修改相關紀錄、移除資料、將空間內剩餘資料上架、教育讀者、檢索移地典藏的資料、或者在資料移除後，後續讀者有需求時，所需經由館際合作取得之成本。不執行館藏淘汰的成本，包括館藏需要持續的維護（移架、重新上架、維護編目紀錄等）、缺乏可用書架空間、缺乏吸引人的館藏、提供過期甚至內容不正確的資料（Johnson, 2014）。

第六節　館藏淘汰的準則

　　大部分的館藏淘汰過程都結合了機械、客觀的方法（比如分析流通紀錄和引用次數）；以及更多主觀考量與判斷（比如地方活動需求與學科文獻知識）。整批資料的評估，因為沒有針對個別資料考量，所以需要更多的客觀資料。淘汰的準則和選擇的準則類似，與學科領域、類型以及使用社群息息相關。三個最常考慮的問題：有無被使用？是否毀損不堪使用？是否陳舊過時？雖然這些考量是有效的，但下面的問題也應該一併考慮（Johnson, 2014）。

一、內容是否仍然恰當？
二、目前以及未來的讀者可以閱讀？
三、是否和圖書館館藏重複？所謂重複也許是複本，也可能是同一主題的館藏，或有電子書可以使用？
四、是否很容易從他館取得？
五、是否屬於稀有資料？或有價值的資料？或兩者兼具？
六、是否已被新的版本取代？
七、原來的選擇是錯誤的？
八、是否收錄在標準的索引和摘要工具？
九、是否收錄在標準書目？
十、是否和圖書館所在地區相關？
十一、是否為在聯盟承諾的館藏或本區域需求的館藏？
十二、如果圖書館計畫以電子版本取代紙本，是否保證電子書能持續使用？

特定類型的資料在淘汰的評估過程中,會有其他的考量。例如,樂譜的館藏需典藏多重的版本和複本,如總譜、分譜、演奏版、袖珍總譜(miniature score),以及供應多人演奏時需要的多重的複本(Smith, 2012)。Hightower 與 Gantt(2012)則提出醫學類館藏需要「新穎性」,淘汰失去缺乏時效資源具有重要意義。Matlak(2010)認為以「陳舊過時」(obsolescence)作為淘汰社會科學資料是一個可議的準則,因為現代的研究,經常會引用陳舊和不受重視的研究。政府出版品寄存計畫的圖書館在保存和淘汰政府資訊,則必須遵守該計畫的相關政策規定。

學校媒體中心通常會制定更詳細的指南,以保持館藏資料的新穎性。館藏淘汰指南的重要原則,在「保留時間的長短」以及「汰換的頻率」,當資料毀損不堪使用就應該淘汰並適度以新書補充。表 8-1 提供學校圖書館資料保存年限指南。

Slote(1997)建議以一種客觀、科學的方法來淘汰館藏,其中使用量和使用時間是用來判斷那些資料需要移除的主要標準。他建議一種總體性的處理方法,這種方法中,他將館藏分為兩個部分,其中之一是可以服務 90% 至 95% 現在讀

表 8-1　學校圖書館資料保存年限指南

資料類型	使用年限
年鑑及統計資料	一年或收到新版
紙本期刊	如果期刊沒有收錄在任何索引摘要,保留一年
電腦類資料	保留三年
就業資料	保留三至五年
自然科學(植物學及自然歷史)	保留三至五年
技術及應用科學	保留三至五年
一般百科全書	保留三至五年
地圖集	保留三至五年
史地資料	保留五至七年
哲學、心理學和宗教	保留五至七年
字典	保留五至十年
語言類	保留七至十年
藝術及休閒	保留七至十年
文學	保留十年

資料來源:Johnson(2014)。

者的核心館藏，以及另一部分只能提供 5% 至 10% 讀者使用的大量館藏，他稱為可淘汰館藏。許多館藏評估的文獻都把「使用」當作基本準則。Trueswell（1965）在 1960 年的研究結果顯示，圖書館 80% 的流通量只占 20% 的館藏，而 50% 的館藏就可以滿足 99% 圖書館讀者的需求。他建議最後的流通日期，是定義流通需求和模式的理想統計數據。Kent 和其同事的一個著名研究，結果顯示四個圖書館採購的館藏有 40% 未曾流通過（Kent & University of Pittsburgh, 1979）。當然，以過去的使用資料預測未來的使用有其困難。因為課程、計畫、興趣和優先順序的改變都會有所影響。

Jacob 等（2014）建議公共圖書館資料可因其狀態、使用情況已及內容來淘汰。茲分別說明如下：

一、依資料狀態淘汰

檢查圖書的實體狀況。淘汰泛黃、變脆、撕碎、劃線標註，玷汙或缺頁的圖書。破損的書或裝訂斷裂或平裝書封面破爛的書也應該從館藏移除。不再暢銷的多餘複本應該淘汰。不再有新資訊或早期版本的書應移除。如果一本書之書脊破損，但書狀況良好，且還有讀者使用，那麼這種書應該送裝訂。仍然和館藏相關的小說，如果書況不佳，可以購置新的取代，如果沒有精裝本，可以用平裝本代替。非小說可以用新的複本或類似主題學科的類似圖書取代。

二、依使用情況淘汰

研究顯示過去有流通的書在未來還會流通。電腦可以產生最後流通日期和流通次數的報表，以協助決定使用情況。選擇一個日期（比如過去五年內），產生在該時段沒有流通的圖書。單獨使用流通紀錄的缺點是無法得知圖書是否有館內使用的紀錄。讀者或許只在館內影印或只在館內閱讀。Slote 建議圖書館建立一種機制，在上架時計算閱覽桌上的圖書。如此，即可處理館內使用的統計。這種機制也可以用來決定參考書是否要保留的問題。但是，圖書上的灰塵也可以顯示圖書缺乏使用。

至於如何決定適當的截止日期，經常會考慮為過去二年、三年、或五年。以資料類型和館藏目標選擇截止日期。但是有一種例外情況必須考慮，如果圖書與本地歷史相關、或本地作者、或經典書等，雖然也許沒有人使用，但圖書館也會保存。切記，淘汰是種專業判斷：標準需要依每一個圖書館及其讀者需求作適度調整。即便是流通中的醫學圖書，如果資料已經失去時效，仍然應該淘汰。

三、依照內容淘汰

內容的因素都包含在最初選擇資料的考慮因素之中。瀏覽同一學科主題的其他圖書以決定某一本書是否仍然屬於館藏，是否有更新穎的版本可以取代。核心館藏參考書目，如兩本 Wilson 公司出版的工具書 *Public Library Core Collection: Nonfiction and Fiction Core Collection*（也可以從 EBSCOhost 資料庫取得），可以作為協助淘汰決策的參考。得獎圖書的書目也有所幫助。*Library Journal* 也刊載有特定主題學科的暢銷書，當然，還有一個重要的注意事項，亦即必須保持學科觀點的平衡，特別是有關宗教和社會科學的館藏。

總之，淘汰過時資料是非常重要的工作，特別是醫學、科學、法律和財政等領域的資料。已經有可取代之版本的過時資料、過時的教科書、資料內涵失去時效性語言、照片或插圖的資料、短時效的名人傳記、舊暢銷書的複本小說和非小說、過時的測試指南、已及過時旅遊資料都是淘汰的對象。

但是，淘汰過程必須保留有關本地歷史的圖書和本地作者的出版品。保留汽車維修和家電維修等領域的舊的版本。保留經典圖書和著名作者的書（不論是小說或非小說）。經典的非小說包括遊記、歷史、以及諸如美國海洋生物學家 Rachel Carson 於 1962 年出版的科普讀物《寂靜的春天》（*Silent Spring*），這本書引起大眾普遍關注農藥與環境污染，並促使美國於 1972 年禁止將 DDT 用於農業上。經典圖書如有毀損，應購置新的複本取代。

第七節　館藏淘汰的方法

館藏淘汰的方法依圖書館規模、淘汰目的、以及淘汰作業的時間長短，可以採用各種不同的方式，本節介紹四種經常使用的方法，包括 CREW 法、書架檢

查法、系統產生報表、使用開放軟體及商業軟體，說明如下：

一、CREW（continuous review, evaluation, and weeding）

原則上，圖書館淘汰館藏與採購館藏所所遵循的評估準則一樣。淘汰的評估方法之一，稱為「持續檢視、評鑑以及淘汰法」（continuous, review, evaluation, and weeding，簡稱CREW）。此一技術是由Segal（1980）提出，Larson、Boon與Texas State Library and Archives Commission（2012）作了更新與調整（Johnson, 2014）。CREW手冊建議將館藏依其所入類別制定淘汰指南，然後，將淘汰工作置於年度工作時程中、同時合併淘汰清單並仔細檢查每一本要註銷（discarding）、裝訂或取代的資料。

CREW之主要內涵分析如下：

（一）C代表持續不斷（continuous），圖書館應持續不斷關注所採購之館藏，保持館藏平衡、以及符合社區讀者需求，避免採購乏人問津館藏。

（二）R代表檢視（review），在圖書借出、歸還及上架過程檢或查圖書是否破損或過時，如果是暢銷書或熱門主題圖書，考慮購置新版或替換新書；如果已經絕版，依其普及性做為權衡淘汰考慮；如果有歷史保存價值，則移置典藏書庫保存，但仍應提供借閱服務。

（三）E代表評估（evaluation），不斷評估圖書館館藏，每當有新版發行時評估舊版是否需要保存或淘汰，保持館藏具有吸引力，節省讀者時間。

（四）W代表淘汰（weeding），其基本概念「少即是多」，淘汰可以將書架上已無參考使用價值的館藏去除，讀者透過圖書館淘汰沒有價值的館藏，可以容易找到需要的書。

CREW方法應用主客觀的原則評估資料。客觀的因素主要有二，分別是（一）館藏年份（age of materials）以及（二）館藏使用（circulation or use）。主觀原則採用另一個同義詞MUSTIE來描述。MUSTIE代表的意義（Johnson, 2014）：

（一）M（misleading）誤導，資料有誤導或內容不正確疑慮時需要淘汰，其中包括過時版本，尤其是醫藥與旅遊的書籍。

（二）U（ugly）破損，圖書破損不堪使用或不值得重新裝訂，此淘汰準則不適用於電子書。

（三）S（superseded）取代，可由新版本或同主題其他品質更好的圖書取代，尤其是參考書、考試用書與旅遊指南。
（四）T（trivial）過時的、沒有文學或科學價值的圖書，包括小說。
（五）I（irrelevant）不相關，檢視讀者的需求，透過使用統計進行淘汰。
（六）E（elsewhere）其他地方可得，你淘汰的資料很容易可以從其他圖書館取得。

二、書架檢查法

「書架檢查法」（shelf scanning）是經常使用的淘汰技術之一，亦即直接在書架上查看每一本圖書。此種逐本檢視的方式，提供每一本圖書狀況、範圍、深度和資料新穎與否的資訊。但是，如果圖書館員想要蒐集與淘汰相關的問題的所有資訊，淘汰的過程就會變得冗長而且緩慢。

雖然淘汰工作的成功與否和館員的工作經驗及知識密切相關，但是他們必須針對希望達到的成果，權衡所需要的時間。有時執行淘汰工作的人會諮詢其他館員、學校老師或教授，其作法是：館員初步擬定淘汰資料清單，然後送請學校老師或教授審查。逐本審查的方法須要對館藏學科領域、流通工作、使用者、學校課程及研究需求以及學校館藏發展政策有所瞭解。

以書架檢查法，進行逐本檢查的過程，有一種簡單處理淘汰的工作方法：將檢視過後的實體館藏資料放進書車，再將其依撤架（withdrawn）、修補（repair）、和移轉（transferred）等分類；撤架還可以再細分為出售（sold）、捐贈（donate）和銷毀（disposed）。另一種方式，是將「淘汰處理單」（如表 8-2），置放於圖書資料中，淘汰處理單可以使用很簡單的格式，簡單記錄少數幾個選項，例如撤架、修補、取代、移轉儲存等，用來記錄決策的觀點，作為選擇淘汰或修補的決策參考。也可以使用較為詳細的表單（如表 8-3），此種表單可以設計用來記錄每一本書檢視以後的後續處理情形，如圖書流通的狀況如何？是否有複本？或回答檢視圖書後的各種處理，通常包括圖書撤架後一連串處理方法的建議。詳細的表格可以透過檢視每一本圖書及其處理過程，記錄所有檢視過的資訊，達到決策和服務目的。這種表格中，也可以將「第二人認證（驗證）」的決策欄位以及各相關單位處理狀態納入。表 8-3 之（詳式）淘汰決策表，提供圖書館廣泛蒐集館

表 8-2　淘汰處理單（簡式）

題名：＿＿＿＿＿＿＿＿＿＿＿＿＿＿＿＿＿＿＿＿＿＿＿＿＿＿＿＿＿＿

索書號：＿＿＿＿＿＿＿＿＿＿＿＿＿＿＿＿＿＿＿＿＿＿＿＿＿＿＿＿

- □ 重新裝訂
- □ 修補
- □ 移置密集書庫
- □ 撤架
  - □ 註銷
  - □ 贈送給 ＿＿＿＿＿＿＿＿＿＿＿＿＿＿＿＿
- □ 取代
  - □ 重購紙本取代
  - □ 以微縮資料取代
  - □ 以數位資源取代
  - □ 以新版取代

簽名：＿＿＿＿＿＿＿＿＿＿＿＿＿　日期：＿＿＿＿＿＿＿＿＿＿＿＿＿

資料來源：Johnson（2014）。

藏資料的機會。例如，可以從手上的樣本瞭解館藏有多少百分比圖書的外觀是很差的；同時，圖書館也可以依照淘汰的目的、參與人員的程度以及淘汰時程的長短，自行修改成適合的表單。為了便於追蹤，圖書館員可以設計電子表單或直接在圖書館的書目資料上記錄這些資料。

三、系統產生報表

　　系統產生報表是另一種處理淘汰的方式，可以從圖書館整合式自動化系統產生報表開始。報表上每一本書的典型資料是分類號、出版日期、最後流通日期、一定期限內流通次數（通常是以最近五年）、以及同一本書的館藏複本數。這些資料可以依照各種不同的組合和分類設定。例如，圖書館也許是聚焦在某特定類號。

表 8-3　淘汰處理單（詳式）

題名：_____

索書號：_____

過去五年流通數量：_____
是否有複本：□是　　　□否
資料外觀：□無法再流通　　□很差　　□可接受
範圍：□不適合　　□適合
資料時效：□仍具時效　　□不具時效
建議處理方式
　　重新裝訂　　□修補　　□移送他處儲存　　□撤架　　□銷毀
捐贈（給）單位：_____
採購下列資料取代
　　□紙本
　　□微縮資料
　　□數位資源
　　□新版本
評估者簽名：_____　日期：_____
確認者簽名：_____　日期：_____
轉送處理
　　編目單位：_____　工作完成日期_____
　　裝訂／修補：_____　工作完成日期_____
　　流通單位：_____　工作完成日期_____
　　銷毀處理單位：_____　工作完成日期_____

資料來源：Johnson（2014）。

　　範圍，同時在這個範圍內，以出版十年以上的出版品，且五年內沒有流通紀錄的書為對象，產生報表。這些報表成為撤架清單，作為其他館員、工讀生或志工從書架上，下架資料的工具。如果這些下架的資料，只是移轉到密集書庫，或罕用書庫甚至館外的典藏地點，圖書館員基本上不需要再複審；但是，如果決定淘汰，那麼，館員最好再次檢視清單，確認原始的決策。在淘汰的過程中，很重要的是要確保書目資料的更新，以反映圖書的狀態。

四、使用開放軟體及商業軟體

另外的一種選擇是使用免費的開放資源軟體 Getting It System Toolkit（GIST, www.gistlibrary.org），該軟體包括反向選擇介面（deselection manager interface），在自動化處理下，GIST 可以從館內的自動化系統、OCLC 的 WorldCat、Amazon.com、HathiTrust Digital Library（https://www.hathitrust.org/）以及 Google Books 等系統，得知圖書館要淘汰的資料從他館取得的可能性。使用其他自動化系統必須去檢查系統自動產生的最後淘汰報告（Johnson, 2014）。

當然，圖書館也可以選擇使用商業性系統的服務，比如 Sustainable Collection Services（http://sustainablecollections.com），以收費的方式，提供學術圖書館支援淘汰決策的工具。報告會結合圖書館館藏的流通紀錄以及 WorldCat、HathiTrust Digital Library 館藏紀錄以及權威標題表，供圖書館產生淘汰或移地典藏的書單（Johnson, 2014）。

有些圖書館每隔幾年會作大規模的淘汰計劃，有些透過流通櫃臺或者重新上架時，淘汰污損不堪使用的圖書，有些則是由館藏部門負責。例如，公共圖書館也許在春季淘汰兒童繪本書，在秋季淘汰青少年小說。他如，將整個館藏分成幾個均等的部分，在一年中逐月處理館藏淘汰的工作。或者把館藏分成不同部分定期評估。

除印刷資料外，館藏管理應同時考慮其他類型資料。媒體資料（media）可以應用和印刷資料相同的準則評鑑，但是需要特別注意聲音和影像的品質、外觀的狀況、以及所需設備的可得性。學校圖書館需要徵詢教師意見，確認媒體資料能持續保持滿足教學需求。

電子書是很容易被忽略的資料類型，因為電子書不占書架空間，也沒有傳統的流通紀錄，許多電子書長期置於套裝書中，供應商不會將其從套裝書中移除。圖書館如果已經將電子書的書目紀錄加入館藏書目資料庫之中，處理方式是將該筆書目紀錄，從館藏書目中刪除，同時也將聯合目錄（如 NBINet）上的紀錄刪除，以避免網路上的連結。同樣的準則（如新穎性、收錄範圍、使用率等）應該被應用在其他的館藏資料一起評鑑。

因為處理館藏資料，可能引發潛在政治結果，圖書館應有書面的資料處置政策，說明所處置資料的選擇原則，以及處置資料的過程，同時必須與其母機構政

策一致,並兼顧相關法律。大部分圖書館在淘汰的書上都會蓋上「淘汰」(discard 或 withdrawn)並塗銷或移除館藏註記,包括條碼。如果有書後卡應一併銷毀,以保障讀者隱私。實務上最好的做法,應該有館藏淘汰的書面指南,這些指南的內容比如:內容缺乏時效、不正確、猥褻或書況殘破不堪不應轉售或捐贈;學校圖書館不再適用的淘汰資料不應轉給教師;不要存放淘汰的資料以避免影響資料的正常處置;小心處理大批淘汰的資料,避免棄置地點或方式容易被發現或產生懷疑;考慮將處置資料的回收箱上鎖;在捐贈給其他圖書館或機構前,圖書館員應先瞭解受贈者接受贈書的標準。

第八節　館藏淘汰的步驟

利用前述淘汰方法,圖書館處理淘汰資料,可依下列步驟(Jacob et al., 2014, pp. 81-82):

一、利用自動化系統,產生一定時間內沒有被借閱的資料、遺失的資料、暢銷書、以及最後借出日期等資料的報表,作為設定淘汰的指南。
二、設定明確的指南,說明那一種書況(外觀)要淘汰?多久沒有被借閱的資料要淘汰?以及什麼狀況是可以修補的?
三、必要時,找學科顧問協助淘汰工作。
四、和主管一起決定如何與民眾(或館員)解釋淘汰計畫。
五、排定館員每週處理淘汰工作的時間(建議每次約二個小時),並設定年度計畫,讓館藏可以在二至三年淘汰一次。
六、將館藏分成數個部分,首先淘汰那些過於擁擠或過時的資料。
七、淘汰前先整架並清除書架上的灰塵。
八、準備好淘汰工具:書車、書標、或修補圖書的簡單工具,以及淘汰清單。
九、從書架上檢視每一本書是否有下列狀況:
　　(一)資訊陳舊不正確?
　　(二)圖書破損不堪使用?紙張泛黃?
　　(三)是新版書的舊版?
　　(四)屬於不在館藏收藏範圍的學科?不再暢銷的圖書?乏人使用的書?
　　(五)不符合社區民眾興趣、主題或閱讀程度的書?

十、每一本要淘汰的書,決定是否要棄置或拍賣?將醫學、科學、財政、和考試之過時資料銷毀。美國醫學圖書館學會(American Medical Association)建議所有過期醫學資料,均應銷毀。

十一、依學科、作者和題名,製作已淘汰和需要重購的清單。

十二、將高品質但缺乏流通紀錄的書作展示,觀察是否能產生使用的效果。

十三、淘汰後,將每一個書架上的圖書移架,書架所空出來的空間,可以作為圖書展示行銷的地方。

十四、與主管討論淘汰資料的處理,因為每個單位對公共財產的處置有不同的規範。如果可以拍賣,圖書館可以設定一個年度拍賣或持續拍賣的書架。其他書可以捐給其他單位繼續使用。二手書店也許有興趣採購圖書館淘汰的圖書。回收商可以幫圖書館處理要銷毀的圖書。不要把淘汰的書棄置在垃圾箱,以避免被讀者發現後產生誤解。

以上是淘汰的基本步驟,切記,館藏淘汰有其必要性,不用為了擔心出錯而不敢執行。同時,也應該隨時重複不斷告訴自己:「我不是國家圖書館,我無法,也沒有必要保存所有的資料。」

第九節　館藏淘汰的原則

至於各類別(型)資料的淘汰原則,本節從小說及非小說兩大類型簡單說明,非小說類,再依杜威分類系統順序分別說明。

一、小說淘汰原則

理論上,小說在出版之後,可以長期被用來閱讀和欣賞,事實也是如此。但實務上,許多小說,特別是暢銷小說,當小說的作者過世或不再有新小說出版,他的書就會在書架上乏人問津,變成過時的小說。小說的發展也會隨著時代潮流的變化而有所改變,比如,原來流行之懸疑、溫柔、浪漫的小說可能會被性感、諷刺的小說取代,留下許多舊書在書架上。經典和本地作者的小說要保存,但是,一個圖書館的經典小說不等於另一個圖書館的經典小說。當然,社區不斷的在變,館藏也必須反映社區現有居民的需求。最後,因每一個圖書館的空間都有限,

所以小說館藏需要淘汰，以容納更多的新小說。同時，淘汰也可以使讀者更易於從書架找到所需要的書。

至於小說淘汰的步驟，除前述館藏淘汰步驟外，可以同時考慮下列原則（Jacob et al., 2014）：

一、檢查該撤架小說是否為一系列叢書或套書的一部分，中文書，目前缺乏此種工具，英文書，可以利用美國肯特區圖書館（Kent District Library）的 What's Next（網址：http://ww2.kdl.org/libcat/whatsnext.asp）作為檢查一本書是否為某系列叢書或套書之一部分的工具，如果系列叢書沒有流通紀錄，可以移除整個系列叢書；如果整套書沒有流通紀錄，則移除該套書。除了 What's Next 此一工具，也可以利用《小說核心館藏》（Fiction Core Collection）或類似的資源，檢查特定圖書是否收錄在其中，如果有，則考慮保存，但如果這本書多年來都沒有流通紀錄，則可以考慮註銷館藏。

二、檢查圖書館是否有同一本書的複本。如果有，保存書況較好的複本。某一本書，如果圖書館同時擁有兩本，應檢查兩本書是否有同一時間出借的紀錄，如果沒有，可以註銷其中一本。

三、遺失的書同時註銷（記），以維護館藏資料庫。

四、可以利用淘汰進行之際，汰換圖書外觀有損的經典作品和仍然暢銷的文學類作品，如金庸的系列作品。同時可以採購圖書館員希望用來展示或者讀者在諮詢服務過程中推薦的新複本。

五、大眾化的平裝本小說和非小說須嚴格執行淘汰，因為平裝本意味著只是瀏覽用的短暫閱讀讀物。平裝的愛情、科幻、神秘和奇幻資料使用小說的淘汰準則。

二、非小說淘汰原則

公共圖書館從事非小說館藏的淘汰時，需要隨時注意資料的出版年代、資訊的新穎性、以及社區有興趣的主題。Jacob 等（2014）針對公共圖書館對特定非小說領域，提出下列的淘汰建議；必須注意的是，這些簡單的指南需要適時調整，以反應圖書館館藏政策和社區民眾需求。以下依照杜威分類系統類號簡單說明列表（如表 8-4）。

表 8-4　非小說淘汰指南

大類	小類	淘汰指南
000 電腦科學、資訊與總類	百科全書和指南	1. 百科全書一般保存五年或五年以上，指南有新版時，汰換舊版。 2. 電腦科學類：雖然有些圖書館希望保存舊的電腦類資料，以提供仍舊使用舊電腦的讀者使用，但原則上仍以保存三年為宜。
100 哲學與心理學		1. 心靈成長和大眾心理學的書，在熱潮結束後可以淘汰。 2. 觀念不合時宜或含有大量宗教信仰資訊的心理學資料。
200 宗教類		圖書館應保存有關各宗教基本資料、主要發展趨勢和相關議題的圖書。
300 社會科學	社會學	1. 確保具有爭議性議題資料的平衡，特別是在多元文化和思維的社會。 2. 盡可能保存經典作品。 3. 淘汰無法反映認知和處理現代社會問題的資料。
	政治學	1. 現代政治主題的資料保存五年。 2. 公民的權利與義務和測驗指南保存最新版。
	經濟、工作和職業	1. 投資、個人理財、求職以及自撰寫作變化快速，保存五年。 2. 稅務資料保存三年。
	法律	法律資料指保存最新版本。
	教育	1. 大學簡介（含入學申請指南）只保存最新版。 2. 各種考試資料，如美國的「高中同等學力測驗」（General Educational Development，簡稱 GED）和美國大學入學考試（SAT）等資料有修訂時，淘汰所有舊版本。
	風俗和禮儀	1. 禮儀資料保存五年。 2. 個別節慶的資料視圖書館需要，自行決定保存年限。
400 語言類		1. 中、英文字典原則保存最新版。 2. 如無新版，使用 10 年可以汰換。
500 科學類		1. 除數學以外的科學類資料，因變化快速，保存 5～10 年。 2. 在這個學門，必須瞭解其知識變化，並積極的淘汰。 3. 保存新舊數學教學的資料 4. 保存經典作品，如達爾文（Darwin）1859 年出版的《物種起源》（*The Origin of Species*）。

表 8-4 非小說淘汰指南（續）

大類	小類	淘汰指南
600 技術	技術	1. 技術類屬於變化快速的學門，大多數技術領域資訊，保存 5～10 年。 2. 汽車修護、電視和家電修理的書，依圖書館讀者需求情況考量。
	醫學	1. 醫學資訊變化快速，需要嚴格的執行淘汰工作。 2. 美國醫學會（American Medical Association，簡稱 AMA）和美國牙醫學會（American Dental Association，簡稱 ADM）建議有關健康、醫學、營養、飲食資料保存三年。 3. 時尚飲食（fad diet）資料在流行風潮結束後可以淘汰。 4. 替代醫學（alternative medicine）資料保留最新版。 5. 其他所有醫學、營養學、飲食健康等，淘汰後的資料應予以銷毀，不宜轉贈或拍賣。
	園藝	淘汰 10 年以上圖書。
	寵物	1. 依圖書狀況及使用情形淘汰。 2. 保存各種不同寵物的資料。
	食譜	1. 同一類別有新書出版時，將舊書撤架。 2. 保留名作家（美食專家）的作品。 3. 特殊飲食的食譜保存三年。
	居家維修	淘汰超過 5～10 年之技術、產品和設計品味改變的居家維修類圖書。
	時裝及美容	保存年限五年
	商業類	1. 淘汰五年以上的商業圖書。 2. 保留管理理論上的經典作品（或著名作者作品）
700 藝術與休閒	藝術、建築和繪畫	1. 淘汰沒有彩色圖譜的舊書。 2. 保存主要藝術家、學派和地方建築特色資料。 3. 保存最新繪圖技術的書。
	雕刻和室內設計	1. 保存家具、古董和收藏品歷史等基本的圖書。 2. 淘汰已被新版取代的價格指南。 3. 淘汰超過 5～10 年室內設計的圖書，因為品味已改變。 4. 盡可能保存使用方法的資料，如編織、鉤針編織（品）等，讀者可能仍然希望使用工藝品方面的舊書。
	攝影	1. 攝影技術和設備進步快速，所以保存 5～10 年的出版品。 2. 只須保存少數的舊書，供仍使用舊設備的讀者使用。

表 8-4　非小說淘汰指南（續）

大類	小類	淘汰指南
800 歷史與地理（含傳記）	音樂	1. 基本音樂史、音樂名人傳記和歌謠集等，時效性長，圖書館可依其圖書狀態及使用情形決定是否淘汰。 2. 流行音樂時效性短，過了流行風潮就可以考慮淘汰。
	運動	1. 有關運動技術和運動訓練的圖書，如果過時就應淘汰。要確認是否過時，可以觀察使用中的運動設備來做決定。 2. 保存和地方或地區球隊以及運動人物相關的資料。
	旅遊和地理	1. 淘汰 3 年以上的旅遊指南。 2. 淘汰 3 年以上或國家名稱（或疆界）有所變更的地圖資料。 3. 審慎考慮保存歷史地圖集，因為新的版本也許會刪去舊地圖。 4. 淘汰過時和對全世界人民有偏見的旅遊資料。在具有使用許可下，保存經典的旅遊資訊。
	家（族）譜	1. 保存探究家（族）譜方法和資源的圖書。 2. 與家（族）譜相關資源和組織的指南必須保留最新版。 3. 在空間允許下，盡量長期保存家族和區域歷史的資料。
	歷史類	1. 不論出版年代早晚，歷史類圖書仍然可能有其用途。 2. 淘汰觀點過時和與事實不符的圖書。 3. 各國歷史資料保存 5～10 年。 4. 淘汰已被新版取代的教科書和歷史作品。 5. 保存某一段時間或事件中各種觀點的資料是重要的。
	傳記	淘汰已經退去光環不再受歡迎的個人傳記。

資料來源：Jacob 等（2014）。

三、其他資料淘汰原則

　　除了上述資料類別之淘汰原則外，本節再就語言、期刊、參考資料等淘汰原則簡述如下：

（一）外國語文資料淘汰原則

　　外國語文的淘汰可比照本國語文。語言通常不是主要的評鑑指標，因為語言是個不言而喻的準則。如果某圖書館強調蒐集英語期刊，則語言是基本的設定條

件。但是，如果公共圖書館或學校圖書館的部分讀者是非英語語系的讀者，那麼資料蒐集就需要考慮非英語語系的外文資料。

在強調多元文化服務下，學校圖書館和公共圖書館都必須具備非英語以外的外文資料。大型學術圖書館傳統上都會蒐集外國語言的學術刊物以支援研究之用，特別是在區域研究的領域。

（二）期刊雜誌淘汰原則

期刊的反向選擇包含三個明確的行動：刪訂、淘汰和移地典藏，本章將其歸納在期刊反向選擇的名詞下。除非是圖書館政策決定要長期保存的期刊，一般期刊保存 2～5 年。淘汰期刊的因素多，經常被使用在決策上的主要因素包括：期刊使用率、空間需求以及線上資源的可得性。

（三）參考工具書淘汰原則

使用率、新穎性和時效性是淘汰參考工具書需要考慮的關鍵準則。如果圖書館不希望維護龐大的印刷性資料，則線上版可得性的準則應列入考慮，亦即，如果有線上電子版參考書，可以考慮淘汰紙本。此外，如果讀者借出館外使用，其效果更好，則可考慮將參考書改為可流通書。

（四）視聽資料淘汰原則

視聽資料的主要淘汰準則為使用率、實體現況（如是否破損）、和內容。有聲書的淘汰以保存完整版淘汰節本為優先。除此之外，視聽資料的淘汰準用小說和非小說書的準則。

（五）數位館藏淘汰原則

大部分圖書館的數位館藏都是比較新的。館員應應用小說和非小說的淘汰準則於數位資源的淘汰。因為圖書館並不需要實體空間予電子書、電子小說等數位資源，所以基本上圖書館可以在有權使用的期限內長期使用。線上參考書、線上資料庫必須依新穎性和使用率作為評鑑淘汰基礎。

上述原則提供圖書館在保存和淘汰圖書館館藏的決策參考，重要的還是要回

歸各圖書館的現況。

第十節　館藏淘汰的障礙

儘管館藏淘汰有許多好處,但圖書館發現淘汰很難做到,主要癥結如下（Jacob et al., 2014）：

一、圖書館員視圖書為知識的傳遞媒介,對移除經精心挑之圖書的作為,會感到不以為然。

二、害怕被讀者或同事稱為焚書者或知識的破壞者。

三、圖書館員會擔心犯錯以及淘汰的品質,因為圖書館界經常強調圖書館館藏規模的重要性。

四、淘汰會增加工作壓力,因為淘汰似乎不是一次性的工作,如果多年沒有執行館藏淘汰,那麼淘汰工作會讓人望而生畏。

總之,館藏淘汰是圖書館館藏管理工作之一。館藏管理有總體（macro）和個體（micro）二個不同層面。個體是單種圖書逐一選擇（title by title）或評估的方式。總體是一種概括的或廣泛範圍甚至整體館藏的處理方式。總體和個體的觀念可以應用到評鑑、準則和決策。館藏淘汰和館藏選擇一樣,都必須遵循一定的準則和作業程序。圖書館除了定期汰舊外,館藏空間不足、館藏過於老舊、圖書館任務或目標改變時,都是圖書館執行館藏淘汰的時機。在數位網路時代,除了紙本資料需要汰舊外,網路資源也需要時時更新,以免造成讀者使用上之不便。

關鍵詞彙

反向選擇	淘汰準則
Deselection	Criteria for Weeding
淘汰	淘汰方法
Weeding	Approaches to Weeding
撤架	淘汰障礙
Withdrawn	Obstacles to Weeding

移地典藏	淘汰的理由
Relegation to Remote Storage	Reasons for Weeding
註銷	
Discard	

自我評量

- 何謂館藏淘汰？主要的館藏淘汰方式有那些？
- 試述圖書館館藏淘汰有那些可資遵循的準則？
- 何謂 CREW？圖書館應如何有效運用 CREW 方法？
- 有謂館藏淘汰是政治味濃厚的工作，試述其意義。
- 試述圖館執行館藏淘汰之際，最常見的障礙有那些。

參考文獻

American Library Association. (2008). *Evaluation library collections: An interpretation of the Library of Bill Rights*. Retrieved from http://www.ala.org/advocacy/intfreedom/librarybill/interpretations/evaluatinglibrary

Baker, N. (1996). The author vs. the library. *New Yoker, 72*(31), 50-53, 56-62.

Baumbach, D. J., & Miller, L. L. (1996). *Less is more: A practical guide to weeding school library collections*. Chicago, IL: American Library Association.

Black, S. (2006). *Serials in libraries: Issues and practices*. Westport, CO: Libraries Unlimited.

Carpenter, K. E. (1986). *The first 350 years of the Harvard University Library: Description of an exhibition*. Cambridge, MA: Harvard University Library.

CREW. (2016). *The CREW method of weeding*. Retrieved from http://www.ehow.com/way_5179371_crew-method-weeding.html

Criteria for Weeding Materials. (n.d.). Retrieved from http://lili.org/forlibs/ce/able/course4/05criteria.htm

Evans, G. E., & Saponaro, M. Z. (2005). *Development Library and Information center collections* (5th ed.). Westport, CT: Libraries Unlimited.

Evans, G. E., & Saponaro, M. Z. (2012). *Collection management basics* (6th ed.). Santa Barbara, CA: Libraries Unlimited.

Hightower, B. E., & Gantt, J. T. (2012). Weeding nursing e-book in an academic library. *Library Collections, Acquisitions, and Technical Services, 36*(1/2), 53-57.

Jacob, M. (2001). Weeding the fiction collection: Or should I dump Peyton place? *Reference & User Service Quarterly, 40*(3), 234-239.

Jacob, M., O'Brien, S., & Reid, B. (2014). Weeding the collection: Perspectives from three public librarians. In B. Albitz, C. Avery, & D. Zabel (Eds.), *Rethinking collection development and management* (pp. 77-88). Santa Barbara, CA: Libraries Unlimited.

Johnson, P. (2014). *Fundamentals of collection development and management* (3rd ed.). Chicago, IL: American Library Association.

Joswick, K. E., & Stierman, J. P. (1994). Systematic reference weeding: A workable model. *Collection management, 18*(1/2), 103-115.

Kent, A., & University of Pittsburgh. (1979). *Use of library materials: The University of Pittsburgh study*. New York, NY: Marcel Dekker.

Lancaster, E. W. (1993). *If you want to evaluate your library....* (2nd ed.). Champaign, IL. University of Illinois.

Larson, J., Boon B., & Texas State Library and Archives Commission. (2012). *Crew: A weeding manual for modern libraries*. Austin, TX: Texas State Library and Archives Commission.

Manley, W. (1996). The Manley arts: If I called this column "weeding," you wouldn't read it. *Booklist, 92*, 1008.

Matlak, J. (2010). Weeding older social sciences journals. *Behavioral and Social Sciences Librarian, 29*(3), 169-183.

McGraw, H. F. (1956). Policies and practices in discarding. *Library Trends, 4*(1956), 278-279.

Mets, P., & Gray, C. (2005). Public relations and library weeding. *The Journal of Academic Librarianship, 31*(3), 273-279.

Segal, J. P. (1980). *Evaluating and weeding collections in small and medium-size public libraries: The CREW method*. Chicago, IL: American Library Association.

Slote, S. J. (1997). W*eeding library collections: Library weeding methods* (4th ed.). Englewood, CO: Libraries Unlimited.

Smith, S. L. (2012). Weeding considerations for an academic music collection. *Music Reference Services Quarterly*, *15*(1), 22-33.

Trueswell, R. W. (1965). A quantitative measure of user circulation requirements and its possible effect on stack thinning and multiple copy determination. *American Documentation*, *16*(1), 20-25.

第九章

館藏評鑑

學習目標

研讀本章內容之後，學習者應能夠：

- 瞭解圖書館實施館藏評鑑的目的
- 可以舉例說明以館藏為基礎的館藏評鑑方式
- 可以舉例說明以使用為基礎的館藏評鑑方式
- 說明選擇館藏評鑑方式的考慮因素與注意事項

作者簡介

張郁蔚
(yuweichang2013@ntu.edu.tw)
國立臺灣大學
圖書資訊學系副教授

本章綱要

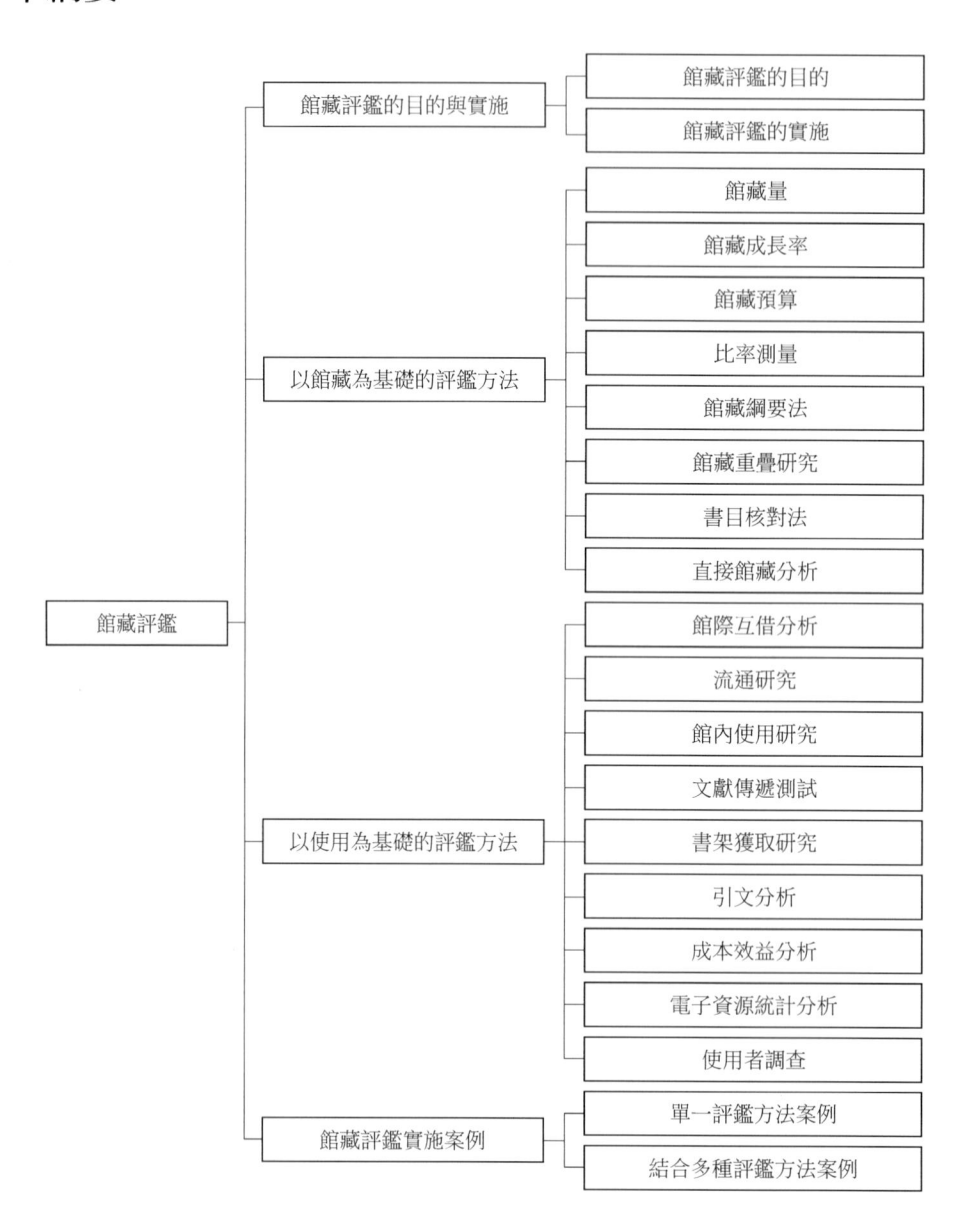

```
館藏評鑑
├── 館藏評鑑的目的與實施
│   ├── 館藏評鑑的目的
│   └── 館藏評鑑的實施
├── 以館藏為基礎的評鑑方法
│   ├── 館藏量
│   ├── 館藏成長率
│   ├── 館藏預算
│   ├── 比率測量
│   ├── 館藏綱要法
│   ├── 館藏重疊研究
│   ├── 書目核對法
│   └── 直接館藏分析
├── 以使用為基礎的評鑑方法
│   ├── 館際互借分析
│   ├── 流通研究
│   ├── 館內使用研究
│   ├── 文獻傳遞測試
│   ├── 書架獲取研究
│   ├── 引文分析
│   ├── 成本效益分析
│   ├── 電子資源統計分析
│   └── 使用者調查
└── 館藏評鑑實施案例
    ├── 單一評鑑方法案例
    └── 結合多種評鑑方法案例
```

第九章
館藏評鑑

第一節　前言

　　各圖書館或同一圖書館於不同時間進行館藏評鑑的原因不盡相同,但最終目的均在強化館藏,以符合圖書館的任務與宗旨。因應圖書館不同的館藏評鑑目的及限制,館藏評鑑的方式相當多元,圖書館可視本身需求擇一或結合多種評鑑方式施行,並將評鑑結果的意見回饋至後續館藏建置的修正參考。本章共分為四節,第一節說明館藏評鑑的目的與實施,指出圖書館實施館藏評鑑的主要目的,以及規劃與實行館藏評鑑的注意事項;第二節介紹以館藏為基礎的館藏評鑑方式;第三節接續介紹以使用為基礎的館藏評鑑方式;第四節舉例說明館藏評鑑案例。

第二節　館藏評鑑的目的與實施

一、館藏評鑑的目的

　　圖書館是提供資訊服務的機構,而其服務的基礎來自館藏,換言之,館藏能否滿足使用者需求是影響圖書館服務品質的關鍵因素。為此,為確保館藏能兼顧品質與使用者需求,圖書館訂定了館藏發展政策,做為館藏發展的指引,並將後續進行的館藏評鑑結果與館藏政策比較,幫助圖書館瞭解本身館藏情形及使用狀況,據以改善館藏缺失與強化館藏管理,並可將館藏評鑑結果做為修正館藏發展政策的參考。另圖書館在擬訂館藏發展政策前,需要先完成館藏評鑑工作,才能依據館藏狀況與圖書館目標去訂定適當的館藏發展政策,此顯示館藏評鑑與館藏

發展政策之間存有密切關係。事實上，唯有當圖書館愈瞭解本身館藏的問題及使用情形，才愈有能力去管理館藏，使其符合使用者需求及圖書館任務，因此，檢視館藏缺失的評鑑作業在永無停止的館藏發展過程中，具有重要的意義與功能。

　　館藏評鑑的結果除了讓館方瞭解本身館藏的優缺點，配合圖書館預算決定館藏發展的優先順序外，也可做為圖書館爭取館藏經費的必要性與合理性證據（Culbertson & Wilde, 2009）。Wilde 與 Level 於 2008 年的調查研究結果顯示，館藏評鑑最後產生的報告主要是做為圖書館內部參考使用，據以發展出加強館藏的參考清單，其次是做為爭取預算的證據（Wilde & Level, 2011）。例如美國奧瑞岡州的公立大學圖書館被要求，如為了增加館藏預算而提出新的計畫方案時，必須先完成館藏評鑑作業（Bobal, Mellinger, & Avery, 2008）。

　　當圖書館預算減少，必須做出取消訂購部分館藏的決定時，即需要參考館藏評鑑的客觀數據（Brillon, 2011）。在圖書館預算無法跟上出版速度與負荷館藏成本的劣勢下，為尋求改善館藏發展的機會，並提升使用者取用資訊的途徑，合作已成為圖書館得以繼續發展的趨勢，而館藏評鑑也成圖書館合作的規劃工具。有些圖書館聯盟要求有意願合作的圖書館要先分析本身圖書館的館藏，或是顯示與其他圖書館館藏的比較結果，包括館藏重複情形、館藏優缺點、館藏獲取率等資訊（Henderson, Hubbard, & McAbee, 1993）。亦即圖書館在考慮加入合作計畫或聯盟前，需要先透過館藏評鑑結果，審慎評估，避免與合作圖書館的館藏有相當重複情形，才能讓圖書館透過合作途徑來強化館藏。

　　有關圖書館進行館藏評鑑的常見原因，Comer（1981）認為有三種，包括圖書館認為館藏或特定主題館藏有不適當之處、使用者或行政當局不滿意圖書館，或是需要提出增加館藏經費的合理化要求。Grover（1988）也指出三種類似 Comer 看法的主要原因：

（一）檢視館藏的缺點：在 1950 年代以前，大學圖書館的評鑑工作主要是由教師執行，然隨著美國愈來愈積極參與國際事務，大學開始關心美國高等教育失敗的原因與其有無研究與瞭解整個世界有關，進而使得圖書館開始注意館藏品質。

（二）決定應強化的館藏：在 1950 至 1960 年代，受到學術界本質的改變及大學圖書館在課程及研究過程角色轉變的影響，圖書館獲取較多的圖書預算，進而需要透過館藏評鑑來確認需要優先強化的館藏，或是據以爭取更多的

館藏預算。

(三) 回應大學認可（accreditation）的需求：為確保大學課程的品質能維持及達到全國教育標準，定期進行的大學認可評鑑包括了圖書館能否支持課程需求的評鑑項目。

Johnson（2014）指出館藏分析（collectin analysis）、館藏解析（collection mapping）、館藏檢視（collection review）、館藏評估（collection assessment）、館藏評鑑（collection evaluation）等詞彙常被視為同義詞，相互交替使用，雖然館藏評估與館藏評鑑可依據評估目的的差異進一步區分，但本章並不區分上述詞彙的異同，並統一以館藏評鑑此詞彙代替所有相關詞彙。

二、館藏評鑑的實施

館藏評鑑是持續性的工作，理想上，館藏評鑑需要定期規劃與施行，才能讓圖書館掌握館藏狀況，調整館藏發展政策。但館藏評鑑有多種目的，圖書館每次實施館藏評鑑的目的並非都相同，而不同的館藏發展目的、圖書館可以投入的資源、完成評鑑的時間及其他因素等，都會影響館藏評鑑方式的選擇，因此，在許多可能的影響因素下，圖書館於規劃進行館藏評鑑前，需要注意以下事項。

(一) 確定館藏評鑑目的

圖書館進行館藏評鑑的目的有多種可能性，不同的評鑑目的可能需要蒐集不同的資料，提供評鑑參考，以及決定不同的館藏評鑑範圍。例如當大學計劃新增系所，圖書館必須分析及確認目前可以支援新系所的館藏能力，以及不足的部分，因此圖書館進行的是與該系所專業有關的特定主題或範圍的館藏評鑑，而非評鑑全部的館藏，而要蒐集的資訊也是特定主題的出版資訊與新系所的師生需求；但如果圖書館是要評估加入圖書館合作館藏發展計畫的適當性，則需要掌握整體館藏的狀況。

(二) 確定館藏評鑑範圍

館藏評鑑作業可能耗費相當的人力與時間，因此圖書館進行館藏評鑑時，並

非都是評鑑全部的館藏，尤其是對館藏數量大的大型圖書館而言，評鑑全部館藏是一大作業挑戰。基於有限人力、時間等資源限制及館藏評鑑目的的考量下，大部分的館藏評鑑通常僅就部分館藏進行評鑑，特別是大型圖書館通常是針對特定區域館藏進行評鑑。

館藏評鑑範圍的界定，除了以館藏的主題為區分條件外（例如以分類法界定），也可能再加上資料類型（如圖書、期刊、報紙等）或其他條件的限制，進一步縮小館藏評鑑實施的範圍。例如美國維吉尼亞州的喬治梅森大學（George Mason University）於 2014 年，通過新的 10 年策略計畫，在該校朝向發展為研究級大學的目標下，圖書館需要配合母機構的企圖心來提升館藏質量，以確保能支援母機構的研究需求。然該大學圖書館因人力問題，無法於短期內完成全部館藏的評鑑，希望採用彈性、系統化的評鑑方法，於是在 2013 年 10 月，先展開一項試驗性計畫，藉由評鑑三個主題的館藏，以瞭解逐一評鑑各主題館藏的方式是否可行。評鑑方式是先與負責特定主題的館員溝通，請其填寫有關館藏評鑑意見的問卷，包括提供可用以比較館藏的同儕圖書館清單、待評鑑館藏的分類號範圍、優良期刊及資料庫清單、館藏評鑑目標及其他有用的資訊，然後選擇評鑑方法（Kelly, 2014）。

（三）預估評鑑所需的資源

圖書館可以投入館藏評鑑的人力及時間會影響評鑑方法的選擇，因有些館藏評鑑方法無法於短期間內完成，圖書館如有時間急迫性的限制，會迫使放棄需耗費人力的館藏評鑑方式，或是縮小館藏評鑑的範圍。

（四）選擇館藏評鑑方法

可用以實施館藏評鑑的方法相當多，各有優缺點，在沒有一個館藏評鑑方法可以一體適用的情形下，圖書館必須視本身狀況，如館藏評鑑目的及所能利用的資源，從中選擇適當的方法，且有時需要結合兩種或兩種以上評鑑方法，才能提供較詳細的評鑑結果資訊，幫助圖書館做出改善館藏的相關決策。

（五）解讀評鑑結果

進行館藏評鑑通常需要蒐集多方統計資料，但統計資料只是反映部分館藏

的情形，其所代表的意涵需要館員正確地理解，而非僅注意數據大小（Wilde & Level, 2011）。例如大學圖書館的圖書流通數據反映出有借閱淡季與旺季的分別，通常在寒暑假期間，圖書的借閱率偏低，而在期中考或期末考前後時間，圖書的借閱率會提高。

評鑑結果通常會與本身圖書館過去的評鑑結果或其他圖書館的評鑑結果相比較，才能知道圖書館館藏的現況是呈現進步或退步狀態，讓數據的意義更明顯。但需要注意的是，每次館藏評鑑是否採用相同單位，因為使用單位會影響評鑑結果的數據是否可與圖書館過去的評鑑結果相互比較，以及能否與其他圖書館的評鑑結果比較。另館藏評鑑結果應以正式的報告呈現，提供圖書館主管、館藏發展館員、經費管理單位等不同人員參閱，此顯示館藏評鑑也會視最後檢視評鑑結果的人員不同，而有不同的目的或功能。至於館藏評鑑報告的內容展示應善用圖表輔助（Johnson, 2014），讓大量數據能以清楚簡潔的方式呈現。

因應不同的評鑑目的、圖書館所能投入的評鑑人力、時間或其他資源等限制，迄今已發展出相當多元的館藏評鑑方法。眾多的館藏評鑑方法，主要可區分為二大類，一類是以館藏為主的評鑑，其偏重館藏的內容與特性，包括館藏的數量、成長率，範圍、年齡、深度、寬度等，通常會與外部標準或其他圖書館館藏比較；另一類是以使用為主的評鑑，著重的是被使用的館藏及使用者本身，包括哪些使用者有使用過哪些館藏？如何使用？以及使用者對館藏的期待（International Federation of Library Associations and Institutions, Section on Acquisition and Collection Development [IFLA, Section on Acquisition and Collection Development], 2001; Johnson, 2014）。另有學者將館藏評鑑方法分成四大類，於上述二大類的館藏評鑑方法下再各自進一步區分為量化及質性的評鑑方法（Ciszek & Young, 2010; Johnson, 2014），唯有些評鑑方法同時涉及質與量的特性，難以區隔，故本章將館藏評鑑方法分成「以館藏為基礎」及「以使用為基礎」二大類，以下先說明以館藏為基礎的評鑑方法。

第三節　以館藏為基礎的評鑑方法

以下介紹八種以館藏為基礎的評鑑方法種，包括館藏量（collection size）、館藏成長率（collection growth ratio）、館藏預算（collection budget）、比率測量（ratio measure)、館藏綱要法（conspectus）、館藏重疊研究（content overlap studies）、書目核對法（list checking）、直接館藏分析（direct collection analysis）。

一、館藏量

　　館藏量是瞭解館藏的最基本參考數據，然不同類型圖書館的功能差異，使其館藏發展重點及規模也存有差異。例如學術圖書館強調各主題館藏的深度與廣度，導致其館藏量大於公共圖書館、學校圖書館，因此不同類型的圖書館應具備何種規模的館藏量是一個被關注的議題，進而產生所謂館藏量最低門檻值的建議數據或計算公式，提供圖書館快速評量本身圖書館的館藏量是否達到基本要求。

　　館藏量公式係由構成館藏量的應考量因素及對應各考量因素的權重值組成，可供方便快速產出評鑑結果。Clapp 與 Jordan 早在 1960 年代提出的館藏大小公式係考慮到不同使用者的資料需求量，先將使用者依屬性分成不同群組，再搭配各群組每位使用者應有的最低館藏量，其個公式為：總冊數 = 基本冊數（50,750）+ 100 × 教師數 + 12 × 學生數 + 12 × 大學部榮譽學生數 + 335 × 大學科系數 + 3,050 × 碩士班數 + 24,500 × 博士班數（Clapp & Jordan, 1965）。

　　圖書館的專業學會亦針對不同類型的圖書館訂定館藏量的參考標準。如 1986 年，美國大專院校圖書館學會（Association of College & Research Libraries，簡稱 ACRL）對學院圖書館館藏量訂出最低標準的計算公式，其公式為基本館藏量（85,000 冊）+ 100 冊 × 全職老師數 + 15 冊 × 全職學生數 + 350 冊 × 大學科系數 + 6,000 冊 × 無提供更高學位的碩士班數 + 34,000 冊 × 有提供更高學位的碩士班數 + 6,000 冊 × 六年專業學位班數 + 25,000 冊 × 博士班數，其中微縮資料的數量計算要轉換為冊數單位的數量，而視聽資料的數量單位是以書目單位為計算單位。圖書館館藏量如未達到標準，每年要有 5% 的採訪成長率，使館藏量能逐步達到標準，至於達到建議標準館藏量的圖書館，每年的採訪率可低於 5%（Association of College & Research Libraries, 1986）。

　　另加拿大大專院校圖書館學會（Canadian Association of College and University Libraries）早在 1960 年代即對大學圖書館館藏量提出標準建議，包括每位學生要有 75 冊圖書及 0.75 種期刊，以及每年圖書館要有 3% 的採訪成長

率（Clouston, 1995）。之後，該學會參考 2000 年美國圖書館學會出版的 *ACRL Standards*，據以修正 *1992 Standards for Canadian College Learning Resource Centres*，而在 2004 年出版 *Standards for Canadian College Libraries*。*Standards for Canadian College Libraries* 對加拿大大專院校圖書館館藏量的要求是依據各校學生數，分成 10 種等級，其中最小等級的學生數是低於 1,000 人，最大等級的學生數是介於 17,000～18,999 人，而各等級各有圖書（包含電子書）、紙本期刊、電子全文期刊、其他形式資料（包括影音資料、政府出版品、微縮資料、地圖等）、電子資料庫數量的規定（Canadian Association of College and University Libraries, 2004）。

早期的館藏標準著重在館藏量、預算量及公式的應用，之後將焦點轉向強調館藏的適當性（adequacy）、取用（access）及獲取（availability）（Johnson, 2014）。例如 2011 年由 ACRL 通過的 "Standards for Libraries in Higher Education"，在館藏的原則部分，指出圖書館提供使用者取用具品質、深度、多元性、多種形式（format）及新穎性的館藏，以支持機構的研究與教學任務。而其對應的六個指標重點分別是：（一）提供取用研究性、課程焦點或機構優勢範圍的館藏；（二）提供各種形式的館藏；（三）建立及確保取用到獨特館藏，包括數位館藏；（四）圖書館要蒐集、組織、提供取用、傳布及保存使用者所需資源；（五）圖書館要讓使用者瞭解學術傳播模式；（六）確保可長期取用學術與文化資源（Association of College & Research Libraries, 2011）。

二、館藏成長率

許多因素會影響圖書館館藏量大小，例如圖書館類型、預算、使用者需求等，導致無法直接以不同規模圖書館的館藏量做為評鑑標準。對此，可以計算館藏成長率做為替代方式，提供本身圖書館於不同時期的館藏量情形比較，甚至比較不同主題或不同形式（例如圖書與期刊）館藏量的成長率差異。如果是比較不同規模圖書館的館藏，必須注意對大型圖書館而言，因計算成長率的分母值（館藏量）較小型圖書館大，容易導致成長率偏低。如美國德州農工大學（Texas A&M University）的 Sterling C. Evans 圖書館分析與比較該館於 1978 年及 1988 年的館

藏成長率，於蒐集學生數、教師數、圖書館預算、館藏冊數等數據後，計算出該兩個年分的各學院師生數成長率與師生比的變化、各主題館藏量的成長率、不同形式館藏量的成長率（Gyeszly, Harrell, & Smith, 1990）。

三、館藏預算

館藏量及其成長率的計算也可改以館藏預算為計算單位，據以計算館藏預算量的數量或成長率變化，以及就不同主題或不同形式館藏的預算進行比較。隨著環境變遷，圖書館館藏型態不再僅限於紙本或全部具擁有權的館藏，對於電子型態或僅具有暫時取用權的虛擬館藏，其有不易以冊數或種數計算的問題，因此對於現今的混合圖書館而言，可以特定期間內的圖書館館藏費用來呈現館藏量，而圖書館可以視需求以館藏種類呈現比例分布，例如區分為期刊訂購費、資料庫、微縮資料、圖書等，而期刊也可以再區分為紙本期刊與電子期刊（Borin & Yi, 2011）。

四、比率測量

與館藏相關的不同屬性項目的比率數值可以反映兩種不同屬性數值之間的關係，例如比較圖書經費與使用者人數的比率、圖書經費與圖書流通量的關係。Henderson（1994, 2000）曾提出計算館際互借數量與館藏量的比值，稱為「館藏失敗商數」（collection failure quotient），並利用美國研究圖書館的統計資料，比較1974年至1998年間80個北美地區圖書館的館藏失敗商數。

五、館藏綱要法

1979年，美國圖書館學會出版 *Guides for Collection Development*，提出代表五種層級館藏強度（collection intensity）之詞彙，包括廣泛級（comprehensive level）、研究級（research level）、指導級（study level）、基礎級（basic level）及最小級（minimal level），而這些館藏強度加上另一個層級後，成為1970 年代末期由研究圖書館組織（Research Libraries Group，簡稱 RLG）發展的「館藏綱要」（RLG conspectus）的基礎（Johnson, 2014）。

RLG conspectus 將各類館藏深度區分為以下六級（表 9-1）。

表 9-1　RLG conspectus 的館藏層級

館藏深度層級	層級名稱	說明
0	館藏範圍外	不列在館藏蒐集範圍內。
1	最小級	不含非常基礎著作的特定主題的少許著作。
2	基礎級	最新的一般性資料，可做為特定主題的基本介紹，但還不足以支援課程或獨立研究使用。
3	指導級	可支援大學部及大部分研究所課程或獨立研究。
4	研究級	可支援博士論文及獨立研究使用的資料。
5	廣泛級	包含所有形式、語言的所有著作，可達到特藏的等級。

資料來源：Stielow 與 Tibbo（1989）。

美國研究圖書館學會（Association of Research Libraries，簡稱 ARL）後來採用 RLG conspectus，進行全國館藏盤點計畫（National Collections Inventory Project），讓會員圖書館檢視本身目前館藏的強度，以及協調未來館藏的強度，至 1980 年代中期，西北圖書資訊資源計畫（Library and Information Resources for the Northwest）修正了 RLG conspectus，讓研究圖書館以外的圖書館也可以應用館藏綱要，而歐洲地區的圖書館於 1980 年代末期起開始採用館藏綱要（Wood, 1992）。

館藏綱要主要是提供比較不同圖書館的館藏強度，比較的基礎是不同主題的館藏，而不同主題館藏是以分類號來定義，因此進行比較的圖書館最好是採用相同的分類法，以方便比較。針對各主題館藏，圖書館要決定現存館藏優勢（existing collection strength，簡稱 ECS）及目前典藏強度（current collecting intensity，簡稱 CCI）的館藏深度層級（0 至 5 級），有些圖書館會再增加預期典藏強度（desired collection intensity，簡稱 DCI）該欄位；其中 ECS 代表目前館藏深度層級，CCI 是實際典藏作業要做到的館藏深度，DCI 則是館藏發展政策

上要達到的理想館藏深度層級（Wood, 1992）。

為使館藏綱要能應用在非紙本及電子形式館藏的分析，1996年至1997年初，RLG及Western Library Network（簡稱WLN）曾修訂館藏深度的定義（IFLA, Section on Acquisition and Collection Development, 2001）。而由國際圖書館協會聯盟（International Federation of Library Associations and Institutions，簡稱IFLA）於2001年出版的 *Guidelines for a Collection Development Policy Using the Conspectus Model*，指出館藏深度要呈現目前館藏（current collection level）、採訪要達到的館藏（acquisition commitment）及要達到的目標（collection goal）三個項目的館藏深度（IFLA, Section on Acquisition and Collection Development, 2001）。另外，圖書館可為各主題館藏加上語言層級註記，如研究圖書館常針對第三至五層級的館藏加上語言層級註記，而其他類型圖書館可能僅針對特定主題館藏加上語言層級註記（Wood, 1992）。

基於館藏綱要概念，圖書館在實際應用時，可以調整館藏深度的級別。例如Stielow與Tibbo（1989）將RLG conspectus去除0級後，定義第一層是基礎級（basic stratum），是指基礎背景資訊，包括基本百科全書及其他參考工具書；第二層級是調查級（survey stratum），相當於支援大學一、二年級所需的資源；第三層級是進階級（advanced stratum），支援大學部三、四年級及碩士研究生等級的資源；第四層級是研究級（research stratum），支援博士生及教師需求的資源；第五層級是廣泛級。然後依據資料類型（圖書、期刊、參考資源、政府出版品等）給予個別的館藏強度。

另White（1995）基於館藏綱要的理念發展出館藏評估的簡要測試方法，其步驟為：

（一）確定館藏評鑑的主題或學科。

（二）在學科領域內，學科專家（subject specialist）可透過參考權威工具書等方式，按照館藏綱要定義的五個等級，選擇合適的出版品做為館藏評鑑的書目清單。在簡要測試中，一般選擇40種出版品（titles）形成書目清單，然後於OCLC線上目錄中查詢及確認各出版品分別被多少圖書館典藏，接著依據典藏各出版品的圖書館數量，將各出版品由多至少排序。

（三）將排序後的書目清單平均分為四部分。其中被最多圖書館典藏的10種出版品列為最小級（minimal level / level 1）的書目清單，其後為基本級

（basic level / level 2）、指導級（instructional level / level 3）及研究級（research level / level 4）。

（四）確定本館典藏此 40 種出版品的情況。若在某一層級中，該館典藏的出版品數量超過一半的書目清單，則表示圖書館在此學科領域的館藏資源已達到該層級的要求。

館藏綱要法的優點是讓圖書館以一致性結構的方式描述館藏強弱，可以應用在所有類型圖書館，且各種形式館藏均可在主題分析的結構下一起被評定（Davis, 1998）。但館藏綱要法被批評主觀色彩太濃，依賴館員對館藏深度的感受與認定，另分類表架構下包含太多主題，不易逐一完成所有主題館藏的深度標示（Johnson, 2014）。

目前 RLG conspectus 及其針對中小型圖書館需求的修正版 WLN conspectus 都已被 OCLC 的 WorldCat Collection Analysis 軟體所取代。WorldCat Collection Analysis 此線上館藏分析工具可以對特定圖書館的圖書資源及其使用狀況進行分析，並方便與 OCLC 的會員圖書館的館藏情形進行比較，以清楚瞭解與其他圖書館館藏的差異；至於期刊的評鑑與比較，則受限 WorldCat 未包含完整正確的電子期刊資料庫資料，無法進行完整的分析（Monroe-Gulick & Currie, 2011）。

六、館藏重疊研究

館藏重疊研究是比較不同圖書館之間的館藏重疊比例，除了可瞭解重疊館藏的部分，也可掌握各圖書館有哪些不同於其他圖書館的獨特館藏，做為與其他圖書館進行合作採訪、編目及資源共享的館際合作規劃參考（Stroyan, 1985）。採用館藏重疊研究要注意影響館藏重複率的可能原因，包括：（一）各大學的教學與研究獨特程度：如果不同大學的課程有很高的相似度，表示彼此會有較多重複館藏，導致館藏獨特性的比例會偏低；（二）圖書館成立時間：成立較早的圖書館典藏較多已絕版的圖書，而擁有較高比例的獨特館藏；（三）圖書館館藏合作協議：與其他圖書館有合作館藏採訪的圖書館會有指定負責的館藏區塊，應注意盡量降低與其他合作圖書館館藏的重複率（Missingham & Walls, 2003）。

七、書目核對法

　　書目核對法是以包含特定學科或主題核心資料的書目清單，檢視館藏擁有的比例及欠缺的資料。此方法最早可溯及 1930 年代，其基本假設是用以核對館藏的「標準書目」包含等同經過圖書館或專家判斷認可的圖書或其他文獻的核心書目（Comer, 1981）。做為標準書目清單的來源相當多元，其可能是由專家挑選出版的專題書目、專業資料庫收錄的期刊清單、已出版可做為核心館藏參考的一般性書目清單，從聯合目錄中過濾產生的書目清單，甚至是獲獎書單、暢銷書單、其他圖書館的採購清單等。

　　書目核對法的優點是容易施行，但前提是要有適合核對館藏的書目清單。事實上，書目清單本身是書目核對法最常被批評的地方，包括：（一）用以核對的書目是自行決定的，可能過於主觀；（二）現有可取得的標準書目，其書目蒐錄範圍及其強調的重點可能與本身圖書館館藏評鑑的主題範圍不同，而無法完全適用，特別是對強調廣度及深度館藏特性的研究圖書館或大學圖書館而言，很難找到現成的書目清單，而需要搭配專家的協助；（三）即使是同一類型的圖書館，因評鑑目的不同，無法採用相同書目進行評鑑；（四）由於館藏會不斷增加，導致不能一直使用相同的書目來進行館藏評鑑，同時，書目清單也有過時的問題；（五）列在標準書目的出版品有不同的重要性，如何區分不同書目的重要性等級也是問題所在；（六）無法評估未列在標準書目中的其他圖書價值（Ciszek & Young, 2010; Comer, 1981; Lundin, 1989）。

八、直接館藏分析

　　直接館藏分析又稱為書架掃瞄法（shelf scanning），是請學科專家帶著圖書清單去書架區實地檢視書架上的圖書，評估各圖書的外觀情形（裝訂、出版年、頁數、語文、複本數）及內容後，決定圖書是否還有繼續留存的價值。因方法費力費時，如需要評鑑大量的館藏，會以取樣方式處理。此方法的價值在於有專人直接接觸個別圖書，判斷圖書價值，所以評鑑資料可供後續圖書淘汰的參考，或是針對仍有使用價值的破損圖書，考量以修護或增購複本方式處理，並讓參與評

鑑工作的館員可以掌握整個館藏狀況，包括考慮調整擁擠書架區段的空間（Agee, 2005）。

由於此方法依賴評鑑者的判斷，因此選擇具聲譽的評鑑者是關鍵要點，如果可以找到適合的主題專家，此方法可以適用在所有主題館藏的評鑑，至於缺點是無法檢視不在書架上的館藏資料。另此方式衍生另一種替代方式，讓檢視者查看書架上的圖書清單資料（shelf list），而非親自待在書架區檢視圖書狀況，其優點是容易蒐集館藏的特性，如出版年分布、語言分布、主題分布等，並可比較流通資料，掌握各主題館藏的強弱情形（Johnson, 2014）。

第四節　以使用為基礎的評鑑方法

以下介紹九種以使用為基礎的評鑑方法，包括館際互借分析（interlibrary loan analysis）、流通研究（circulation studies）、館內使用研究（in-house use studies）、文獻傳遞測試法（document delivery test）、書架獲取研究（shelf availability studies）、引文分析（citation analysis）、成本效益分析（cost-effectiveness analysis）、電子資源統計分析、使用者調查。

一、館際互借分析

在沒有任何一個圖書館可以建置滿足所有使用者需求館藏的情形下，為提高圖書館提供使用者所需資訊的能力，館際互借成為一個圖書館共享資源的合作方式。對使用者而言，其最重視可能在最短時間內獲取所需資訊，不在乎圖書館提供的所需資源不是源自圖書館本身的館藏。就圖書館而言，館際互借紀錄是使用者取用其他圖書館館藏的文獻需求紀錄，代表本身圖書館無法提供使用者的所需特定資源，因此可做為圖書館館藏採購的參考。要注意的是，館際互借紀錄可能遺漏使用者所需要的資源，如使用者可能親自到其他有典藏所需資料的圖書館使用，而未申請館際互借（Lockett, 1989）。

Ruppel（2006）以美國南伊利諾大學（Southern Illinois University）的Morris圖書館為研究對象，分析2004年館際互借紀錄中有關教育學及心理學的

574本圖書，透過後續蒐集到的其中92本圖書的書評資料，並確認該等圖書的品質、出版年、出版者、價格等資訊後，發現多數的圖書評價佳、價格不貴、資料新穎，以及可容易採購到館，故建議在符合圖書館館藏發展政策的情形下，圖書館可考慮採購該等圖書。

二、流通研究

流通研究是利用圖書館系統的流通紀錄，獲知可外借館藏的流通次數，由於圖書館可外借的館藏資料類型以圖書為主，圖書館可依據需求自流通系統中掌握不同主題（不同分類號範圍）圖書的流通比例，做為圖書經費配置的參考。流通紀錄可顯示被高度使用的圖書，做為是否要增購複本的考慮，或是以其他方式增加使用者取用高使用率圖書的機率，同時也可顯示甚少或曾未被借閱過的圖書，做為移置密集書庫存放的考慮對象。

流通紀錄是反映可被借閱的館藏特性，是容易取得的客觀資料，也容易進行分析，在分析的時間長度上及館藏量上很有彈性。流通紀錄的分析結果可供瞭解及比較各主題或不同類型館藏的流通率差異，但必須注意降低流通次數的可能因素，例如過長的借期容易讓使用者拉長把圖書留在身邊使用的時間，進而降低圖書的流通次數；熱門圖書因無法長時間停留在圖書館書架上，會降低被使用者意外發現的機會，或是因預約人數過多，使得部分有意願借閱的使用者因不耐久候而放棄預約，導致無法以流通次數的數據來反映使用者需求的頻率；在館內被使用者使用的圖書，不會有流通紀錄；未被正確上架、尚未上架的圖書，甚至因使用者個人因素致無法尋獲的圖書，也不會被順利借出（Christiansen, Davis, & Reed-Scott, 1983）。另外，流通研究的缺點是無法瞭解圖書借閱次數低及未曾被借閱的原因。

三、館內使用研究

館內使用研究主要是評鑑僅限於館內使用的館藏，例如參考書、期刊。為能掌握使用者曾使用的不流通館藏，館藏使用研究的實施需要館內使用者配合，請

使用者將使用的館藏資料於使用完後先不要上架，依指示將之放置閱覽桌、書架旁書車或其他指定地點，以方便調查人員記錄被使用過的館藏特性。此種方法的施行可以側重瞭解在館內使用的館藏類型或使用者特性，掌握被使用館藏與使用者之間的關係（Christiansen et al., 1983; Lockett, 1989）。

採用此方法時，調查人員需先清楚定義「使用」的定義，例如不在書架上的圖書是否被認定為是被使用過的圖書？還是使用者有閱讀過的圖書，或是使用者有閱讀且認為有包含有用資料的圖書，才算是被使用過的圖書？另針對不同「使用」的定義，可能需要其他方法的輔助判定。

館內使用研究法的優點在於對館藏使用的情形，配合流通紀錄可以有更完整的瞭解，但其限制在於調查者要頻繁記錄被使用過的期刊，以免未記錄到同一期刊被多人使用的情形，故相當耗費人力。最重要的是，使用者必須配合，以免使用者自行將使用過的期刊重新上架，因為在開架式書區，很難控制使用者的使用行為。另外，須注意施行的時間，原因是在館藏使用的淡季或旺季所蒐集到的使用情形可能是存有偏差的，而館內使用研究僅能確認曾被使用者使用過的館藏，無法知道館藏不被使用或甚少被使用的原因（Christiansen et al., 1983）。

四、文獻傳遞測試

文獻傳遞測試法是 Orr、Pings、Pier、Olson 與 Spencer（1968）提出，目的在測量圖書館使用者從圖書館獲取所需特定文獻所需要花費的時間，以檢視圖書館傳遞使用者所需文獻的速度。Orr 等人認為使用者對於所需要的文獻，在意的是可否於短時間內快速取得文獻全文，而非在意文獻的形式，即使使用者取得的是文獻複印本，也不會降低使用者對圖書館服務的評價，因此，即使圖書館提供使用者的文獻非來自本身館藏，而是透過館際合作取得，只要能縮短使用者等待文獻的時間，即表示該圖書館具有可以滿足使用者需求及良好的文獻提供能力。

以圖書為例，評鑑者需確認圖書館是否要典藏該圖書？該圖書是否在書架上，並可立即提供使用者借閱？如果該圖書已被借出，其他使用者需要等待多久才能借閱到？如果圖書館未擁有該本圖書，是否可透過館際互借方式向其他圖書館提出借閱申請，以及要花費多少時間？

為了測量圖書館的文獻提供能力，必須先產出用以比對館藏的樣本文獻清

單。Orr 等人採用的是二種清單，分別是自四所待評估的美國醫學院圖書館使用者於近年發表著作中，蒐集其使用的參考文獻，其代表的是圖書館使用者的真正文獻需求樣本；另外是利用美國國家衛生研究院研究經費索引 *National Institute of Health Researh Grant Index*，查詢曾申請該院研究經費的美國研究人員及其出版品，從美國生物醫學領域研究者的出版品中蒐集全國性的參考文獻樣本。經幾個醫學圖書館的測試，於瞭解文獻樣本大小對檢測結果的影響後，最後是以取自四個圖書館的 300 個文獻所組成的清單，進行不同圖書館的文獻傳遞測試能力比較（Orr et al., 1968）。

確認文獻樣本後，接著記錄圖書館館員找尋特定文獻的所需時間，而找尋資料所花費的時間，依時間長度區分為 10 分鐘、2 小時、1 天、1 星期及超過 1 星期，並分別依序以 1、2、3、4、5 作為對應的速度編碼（speed code）。在記錄尋找各指定文獻的速度編碼後，即可計算能力指標（capability index，簡稱 CI）；CI 的計算公式為（5 減去平均速度）除以 4，再乘以 100，產出的數值會介於 0 至 100 之間，如果全部指定的文獻都可在書架上發現，則 CI 值是 100，代表最高的文獻傳遞能力，因此 CI 值可用以比較不同圖書館於相同領域館藏的文獻傳遞能力（Orr et al., 1968）。

文獻傳遞測試結果需與過去測試結果或其他圖書館測試結果比較，才能顯示其意義，因此可以採用相同的參考文獻清單，用以檢測不同圖書館的資料提供能力。此法的優點是客觀測量圖書館滿足使用者需求的能力，以及可比較不同圖書館的文獻傳遞能力，缺點是不易產生一個可通用於不同圖書館的代表性參考文獻清單，另測試結果會受到使用者本身錯誤問題而降低代表圖書館文獻傳遞能力的數據，例如使用者記錯圖書的書架位置，導致花費許多時間仍找不到所需圖書（Christiansen et al., 1983）。

五、書架獲取研究

獲取率測試（availability tests）又稱為書架獲取研究，與獲取率測試很類似，是在測試使用者所需文獻可否立即在圖書館內取得。此法的施行方式可以針對親自到館的使用者，或是隨機抽取部分使用者進行面談或問卷調查，但大多數是請使用者填寫問卷，瞭解使用者想要取得的文獻可否在一定時間內於圖書館

內找到。不過，也有依據使用者文獻的參考文獻來進行圖書館書架的檢視作業，確認有多少比率的文獻可在圖書館書架上找到，或是比對使用者於線上公用目錄（online public access catalog，簡稱 OPAC）查詢特定文獻所留下的系統紀錄。測試結果大多是呈現文獻可在圖書館書架上獲取的比例，甚至進一步分析使用者所需文獻無法立即在圖書館內獲取的原因（Christiansen et al., 1983; Nisonger, 2007）。

書架獲取研究是評估可立即提供滿足使用者需求的本身館藏獲取率，不同於文獻傳遞測試法是計算及評估圖書館提供使用者所需文獻時間，即使是透過其他館藏所提供的館際互借文獻來源，也能被一併評估。書架獲取研究的優點包括：（一）可瞭解使用者無法於館內獲取所需文獻的原因，提供圖書館具體改善的參考資料；（二）容易被重複施行，檢視圖書館的表現有無改善；缺點是：（一）必須依賴使用者的配合；（二）施行費時；（三）無法知道非使用者的需求（Christiansen et al., 1983; Nisonger, 2007）。

六、引文分析

對於大學圖書館而言，不少使用者有課業、研究上的需求，需要完成或發表研究著作，而在過程中需要閱讀及引用文獻，因此文獻中所列的參考文獻是代表圖書館使用者曾經需要使用的文獻，因此可以採用使用者出版品的參考文獻來比對圖書館的館藏，以瞭解館藏支援使用者研究的能力。

引文分析常被應用在評鑑期刊館藏，但可能的問題包括：使用者引用文獻的習慣不同，導致使用者有使用的文獻不一定會被列入參考文獻，或是參考文獻非全然表示是使用者有真正使用的文獻，以及新期刊或其他新出版品，因能見度尚低，被使用者引用的次數自然會偏低，導致此方法不適合用以評鑑新出版品的被使用情形（Christiansen et al., 1983; Nisonger, 2007）。此法的關鍵點亦是如何產出可反映圖書館使用者需求或研究主題的參考文獻清單，如參考文獻清單中應包含哪些種類的文獻是重要的問題，例如是否要包含學位論文、技術報告、未出版的文件、政府出版品等屬於次要的館藏類型，以及應從哪些來源去蒐集參考文獻清單，亦是另一個重要問題（Sandler, 1988）。

七、成本效益分析

對於不太頻繁使用的館藏，圖書館關心的是到底是要以租用方式暫時取得電子版資源的取用權？或是買斷紙本資源以獲得擁有權？或是取消繼續訂購？就紙本資源而言，圖書館要考量的是：要列入採訪清單？或是採用館際互借方式提供使用者使用，為此，圖書館需要比較不同取得資源方式的成本效益（Nisonger, 2002）。例如將一本圖書的購買價格除以該書於一定期間內被借閱的次數，可獲知該書的成本效益，此簡易的計算方法也可以應用在電子資源及其他形式的館藏資料。

八、電子資源統計分析

資訊科技所帶來的館藏載體變化，使得圖書館的館藏朝向紙本與電子並存的混合式館藏型態發展，而許多傳統的館藏評鑑方法主要是針對紙本館藏進行評鑑，為此，隨著電子資源館藏比例及其費用的增加，電子資源評鑑成為新的議題。電子資源不同於可外借的紙本圖書有流通紀錄，也並非都被授權可以館際互借，因此必須仰賴廠商提供的統計資料，如登入系統的使用時間與次數、檢索時間與次數、下載次數等。由於電子資源統計分析紀錄無法確認使用者的目的、身分及同一使用者的使用頻率，有些電子資料庫會於使用者登入時，於畫面跳出使用者意見調查，以獲取真正使用者的意見回饋。

成立於 2002 年 3 月的 COUNTER 計畫（Counting Online Usage of Networked Electronic Resources），主要在針對圖書館、出版商及中介商的需求，發展及維護線上使用統計（online usage statistics）的標準，讓圖書館得以獲取比較不同代理商的統計資料，也能讓出版商或中介商提供符合顧客統計格式需求的使用統計資料（COUNTER, 2014）。英國曾在 2003 年 10 月至 2004 年 6 月間，以 25 個大專院校圖書館為研究對象，進行一項包含 21 項電子資源評鑑指標的試驗計畫，該等指標可區分為三大類的統計資料，第一類是館藏：包括電子期刊、資料庫、電子書、數位文件及免費電子資源的數量；第二類是服務使用：包括虛擬造訪（virtual visits）、電子查詢、取用全文電子期刊、資料庫登入停留時間（sesseions）與檢索時間、取用電子書、因同時上線人數限制而不讓使用者進入

使用（turnaways）、使用數位文件；第三類是成本：包括電子期刊、資料庫、電子書及數位文件的成本（Conyers, 2004）。

由於電子資源的統計資料需要由廠商提供，在各廠商提供不一致的統計項目名稱及不同格式的問題下，圖書館應確認其提供的格式及內容符合本身需求，特別是圖書館如要比較不同廠商的電子資源，還會涉及統計資料的標準，以及圖書館關心的是每年電子資源續訂與否的決定，因此所需蒐集的資料必須能支援採訪電子資源的需求（Timms, 2012）。

九、使用者調查

使用者調查的目的在瞭解圖書館的館藏是否符合使用者的需求，圖書館可以透過面訪、電話、網路等多種方式取得使用者的意見資料。使用者調查資料具有多種功能，可供圖書館瞭解圖書館館藏在質與量方面是否符合使用者需求、協助解決特定問題、確認實際使用圖書館的使用者群、辨識出需要提供更好服務的使用者群、提供成功找尋所需資料或失敗的回饋資訊、改善圖書館的公共關係、藉機教育使用者、從中辨識改變中的趨勢與興趣（Lockett, 1989）。使用者調查未限制在瞭解現存館藏的被使用情形，也包括可以自使用者或是有關探索新領域館藏發展的意見，換言之，調查的內容可簡單可複雜（Lockett, 1989）。

上述各種館藏評鑑方式都有其優缺點，為能平衡不同評鑑方法的特性，合併使用多種館藏評鑑方法成為掌握館藏情形的趨勢。如 Borin 與 Yi（2008, 2011）強調沒有一個單一的方法可以評估現今複雜的館藏，並提出一個包含六類指標的館藏評鑑模式，提供圖書館視本身情況，從中選擇適當的指標，其六類指標如下：

（一）館藏量（general capacity）：指館藏的大小、年齡及成長率。當館藏發展重點逐漸從完整性轉變為是否滿使用者需求，以及從館藏的擁有權觀念轉變成取用權，此類指標的有用性也隨之降低。

（二）特定主題館藏標準（subject-specific standards）：包含專業學會針對特定主題核心館藏、系所認可要求及學校評鑑所設立的標準。

（三）學術出版（scholarly publishing）：瞭解權威書單、標準書目、索引、期刊清單、引文報告上所列的出版品與本身館藏的差距。

（四）使用（usage）：包含三種層次的館藏使用，第一層次是研究使用者如何

取用（access）館藏，可以透過親自到館、館藏目錄系統紀錄、資料庫紀錄、網站到訪次數紀錄等瞭解；第二層次是掌握使用者觀看、列印、下載資料及館際互借的紀錄；第三層次是進一步研究使用者如何使用資訊，例如以學生報告、學位論文、教師出版品進行引文分析。

（五）使用者（users）：指透過相關方法瞭解使用者，例如調查、小組討論、訪談、觀察法等。隨著愈來愈多使用者使用電子資源，更多研究者採用非侵入式方法，如電子期刊使用報告、網頁紀錄分析等來掌握使用者的特性。

（六）環境因素：圖書館在選擇館藏評鑑指標應考量可能的環境因素，包括機構性質（教學型、研究型、廣泛型、技術型）、提供的學位等級與課程、教學法、預算、新課程的方向與未來發展、與類似機構的比較、圖書館聯盟。

第五節　館藏評鑑實施案例

一、單一評鑑方法案例

（一）館藏綱要法

　　非洲博茨瓦納大學（University of Botswana）圖書館曾利用館藏綱要法進行館藏評鑑，以確定館藏是否滿足課程的需求。首先，學科館員確定學科課程對映的分類號，隨後查詢對映課程分類號的館藏資源。至於各課程所需的館藏深度，因已事先從五種館藏深度等級中確認所需的館藏等級，故經比對支援該課程的實際館藏資源後，即可確認圖書館的目前藏是否足夠支援課程需求，不足的部分會成為下一年度館藏規劃的重點（Lumande & Ojedokun, 2005）。

　　另為瞭解芬蘭大學圖書館的館藏，促進圖書館的合作，芬蘭大學圖書館學會（Council for Finnish University Libraries）於 2003 年，推出芬蘭大學圖書館館藏評鑑（Collection Map Project for Finnish University Libraries）計畫，並由 20 個圖書館組成聯盟，於 2008 年至 2009 年繼續推動該計畫。其結合以館藏為基礎及以使用為基礎的多種評鑑方法來檢視各圖書館特定主題館藏的狀態，因各會員圖書館採用不同的圖書分類法，導致無法透過共同的圖書分類系統來比較各會員圖

書館的館藏,最後採用芬蘭索引典工具(Finnish General Thesaurus),利用其主題來檢索代表特定主題館藏的資料,接著,決定納入評鑑的資料類型及將館藏分成六級,由各會員圖書館確認各主題館藏的目前館藏強度及其要達到的目標強度(Hyodynmmaa, Ahlholm-Kannisto, & Nurminen, 2010)。

比較不同主題的館藏情形,除了可協助掌握館藏資源的特性,亦可將本館的館藏與國際圖書館線上電腦中心(Online Computer Library Center,簡稱OCLC)的館藏、權威性的館藏發展清單、其他圖書館或聯盟的館藏進行比較,進而瞭解本館的優勢與劣勢領域、館藏重複情況,為未來館藏發展和機構合作提供數據支持(OCLC, 2009)。2006 年,美國科羅拉多州立大學(Colorado State University)圖書館評估支援 12 個核心學科博士課程的館藏情況,以尋求館藏經費的增加。研究者選擇 16 所其他大學圖書館進行館藏比較,利用 WorldCat Collection Analysis Tool,將圖書館藏資源的主題標目(subject headings)與 OCLC 的主題分類進行匹配,之後蒐集本身圖書館與其他 16 所大學圖書館於 1996~2006 年出版的館藏資料,辨識出本身圖書館館藏未達其他 16 所大學書館的平均 75% 圖書館藏的領域,並據以加強該等領域的圖書館藏(Culbertson & Wilde, 2009)。

(二)館藏重疊研究

Stroyan(1985)比較伊利諾州兩個背景相似的社區醫院圖書館館藏,以圖書及期刊兩種類型出版品為研究對象,其評鑑方式是先在兩個圖書館書架上各隨機抽取 76 本圖書,接著查詢對方圖書館的館藏目錄,以確認有多少本圖書是與對方圖書館的圖書完全一樣或類似(此指在出版者與版本項目上有差異)。完全一樣及類似的圖書均視為是館藏重複的圖書,進而計算出館藏重複的比例,至於期刊館藏重複率的調查是以全部館藏進行比較。

2001 年,Perrault 利用 OCLC 的 WorldCat,從中系統化抽取 10% 的圖書書目資料,利用分類號進行不同主題的館藏重複率分析,據以比較相同主題的不同類型圖書館館藏的重複情形,結果發現 65% 的館藏是獨特館藏(Perrault, 2002)。2002 年,澳洲政府曾委請澳洲國家圖書館分析各州大學圖書館的重複及獨特館藏,以提供政府從全國性角度來協調規劃圖書館合作事宜,而澳洲國家圖書館利用國家聯合目錄 National Bibliographic Database,分析 32 所大學及 1 所

檔案研究中心的英語圖書與期刊（Missingham & Walls, 2003）。由此可見，聯合目錄是進行館藏比較的重要利器。

（三）書目核對法

美國堪薩斯大學（University of Kansas）圖書館於 2008 年採用書目清單核對法進行聯合國專門機構（United Nations Specialized Agencies）出版的連續出版品館藏評估，其先透過多種方法產出聯合國專門機構的核心出版品清單，再據以比對圖書館館藏。針對每一種出版品，逐一確認圖書館是否包含紙本出版品及其涵蓋的年分，以及館藏目錄中是否可直接獲取電子版本？電子期刊檢索系統中是否可直接獲取電子版本？最後，告知圖書館可獲取的新版數位資訊及錯誤的館藏資訊（Monroe, 2010）。

另 McClure（2009）為評鑑所服務的美國阿拉巴馬大學（University of Alabama）圖書館的法語、西班牙語及義大利語三種文學館藏，以四所聲譽良好的大學圖書館館藏為比較對象，從 WorldCat 聯合目錄中過濾出該三種語文文學書目資料，形成比對的書目清單。

（四）流通研究

美國阿卡迪亞大學（Arcadia University）圖書館於 2010 年 12 月調查該圖書館配合 380 個大學部課程所典藏的圖書相關資料，包括近四年的出借次數及計算出借的比例，以瞭解圖書館特定領域館藏的被使用情形，提供圖書館採購和淘汰館藏的參考。換言之，阿卡迪亞大學圖書館是從課程角度來評估紙本館藏能否符合機構本身需求，其利用學校課程目錄，賦予各課程對應的圖書分類號範圍，排除部分不需要圖書的課程及有相同分類號的不同課程後，以各課程的分類號範圍資訊查詢圖書館館藏目錄，據以得知館藏中特定課程的圖書數量，以及該等圖書於最近四年的流通次數，進而計算各課程圖書的流通比例，以及計算有流通紀錄的各圖書平均流通次數（Kohn, 2013）。

另美國的杜克大學（Duke University）圖書館比較同時擁有電子版本和紙質版本的 7,000 餘本館藏圖書的流通紀錄，並依據各圖書的分類號，進一步比較不同領域的電子書與紙本書的使用情況，以及比較紙本圖書在採購電子書的前一年與之後一年的流通數據，最後顯示圖書館所採購的電子書是合理且有價值

的，並建議針對高使用率的紙本圖書，圖書館可考慮購買電子版（Littmann & Connaway, 2004）。

（五）館內使用研究

澳洲墨爾本大學（University of Melbourne）的經濟暨商學圖書館面對紙本期刊價格不斷上漲的壓力，採取零成長政策，亦即每新增一種期刊，就需要刪訂既有的一種期刊。除教職員和博士後研究員可外借紙本期刊兩天外，該圖書館的紙本期刊不提供外借，而短暫流通的紙本期刊紀錄大部分是由館員以人工方式登記，僅有少數流通紀錄被記錄在 OPAC 中。為瞭解紙本期刊使用情形，圖書館於 2000 年調查期間要求使用者於館內使用完期刊後不要直接上架，由館員固定每天早上和下午，以條碼機掃描留在閱覽桌或影印機旁的紙本期刊條碼，將紀錄上傳至系統進行統計後，再將期刊上架；而外借的期刊於歸還時掃描條碼。最後，併同教師推薦期刊訂購的排序表、期刊價格及被借閱期刊的少數系統流通紀錄，決定出期刊訂購清單（Thomson, 2002）。

（六）書架獲取研究

1976 年，Kantor 以美國凱司西儲大學（Case Western University）的 Freiberger 圖書館為研究對象，採用分部技巧（branching techniques）進行二次研究，分析使用者無法找到特定圖書的原因。首先，透過使用者填寫找不到特定圖書的基本資料，包括書名、作者及索書號，然後依據檢查表上列出的可能找不到圖書的原因，加以確認。例如 Kantor 列出四大類共 10 個問題：第一類是與採訪相關問題，只包含「使用者查詢的特定圖書不在館藏內」此問題；第二類是流通問題，包括「圖書流通中」、「圖書最近或正在館內被使用」二個問題；第三類是圖書館運作問題，包括「圖書排架錯誤」、「圖書尚未上架」、「圖書陳列位置未於目錄中標示」、「其他」；第四類問題是使用者問題，包括「索書號錯誤」、「圖書被置於特殊位置」、「圖書排架位置正確」，最後，可計算各類問題的比例（Kantor, 1976）。

之後，有許多研究以 Kantor 的分部技巧為基礎，配合圖書館不同部門，將可能影響使用者找尋特定文獻的原因進行不同分類調整，或是針對特定類型館藏進行評鑑（Nisonger, 2007）。

（七）引文分析

　　Kayongo 與 Helm（2012）對美國聖母大學（University of Notre Dame）圖書館館藏進行評鑑，瞭解其符合研究生需求的程度。其利用該校近三年（2005～2007）產出的 248 個有電子檔的博士論文參考文獻，以及取自引文索引資料庫中特定主題的高被引文獻，據以比對圖書館館藏。

　　Enger（2009）以 Journal Citation Reports（簡稱 JCR）的商學、人類學、犯罪學、教育、政治、心理、一般社會科學主題的期刊為範圍，選出影響係數（impact factor）較高的幾種期刊，據以檢索 Web of Science 資料庫，從中過濾出高引用次數的作者，接著利用 Books in Prints 資料庫查詢該等作者有無出版社會科學主題的圖書。最後，比對圖書館的館藏，發現如圖書館有典藏該等作者的圖書，則蒐集流通次數，經比較抽樣的高被引作者圖書的流通次數與透過書評及使用者需求購買的圖書流通次數，發現二群圖書的平均被引用次數無明顯差異，表示引文分析法可做為圖書館產生核心圖書清單的方式。

（八）成本效益分析

　　2007 年，美國內華達大學拉斯維加斯分校（University of Nevada, Las Vegas）圖書館展開館藏評鑑計畫，以電子資源的統計數據做為是否續訂電子資源或加強推廣的參考。其先將待評鑑的電子資源依屬性區分為不同種類，分別計算每次檢索成本（使用期間內，成本除以檢索次數），最後，由學科館員就館藏內容、好用性與複本等條件進行分析，並與系所教授溝通，以確認電子資源的刪減或保留（Tucker, 2009）。

　　2010 年，李勑毅等人利用三種評估方法，計算南臺科技大學圖書館在電子資源的成本效益，包括：1. 使用者對於電子資源的願付價格；2. 參考美國麻州圖書館學會提出的圖書館服務價值計算方式，以館際合作的文獻傳遞價格，計算使用者使用電子資源的收益；3. 參考伊利諾大學所提出的計算方法，以研究者使用圖書館電子資源撰寫研究計畫而獲得校外研究補助案的實質效益。三種評估方法的結果均顯示，該圖書館在電子資源獲得的效益高於投入成本（李勑毅、陳昭珍、楊智晶，2010）。

（九）電子資源統計分析

美國德州農工大學的 Mary and Jeff Bell 圖書館，為確定後續取消訂購電子資源的候選清單，訂定了一套二階段的評鑑電子資源價值的標準：第一階段先請電子資源代理商提供需評估的電子資源的使用時間（sessions）、檢索（searches）、全文下載（full text downloads），以及透過 OpenURL 連結或資源發現服務所取得的連出連結（link out）資源數據；接著上述四項數據與依據館內最常使用的 20 種電子資源產出的四項數據平均值基準進行比較，以確定是否取消訂購該電子資源。如圖書館無法在第一階段確定要取消訂購特定的電子資源，則需進入第二階段的評估。第二階段也需分析四項數據，包括特定電子資源的內容與圖書館整個電子資源館藏的重複情形、期刊引用清單、期刊使用資料（journal usage），以及期刊影響係數（Sutton, 2013）。

（十）使用者調查

美國馬里蘭大學（University of Maryland）圖書館為有效管理館藏，以線上問卷方式調查教職員與研究生對電子期刊使用的看法、使用圖書館紙本館藏的情況，以及其偏好使用的期刊格式。調查顯示師生對電子期刊的接受度非常高，建議圖書館將部分紙本館藏改訂為電子版（Dillon & Hahn, 2002）。另美國克里夫蘭州立大學（Cleveland State University）的館藏評鑑小組採用焦點團體訪談法（focus group），獲取大學生、研究生、教師及特藏使用者四個焦點團體成員對圖書館館藏的意見，其是先邀請不同學院教師參與，再由教師推薦研究生及大學生名單，以及輔以館員的學生邀請名單方式形成焦點團體（Mentch, Strauss, & Zsulya, 2008）。

二、結合多種評鑑方法案例

（一）加拿大薩克其萬大學圖書館

加拿大薩克其萬大學（University of Saskatchewan）圖書館採用多種方法進行毒理學（toxicology）館藏的評鑑，包括採用書目核對法、引文分析法及分類

分析法（classified profile）等來檢視特定主題領域圖書的館藏比例，另採用成本效益與影響係數進行期刊排名，以及透過分析流通紀錄與館際互借紀錄來確認經常被使用的館藏，各評鑑方式的詳細過程說明如下（Crawley-Low, 2002）。

1. 書目核對法：是利用主題書目 *Information Resources in Toxicology* 來比對館藏，辨識該館在該學科領域內較具優勢和劣勢的主題；
2. 引文分析法：是利用1997～1999年間毒理學高被引期刊 *Annual Review of Pharmacology and Toxicology* 文章中所引用的193筆圖書文獻，比對館藏擁有的圖書，並瞭解該領域的研究熱點，協助圖書館未來圖書的採購；
3. 圖書分類分析法：是先確定該大學毒理學八個研究生課程所對映的國會圖書館分類號範圍，據以檢索支援各課程的圖書館藏，並參考各課程的學生數，評估圖書館館藏的課程支援能力；
4. 成本效益法：是依據各期刊的每次使用成本進行排序，做為期刊取消訂購的參考；影響係數是讓館員知道哪些是具高影響力的期刊，其是利用1999年JCR中毒理學領域影響係數最高前20種期刊，比對圖書館的期刊館藏；
5. 館際互借法：係分析於1999年11月11日至2000年3月17日期間的毒理學主題的館際互借資料，以瞭解館際互借數量、使用者、借閱的資料類型，並確定經常被申請資料；
6. 流通紀錄分析法：係檢視1999年3月至2001年3月間的流通紀錄，針對高流通次數的毒理學圖書，建議做為增購圖書複本的參考。

（二）美國阿拉巴馬大學圖書館

美國阿拉巴馬大學（University of Alabama）圖書館結合以館藏為基礎和以使用為基礎的方法，進行法國文學館藏的評鑑。以館藏為基礎的評鑑方法是採用書目核對法，將綜合了數個合適的法國文學書目清單，與實際館藏進行比對，以瞭解圖書館應該典藏的遺漏圖書；而以使用為基礎的評鑑方法是蒐集流通數據和使用者調查兩種資料，其中使用者調查是以法國文學館藏的重要使用者，包括教職員、研究生和大學生為調查對象，分別設計適用於教職員和一般使用者的問卷，以瞭解其利用圖書館法國文學館藏的經驗、需求和建議（Emanuel, 2002）。

（三）美國聖里奧大學圖書館

美國加州聖里奧大學（Saint Leo University）的 Cannon Memorial 圖書館是一所小型學術圖書館，因館員人數有限，決定採用以量化資料為主的館藏評鑑，不採用較費時的調查等偏重質的相關資料。該館在進行館藏評鑑前先決定要評鑑的特定主題館藏範圍，並先進行盤點工作，更新館藏目錄資料，然後進行下列事項（Henry, Longstaff, & van Kampen, 2008）：

1. 採用 OCLC 的 World Collection Analysis 分析紙本圖書與電子書的館藏，產出各式統計圖表；
2. 採用書目核對法，將館藏與二種書目清單比較，包括美國圖書館學會（American Library Association, 簡稱 ALA）出版的 *Books for College Libraries* 與 ACRL 出版的 *Choice Outstanding Academic Titles*；
3. 與其他類似的圖書館進行紙本館藏的比較。

（四）美國喬治梅森大學圖書館

美國維吉尼亞州的喬治梅森大學於 2013 年 10 月展開館藏評鑑的試驗性計畫，以語言、藝術管理、鑑識科學三個主題的館藏為評鑑測試對象，並從以下三個層級評鑑方法中選擇想要採用者。

第一層級的一般性評鑑方法包括（Kelly, 2014）：

1. 利用 Bowker Book Analysis System 線上訂購服務，比較本身圖書館館藏與 Resources for College Libraries 的核心資源清單；
2. 書目核對法：蒐集包含期刊在內至少 400 種的各主題評價好的書目資料，用以比對本身的圖書館館藏；
3. 採 OCLC 線上館藏評鑑工具，分析與比較比較本身圖書館館藏與其他圖書館館藏；
4. 比較本身圖書館與其他圖書館的電子資源；
5. 館藏強度簡易測試法。

第二層級的中級評鑑法包括（Kelly, 2014）：

1. 館際互借統計；

2. 期刊文章引文分析：自 12 篇代表性期刊文章的參考文獻中抽樣 200～250 個文獻，分析其資料類型與出版年；
3. 電子期刊與資料庫的使用統計資料；
4. 教師與研究生調查。

　　第三層級的全面性評鑑方法包括（Kelly, 2014）：
1. 圖書引文分析：自八種代表性專書的參考文獻中抽樣 200 個文獻，分析結果與期刊文章的引文分析結果一起做為瞭解使用者文獻引用偏好的參考；
2. 外界制定的學科認可標準。

　　最後依據上述分析結果，可依據館藏綱要來確認目前特定主題館藏的深度層級，以及建議應該達到的目標層級。

　　透過以館藏為基礎級以使用為基礎二大類多種館藏評鑑方法的說明與案例介紹，可以瞭解隨著館藏評鑑目的的不同與館方所能投入的資源限制，並無一個能一體適用的館藏評鑑方法，且即使是相同的館藏評鑑方法，其在不同的圖書館也有不同的施行細節差異。因此，本章學習重點在瞭解各種評鑑方法的施行步驟與優缺點，才能視圖書館狀況選擇適當的評鑑方法，而完成評鑑作業後，重點在於能正確解讀評鑑結果，並利用評鑑結果來達到預期的評鑑目的。

關鍵詞彙

館藏評鑑 Collection Evaluation	館藏量 Collection Size
館藏成長率 Collection Growth Ratio	館藏綱要法 Conspectus
館藏重疊研究 Content Overlap Studies	書目核對法 List Checking
直接館藏分析 Direct Collection Analysis	書架掃描法 Shelf Scanning
館際互借分析 Interlibrary Loan Analysis	流通研究 Circulation Studies
館內使用研究 In-house Use Studies	文獻傳遞測試 Document Delivery Test

書架獲取研究 Shelf Availability Studies	引文分析 Citation Analysis
成本效益分析 Cost-Effectiveness Analysis	使用者調查 User Survey
焦點團體採訪法 Focus Group	

自我評量

- 請說明圖書館進行館藏評鑑的可能原因。
- 如要評鑑大學圖書館館藏對課程的支援能力，你認為可採用那些方式進行評鑑？以及採用的原因？
- 請說明選擇館藏評鑑方式的考慮事項。

參考文獻

李勅毅、陳昭珍、楊智晶（2010）。圖書館電子資源投資報酬率評量研究：以南臺科技大學為例。*大學圖書館，14*(2)，174-188。

Agee, J. (2005). Collection evaluation: A foundation for collection development. *Collection Building, 24*(3), 92-95.

Association of College and Research Libraries. (1986). Standards for college libraries, 1986. *College and Research Library News, 47*, 189-200.

Association of College and Research Libraries. (2011). *Standards for libraries in higher education*. Retrieved from http://www.ala.org/acrl/standards/standardslibraries#principles

Bobal, A. M., Mellinger, M., & Avery, B. E. (2008). College assessment and new academic programs. *College Management, 33*(4), 288-301.

Borin, J., & Yi, H. (2008). Indicators for collection evaluation: A new dimensional framework. *Collection Building, 27*(4), 136-143.

Borin, J., & Yi, H. (2011). Assessing and academic library collection through capacity and usage indicators: Testing a multi-dimensional model. *Collection Building, 30*(3), 120-125.

Brillon, A. (2011). Collection analysis when the budget decreases. *Legal Reference Services*, *30*(4), 289-298.

Canadian Association of College and University Libraries. (2004). *Standards for Canadian college libraries*. Retrieved from www.hllr.org/Documents/Guidelines/ CTCLStandardsJune2004final.doc

Christiansen, D. E., Davis, C. R., & Reed-Scott, J. (1983). Guide to collection evaluation through use and user studies. *Library Resources & Technical Services*, *27*, 432-440.

Ciszek, M. P., & Young, C. L. (2010). Diversity collection assessment in large academic libraries. *Collection Building*, *29*(4), 154-161.

Clapp, V. W., & Jordan, R. T. (1965). Quantitative criteria for adequacy of academic library collections. *College & Research Libraries*, *26*(5), 371-380.

Clouston, J. S. (1995). How much is enough? Establishing a corridor of adequacy in library acquisitions. *Collection Management*, *19*(3/4), 57-75.

Comer, C. (1981). List-checking as a method for evaluating library collections. *Collection Building*, *3*(3), 26-34.

Conyers, A. (2004). E-measures: Developing statistical measures for electronic information services. *Vine: The Journal of Information and Knowledge Management Systems*, *34*(4), 148-153.

COUNTER. (2014). *About COUNTER*. Retrieved from http://www.projectcounter.org/about.html

Crawley-Low, J. V. (2002). Collection analysis techniques used to evaluate a graduate-level toxicology collection. *Journal of the Medical Library Association*, *90*, 310-316.

Culbertson, M., & Wilde, M. (2009). Collection analysis to enhance funding for research materials. *Collection Building*, *28*(1), 9-17.

Davis, B. (1998). How the WLN Conspectus works for small libraries. *The Acquisitions Librarian*, *10*(20), 53-72.

Dillon, I. F., & Hahn, K. (2002). Are researchers ready for the electronic-only journal collection? Results of a survey at the University of Maryland. *Portal: Libraries and the Academy*, *2*(3), 375-390.

Emanuel, M. (2002). A collection evaluation in 150 hours. *Collection Management*, *27*(3/4), 79-91.

Enger, K. B. (2009). Using citation analysis to develop core book collections in academic libraries. *Library & Information Science Research*, *31*(2), 107-112.

Grover, M. L. (1988). Collection assessment in the 1980s. *Collection Building*, *8*(4), 23-36.

Gyeszly, S. D., Harrell, J., & Smith, C. H. (1990). Collection growth and evaluation at Texas A&M University, 1978 and 1988: A comparative statistical analysis. *Collection Management*, *12*(3/4), 155-172.

Henderson, A. (1994). The bottleneck in research communications. *Publishing Research Quarterly*, *10*(4), 5-21.

Henderson, A. (2000). The collection failure quotient: The ratio of interlibrary borrowing to collection size. *The Journal of Academic Librarianship*, *26*(3), 159-170.

Henderson, W. A., Hubbard, W. J., & McAbee, S. L. (1993). Collection assessment in academic libraries: Institutional effectiveness in microcosm. *Library Acquisitions: Practice & Theory*, *17*(2), 197-201.

Henry, E., Longstaff, R., & Van Kampen, D. (2008). Collection analysis outcomes in an academic library. *Collection Building*, *27*(3), 113-117.

Hyodynmmaa, M., Ahlholm-Kannisto, A., & Nurminen, H. (2010). How to evaluate library collections: A case study of collection mapping. *Collection Building*, *29*(2), 43-49.

International Federation of Library Associations and Institutions, Section on Acquisition and Collection Development. (2001). *Guidelines for a collection development policy using the Conspectus model*. http://www.ifla.org/files/assets/acquisition-collection-development/publications/gcdp-en.pdf

Johnson, P. (2014). *Fundamentals of collection development and management* (3rd ed.). Chicago, IL: American Library Association.

Kantor, P. B. (1976). Availability analysis. *Journal of the American Society for Information Science*, *27*(5), 311-319.

Kayongo, J., & Helm, C. (2012). Relevance of library collections for graduate student research: A citation analysis study of doctoral dissertations at Notre Dame. *College & Research Libraries*, *73*(1), 47-67.

Kelly, M. (2014). Applying the tiers of assessment: A holistic and systematic approach to assessing library collections. *The Journal of Academic Librarianship*, *40*(6), 585-591.

Kohn, K. C. (2013). Usage-based collection evaluation with a curricular focus. *College & Research Libraries*, *74*(1), 85-97.

Littman, J., & Connaway, L. S. (2004). A circulation analysis of print books and e-books in an academic research library. *Library Resources & Technical Services*, *48*(1), 256-262.

Lockett, B. (1989). *Guide to the evaluation of library collections*. Chicago, IL: American Library Association.

Lumande, E., & Ojedokun, A. A. (2005). Collection mapping as an evaluation technique for determining curriculum and collection relationship: The University of Botswana Experience. *African Journal of Library, Archives and Information Science, 15*(1), 25-33.

Lundin, A. H. (1989). List-checking in collection development: An imprecise art. *College Management, 11*(3/4), 103-112.

McClure, J. Z. (2009). Collection assessment through WorldCat. *Collection Management, 34*(2), 79-93.

Mentch, F., Strauss, B., & Zsulya, C. (2008). The importance of "focusness": Focus groups as a means of collection management assessment. *Collection Management, 33*(1/2), 115-128.

Missingham, R., & Walls, R. (2003). Australian university libraries: Collections overlap study. *The Australian Library Journal, 52*(3), 247-260.

Monroe-Gulick, A., & Currie, L. (2011). Using the WorldCat collection analysis tool: Experiences from the University of Kansas Libraries. *Collection Management, 36*(4), 203-216.

Nisonger, T. E. (2002). Accessing information: The evaluation of research. *Collection Management, 26*(1), 1-23.

Nisonger, T. E. (2007). A review and analysis of library availability studies. *Library Resource & Technical Services, 51*(1), 30-49.

OCLC. (2009). *WorldCat collection analysis user guide* (2nd ed.). Retrieved from https://www.oclc.org/content/dam/support/collection-analysis/documentation/using/WCA_UserGuide.pdf

Orr, R. H., Pings, V. M., Pizer, I. H., Olson, E. E., & Spencer, C. C. (1968). Development of methodologic tools for planning and managing library services: II. Measuring a library's capability for providing documents. *Bulletin of Medical Library Association, 56*, 241-267.

Perrault, A. H. (2002). *Global collective resources: A study of monographic bibliographic records in WorldCat*. Retrieved from http://www.oclc.org/content/dam/research/grants/reports/perrault/intro.pdf?urlm=162187

Ruppel, M. (2006). Trying collection development's loose ends with interlibrary loan. *Collection Building, 25*(3), 72-77.

Sandler, M. (1988). Quantitative approaches to qualitative collection assessment. *Collection Building, 8*(4), 12-17.

Stielow, F. J., & Tibbo, H. R. (1989). Collection analysis in modern librarianship. *Collection Management, 11*(3/4), 73-91.

Stroyan, S. (1985). Collection overlap in hospital health sciences libraries: A case study. *Bulletin of the Medical Library Association, 73*, 358-364.

Sutton, S. (2013). A model for electronic resources value assessment. *The Serials Librarian: From the Printed Page to the Digital Age, 64*(1/2/3/4), 245-253.

Thomson, H. (2002). Measuring in-house use of print serials: The University of Melbourne's Experience. *Australian Academic & Research Libraries, 33*(2), 86-96.

Timms, G. (2012). Gathering, evaluating, and communicating statistical usage information for electronic resources. In R. O. Weir (Ed.), *Managing electronic resources* (Chap. 6, pp. 87-119). Chicago, IL: ALA TechSource.

Tucker, C. (2009). Benchmarking usage statistics in collection management decisions for serials. *Journal of Electronic Resources Librarianship, 21*(1), 48-61.

White, H. D. (1995). *Brief tests of collection strength: A methodology for all types of libraries*. Westport, CT: Greenwood Press.

Wilde, M., & Level, A. (2011). How to drink from a fire hose without drowning: Collection assessment in a numbers-driven environment. *Collection Management, 36*(4), 217-236.

Wood, R. J. (1992). A conspectus of the conspectus. In R. J. Wood & K. Strauch (Eds.), *Collection assessment: A look at the RLG conspectus* (pp. 5-23). New York, NY: Haworth Press.

作者簡介

張郁蔚
(yuweichang2013@ntu.edu.tw)
國立臺灣大學
圖書資訊學系副教授

第十章
館藏保存與維護

學習目標

研讀本章內容之後，學習者應能夠：

- 瞭解圖書館保存與維護館藏的目的
- 說明保存與維護圖書館館藏的常見方式
- 瞭解資料微縮處理在館藏保存上的應用與發展
- 瞭解數位典藏與館藏保存的關係

本章綱要

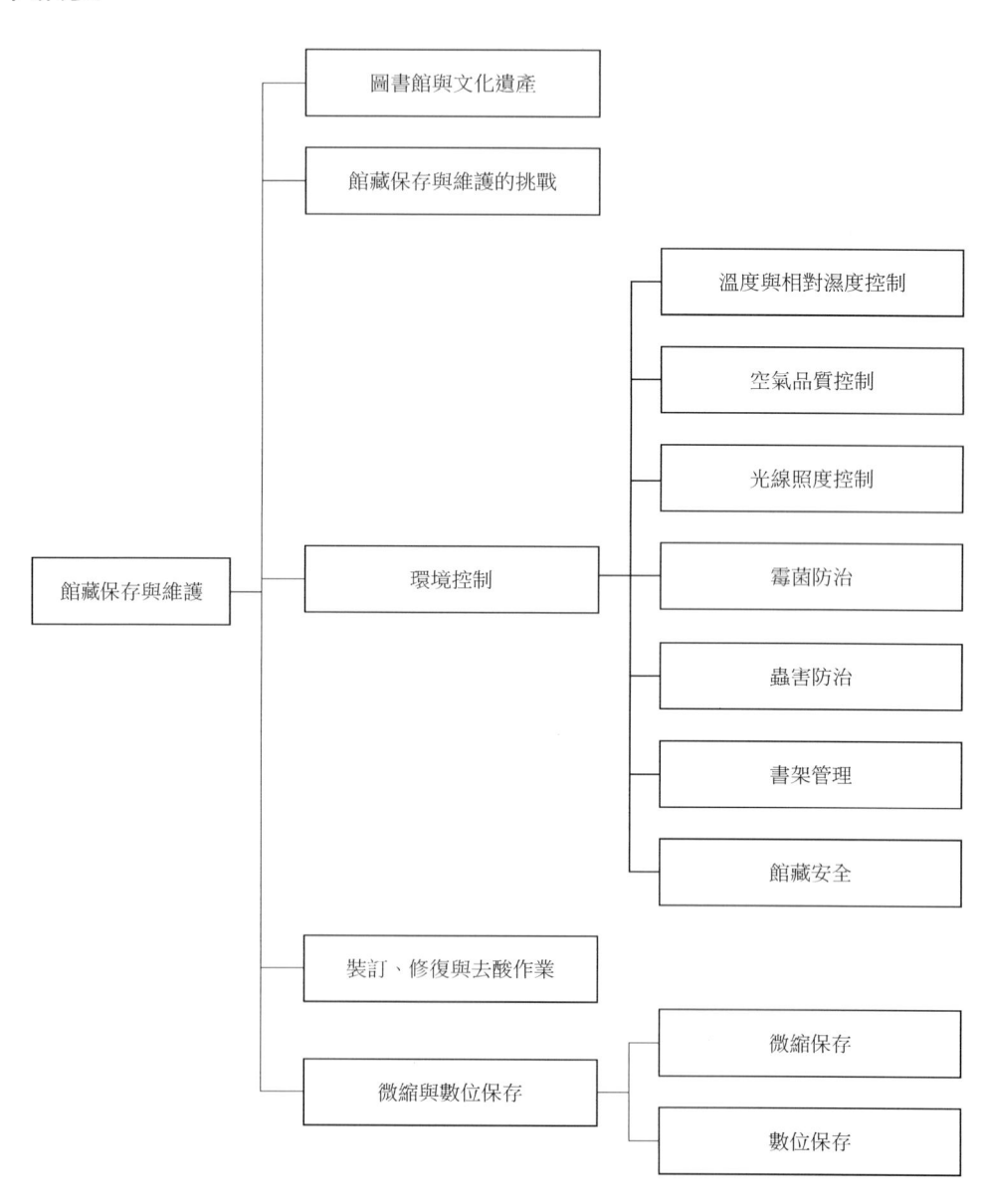

```
館藏保存與維護
├── 圖書館與文化遺產
├── 館藏保存與維護的挑戰
├── 環境控制
│   ├── 溫度與相對濕度控制
│   ├── 空氣品質控制
│   ├── 光線照度控制
│   ├── 霉菌防治
│   ├── 蟲害防治
│   ├── 書架管理
│   └── 館藏安全
├── 裝訂、修復與去酸作業
└── 微縮與數位保存
    ├── 微縮保存
    └── 數位保存
```

第十章
館藏保存與維護

第一節　前言

　　為使用者保存人類智慧遺產及提供其使用是圖書館的重要職責，但館藏在氣候、時間、使用頻率、資訊科技等因素影響下，面臨破損、無法繼續取用等威脅，為此，圖書館需保存及維護館藏，而圖書館維護、保存館藏的政策直接影響館藏能否持續存在及提供使用。為長期保存圖書館館藏，提供後人利用，圖書館必須採用各種措施讓館藏存放在適宜的保存環境，延長館藏壽命，甚至透過維護作業使館藏回復到先前較佳的狀態。然面對不同載體的館藏資料，圖書館需仰賴專業技術人員採用不同的保存與維護方式。即使如此，所有館員都應具備保存與維護館藏的基本概念，以及瞭解可能的處理方式，才能將館藏保存與維護工作納入館藏發展管理的一環。本章共分為五節，第一節說明圖書館是傳承人類文化遺產的重要組織之一，圖書館要提供適當的典藏環境，以能延長館藏壽命；第二節指出圖書館面臨的資料保存與維護挑戰；第三節介紹環境控制對館藏資料保存與維護的重要性；第四節介紹實體館藏之裝訂、修復與去酸作業；第五節介紹微縮與數位保存二種媒體轉換的保存方式。

第二節　圖書館與文化遺產

　　文化遺產是人類所遺留的文化資產，依據我國「文化資產保存法」第三條對文化資產的定義指出，文化資產是具有歷史、文化、藝術、科學等價值，並經指定或登錄的古蹟、歷史建築、聚落、遺址、文化景觀、傳統藝術、民俗及有關文

物、古物、自然地景,其中古物包含各時代、各族群經人為加工具有文化意義的藝術作品、生活及儀禮器物及圖書文獻等(全國法規資料庫,2016)。因此,典藏人類大量圖書文獻的圖書館是典藏文化遺產的重要組織之一。

　　保存文化遺產可以提高公眾對文化遺產的認識、改善文化遺產的能見度、改善文化遺產的取用方式、幫助發展觀光產業、創造文化遺產商業化機會,以及吸引更多經費贊助的機會(Anasi, Ibegwam, & Oyediran-Tidings, 2013)。1972 年 11 月 16 日,聯合國教科文組織(United Nations Educational, Scientific and Cultura Organizatin,簡稱 UNESCO)通過「世界遺產公約」(The World Heritage Convention),並於 1975 年 12 月 17 日正式生效。世界遺產公約的正式名稱為「世界文化遺產暨自然遺產保護公約」(Convention Concerning the Protection of the World Cultural and Natural Heritage),其對文化遺產的定義為文物(monuments)、建築群(groups of building)及遺址(sites; UNESCO, 2015)。另 UNESCO 將文化遺產區分為有形及無形二類,其中有形的文化遺產分為三種,分別是可移動的文化遺產(如繪畫、雕塑、錢幣、手稿)、不可移動的文化遺產(如紀念碑、考古遺址),以及水下文化遺產(如淹沒在海底之遺址、城市、船隻);至於無形之文化遺址包括口頭傳統、表演藝術、儀式(UNESCO, 2014)。

　　目前被賦予有典藏文化遺產職責的有關組織主要包括了圖書館、檔案館、博物館、美術館、研究機構等,如澳洲的國家文化政策討論文件(National Cultural Policy Discussion Paper)即針對與文化遺產非常相關的四個機構(澳洲國家圖書館、國家美術館、國家檔案館、國家博物館)進行探討(Davis & Howard, 2013)。其中圖書館主要是典藏大量的文獻資料,但也僅僅是典藏一小部分的人類文化遺產,因此,站在傳承人類文化遺產的觀點,Gorman(2007)認為所有與文化遺產有關的機構應建立雙邊或多邊合作關係。丹麥的文化部在 2003 年的報告也建議保護文化遺產的跨領域合作策略,指出要促進圖書館、檔案館、博物館等相關文機構的合作(Mark, 2004)。

　　國際圖書館協會聯盟(International Federation of Library Associations and Institutions,簡稱 IFLA)也指出,文化遺產的保存與修護一直是其很重視的一項議題,許多文化遺產是唯一性的,文化遺產的消失會對人類社會帶來不可回復的巨大損失,為此,IFLA 已與 UNESCO、國際藍盾委員會(International

Committee of the Blue Shield）建立合作關係，共同致力於保護文化遺產（IFLA, 2014）。

圖書館典藏的資料除了會自然損壞外，也會面臨人為災害（如戰爭）及自然災害（如地震、颱風）威脅所帶來的損害。為確保珍貴的文化資產內容得以被妥善完整保存，提供後代子孫認識與利用，UNESCO於1992年進行一項名為「世界記憶」（Memory of the World）的計畫，以拯救不斷流失的珍貴文獻遺產（document heritage），如圖書、手稿、歷史文件等。世界記憶計畫有二大目的，一是確保具世界重要性的文獻遺產以最適當的方式被保存，二是利用最適當的科技讓文獻遺產儘可能讓世人利用，同時也希望喚起大家注意文獻遺產，以及發展文獻遺產的加值產品，並予以廣泛傳布（Abid, 1998）。

另美國國會圖書館於2005年6月向UNESCO倡議建立世界數位圖書館（World Digital Library），希望透過網路聚集各國數位化的文化遺產資源，以多語文形式提供世人使用，達到促進理解各國文化的目的。自2009年4月正式推出以來，截至2016年1月8日止，已有來自58個國家131個機構加入，其中103個機構是圖書館，其餘是檔案館及博物館（世界數字圖書館，2016）。又如Europeana（網址：http://www.europeana.eu/portal/）提供使用者免費取用歐洲眾多藝術館、圖書館、博物館、檔案館等機構的數位內容，目的在建立一個歐洲數位文化遺產的公眾取用處，透過數位方式讓使用者方便取用與認識歐洲的文化遺產。

一個國家的文獻通常是由國家圖書館負責長期性的蒐集與保存。國家圖書館被賦予法定寄存（legal deposit）圖書館的角色，而該國出版機構於正式出版後一定期間內，依法應送交規定數量的出版品予國家圖書館典藏。如1988年2月，加拿大國家圖書館開始建立該國的保存館藏（Preservation Collection of Canadiana），以確保能安全典藏該國的出版資產，從出版機構依法送交國家圖書館的二本複本中，將其中一本納入成為「保存館藏」（preserve collection），另一本納入成為提供使用者使用的「服務館藏」（service collection），分開存放。2004年，加拿大國家圖書館與國家檔案館合併後，因國家檔案館的館藏以未出版的檔案資料為主，將館藏重新定義為包含未出版及正式出版的文獻（Starr, 2004）。然隨著資訊科技的進步，許多國家圖書館已致力於將重要的文化遺產館藏予以數位化處理，透過網路讓更多使用者有機會認識及方便使用國家文化遺產資源。

為了能延長館藏壽命，讓後代子孫有機會接觸及使用，對館藏提供安全的環境及適當的照護是很基本及重要的工作，因為不佳的典藏環境會加速館藏的損壞，導致需要耗費更多的人力與金錢投入館藏的保存與維護。美國的「遺產保存」（Heritage Preservation）非營利組織與美國聯邦獨立機構「博物館及圖書館服務機構」（Institute of Museum and Library Services），於 2004 年，進行第一次的全國性調查，調查涵蓋超過 30,000 個檔案館、圖書館、博物館、歷史會社、科學研究組織等機構的館藏狀況。調查結果顯示 26% 的館藏機構未實施環境控制，保護館藏不受到溫度、濕度及光線帶來之損害；59% 的館藏機構已經有因光線造成的館藏損害問題，以及 53% 館藏機構的館藏有遭受濕度帶來的問題，因此，緊急呼籲各館藏機構應重視館藏環境的控制。特別是有高達四成之圖書館未注意環境控制問題，其比例明顯高於考古典藏機構（28%）、歷史會社（16%）、博物館（14%）及檔案館（9%）；另有關館藏的安全部分，調查結果顯示僅有 44% 的館藏機構有足夠的安全措施，而高達 80% 的館藏機構沒有應變的緊急計畫，也沒有專門的館藏照護人員（Heritage Preservation, 2005）。10 年後，「遺產保存」非營利組織與「博物館及圖書館服務機構」於 2014 年進行全國性的第二次調查，因調查結果尚未公布，無法得知調查結果與 2004 年第一次調查結果的差異與變化。

　　Anasi 等（2013）調查奈及利亞五所大學圖書館的與女性有關的文化遺產保存情形，研究結果顯示與女性有關的文化遺產資料類型主要是圖書，另還包含照片、雕塑、雕刻、文件、手稿、繪畫、服裝、音樂、歌謠、舞蹈、建築等，而其主要的保存方法是裝訂、清理與防塵、整架、注意安全、裝設空調，其他方法如數位化、照相複製、微縮處理、使用驅蟲劑、去酸化等，很少被應用在圖書館館藏的保存。此顯示館藏的保存與維護是需要投入相當成本的作業，對於預算有限的館藏機構，僅能採用最節省經費的基本處理方式。

　　另 Moustafa（2015）於 2014 年完成對中東及北非地區共 22 個國家的圖書館與檔案館所進行的調查與訪談，依據 86 個機構的回覆結果及九位受訪者的訪談結果，發現 79% 的機構並無針對人為災害的災害管理計畫來保護其珍貴的館藏，許多館員也表示不清楚如何制定災害管理計畫，此對戰爭等人為災害頻傳的中東與北非地區而言，珍貴文化遺產的保存與維護成了棘手問題。

第三節　館藏保存與維護的挑戰

　　館藏保存與維護的英文相關詞彙主要包括資料維護（conservation）及資料保存（preservation）兩個詞彙，此兩個詞彙常被混用，但實際上，此兩個詞彙並非同義詞。Matthews（1995）指出資料維護係採用特定處理方式及技術，保護館藏免於被毀壞，而資料保存是比資料維護意思更廣的詞彙，包括所有管理及財物上的考量，如儲存方式，人員、政策、技術及維護方法。Balloffet與Hille（2005）定義資料保存是表示對整個館藏資源的一個可察覺、謹慎、有規劃的監督、照護與保存，以避免資源的年齡、使用及各種內外影響力，特別是光、熱、濕度及空氣對館藏造成的損害，其目的在確保館藏可長久處於最佳狀態，不僅保護館藏的外在材質，也包括對內在資訊的保護；至於資料維護強調的是對特定物件或館藏的外在處理。Meyer（2009）指出，資料保存是維繫資訊資源的內容、內容之間的情境（context），以及確保內容可被持續取用的關係。

　　簡言之，資料保存是指館藏的整體管理與保護，而資料維護是指特定館藏資料的處理（Cloonan, 2011）；資料保存有賴全館人員的參與，而資料維護憑藉的是館內或館外少數的技術專家（Evans & Saponaro, 2012），至於資料維護工作須由專業人員藉助適當的設備與材料才能進行，並非一般館員所能勝任。

　　Kellar（1990）指出，專業的保存維護專家與圖書館的館藏保存人員是不同的，從保存維護專家成為現代圖書館館藏的保存人員，應瞭解四種圖書館館藏維護的觀點：

一、實體物件觀點（physical object perspective）：其是將館藏視為一種物理實體（physical entities），指出館藏保存人員須熟悉各種館藏資料的結構、物理特性與化學特性，以及清楚館藏資料都有一定的壽命。此外，強調瞭解特藏資料是否具有內在固有的人為價值（artifactual value）；

二、系統觀點（system perspective）：所謂系統是指一個特定的圖書館系統，館藏保存人員必須將實體物件的觀點整合至圖書館系統中，學習圖書館館員的思考方式；

三、館藏觀點（collections perspective）：指出館藏保存人員必須對保存有廣泛完整的瞭解，以能提出適當的保存方法來處理館藏，同時也要掌握館藏大小、種類與保存情形，以能提升館藏的可用性；

四、管理觀點（management persective）：此觀點與館藏觀點密切相關，指出館

藏保存人員在館藏保存處理之過程中要小心管理的環節，以達到最大正面效益，其需要注意人員的保存技術能與處理方法配合，以及人員處於良好的工作環境、具有積極的工作動機、專業精神、能建立良好的部門關係等。

要注意的是，並非所有館藏都需要考量保存的議題。淘汰也是館藏管理的一環，此顯示只有被評估還有使用或其他價值的館藏，才是要繼續典藏的館藏，也才是要被長期保存的對象。

從檔案管理的角度，僅有少數具永久保存價值的檔案（archives）才會持續典藏，絕大多數的文書（records，檔案的前身）會在一定的保存年限後被銷毀。因此，在館藏保存的議題上，館藏的選擇與評估是一大挑戰，因為圖書館必須要決定哪些館藏要繼續保存？哪些館藏要被淘汰？此外，如何分配資源以保存各種館藏也是個難題。特別是當日後圖書館的館藏保存經費減少時，圖書館必須思考是否能確保有足夠的資金去保存傳統館藏與古籍，以及管理者、保存與維護者該如何判斷是否應繼續保存終究會腐壞的資源（Teper, 2005）？事實上，預算一直是圖書館普遍面臨的問題，長久以來，圖書館一直投入大量經費以獲取使用者所需的資訊資源，大多數圖書館並沒有撥出經費，或是僅撥出一小部分經費，做為館藏保存的使用（Adcock, 1998）。

進行館藏保存與維護的工作中，最根本的部分是要瞭解各種館藏載體的特性，因不同載體對抗外在環境的能力不同，進而需要透過控制環境來降低典藏環境對館藏的損害。對於無法進行媒體轉換（reformating）的實體館藏資料，除了強化典藏環境的條件，僅能進行實體修復作業，如裝訂、維修、紙張去酸（deacidification）等來延長壽命。

目前圖書館的館藏資料以紙張材質為大宗，紙張雖為一種良好的傳遞資訊媒介，但容易腐壞，原因是木材中含有酸性的木質素（lignin），而造紙過程中並未去除木質素（陳瑞文，2000）。19世紀以前，造紙原料內含的木質素較少，並以溫和方式製漿造紙，製造出品質好且不易裂化的紙張，而19世紀中葉起，人們對紙張的需求量大增，改變了造紙原料及製作方式，其於製造過程中所添加的明礬，雖然讓紙張變得更堅固及縮短紙張乾燥的時間，但卻製造出酸性更強的紙張，而酸會破壞紙張中植物纖維的成分，尤其當紙張暴露在陽光、氧氣或污染物，更會加速破壞紙張的速度（楊時榮，1991；Forde & Phys-Lewis, 2013）。

酸性紙張約經過50年後會劣化（楊時榮，1991），對擁有大量紙本圖書館

藏的圖書館而言，除紙張本身材質為內在因素外，常見的圖書外來破壞因素包括了溫度、濕度、燈光、生物侵擾、污染，而非常見的外來破壞因素包括紙張、布、皮革、墨水等有機物質，這些有機物質容易被蟲、微生物等破壞（Sunil & Kumar, 2009）。由於受到災害損害的圖書，其修護無法同藝術品一樣慢慢地處理，加上圖書館可能也無力負擔龐大的修復費用，使得預防性保存的概念愈顯重要。

站在預防性保存的概念，採訪館員在採訪館藏資源時就應納入保存的思考。就紙本資料而言，紙張材質會影響其壽命，對此，1989年，美國參議員Claiborne Pell向國會提案推動採用無酸紙的立法，隔年，1990年10月，法案通過，要求所有聯邦文件、圖書及出版品都要採用無酸紙印製（陳瑞文，2000）。Gehret（1999）認為進行館藏的採訪作業時，應優先考量出版商是否採用無酸紙張來印行出版品。站在預防性保存的概念，在選擇資料時也應一併考量其裝訂方式，可依據預期被使用的程度來決定其裝訂方式，預期被高度使用或需要長時間使用的資料應考量採用耐用度較高的精裝裝訂方式。

另在非紙質的館藏載體方面，視聽館藏的保存也始終是圖書館面臨的問題之一。首先，在著作權法方面，由於商業產製的視聽館藏禁止廣泛傳播，對大學或研究機構保存視聽資料帶來極大障礙；其次，在技術與媒體方面，雖然視聽資料適合數位保存，但仍有永久性與完整性問題的疑慮，因此目前多做為備份之用；最後，在保存與維護方面，則是缺乏研究的支援，由於研究、技術與專業不足，導致雖然新媒體較舊媒體有較高的可取用性，但新媒體的不確定壽命特性造成圖書館對拋棄舊媒體是否保險存有疑慮，即便舊媒體無法繼續使用，其亦為人類紀錄之一部分，而如何持續保存舊媒體實為一大難題（Teper, 2005）。

Schüller（2008）指出視聽資料的保存僅能依賴新資訊科技，但快速發展的資訊科技使得錄製系統及錄製的格式很快過時，即使原本的載體能可使用，但卻無可供播放內容的設備，此外，視聽資料的數位化處理比文字與圖像的處理要求更高，而對於已儲存為數位格式的資料保存而言，其投入的保存成本是遠超過傳統載體的保存成本。

Stauder（2013）於2002年以線上問卷進行歐洲地區高等教育機構的視聽資料保存調查，調查項目包括各機構的典藏數量、不同類型的數位化情形。依據分布於33個國家的226個機構的填覆結果，顯示多數機構並未完整調查過本身

視聽資料館藏，而已完成調查的視聽館藏機構多半有視聽資料的典藏處所，以及要將視聽資料予以數位化處理，以便進行保存。另由歐盟支持的 TAPE 計畫（Training for Audiovisual Preservation in Europe）於 2005～2006 年，曾調查歐洲地區檔案館、圖書館、博物館、研究機構、私人機構、廣播機構等做為研究使用的視聽資料數量及典藏狀況，最後收到來自 41 個國家 386 個機構的回覆。調查結果顯示多數視聽資料是已不存在的原始資料的備份，而高達六成的機構並無視聽資料的保存計畫，以及有六成機構表示有進行或近期將開始進行數位化作業（Klijn & de Lusenet, 2008）。

Teper（2005）曾探討新趨勢對圖書館作為記憶保存機構角色的影響，指出圖書館館藏資料的保存管理面臨了八大挑戰：一、確保數位資源的可取得性、完整性與永久性；二、紙本館藏保存；三、保存善本書；四、保存視聽館藏；五、館藏保存設施老舊與不足；六、缺乏保存維護館藏的專業技術；七、缺乏保存與維護館藏所需的資源；八、選擇與評估繼續保存或待淘汰的館藏。

事實上，為促進圖書館資料的保存與維護，於 1979 年刊載在 *IFLA Journal* 的圖書館資料保護與處理原則 "Principles for the Care and Handling of Library Material"，歷經 IFLA 的修訂，目前於 IFLA 網站尚可取得最新 1986 年版本的修訂版，其對圖書館館藏資料的保護與處理進行一個全面性的整體介紹（Adcock, 1998），該原則的內容包括六章，依序是安全與災難計畫、保存環境的控制、傳統圖書館資料、照片與影片類媒體資料、視聽資料、媒體變換（reformatting）。另外，IFLA 也出版 *IFLA Disaster Preparedness and Planning: A Brief Manual*（McllWaine, 2006），強調災害準備與規劃的重要性。

第四節　環境控制

保存與維護館藏的方法相當多元，有些是針對個別館藏進行維護處理，例如分離紙張（paper splitting）、機器修裱（leaf casting）、紙張去酸處理，有些則是針對整體館藏進行處理，例如環境控制（Hain, 2003）。雖然愈來愈多使用者偏好使用電子資源，圖書館投資在電子資源的預算也愈來愈多，但紙本資源依然會持續成長及被需要，尤其在低度開發地區，紙本資源是不可或缺的主要館藏類型，使得紙本資料的保存與維護仍是圖書館的重要工作。

圖書館館藏資料的主要威脅係來自資料本身的性質、自然與人為災害、典藏環境、資料的處理方法（Adcock, 1998），顯示館藏典藏處所的環境條件很重要。因適宜的典藏環境可以延長館藏壽命，因此，環境控制是圖書館保存館藏的最基本方法。為了幫助圖書館制定整體館藏的保存政策，確認圖書館館藏面臨的重大威脅是相當重要的工作，而此項確認工作必須透過調查，以確實掌握館藏的狀態。

　　當新採訪的館藏入館後，相關的保存議題即是典藏環境的條件，包括溫度、濕度、光線、灰塵、書架空間、圖書排架方式等都是需要考慮的要件，如偏高的溫度與濕度容易滋生霉菌，而灰塵會加速吸收濕氣及分解書本的纖維（Gehret, 1999）。環境因素對館藏而言，看起來似乎是屬低風險的影響因素，而時常被低估，導致館藏受到損害後，圖書館要花費很大的心力與金錢進行修復，甚至難以處理，無法恢復到原來的樣貌，因此，平時的環境控制是延長館藏壽命的基礎工作。以下說明七種環境控制的方法，依序是控制溫度與相對濕度、控制空氣品質、控制光線照度、霉菌防治、蟲害防治、書架管理、館藏安全。

一、溫度與相對濕度控制

　　環境控制強調控制溫度、濕度與光線，專家建議全年應維持相對濕度（relative humidity）50%、攝氏16度的溫度，不能讓溫濕度有劇烈的波動。相度濕度與溫度之間存有相反關係，當溫度升高，溫暖的空氣可以承載較多的水分，導致相對濕度降低（Balloffet & Hille, 2005）。對不同類型的圖書館而言，並無一個統一的理想溫度與相對濕度數據可供參考，只有一個能在最大程度上減少對館藏產生變化的溫度與濕度範圍數據。對於典藏某種類型館藏的最佳溫度與濕度，有可能會對其他類型館藏的保存造成嚴重損害，因此即使是同一圖書館，針對不同類型的館藏資料也各有不同的溫濕度控制數字。

　　在溫度方面，每增加攝氏10度的溫度，紙張資料的化學反應速度會加倍，而如減少攝氏10度的溫度，紙張資料的化學反應速度會減少一半；在相對濕度方面，相對濕度在55～65%之間能夠最大程度地減少對館藏資料的機械性損害，當相對濕度持續超過65%，會使資料的黏合劑變軟，失去黏合作用，尤其在空氣流通差的典藏處所，更是容易滋生霉菌；至於相對濕度低於40%能最大程度地

減少對資料的化學損害,但也會使得資料容易萎縮、變硬、裂化與脆化(Adcock, 1998)。

Anasi 等(2013)調查奈及利亞五所大學圖書館保存女性文化遺產所遭遇的障礙,受訪者表示,氣候是其中最大的障礙。氣候會對相對濕度產生一定影響,如潮濕地區的全年相對濕度不低於 65%,甚至是長時間維持在更高的相對濕度,因此除非圖書館安裝空調設備且不停止地運轉,否則很難將圖書館的相對濕度控制在 65% 以下;至於氣候乾燥地區,相對濕度可能無法達到 45%,因此如果要將相對濕度維持在 45% 以上,也需要投入相當花費(Adcock, 1998)。換言之,圖書館所處地區的氣候條件所帶來的相對濕度變化情形,往往使得圖書館必須投入相當經費,雖然透過空調設備可維持理想的溫度及相對濕度,但實際上,對多數預算不足的圖書館而言,並無法負擔空調設備及電費的支出。

二、空氣品質控制

空氣中的汙染物會損害紙張及其他有機材料,其中氣體汙染物是由燃料燃燒產生,當氣體汙染物(如二氧化硫、二氧化氮)與水蒸氣接合會產生酸性物質,因此需要空調系統控制溫度與濕度,室內應有定期更換濾網的微粒過濾器,並針對珍貴館藏加強過濾污染的設備(Adcock, 1998; Patkus, 1998)。另圖書上的粒子狀汙染物(如灰塵)會吸收氣體汙染物產生有害的化學反應,也可能吸收水分,加速黴菌生長,因此需要定期清掃典藏環境(Adcock, 1998)。特別是空氣汙染嚴重地區,應注意空氣品質的控制。

三、光線照度控制

在光線方面,所有波長的光能透過氧化過程加速有機材料的化學分解過程,而光也會改變紙張的顏色,當紫外線輻射每流明高於 75 微瓦時,需要過濾光線;一些對光源敏感的資料,如展覽中的手稿,除了要控制展覽期間及每日展覽時間,也要維持較低的光線照度,讓光線照度介於 50～70 勒克斯(Lux,每平方米流明)。要注意是,館藏資料因光線所引起的化學反應,即使在該資料被移至暗

處或光源被移走後仍會持續，亦即光線對館藏資料所造成的損害是不會復原的，以及短時間的強光曝曬與長時間的弱光照射是會造成相同的損害程度（Adcock, 1998）。

四、霉菌防治

當館藏典藏處所的相對濕度超過 65%，加上溫暖、黑暗、空氣流通不佳時，容易滋生霉菌。如發現小面積的霉菌，在無相關設備時，可選擇合適的天氣於戶外以軟刷子清除霉菌；如無法將遭受霉菌感染的館藏移出戶外處理，可在電風扇前或通風換氣裝置前清理霉菌，藉由電風扇或通風換氣裝置將受污染的空氣排出館外；但如果發現大面積的霉菌，則要進行區域隔離，以免增加受黴菌感染的資料數量。清除霉菌的專業設備包括內置高效微粒空氣過濾器的真空吸塵器，但如果發現貴重館藏有發霉情形，應交由專業人員處理（Adcock, 1998）。

五、蟲害防治

會吞噬紙張、書本布料、皮革、膠水等有機物的蟑螂、白蟻、蠹蟲等害蟲，以及老鼠等有害小動物也會破壞館藏。雖然燻蒸消毒可以消滅害蟲與有害小動物，暫時解決問題，但同時也損害了館藏資料，而冷凍法是利用低溫方式來消滅害蟲，不過，也需要確保低溫處理不會對館藏造成損害。對環境最有利的無害方法中，基本的預防措施包括保持環境乾淨、通風、不要提供有利害蟲及有害小動物的生長條件、不在館內種植植物、禁止使用者攜帶飲食入館等（Adcock, 1998）。

六、書架管理

館藏管理包含圖書與裝訂期刊的排架方式，須注意館藏彼此的空間勿過擁擠，保持空氣流通，並定期清理書架及覆蓋在資料上的灰塵。建議館員在讀架時要戴手套，以避免不潔物黏附在資料上。至於取用館藏的方式也要注意到小心使

用，教育使用者正確使用館藏資料是很重要的，必須清楚告知使用者不能在圖書館內吃東西，不在書頁上摺頁、做任何註記、使用修正帶等。

七、館藏安全

　　由於館藏安全的定義不夠明確，導致難以將其與館藏「保存」議題予以區隔。安全與保存的相同之處在於長期為館藏提供最高程度的保護，並關注偷竊、蓄意破壞、環境損害、災害準備（disaster preparedness）、儲存與操作損害等。保護館藏免於災害是安全文獻與保存文獻中皆強調的部分，但不同的是，安全議題文獻多著墨於館員與使用者的安全，保存議題文獻關注館藏的保護與修復，為此，圖書館應同時考慮安全與保存兩種觀點，發展出全面的災害應變計畫（Patkus, 1998）。

　　有關災害應變計畫的擬定步驟包括，第一，進行危險評估，確認館外與館內面臨的環境威脅；第二，採取措施以避免或減少危險；第三，準備相關資料及定期檢查、更新，包括建築物平面圖、瞭解優先搶救的資料及其存放地點、組成緊急應變小組及進行訓練與演練等；第四，遵循預設的緊急事件反應程序；第五，決定資料修復的優先順序（Adcock, 1998）。此外，災害來臨時的人員反應速度十分重要，必須教導保存人員正確的館藏修復方式，以便讓館藏在受到損害的第一時間被快速搶救，以及避免二度損害。相對地，保存人員應瞭解災害發生時的人員安全計畫及災害後的安全保護措施。不過，無論再完整的計劃都需要有人執行才能發揮最佳效果，因此，館員應相互學習與演練，才能達成災害整備的最終目標，亦即將無預警災害帶來的損害降到最低（Patkus, 1998）。

　　在災害準備中，防火是為較複雜的工作。在相關設施方面，火災偵測系統與煙霧探測器是絕對必要的設施，且必須確認數量、型號與安裝位置是否適切；由於許多圖書館認為灑水系統會破壞館藏，使得火災撲滅系統不如偵測系統被廣泛使用，然相較之下，淋濕的館藏其實比燒毀的館藏容易修復，且灑水系統比消防機構救援時使用的水量少，對館藏更安全。再者，最新的水蒸氣系統改善了水量問題，甚至可適用於特殊館藏，最重要的是，各館應針對本身建築與館藏選擇適當的防火系統，並同時具備偵測與撲滅設備（Patkus, 1998）。

至於防竊部分，一般館藏使用防盜磁條便能達成良好的防竊效果，但黏貼防盜磁條易造成書籍外觀毀損，對長期保存帶來風險，不適用於珍貴的善本書，因此，通常規定使用者於特定的閱覽間內使用善本書等特殊館藏；同時，要避免在館藏資料上留下不當的註記。針對特殊館藏，館員應適度關注使用者的身分與其館藏的使用方式，並禁止其攜帶背包、大衣等進入閱覽間，以確保館藏安全（Patkus, 1998）。有些圖書館也設有守衛人員，以人工巡察方式搭配電子防盜系統，來進行防止防竊的保護。館藏除了會被竊取外，也可能被破壞，例如遭到撕毀或切割部分頁面資訊，導致圖書館的部分館藏預算是花在重新採購被竊取或被破壞的原書，並未強化館藏內容，而是在維持已有的館藏內容。特別是在館方確認圖書遺失前，需要花費人力及時間找尋，當中投入的人力與時間都是圖書館耗費的成本。

要注意的是，環境控制並非僅是負責保存館藏館員的責任，圖書館應灌輸全體人員環境控制的重要性，並選擇適當儀器，教導全體人員操作方式，以隨時監控環境狀況，確保館藏安全。甚至要教育使用者使用館藏資料的適當方式，以共同維護館藏。

第五節　裝訂、修復與去酸作業

經裝訂的館藏資料可以增強防護力，以延長使用壽命，如期刊裝訂是以精裝方式取代原平裝方式，可以讓裝訂後的期刊立於書架上，方便使用者取用，同時也讓單薄的紙張不易產生摺角，故此時的裝訂是一種預防性保存館藏的方式，但如果是損壞的圖書需要重新裝訂，裝訂則是一種館藏修復方式。

在 20 世紀以前，圖書館資料的裝訂主要是以人工方式進行，之後隨著對裝訂需求的增加，裝訂機器的出現是一大重要發展（Kern, 1999）。裝訂的方式很多，主要可分為二大類，一類是中式裝訂法，是由中國古代流傳的古籍裝訂方式，例如竹木簡、長卷、葉子、摺本、蝴蝶裝、背包裝、線裝等；另一類是西式裝訂法，包括精裝、平裝、膠裝、騎馬釘裝等，其又可以分為合訂裝訂，如過期期刊裝訂，以及專門裝訂，以新出版的圖書、雜誌、筆記、帳冊等裝訂對象，而在受到西方以機器快速處理圖書裝訂的影響下，目前是以西式的平裝與精裝方式為主（楊時榮，1991）。

裝訂方式的選擇會受到圖書使用的目的影響，對於保存價值高、需要長期保存的圖書會採用精緻的裝訂方式，當裝訂方式與裝訂技術適當，經裝訂的圖書可以維持相當久的時間，詳細的各式裝訂方法請參見楊時榮所編著的《圖書維護學》一書。

　　美國伊利諾大學香檳分校圖書館在 2003 年，曾針對未編目的紙本館藏進行抽樣調查，希望瞭解未編目館藏的狀態與保存需求，以訂定支援日後館藏修復與編目的計畫。調查結果顯示，館藏地點的溫度與濕度波動極大，會加劇各種損壞，故需要改善圖書館的溫度與濕度，而經裝訂的館藏也有明顯的損壞情形，故在衡量修復館藏所帶來的益處與所需投入的成本後，該館決定以物理安定法為優先採取的第一步驟，其次是透過清潔計畫來處理黴菌滋生的問題。所謂物理安定法，例如以棉布帶捆綁、加裝封套等處理方式，對有裝訂方面損壞的館藏十分有幫助，並對圖書的傷害極小；而清潔計畫是透過在吸塵器上安裝高效濾網（high efficiency particulate air，簡稱 HEPA）的方式來清除霉菌（Teper & Erekson, 2006）。

　　此外，愈需要低度修復的館藏，愈應該優先處理，才能在編目時就處理完畢；至於需要高度修復的館藏，只從中選擇一些高使用率的館藏進行修復。高度的館藏修復為重新裝訂、縫線、皮革修復等，需要由館長與修復單位共同商議並審慎評估，而低度修復為少量書頁的修補、黏著等，費時較少，且可於編目作業完成後進行（Teper & Erekson, 2006）。

　　Baker 與 Dube（2010）於 2007 年 8 月 22 日至 9 月 30 日透過專業保存與維護的網站社群及電子郵件清單廣發網路問卷，調查研究圖書館對於裝訂圖書所採取的修護方法，並比較特殊館藏與一般館藏的圖書修護方式差異。其依 55 種圖書保存與修復方法，共分成六大類進行個別調查，分別是保護性信封與書衣、裝訂強化、二級紙（minor paper）的處理與其書芯（bookblock）修護、安裝書皮紙板（board attachment）、其他裝訂方法、進階紙的處理與其書芯修護。調查結果顯示，特藏資料的維護作業比一般館藏普遍，亦即對於珍貴特藏資料的保護及修復，圖書館較願意花錢投資。整體而言，約 55% 的維護方式被受訪圖書館列為是標準的實務工作，而六大類維護方法中，紙張處理與書芯修護在一般館藏與特藏資料都是普遍存在的處理方式，至於裝訂強化及安裝書皮紙板是最不普遍的二類修護方式。

有關因圖書前次修補於書頁紙張上的沾黏物，圖書館可依其是否符合永久性保存條件、是否可保護原件、是否會影響原件保存時效等狀況，決定是否要移除，通常膠帶與補紙是最常需要移除的沾黏物（楊時榮，2006）。當紙張資料有撕裂或破損時，一般習慣以膠帶黏合處理，而用於修補紙質資料的膠帶一般以聚丙烯薄膜、聚酯膜與玻璃紙為材質，其中聚丙烯薄膜主要用於黏補紙張，而聚酯膜主要用於黏補書封；而去除補紙是指如果前次修補所遺留的材料會傷害原件，或阻礙後續修補工作，則需要讓補紙脫離原件紙張（楊時榮，2006）。

　　至於紙張去酸作業，一項調查美國研究圖書館學會（Association of Research Libraries，簡稱 ARL）會員於 2000～2001 至 2004～2005 期間的大量去酸作業，發現多數（72%）圖書館於該期間內並未進行大量去酸作業，且其中也有相當比例的圖書館表示，未來五年沒有去酸作業的計畫（Neal, Brooks, DeStefano, Prochaska, & Rütimann, 2008）。另依據 ARL 的調查報告發現，因許多圖書館不確定進行大量去酸作業的效益是否高於成本，使得圖書館的去酸作業需求呈現下降趨勢（Meyer, 2009）。

　　由於圖書館館藏資料的修復需要專門技術人才，在預算不足及專業修復人才不足情形下，如國立臺灣圖書館於 2007 年 6 月 27 日成立臺灣首座圖書醫院（蔡燕青，2010），積極推廣圖書維護技術並培養圖書維護人員。另檔案館更是擁有更高比例的館藏資料需要妥善保存與維護，如我國檔案管理局設有國家檔案保存維護中心，有出版相關資料，如《紙質類檔案裝訂簡介》、《水損檔案緊急搶救》、《錄影音帶類檔案保存修護》、《紙質類檔案蟲菌害防治處理》、《紙質類檔案破損修護》、《紙質檔案修裱簡介》等參考資料。

第六節　微縮與數位保存

　　複製館藏是延長館藏壽命最經濟的做法，目前微縮化及數位化分別是早期與近期普遍的館藏複製保存方式，二者的共同特點都是改變原件內容的儲存媒體與格式，目的在保護資料內容，讓使用者可以長期取用，如此可減少對原件的使用頻率、降低對原件資料的損害，而附加的優點是節省館藏儲存空間，以及改善資料取用方式（Adcock, 1998）。

一、微縮保存

　　文獻微縮技術起源於 1838 年，是一位英國攝影師以攝影方法，透過顯微鏡將一張 20 英吋的文件資料拍攝成只有 1/8 吋的微縮影像。早在 1930 年代，美國國會圖書館開始應用微縮技術，約在 1970、1980 年代，因成本及解決圖書館空間問題，微縮技術應用在圖書館館藏的管理達到高峰（Cheney, 2010）。

　　微縮資料被視為是長期保存的最佳載體，在適當的保存環境下，其壽命可長達 500 年（Scardilli, 2014），且能儲存大量資料，節省圖書館館舍空間，唯必須仰賴閱讀機才能閱讀微縮資料內容，以及一次只能有一位使用者使用閱讀機來閱讀微縮資料，成為使用者利用微縮資料的障礙之一（Cheney, 2010）。

　　就儲存的資料內容而言，雖然多數使用者偏愛使用電子全文資源，但要注意的是，電子全文資源常沒有包含原件的完整資訊，例如報紙的電子全文資料庫並未涵蓋紙本報紙上的分類廣告、插圖、表格等資訊，其不同於微縮資料是紙本原件的完整複製版，內容與原始報紙無異。另外，微縮資料是圖書館買斷的資源，可以確保圖書館可以長期提供使用者取用，不同於僅擁有暫時使用權的電子資源會面臨長久取用與保存的問題。

　　雖然微縮處理是普遍的複製保存方式，卻未受到使用者歡迎。許多使用者仍偏好使用原件，認為原件所具備的特點並未被完全保留在微縮資料中，另有些使用者認為，原件的使用較能有與過去歷史連結的感覺，以及紙本的閱讀比較舒服（de Lusenet, 2006）。基本上，紙本文獻進行微縮處理的目的主要是希望不必提供資料原件給使用者使用，以降低對資料原件的損害，但資料進行微縮的目的如果是在保存內容，就有可能考慮讓使用者使用原件（de Lusenet, 2006）。

　　迄今微縮資料主要被圖書館應用在報紙資料的複製儲存，為了節省館舍空間，圖書館多半選擇不儲存訂閱的紙本報紙，之後，在數位化技術出現後，報紙全文資料庫變成複製報紙內容的新方式，甚至成為取用報紙資料的替代品。如 1982 年至 2009 年間，美國的國家人文基金會（National Endowment for the Humanities）與美國國會圖書館（Library of Congress）合作，以微縮技術進行一項名為「美國報紙複製保存計畫」（United States Newspaper Program）；之後，於 2004 年起，國家人文基金會與美國國會圖書館再度合作 1836 年至 1922 年間美國報紙的數位化計畫，計畫名稱為 National Digital Newspaper Proram（Library of Congress, 2013）。

事實上，報紙資料的保存最常採用微縮化及數位化二種方式處理，微縮化處理是將紙本報紙拍攝成為微縮捲片，數位化處理是直接掃描紙本報紙，或將微縮形式的報紙資訊進行轉製（Hasenay & Krtalic, 2010）。直接數位化原件的優點是產出的數位影像較清晰，以及可進行彩色掃描，缺點是報紙的大尺寸需要仰賴大型的掃描設備，以及後續的維護處理成本較高；至於將微縮資料轉製成數位化資料的優點是掃描價格與後續的維護處理費較低，缺點是微縮資料的品質會影響數位資料的品質（Arlitsch & Herbert, 2004）。

然前述電子全文資料庫的報紙內容少於紙本報紙內容的問題，導致歷史研究學者無法透過電子全文資料庫掌握所有相關線索，此凸顯出歷史學者需要仰賴微縮資料所儲存的完整報紙資訊，以利進行研究（Caudle, Schmitz, & Weisbrod, 2013; Freeland & Bailey, 2008），不過要注意的是，並非所有報紙都有電子版或微縮版（Freeland & Bailey, 2008）。

Keogh（2012）於2009年針對美加地區166個圖書館的微縮資料館藏使用情形進行調查，發現高達94%的受訪機構仍繼續採購微縮資料，主要原因是為了長期保存資料，以及有些使用者所需要的資源只有微縮形式的資料，而其他可能的原因包括節省館舍空間、強化館藏內容、預算考量、不易被偷等；至於影響圖書館繼續典藏微縮資料的原因，包括資料具獨特性或特殊價值、使用者興趣、資料內容為當地館藏或圖書館聯盟協定的館藏；不過，圖書館分配在採購微縮資料的預算比例偏低，絕大多數低於全部館藏採訪預算的5%，以及發現使用者最偏好使用線上資料，其次是紙本資源，最後才是微縮資料。

另美國奧本大學（Auburn University）圖書館於2008年至2010年間進行的調查顯示，該館的微縮資料使用以報紙使用的次數最多，且以1960年至1989年間的報紙使用率最高，推估早期微縮形式報紙被頻繁使用的原因是1990以後數位資源的出現影響了微縮資料的使用率。不過，有研究發現指出，即使是同時提供電子版及微縮版資料的圖書館，其微縮資料仍然被繼續使用，並未被電子資源完全取代（Caudle et al., 2013）。

二、數位保存

數位典藏（ditigal archiving）興盛於1990年代起，是保存電子物件，以利

現在與未來使用（Galloway, 2010），其本質在將典藏單位所擁有的各種形式的館藏，透過影像掃描、拍攝、後設資料（medatada）著錄，整合於數位系統中（廖彩惠、陳泰穎，2009），此種以數位形式儲存館藏資料的方式已成為晚近最熱門的館藏保存方式，而圖書館主要是以特藏資料為數位保存的優先對象。

數位保存的最大附加價值是可提供多位使用者同時使用轉換成電子化形式的館藏資料，降低原件資料被頻繁使用所帶來之損壞疑慮，除了達到文化保存的目的，也提高了使用者使用的便利性，因此將實體館藏數位化具有文化保存及便利使用的二大目的。例如典藏自16世紀起的英國及其他國家報紙的大英圖書館，因部分報紙呈現損壞情形無法使用，加上館藏空間不足，典藏條件不佳，促使其將報紙進行數位化作業，而數位化的報紙資源在大英圖書館總館免費提供使用者利用，並提供線上付費使用（Fleming & Spence, 2008）。我國於1999年起推動「數位博物館計畫」、「國家典藏數位化計畫」及「國際數位圖書館合作計畫」，並在2002年，重新整合為「數位典藏國家型科技計畫」，其中第一期（2002～2006年）的計畫目標即在將國家重要的文物典藏數位化，以促進我國人文與社會、產業與經濟的發展（廖彩惠、陳泰穎，2009）。

除了紙本資源外，隨著資訊科技與電腦網路的發展，原生的數位資源成長很快，但網路資源異動性高，導致圖書館不太願意去蒐集網路資源，納入館藏發展的範圍，不過，網路資源中不乏重要的文化遺產或有助於研究與教學者，因此有些圖書館已將網路資源納入館藏發展範圍內，典藏數位網路資源，如美國國會圖書館與許多圖書館透過合作計畫（National Digital Informaiton and Insfrastructure Preservation Program）來典藏數位資源，特別是只有數位形式的資源。

即使愈來愈多文獻以電子形式出版，承載電子資料的載體也有老化過時的問題，因此電子資料的保存要採取積極作為，以確保資料內容得以被繼續使用。電子館藏不同於傳統紙本館藏，不保證使用者可以永久使用，因此對強調長期保存人類文化遺產或智識作品的組織而言，包括圖書館在內，必須要瞭解電子資料的保存需要在不同時代科技的交疊時期，利用新科技成本較低時期，將電子資料複製儲存在更新的儲存媒體，甚至以確保使用者能繼續使用這些資料，因此電子資料的保存需要持續投資的經費，而此種持續性的成本無疑是圖書館很大的經費負荷。除了儲存電子資料的硬體外，還有軟體及標準問題，需要定期改換資料格式（reformat），從舊的軟體標準改換至新標準（Lynch, 2003）。

數位資源的保存過程比紙本的保存複雜，相關的保存方法有更新（refreshing）、轉置（migration）、模擬（emulation）、標準化（standardization）、技術保存（technology preservation）、封裝（encapsulation）、重複（redundancy）、印成紙張或其他可瀏覽媒體等。其中更新是將數位資料從舊媒體複製到新媒體上，需要定期更新以確保更新後的媒體可以繼續使用；轉置是將數位資料從前一代的軟、硬體設備定期轉移到新一代的設備，將數位資料的內容、架構與關連保存下來，確保使用者可以在持續改變的新科技中繼續取用；模擬是讓一個數位資料回復最原始的狀態，允許數位資料的最原始應用軟體可以不在最原始的系統中運作；標準化類似更新與轉置方法，但強調資料的標準格式，通常是與其他方法搭配使用，例如與轉置方法配合時，在進行系統轉置前，必須先將資料標準化，再轉置到新系統，以確保資料沒有遺漏；技術保存是以最原始的格式儲存資訊，並將電腦系統保存起來，可以只保存電腦硬體（含作業系統），或是只保存應用軟體（可能含資料庫系統或其他相關軟體），或者將電腦軟硬體皆保留下來；封裝是將被保存的數位資料及相關的資訊包裹在一個封包裡，再透過解譯、模擬、轉換等方式，提供使用人讀取；重複方法是複製一份數位資料、異地存放數位資料或設立鏡錄站（mirror site）；印成紙張或其他可瀏覽媒體是數位資料列印成紙本或以微縮方式保存，脫離數位保存的問題（歐陽崇榮，2002）。

　　長期保存館藏涉及的技術層面，分為儲存（storage）與取用（access）二大類，其中儲存的部分是指數位化的資料要如何儲存及儲存在何處是一個問題，因數位儲存設備不斷在改變，至於取用部分指的是軟硬體的問題（Evans & Saponaro, 2012）。要強調的是，數位資料的長期保存對技術依賴程度很高，需要時常注意技術的變化，以能透過新技術使數位資料能繼續存在，因此，為確保數位資料能持續被取用，技術的投資成本與館員的教育是無法中斷的，而數位資料的快速成長及多種來源也使得數位資料的長期保存策略更顯重要。

　　除了自身機構的數位典藏庫（digital repositories），透過圖書館或其他機構之間合作所共同建置的共享數位典藏庫，更能彰顯資源共享的效益。至於學術圖書館所關注的電子期刊內容長期保存與取用問題，則是有許多相關計畫的出現，如 LOCKSS（Lots of Copies Keep Stuff Safe）、CLOCKSS（Controlled LOCKSS）、Portico 等。其中 LOCKSS 讓各參與該計畫的圖書館可以儲存與保存其所訂購的電子期刊備份，並取用本身儲存的備份資料，而 LOCKSS 是讓少

數圖書館做為可以長期儲存電子期刊的代表，至於 Portico 則是另一種不同於 LOCKSS 與 CLOCKSS 的電子期刊保存方式，其是扮演第三方服務的角色，負責儲存電子期刊內容，故圖書館不必擔心後續電子期刊內容的管理問題（Morrow, Beagrie, Jones, & Chruszcz, 2008）。

透過比較數位保存管理與傳統保存管理的差異，可以幫助我們瞭解數位保存的特點，包括：（一）對資訊載體的保存能力不足；（二）數位資料的壽命不長，需要在數位資訊產生後，即決定要如何進行後續的保存與管理；（三）數位資料在無預警下會毀壞及消失，特別是在缺乏管理的環境中；（四）數位資料要透過技術媒體（medium of technology）才能閱讀，而技術媒體也有老化過時的問題，這是指與數位資料使用搭配的軟、硬體於短短幾年內就有過時的問題；（五）數位資料的真實性驗證問題及著作問題變得更複雜；（六）數位資料需要有 metadata，以方便提供檢索；（七）只有採取適當的保存技巧，數位資料才能有多種用途，特別是針對研究的用途（Forde & Phys-Lewis, 2013）。此顯示數位保存雖然藉助資訊科技方便使用者利用，但數位保存功能的維持又受限資訊科技的問題，並需要不斷地注意及因應資訊科技的快速改變。

另授權限制是進行數位典藏作業的一大障礙，其往往是文化遺產機構面臨的最基本挑戰。當圖書館為保存目的，需要從承載資料的老舊載體轉換成新的載體時，必須取得原有載體擁有者的同意，除非數位化的資料是屬於公共領域（public domain）的著作，在已不受著作權法的保護下，圖書館可以直接進行數位化，不須取得著作權擁有者的同意。然確認出版品的著作權狀態，以及取得著作權擁有者的同意是一件耗時，甚至耗費金錢的作業，當圖書館無法解決特定館藏的授權問題，就無法以數位方式複製保存該館藏資料，以及提供使用者以線上方式取用。

由於以數位化方式長期保存館藏資料的成本很高，圖書館不可能將所有紙本館藏都進行數位化，在進行數位化之前，圖書館須瞭解館藏的特性與保存狀況，決定館藏數位化的優先順序，擬定數位化保存政策，做為館藏選擇的指導方針，但研究顯示，很少圖書館有訂定數位保存政策（Ravenwood, Matthews, & Muir, 2013）。至於如何選擇進行數位化處理的館藏，Gould 與 Ebdon（1999）曾於1998年以線上問卷方式調查國家圖書館、檔案館等文化遺產機構的作法，結果發現所有受訪者均有勾選「具歷史與文化價值」與「提高資料取用」二項標準，

其次依據有勾選的機構比例，由高至低分別是具學術重要性（92%）、降低資料損害（69%）、保存（69%）、提供文獻傳遞服務（46%）、節省空間（15%）、研究數位化過程（15%）及商業開發（7%），顯示文化遺產機構認為數位保存是保存重要資料的方法。

當將館藏資料予以數位化處理後，數位化資料雖然方便使用者檢索取用，但數位化形式的資料也有缺點，包括如何確認數位文件的真實性（digital authenticaiton）問題。當數位文獻已被保存很久，隨著時間增加，如何確保數位文獻的真實性變得更加困難，同時版本控制（version control）也是問題，除非文件的所有變化都有完整的紀錄，否則當同時流通僅有些許差異的不同版本數位文件時，根本無法察覺有版本上的不同。雖然目前已有協助辨識電子文件真實性的技術，如浮水印及電子簽章，但駭客總是能很快超越，且驗證電子文件真實性的成本很高（Deegon, 2006）。2000 年，Research Libraries Group（RLG）與 OCLC 合作，致力於研究「可信賴的數位典藏庫」（Trusted Digital Repositories），並於 2002 年報告其特性及責任（RLG & OCLC, 2002）。

此外，有些人關心複製替代品與原件的差異問題。Deegon（2006）指出，雖然代理者（surrogates）永遠無法完全複製或保存所有原始物件的東西，但無法產出替代品則是表示原始物件已經碎化或狀況不佳。以複製品替代原始物件的主要爭議在於，原件如因無法被使用而被建議淘汰時會引起爭議與反彈，雖然目前圖書館與檔案館不會淘汰原件，但隨著時間帶來的館舍空間及維護成本問題，Deegon 認為淘汰原件是遲早要面對的問題。

Ekwelem、Okafor 與 Ukwoma（2011）以問卷調查奈及利亞四所大學圖書館館員對文化遺產保存的看法及實務作業情形，依據 66 位館員的問卷填答內容，顯示圖書館採用的館藏保存方式以裝訂（binding of loose sheets）最常見，其次是複製（photocopying）、數位化（digitization），另微縮處理（microfilming）及去酸作業二種方法的使用比例最低，其中影響圖書館未高度採用數位化的原因，以未有配合的相關設備、數位化成本、人力不足為主。

館藏維護與保存有賴相關經費的支持，就長期的數位保存而言，採取合作的方式能讓圖書館更有效率地達成目標，例如加入提供大量數位資源服務的非營利機構或計畫，如 JSTOR、LOCKSS、OCLC Digital Archives、PubMed Central、HathiTrust、美國國會圖書館的 National Digita Stewardship Alliance 等（Evans &

Saponaro, 2012）。對於有經費限制問題的圖書館，僅能採取消極作為，例如縮短高使用率的館藏借閱時間、禁止使用者帶食物入館。另使用者或館員不當使用及處理館藏時，亦對館藏安全帶來威脅，不當的使用方式會破壞書籍結構與脆弱的紙質，若缺乏關注，長期下來將造成嚴重損害。對此，保全人員應瞭解館藏使用的正確程序，並注意使用者的活動與行為，以協助館員維護館藏。同時，圖書館也應教育使用者如何適當使用館藏，並使其瞭解背後的原因，以及對使用者與圖書館的好處（Patkus, 1998）。

　　總結本章內容，館藏的保存與維護工作是在與時間進行拉力賽，為讓有價值的館藏得以長時間處於良好的保存狀態，提供使用者利用，圖書館需要有預防性保存的觀念，從紙張材質與其他媒材材質開始重視，加上典藏環境的控制，以及教育使用者適當使用館藏，才能延長有價值館藏的壽命，並降低投注在修復館藏的成本。即使科技的進步能提供新的保存方法，如數位保存，但新保存方法也由其限制與問題，沒有一種保存方法能確保館藏不受損害威脅，因此，即使不是肩負保存與修復作業的館員，也必須瞭解館藏可能面臨的威脅，以及如何預防與處理威脅。

關鍵詞彙

文化遺產	資料保存
Cultural Heritage	Preservation
維護資料	環境控制
Conservation	Environmental Control
災害準備	安全
Disaster Preparedness	Security
溫度	相對濕度
Temperature	Relative Humanity
光線	微縮捲片
Lights	Microfilms
數位保存	
Digital Preservation	

自我評量

- 請說明圖書館進行保存與維護館藏的可能原因。
- 請說明圖書館所面臨的主要館藏保存與維護挑戰。
- 請說明圖書館選擇數位保存的考慮事項。

參考文獻

世界數字圖書館（2016）。收藏統計數字。檢索自 http://www.wdl.org/zh/statistics/

全國法規資料庫（2016）。文化資產保存法。檢索自 http://law.moj.gov.tw/LawClass/LawAll.aspx?PCode=H0170001

陳瑞文（2000）。圖書館界與無酸紙的發展。圖書與資訊學刊，35，93-103。

楊時榮（1991）。圖書維護學：圖書裝訂、保存、修補的理論與實務。臺北市：南天。

楊時榮（2006）。書頁紙面沾黏物的移除。臺灣圖書館管理季刊，2(1)，43-48。

廖彩惠、陳泰穎（2009）。從文明科技發展看數位典藏的時代意義——本質、迷思與發展趨勢。國家圖書館館刊，98(2)，85-108。

歐陽崇榮（2002）。數位資訊保存之探討。檔案季刊，1(2)，36-47。

蔡燕青（2010）。老店營運的新紀元：談臺灣圖書醫院蛻變史。臺灣圖書館管理季刊，6(3)，1-8。

Abid, A. (1998). Memory of the world: Preserving our documentary heritage. *INSPEL*, *32*(1), 51-66. Retrieved from http://forge.fh-potsdam.de/~IFLA/INSPEL/98-1abia.pdf

Adcock, E. P. (1998). *IFLA principles for the care and handling of library material*. Paris, France: IFLA PAC.

Anasi, S. N., Ibegwam, A., & Oyediran-Tidings, S. O. (2013). Preservation and dissemination of women's cultural heritage in Nigeria university libraries. *Library Review*, *62*(8/9), 472-491.

Arlitsch, K., & Herbert, J. (2004). Microfilm, paper, and OCR: Issues in newspaper digitization the Utah digital newspapers program. *Microform & Imaging Review*, *33*(2), 59-67.

Baker, W., & Dube, L. (2010). Identifying standard practices in research library book conservation. *Library Resources & Technical Services*, *54*(1), 21-39.

Balloffet, N., & Hille, J. (2005). *Preservation and conservation for libraries and archives*. Chicago, IL: American Library Association.

Caudle, D. M., Schmitz, C. M., & Weisbrod, E. J. (2013). Microform-not extinct yet: Results of a long-term microform use study in the digital age. *Library Collections, Acquisitions, and Technical Services*, *37*(1/2), 2-12.

Cheney, D. (2010). Dinosaurs in a Jetson world: A dozen ways to revitalize your microforms collection. *Library Collections, Acquisitions, and Technical Services*, *34*(2/3), 66-73.

Cloonan, M. V. (2011). The boundaries of preservation and conservation research. *Libraries & the Cultural Record*, *46*(2), 220-229.

Davis, W., & Howard, K. (2013). Cultural policy and Australia's national cultural heritage: Issues and challenges in the GLAM landscape. *The Australian Library Journal*, *62*(1), 15-26.

de Lusenet, Y. (2006). Moving with the times in search of permanence. In G. E. Gorman & S. J. Shep (Eds.), *Preservation management for libraries, archives and museums* (pp. 64-82). London, UK: Facet.

Deegon, M. (2006). Surrogacy and the artifact. In G. E. Gorman & S. J. Shep (Eds.), *Preservation management for libraries, archives and museums* (pp. 54-63). London, UK: Facet.

Ekwelem, V. O., Okafor, V. N., & Ukwoma, S. C. (2011). Preservation of cultural heritage: The strategic role of the library and information science professionals in South East Nigeria. *Library Philosophy and Practice*. Retrieved from http://digitalcommons.unl.edu/cgi/viewcontent.cgi?article=1593&context=libphilprac

Evans, G. E., & Saponaro, M. Z. (2012). *Collection management basics* (6th ed.). Santa Barbara, CA: Libraries Unlimited.

Fleming, P., & Spence, P. (2008). The British Library newspaper collection: Long term storage, preservation and access. *Liber Quarterly: The Journal of European Research Libraries*, *18*(3/4), 377-393.

Forde, H., & Phys-Lewis, J. (2013). *Preserving archives* (2nd ed.). London, UK: Facet.

Freeland, M., & Bailey, M. (2008). Print newspapers: Are they still being used in academic and research libraries? *The Serials Librarian*, *55*(1/2), 210-226.

Galloway, P. (2010). Digital archiving. In M. Drake (Ed.), *Encyclopedia of library and information sciences* (3rd ed., pp. 1518-1527). Boca Raton, FL: CRC Press.

Gehret, C. L. (1999). Preservation from a collection development perspective. *The Acquisitions Librarian*, *11*(21), 115-124.

Gorman, M. (2007). The wrong path and the right path: The role of librarians in access to, and preservation of, cultural heritage. *New Library World, 108*, 479-489.

Gould, S., & Ebdon, R. (1999). *IFLA/UNESCO survey on digitization and preservation*. Paris, France: UNESCO. Retrieved from http://www.ifla.org/files/assets/pac/ipi/ipi2%20vers2.pdf

Hain, J. E. (2003). A brief look at recent developments in the preservation and conservation of special collections. *Library Trends, 52*(1), 112-117.

Hasenay, D., & Krtalic, M. (2010). Preservation of newspapers: Theoretical approaches and practical achievements. *Journal of Librarianship and Information Science, 42*(4), 245-255.

Heritage Preservation. (2005). *A public trust at risk: The heritage health index report on the state of America's collection*. Retrieved from http://www.pcah.gov/sites/default/files/HHIsummary.pdf

IFLA. (2014). *Cultural heritage. IFLA's work on preserving cultural heritage*. Retrieved from http://www.ifla.org/cultural-heritage

Kellar, S. (1990). Collections conservation: An emerging perspective. *Conservation Administration News, 43*, 8-9.

Keogh, P. (2012). Decisions in resource management: The case of microforms. *Library Collections, Acquisitions, and Technical Services, 36*(1/2), 8-17.

Kern, K. (1999). New directions in library building: A conference report. *Library Collections, Acquisitions, and Technical Services, 23*(4), 451-458.

Klijn, E., & de Lusenet, Y. (2008). *Tracking the reel world: A survey of audiovisual collections in Europe*. Amsterdam, NL: European Commission on Preservation and Access.

Library of Congress. (2013). *The national digital newspaper program*. Retrieved from http://www.loc.gov/ndnp/about.html

Lynch, C. A. (2003). The coming crisis in preserving our digital cultural heritage. *Journal of Library Administration, 38*(3/4), 149-161.

Mark, N. (2004). A New cross-domain strategy for safeguarding the Danish cultural heritage. *Liber Quarterly: The Journal of European Research Libraries, 14*(3/4), 348-355.

Matthews, G. (1995). Surveying collections: The importance of condition assessment for preservation management. *Journal of Librarianship and Information Science, 27*(4), 227-236.

McllWaine, J. (2006). *IFLA disaster preparedness and planning: A brief manual*. Retrieved from http://www.ifla.org/files/assets/pac/ipi/ipi6-en.pdf

Meyer, L. (2009). *Safeguarding collections at the dawn of the 21st Century: Describing roles & measuring contemporary preservation activities in ARL libraries*. Retrieved from http://www.libqual.org/documents/admin/safeguarding-collections.pdf

Morrow, T., Beagrie, N., Jones, M., & Chruszcz, J. (2008). *A comparative study of e-journal Archiving solutions*. Retrieved from https://www.jisc-collections.ac.uk/Documents/e_journal_archiving_%20solutions_comparative_study.pdf

Moustafa, L. H. (2015). Endangers culture heritage: A survey of disaster management planning in Middle East libraries and archives. *Library Management, 36*(6/7), 476-494.

Neal, J., Brooks, C., DeStefano, P., Prochaska, A., & Rütimann, H. (2008). Mass deacidification revisited. *CLIR Issues, 61*. http://www.clir.org/pubs/issues/issues61.html

Patkus, B. L. (1998). Collections security: The preservation perspective. *Journal of Library administration, 25*(1), 67-89.

Ravenwood, C., Matthews, G., & Muir, A. (2013). Selection of digital material for preservation in libraries. *Journal of Librarianship and Information Science, 45*(4), 294-308.

Scardilli, B. (2014). Microfilm still matters in the digital age. *Information Today, 31*(1), 12.

Schüller, D. (2008). *Audiovisual research collections and their preservation*. Retrieved from http://www.ica.org/?lid=5732&bid=744

Starr, M. J. (2004). The preservation collection of Canadiana: A national heritage collection at 50. *Library Collections, Acquisitions, and Technical Services, 28*(1), 73-78.

Stauder, A. (2013). 2012 survey of the preservation, management, and use of audiovisual media in European higher education institutions. *OCLC Systems & Services: International Digital Library Perspectives, 29*(4), 218-234.

Sunil, A., & Kumar, K. P. (2009). Preservation of library materials: Problems and perspective. *DESIDOC Journal of Library & Information Technology, 29*(4), 37-40.

Teper, J. H., & Erekson, S. M. (2006). The condition of our "hidden" rare book collections: A conservation survey at the University of Illinois at Urbana-Champaign. *Library Resources & Technical Services, 50*(3), 200-213.

Teper, T. H. (2005). Current and emerging challenges for the future of library archival preservation. *Library Resources & Technical Services, 49*(1), 32-39.

UNESCO. (2014). *What is meant by "cultural heritage"?* Retrieved from http://www.unesco.org/new/en/culture/themes/illicit-trafficking-of-cultural-property/unesco-database-of-national-cultural-heritage-laws/frequently-asked-questions/definition-of-the-cultural-heritage/

UNESCO. (2015). *The world heritage convention*. Retrieved from http://whc.unesco.org/en/convention/

作者簡介

張郁蔚

(yuweichang2013@ntu.edu.tw)

國立臺灣大學
圖書資訊學系副教授

第十一章
館藏發展組織與合作

學習目標

研讀本章內容之後，學習者應能夠：

- 認識館藏發展組織的結構
- 學習館藏發展館員應具備的知能
- 瞭解圖書館進行合作館藏發展的目的與所面臨的挑戰
- 瞭解常見的合作館藏發展種類
- 認識合作館藏發展組織的種類

本章綱要

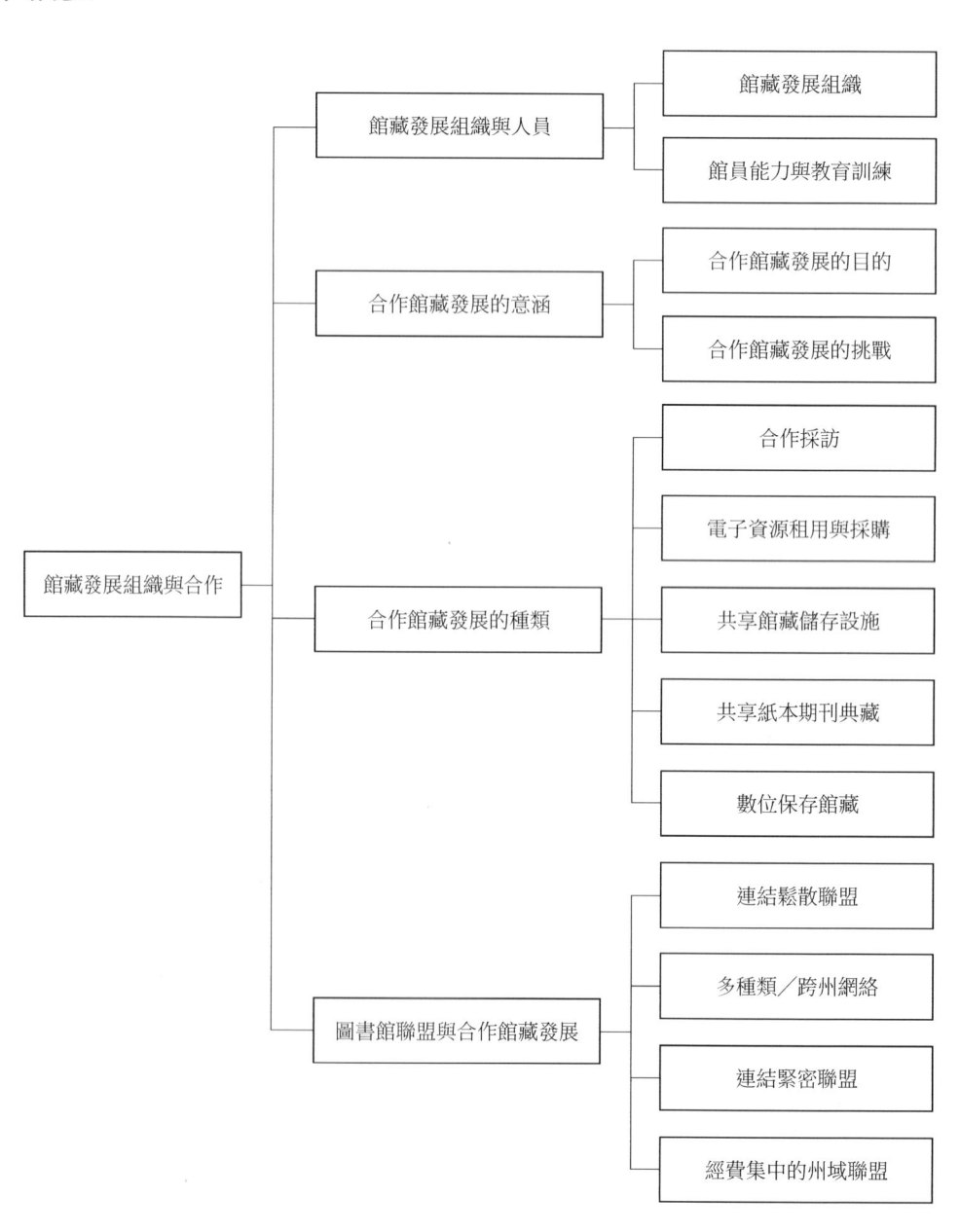

```
                                        ┌── 館藏發展組織
                    ┌── 館藏發展組織與人員 ──┤
                    │                    └── 館員能力與教育訓練
                    │
                    │                    ┌── 合作館藏發展的目的
                    ├── 合作館藏發展的意涵 ──┤
                    │                    └── 合作館藏發展的挑戰
                    │
                    │                    ┌── 合作採訪
                    │                    ├── 電子資源租用與採購
館藏發展組織與合作 ──┤── 合作館藏發展的種類 ──┼── 共享館藏儲存設施
                    │                    ├── 共享紙本期刊典藏
                    │                    └── 數位保存館藏
                    │
                    │                    ┌── 連結鬆散聯盟
                    │                    ├── 多種類／跨州網絡
                    └── 圖書館聯盟與合作館藏發展 ──┤
                                         ├── 連結緊密聯盟
                                         └── 經費集中的州域聯盟
```

第十一章
館藏發展組織與合作

第一節　前言

　　館藏發展館員是圖書館執行館藏發展的核心人員，其所具備的知能直接影響工作成效，顯示館員的持續教育與訓練是重要的人力管理事項。而合作館藏發展是圖書館建立合作關係，進行資源共享的一種策略，它為預算不足的圖書館，提供一個圖書館與使用者雙贏的解決方案，但合作館藏發展除了為圖書館帶來好處，也帶來挑戰。過往的各式合作館藏發展計畫或組織並非都是成功的案例，即使如此，透過合作館藏發展的案例，我們得以瞭解成功的合作館藏發展的種類、應具備的要件及注意事項。本章共分為四節，第一節說明執行館藏發展工作的組織單位，以及館藏發展館員應具備的知能及教育訓練；第二節說明圖書館進行合作館藏發展的目的與面臨的挑戰；第三節介紹合作館藏發展的種類；第四節介紹圖書館聯盟與合作館藏發展組織。

第二節　館藏發展組織與人員

一、館藏發展組織

　　與編目、採訪、參考、流通等工作項目比較，館藏發展是較晚出現的圖書館工作項目，為執行館藏發展，圖書館面臨組織結構調整與否的考量，亦即如何將館藏發展工作整合到既有的組織結構。傳統的圖書館組織是依功能區分為不同單位，類似的工作項目會集中在同一單位，此種強調功能的垂直型組織是以上至下

的溝通方式為特點，導致功能導向的圖書館組織有不利單位間平行溝通、協調合作的缺點；相對於垂直型組織的水平型組織則強調任務的完成，組織成員有多種任務，不同任務產生不同的報告關係，因此被視為是較彈性及利於創新的組織型態（Creth, 1991）。

事實上，館藏內容改變也直接衝擊圖書館的工作內容。特別是日益增加的電子資源數量及持續高漲的價格為館員帶來新的工作負擔，對學術圖書館的館藏發展與管理帶來巨大影響（Nabe, 2011）。此使得圖書館的行政結構要隨之重新調整，此可能包含整併原有的圖書館單位、改名，以及人員職位與工作內容的異動（Miller, Sharp, & Jones, 2014）。

究竟館藏發展的工作在圖書館組織上要採集中方式，將相關工作集中在同一單位，或由不同單位館員兼任館藏發展工作的方式，各有優缺點（Bucknall, 1989）。如果是採集中方式，館藏發展的業務大多是併入採訪單位，如印度的大學圖書館，其採訪單位通常肩負館藏發展功能（Khan, 2010）。Cubberley（1987）曾以問卷調查專業工作人員介於18至30人的美國中型學術圖書館，依據43個圖書館回覆結果，顯示館藏發展組織有三種類型，第一類是採訪、經費控制、選書各由不同單位負責，第二類是有獨立的館藏發展單位，第三類是暫時性的獨立館藏發展單位，成員來自不同單位，而不同類型的館藏發展組織顯示館藏發展館員投注在館藏發展相關工作的時間比例不同，其中分散在各單位的負責部分館藏發展工作的館員不必向館藏發展主管報告工作，因未將館藏發展工作列為優先工作項目，工作效率受到影響，而在獨立館藏發展單位的館員有較佳的工作效率。

Johnson（2014）指出少數圖書館的館藏發展組織介於集中式及分散式之間，如一所大型的公共圖書館除了總部可能設有集中型的館藏發展單位外，分館也有負責館藏發展的多種職責館員，而許多圖書館另設有由不同單位代表組成的委員會，負責協調與改善各單位的溝通。

除了上述要為館藏發展成立一個新的獨立單位或維持單位現狀，對於館藏發展的工作內容，以及要由哪些現有的館員來擔任，也是另一個重要問題。Creth（1991）提及館藏發展的傳統模式在1960年代開始產生轉變，出現了二種對館藏發展組織的看法，一是認為負責選擇特定主題或特定範圍館藏的書目館員（bibliographer）向來與專業領域的教授有良好聯繫關係，適合負責館藏發展的工作，其可與教授繼續合作，建置特定領域的館藏；二是認為應由具有專業

背景並負責不同系所選書的館員來擔任館藏發展工作。至於負責館藏發展館藏工作的館員職稱並不一致，除書目館員外，相關名稱還包括主書目館員（chief bibliographer）、主題專家（subject specialist）、選書員（librarian selector）、館藏發展館員（collection development librarian）、館藏發展員（collection developers）、館藏管理員（collection manager），這些不同職稱之間存有些微差異，即使是同一職稱，在不同的圖書館也可能有差異存在。

造成館藏發展工作職稱不一致的原因與館藏發展焦點的變化有關（Allison & Reid, 1994; Cubberley, 1987）。Cubbery（1987）指出書目館員的名稱在美國較普遍，職責範圍通常小於館藏發展館員，而主題專家的名稱主要盛行在英國。在學術圖書館，主要是由主題專家或院系聯繫館員（liaisons）負責館藏發展工作（Nabe, 2011），而主題專家負責的工作內容相當多元，要求具備第二碩士學位的專業知識背景，並主要在負責參考服務、圖書館利用指導、師生研究協助、院系聯繫工作、館藏發展等工作，尤其要花費相當時間與負責的院或系所教師建立良好關係（Martin, 2010）。

二、館員能力與教育訓練

館藏發展（collection development）的同義詞很多，包括館藏管理（collection management）、資源管理（resources management）、館藏建置（collection building），而從事館藏發展工作的館員也有不同職稱，甚至各圖書館對館藏發展的職責範圍認知也有不同，進而對館員的能力要求也有不同。Budd 與 Bril（1994）針對圖書資訊學研究所有開設館藏發展課程，請教以館藏發展為研究興趣的教師及館藏發展館員，有關學校課程應包含哪些學習與訓練，以能培養館藏發展館員的看法（表 11-1）。結果顯示在 15 項課程內容上，雖然教師與館員對課程內容的優先順序看法不盡相同，但非常接近，其中最重要的能力是具有辨識及使用重要資料選擇來源的能力、瞭解館藏發展目前相關議題。

Soete（1994）認為館藏發展的技能有三大部分，一是瞭解館藏發展功能及具備不同主題的基本知識，二是瞭解本身機構政策與程序、工作期待及環境，三是清楚組織文化及管理技巧。有關館藏發展館員應具備的能力，依據美國圖書館學會於 1996 年出版的 *Guide for Training Collection Development Librarians*，建

表 11-1　教師與館員對館藏發展課程內容排序比較

課程內容	館員	教師
具有辨識及使用重要資料選擇來源的能力	1	2
瞭解館藏發展目前相關議題	2	1
預算管理實務知識	3	10
館藏評估	4	3
制定館藏發展政策	5	4
瞭解合作與資源共享的可能性	6	5
使用者需求評估	7	6
瞭解代理商	8	7
非傳統出版的過程	9	11
著作權及相關法律議題	10	9
連續出版品採訪與控制	11	12
傳統圖書採訪	12	13
傳統出版過程	13	8
保存技術	14	14
館藏發展歷史	15	15

資料來源：Budd 與 Bril（1994）。

議訓練一個館藏發展館員的訓練模組，包括了依序進行的 14 個項目，而各項目列有館員應具備的能力，以及基本、中等與高階層次活動實例，此 14 個項目分別是（Fales, 1996）：

（一）館員須瞭解在圖書館扮演的角色，包括瞭解圖書館員的專業倫理、在業務執行上面對的法律層面問題（如著作權），以及瞭解組織的結構與價值；
（二）規劃館藏發展活動；
（三）擬定館藏發展政策；
（四）選書；
（五）與代理商設立館藏的需求檔，當有符合需求檔的出版品，代理商即提供圖書館檢視與選擇；
（六）預算管理；
（七）與圖書館其他部門人員建立合作關係；
（八）向使用者行銷、推廣與相互溝通；

（九）具備選書人員的專業知識背景；
（十）電子資源的館藏管理與發展；
（十一）館藏評估；
（十二）館藏淘汰；
（十三）館藏保存與維護；
（十四）募集資金，以改善預算配置。

Tucker 與 Torence（2004）指出，對於負責特定學科且兼任館藏發展部分工作的館員而言，應瞭解預算配置、辨識使用者需求、選擇資源、評估館藏、適應工作環境、時間管理，以及溝通聯繫的工作。至於負責館藏發展的新進館員，應先瞭解本身圖書館的館藏發展政策與整個館藏發展的進行程序，另為適應工作環境，應檢視負責的系所網站、掌握系所的相關資訊、瞭解館藏現狀、瞭解圖書館整個組織，以及認識其他一起負責館藏發展作業的同仁。因許多館員身兼不同工作，此也凸顯館員的時間管理能力也很重要。

Leach（2008）針對學術圖書館，提出館藏發展館員應具備的三大類能力：
（一）基本能力：和辨識、選擇、採訪各式資源的能力有關，重點在出版業的相關知識、館藏發展政策的發展與執行、預算管理、採訪過程的處理、淘汰資料與保存資料；
（二）財務與管理能力：指的是面對紙本版與電子版的選擇，以及期刊多種價格銷售，如果要從中選擇對圖書館最有利者，會面對評估的問題，尤其是電子資源的使用涉及較複雜的管理問題，包括授權、技術及後續保存管理的問題；
（三）溝通與合作能力：館員必須與服務的使用者之間有良好溝通、與代理商之間有協商授權的能力，以及與其他圖書館建立合作關係的溝通能力，而在與使用者、代理商、出版商、其他圖書館等溝通上，為增進溝通效率，需要瞭解與善用多種溝通工具，除了面對面的溝通，也可能透過電子郵件或社群媒體的媒介進行溝通。

Gerolimos 與 Konsta（2008）分析 2006～2007 年英國、美國、澳洲及加拿大等國圖書館總計 200 則的館員工作徵才廣告內容，發現有 38 種對館員的技能及資格的要求條件。在技能部分，溝通技能在 65% 的徵才廣告中都有出現，出現次數最多，其次是館藏發展與管理能力（53%）、行政能力（36%）；另許多

技能要求與資訊科技有關，例如瞭解資訊科技的發展、軟體使用、圖書館自動化系統、網路、程式語言、多媒體、數位化等，其中出現次數最高的是數位館藏發展與管理能力（27%）及軟體使用（27%），顯示數位館藏發展與管理是數位化時代快速產生的新技能要求。

Johnson（2014）列出館藏發展館員可能負責的四大類職責項目：

（一）選書

選擇一種或多種不同格式的新書、利用線上圖書代理商系統選擇資料、選擇取用數位資源的方式、選擇回溯性資料、評估網路資源將之納入圖書館目錄或透過圖書館網站讓使用者可以連結取用、回覆使用者的圖書薦購、選擇要淘汰、儲存、保存、汰換、數位化或取消的館藏、辨識出要數位典藏的資料、構思閱選計畫、規劃使用者導向的採訪計畫。

（二）編列預算

合理配置預算、花費及管理配置的經費、與捐贈者合作、擬定經費補助計畫書與管理補助經費。

（三）計畫與組織

與館內其他同仁及合作圖書館進行館藏發展與管理活動的協調作業、監控與檢視閱覽計畫、館藏交換協定與使用者導向採訪計畫、透過本身圖書館整合系統與出版商或代理商提供的資料產出評估報告、從電子資源管理系統轉出相關資料並予以分析、評鑑館藏與相關服務以確認二者之間有無差距存在、促進合作館藏發展、擬定與修正館藏發展政策。

（四）溝通與報告

服務處理館藏事宜的委員會、透過報告與簡報方式讓管理者及其他相關利害人瞭解圖書館的完成事項與面臨的挑戰、行銷館藏與資源、執行使用者推廣活動、與其他圖書館與館員維持聯繫、回應圖書館館藏的挑戰、諮詢相關委員會成員、提供使用者諮詢服務。

此外，國際線上圖書館電腦中心（Online Computer Library Center，簡稱 OCLC）於 2014 年修訂 *Competency Index for the Library Field*，提出 21 世紀館員應具備的知識與技能，此指引的初版是於 2009 年出版的 *WebJunction Competency Index*，其參考了多種圖書館專業人員的能力指標，而 2014 年的修訂版內容有五大部分（Gutsche & Hough, 2014）：

（一）各館員應共同具備的核心能力：首先任何職位的館員都應該具備資訊技術及人際關係二種能力。在資訊技術方面，館員應會使用電子郵件、瞭解電腦硬體與其周邊設備、移動式設備、網際網路、作業系統、基本常見軟體及網路技術；人際關係方面，包括培養合作能力、提供好的使用者服務、瞭解圖書館服務的專業倫理對與其職責的價值、具備領導與管理技能、持續學習與創新。

（二）圖書館館藏能力：有關圖書館館藏能力又分成六種，包括採訪、編目、館藏發展與管理、數位資源技術、電子資源管理、保存。其中的館藏發展與管理能力包含五個面向：1. 依據使用群需求建置與管理多種格式的館藏資料；2. 建立與應用選擇與評估館藏的標準，以建置高品質館藏與相關資源；3. 研究與設計系統、服務，以提供最佳的資源取用；4. 瞭解與設立館藏發展政策與程序；5. 確保館藏新穎、有用且狀況良好。

（三）圖書館管理能力。

（四）使用者服務能力。

（五）系統與科技方面能力。

雖然上述指引已詳列館藏發展館員應具備的能力，但並不是表示所有館藏發展館員都要負責上述所有工作及具備所有能力，因不同的工作項目有不同的能力要求，而圖書館也會因為本身規模大小、預算多寡、不同任務及所服務的使用者群不同而有不同的館藏發展工作內容。小型圖書館可能是由一位館員處理所有事項，而大型圖書館可能集中職責，或依主題、使用者群、館員所在館的地理位置、館藏發展活動來分配職責。

綜合上述不同時期不同人士對館藏發展館員能力的建議，可以看出當中有相當的重疊處，並可歸納出館藏發展館員需具備館藏發展一系列活動的能力，包括使用者需求分析、擬定館藏發展政策、選擇資源、預算控制、館藏評估、館藏保存等。

館藏發展館員的能力主要來自學校時期的專業能力培養，進入職場後，對於新進的館藏發展館員或新接手的館員，圖書館本身應有在職訓練（on-site training）計畫的引導，協助瞭解工作內容。事實上，館員實務工作能力的強化主要來自工作經驗，至於實務外的專業知識則主要依賴學校資源，由於館員在學校時期所學習的知識會過時，而學校提供的館藏發展課程內容也會調整與改變（Horava, 2015; Metz, 1994），因此進入職場一段時間的館員，可能選擇回到學校透過專業課程來充實專業知識，顯示繼續教育（continuing education）成為重要的專業知識強化方式，是持續性專業發展的一部分。

　　在學校的專業培養階段，除了學習館藏發展實務工作背後的理論，也有接收到實務工作上的經驗資訊，但強調的是概念的學習，真正對館藏發展瞭解還是有賴實務工作的學習與磨練。而除了正規教育外，長期而言，館員仰賴工作上的學習，包括參加短期的工作坊、研討會、自行研讀相關文獻、與同事討論（Ameen, 2009）。

第三節　合作館藏發展的意涵

一、合作館藏發展的目的

　　在人類資訊量不斷快速成長下，為因應使用者的需求，圖書館原本一直期許自身能持續擴大館藏規模，強化館藏質量，但期刊、電子資源的昂貴價格及價格持續高漲的趨勢，使得圖書館在長期經濟衰退帶來預算不足的情形下，購買館藏的能力呈現下降狀況，進而讓圖書館體認到難以透過自身的力量來提升館藏質量，滿足使用者的需求。

　　面對預算上的困境，圖書館為維持或提高使用者的服務品質，滿足使用者的資訊需求，發現尋求其他圖書館合作夥伴，從資源共享的觀點，一起與合作夥伴發展與管理館藏是圖書館得以繼續生存的最佳策略。圖書館透過資源共享的作法，可以在節省成本的前提上，與其他圖書館一起合作發展館藏，持續擴大提供使用者需要的資訊資源。

　　所謂合作館藏發展（collaborative collection development），依據Branin（1991）的定義，是指由兩個或兩個以上圖書館之間，以有利於使用者及節省成

本的方式於採購資料、發展館藏，以及管理館藏的成長與維護館藏的過程中，所共享的責任。換言之，合作館藏發展可能是圖書館之間合作採購、合作儲存館藏等活動。Burgett、Haar 與 Phillips（2004）則定義合作館藏發展是多個圖書館協調其館藏的發展與管理，目標是比僅由一個圖書館獨自建立館藏，更能建立一個更大與更有用的聯合館藏，其指出當二個或更多的圖書館承諾一起致力於館藏發展與管理，即是在進行合作館藏發展。

　　Burgett 等（2004）指出，一個成功的合作館藏發展與管理依賴三個共生要件：書目檢索（bibliographic access）、館際互借（interlibrary lending）及館藏發展（collection development）。而 Johnson（2014）則指出三個共生條件是資源共享（resource sharing）、書目檢索（bibliographic access），以及經協調的館藏發展與管理（coordinated collection development and management）。比較二者的說法，可以發現，除「書目檢索」的用詞一致外，Johnson 以包含館際互借在內的資源共享一詞取代館際互借，也以更清楚的「經協調的館藏發展與管理」取代「館藏發展」一詞，事實上，二者的說法是一致的。

　　所謂書目檢索是指提供使用者發現可獲取的館藏資料工具，此通常是指聯合目錄。圖書館之間如有建置聯合目錄，可以方便彼此瞭解可以使用的所有館藏現狀，據以進行館藏互借作業，因此，聯合目錄是促進圖書館合作的基本工具。對使用者而言，時間是影響其資源取得的重要因素，尤其在目前相對便捷的資訊環境裡，使用者比以前更無法忍受取得資訊的等待時間，而聯合目錄可幫助使用者快速查找資源，節省時間。唯參與合作的圖書館可能個別使用不同的圖書館自動化系統，因此如何解決系統整合問題，將其他圖書館的館藏目錄整合至本身圖書館目錄系統中係早期發展的一大挑戰，不過拜資訊科技進步之賜，書目檢索問題的困難度已大幅降低。

　　在資源共享部分，圖書館之間的資源共享活動有多種形式，其中館際互借及資料複印是歷史最悠久且最普及的合作方式，其是指有建立合作關係的圖書館，其使用者可以申請獲取來自其他圖書館的館藏資源。但是傳統的紙本資源館際互借服務僅是提供彼此館藏的借閱與複印服務，是提供圖書館使用者非重度使用資源的替代方式，不會彼此影響圖書館之間的館藏發展，所以並不是真正的合作館藏發展。而其他常見的資源共享活動，包括了合作採購館藏、聯合參考服務、共同建置數位資源等，不管是何種形式的資源共享活動，使用者所需資料的傳遞速

度是資源共享成功的關鍵因素。至於經協調的館藏發展與管理，其重點在採購未來的館藏，確保使用者所需的資源會被其中一個會員圖書館擁有。

簡言之，當使用者需要使用典藏在其他圖書館的館藏資料時，所仰賴的就是聯合目錄等方便查詢的書目檢索工具及快速的文獻傳遞服務，因此上述三個要件是相互依存，缺一不可。

從上述合作館藏發展的定義可以瞭解圖書館之間進行合作館藏發展的形式與活動相當多元，無論是合作採購館藏或合作儲存館藏，共同的目的都在節省圖書館預算。就合作採購館藏而言，有合作關係的圖書館可以僅採購一本新書，提供所有合作圖書館借閱使用，對彼此有合作關係的所有圖書館而言，合作的目的在減少採購彼此重複的館藏，將節省下來的圖書採購費用投注在購買不重複的館藏資料，讓本身圖書館的圖書預算做更有效率的運用。

從另一個角度來看，降低彼此重複館藏，可以鼓勵圖書館採購獨特資料，以增強合作館整體館藏的多元性（Nous & Roslund, 2009）。合作館之間可以訂定免除彼此館際互借所要支出的費用，再加上合作關係的建立可以降低對沒有合作關係的圖書館的館際互借依賴程度，減少館際互借所需支付的費用，等同是集結不同圖書館的資源，讓圖書館在預算不足情形下，仍可盡量滿足使用者的資訊資源需求，使圖書館的效能發揮到最好。

至於合作儲存館藏方面，圖書館之間可以共享儲存設施與空間，將本身圖書館低使用率的館藏移至館外的合作儲存處所，以便將釋放出來的空間用以典藏新採購的紙本館藏資料，或是將空間提供給新的圖書館服務使用（Clement, 2007）。另透過合作關係的建立也可以改善或增進與其他圖書館的關係，因為館員有機會與其他圖書館館員交換工作上的經驗或討論工作上的問題，甚至提供專業及非專業人員的交換機會，或是提供實習機會（Evans & Saponaro, 2012）。

圖書館的使用者及圖書館本身都能從合作館藏發展中獲益，促使合作館藏發展在圖書館界日漸普及。2006 年 7 月，一項針對美國圖書館的網路調查，依據 92 個美國的圖書館回覆結果顯示，93% 的受訪圖書館表示至少有加入一個圖書館聯盟，此顯示一個圖書館可能加入多個圖書館聯盟；受訪的圖書館表示，參加圖書館聯盟對館藏發展最大的好處是讓使用者可取用到更多的資訊內容（77% 回覆者），其次，可以透過聯盟與出版商或代理商的談判，降低每年要採購的館藏價格上漲幅度（58% 回覆者），至於合作館藏發展的其他可能好處，包括可以認

識其他館員及與本身圖書館情況類似的其他圖書館，彼此交換資訊與看法，或是可以從出版商或代理商拿到最優惠的價格及典藏資源的權利，或是獲得經費贊助機構較多的關注；簡言之，受訪者高度贊同合作館藏發展最有利於節省圖書館的經費支出，其次依序是資訊取得、節省時間、透過聯盟與出版商或代理商談判會比個別圖書館處理更快與更容易等（Clement, 2007）。

2014年，針對美國研究圖書館學會（Association of Research Libraries，簡稱ARL）的會員圖書館所進行的參與合作保存與取用紙本館藏資料的相關計畫調查顯示，合作保存與取用紙本計畫多以紙本期刊典藏為主，且參與合作的圖書館主要是合作管理，而非合作館藏建置，且多數做為典藏的機構只採取保存一個複本的政策。而圖書館參加合作計畫的主要動機是得以更具成本效益的方法去保存館藏資料，其次的動機是希望釋出書架空間，做為其他使用或儲存其他紙本資料。至於已經將紙本期刊數位化保存並繼續保存紙本期刊的圖書館，其保存紙本期刊的主要理由是考量到研究仍需要參閱紙本期刊，例如據以確認文獻的版本、取用附件或圖像資料等，其他理由則包括數位化技術的問題，例如可能有掃描錯誤，或掃瞄標準改變，導致經掃瞄產生的電子檔版本無法使用，仍需要查閱紙本期刊，或是基於圖書館有館藏管理的職責，考量當自然災害造成數位資源受損時，也唯有保存紙本資源才能確保讓使用者可以繼續取用所需資源（Crist & Stambaugh, 2014）。

二、合作館藏發展的挑戰

雖然合作館藏發展具有許多優點，許多圖書館參加了不同規模的圖書館合作組織，但一個成功的合作館藏發展計畫需要克服不少以下的障礙（Booth & O'Brien, 2011; Burgett et al., 2004; Harris & Peterson, 2013; Nous & Roslund, 2009）：

（一）犧牲部分自主權

合作意謂所有參與的圖書館要互相依賴，個別圖書館的館藏使用者不再限於本身機構的使用者，而是要和所有參與合作的圖書館使用者共同分享，因此當本身圖書館的圖書已出借給其他圖書館的使用者，在該書未到期前，如果剛好遇到

自身圖書館的使用者也要借閱該書時，是需要等待歸還，而非有絕對的優先使用權。如果是與其他圖書館合作建置館藏，衡量合作圖書館的整體館藏，最重要的發展前提是要盡量減少彼此重複的非核心館藏，故會員圖書館會被指派負責特定主題或範圍的館藏資料，自身館藏的建置不是完全以本身使用者的需求為唯一考量。在所有會員圖書館取得共識的前提下，會員圖書館不能完全自由地憑自身需求與喜愛去發展本身的館藏，必須與所有合作館整體的合作目標妥協，願意犧牲部分的自主權，來換取整體的最大利益。

（二）規避風險

會員圖書館之間的合作是建立在相互信賴的基礎上，參與合作的圖書館除了可使用所有會員圖書館的館藏資源外，也要承擔責任，向整個圖書館聯盟承諾會負責強化特定種類資料。但是當圖書館面臨預算困難時，可能會以自身圖書館的需求為優先考量，進而放棄對圖書館聯盟的承諾，迫使其他會員圖書館要承受館藏缺口的問題。圖書館加入圖書館聯盟後，對於承諾負責的館藏範圍，自然要從本身圖書館的預算中撥出部分支應，因此會影響投資在本身圖書館需求的可用預算。此外，即使圖書館要負責強化的主題館藏可能也是本身圖書館使用者的主要需求，但使用者需求可能會產生變化，導致圖書館負責強化的主題館藏可能變成不是本身圖書館使用者的需求資料，讓圖書館的使用者或行政高層無法理解把預算花在使用者不需要館藏的原因。

（三）組織屬性

圖書館的種類繁多，規模、運作方式、預算及組織任務等差異，難以讓不同種類圖書館的相關人員就館藏發展事宜進行討論，因此圖書館傾向與本身組織接近的圖書館合作。小規模的圖書館對合作館藏發展有較大期待，希望可以透過其他圖書館的館藏來彌補本身館藏上的缺陷，相對上，大規模的圖書館則擔心成為其他小規模圖書館的資源支援者，出現各參與圖書館工作心力付出不均等的情形。

（四）財政因素

預算不足直接影響圖書館可以滿足使用者需求的程度，因此圖書館的經濟

能力成為影響圖書館合作的重要因素。一般參與合作組織的圖書館認為參與合作組織所投入的成本會低於回收成本，有經濟上的效益，不過，參與合作並不是免費參與，參與合作的圖書館是否有持續性的經費來支持合作計畫的進行是關鍵因素。加入圖書館聯盟的費用分擔方式有多種，可能是依據使用情形、圖書館預算規模、使用者數量、機構大小等情形共同負擔成本。

前述提到，當圖書館決定加入圖書館聯盟，即表示必須將本身預算撥出部分做為聯盟任務使用，如此一來，會直接影響維持本身圖書館使用者所需資料的花費，特別是當圖書館有預算困難時，就會面臨衝突，需要思考究竟是以本身圖書館的需求為優先考慮，還是遵守參與聯盟的合作協議內容，而當圖書館選擇以本身圖書館需求為優先考量時，即成為聯盟失敗的原因。OCLC（2013）於2012年調查美國國內的圖書館聯盟結果顯示，圖書館聯盟的最大挑戰是經費問題。另圖書館可能擔心被指派花錢採購的特定範圍資料不符合本身圖書館使用者的需求，缺乏必須採購的正當理由。

事實上，參與合作館藏發展的圖書館還是要維持本身使用者最需要的基本與重要館藏，加入圖書館聯盟僅是將價格昂貴且使用頻率不高的館藏，透過資源共享方式來達到在節省館藏預算支出下，仍能提供使用者使用所需資訊的策略。此也反映合作館之間的文獻傳遞速度很重要，雖然使用者無法直接從本身機構的圖書館取得所需資訊，但只要使用者等待自其他圖書館傳遞所需資訊的時間在忍受範圍內，即不會影響合作的成效。

有利於圖書館之間進行合作的因素很多，Shelton（2004）經面訪18個成功的合作館藏發展計畫代表，指出成功的合作館藏發展計畫包含三個條件，一是有成功合作的歷史與傳統，二是參與合作的機構承諾會提供經費支持合作計畫，三是共享對合作任務的承諾。此三點看法也包含在Clement（2007）指出的成功合作要素內，其指出如果圖書館之間過去有合作的經驗，或是有共同的管理機制、有正式的合作協議且協議內容透明，或是有類似的圖書館規模、類型與管理機制、願意一起投資、可以接觸到參與機構的高階管理層級，以及經濟狀況穩定等，則容易有成功的合作。至於合作館藏發展的最大挑戰是各參與機構的動機、承諾及付出心力的程度，從成功的合作館藏發展計畫，可以觀察到幾個共同特點（Harrasi & Jabur, 2014; Shelton , 2004）：

（一）有效率的溝通與協調：包括在剛成立初期以謹慎的腳步進行、有請教諮詢

的時間、成立獲得館員支持的包含來自不同機構代表的顧問委員會、公開決策過程、具共識的委員會；頻繁的溝通有助於參與的圖書館有機會瞭解大家對合作的看法，討論潛在的問題，同時可以強化會員圖書館之間的關係，而面對面的溝通是最有效率的溝通方式。

（二）所有合作館藏發展都有清楚的目標與焦點，而合作計畫的目標也會與各參與機構本身的個別目標相符，此表示合作館藏發展要有明確的政策與策略，管理所有合作事宜。

（三）圖書館聯盟的目的具有彈性，可以適應預算的波動、成員的增加、非等量的承諾與投入，以及改變中的技術，調整各種活動。

（四）所有圖書館聯盟都在技術基礎建設上投入相當資源，提高圖書館之間的合作效率。傳統的聯合目錄、館際互借系統、文獻傳遞已不足以因應需求，因為許多圖書館的服務都是透過網站進行，凸顯需要技術專家的支援來更有效率地協助發現、管理及傳遞資源。

以上顯示參與合作館藏發展組織的圖書館要投入的不僅是金錢，還有技術資源、人力資源，以及願意與其他會員圖書館共享的資訊資源。而所有參與圖書館的權利與義務都有賴良好溝通、協調，達到合作的共識。

第四節　合作館藏發展的種類

合作館藏發展的種類多元，其可能受到合作圖書館的目標、參與合作的圖書館數量、圖書館規模、合作本身的性質與複雜性、經費模式、合作的館藏性質等影響（Booth & O'Brien, 2011）。以下依合作館藏發展活動的目的，介紹五種常見的合作發展種類。

一、合作採訪

20 世紀初期，美國已有研究圖書館開啟合作採訪事宜，並陸續有許多組織成立，扮演領導圖書館合作的角色。早期主要的合作模式有分散型及集中型二種（Hazen, 2007）。分散型合作是藉由合作圖書館彼此的協議，各自負責部分館藏的蒐集與典藏，並提供所採購資料的編目資料，讓所有參與的圖書館能透過聯

合目錄的查詢，透過文獻傳遞的機制提供大家共同使用。早期的合作採購計畫多屬分散型合作模式，例如由美國國會圖書館提出構想、ARL 贊助的法明敦計畫（Farmington Plan）是美國第一個全國性合作採訪計畫，目的在確保美國的圖書館有典藏國外的學術出版品，讓所有會員圖書館能透過館際互借使用彼此的館藏資料，而參與的圖書館同意購買被指定負責的國家出版品，並提供採購資料的目錄卡片，以利將所有書目資料集中在國家聯合目錄（national union catalog），並提供查詢（Burgett et al., 2004）。

另拉丁美洲合作採購計畫（Latin American Cooperative Acquisition Plan，簡稱 LACAP）（1960～1972）目的是採購拉丁美洲國家新近出版的資料，480 號法案（Public Law 480 Program）則與法明敦計畫有相同目的，目的在強化美國的國外出版品蒐集，美國國會曾在 1954 年通過農業貿易發展暨補助法案（Agricultural Trade Development and Assistance Act），授權國會圖書館得在國會決議指定用途的限度內，運用美國外匯購置外國出版品，並在美國各地圖書館設置寄存地點，而 480 法案是上述法案的修正款，從 1967 年至 1973 年間共獲得 1,730 萬件資料，並將之分散儲存在參與的圖書館（莊建國，1998）。

上述三個計畫皆在 1970 年代初期陸續結束，未成為成功的合作案例，而自 1966 年起實施的美國全國採購暨編目計畫（National Program for Acquisitions and Cataloging，簡稱 NPAC），是 1965 年美國高等教育法案（Higher Education Act of 1965）授予美國國會圖書館經費，指定該館盡可能蒐集世界各國學術出版品，並迅速提供編目資料，參與此計畫的圖書館除合作採購外，也進行合作編目，是美國全國性合作採購計畫的成功案例（胡述兆，1989）。規模較小的地方館藏採訪案例，如西南俄亥俄州宗教合作（Southwesthern Ohio Religious Cooperative）是俄亥俄州合作建置宗教圖書的計畫，參與的各圖書館要負責採購特定宗教的圖書（Nous & Roslund, 2009）。另有些合作採購計畫不是由圖書館主動發起，如美國密蘇里州於 1998 年通過一項法案，提撥 300 萬美元給該州大專院校圖書館進行紙本圖書合作採訪（Nous & Roslund, 2009）。

至於集中型合作模式是透過共同的經費與管理，集中採購及典藏重要的館藏。以研究圖書館中心（Centers for Research Libraries，簡稱 CRL）的成功合作模式為例，1949 年，美國 10 所研究型大學在芝加哥成立 CRL，其成立的時代背景源自 1940 年代末期美國的高等教育快速擴張，加上美國於二次世界戰後，

為維持世界強權需要政治與經濟的專長，大學需要回應此國家需求，但當時美國正面臨經濟衰退，圖書館無力獨自提供師生需要的國外資料，也無力管理低使用頻率的國內舊資料，因此合作採購研究資料成為圖書館生存的最佳途徑（Reilly, 2012, 2013）。

在合作採訪上，讀者導向採購模式（patron-driven acquisition，簡稱 PDA）也開始成為圖書館合作採購圖書的模式。對圖書館而言，在有限的預算下，如何提供使用者需要的資源是很重要的議題，在獲知使用者需求的多種可能方式中，由使用者自行提出所需資源是最明確的使用者需求來源，這使得 PDA 模式受到關注。在紙本館藏時代，圖書館的館藏資料合作是透過館際互借達到資源共享，至於電子館藏方面，則無法如紙本資源採用館際互借的方式相互共享，除非圖書館有取得代理商授權同意在某種層級上可以讓所有圖書館聯盟的使用者檢索使用（Davis, Jin, Neely, & Rykse, 2012）。

在紙本館藏合作上，以美國水牛城大學（University at Buffalo）為例，其與美國帝國學院（Empire State College）於 2007 年 4 月開始一項圖書合作館藏發展計畫。水牛城大學與帝國學院都是 SUNY（State University of New York）聯盟的會員，彼此免費提供圖書借閱，其中水牛城大學是 SUNY 最大的圖書館，有豐富館藏，而帝國學院館藏量小，因提供線上課程，對使用者提供的都是線上圖書館服務，而此二所圖書館的合作方式是當帝國學院使用者向水牛城大學圖書館提出館際合作申請，水牛城大學圖書館的館員會先確認本身館藏是否有使用者申請的資料，如果沒有，就會購買，而不採用以付費方式向其他圖書館進行館際互借申請。此合作計畫是結合使用者需求及館際互借的概念，由帝國學院提供經費，讓水牛城大學圖書館負責採購，而新購買的圖書將會典藏在水牛城大學圖書館，如此一來，水牛城大學圖書館可以在節省本身圖書館採購預算下增加館藏，而帝國學院圖書館則是透過此種合作，提高使用者獲取資訊的機會，以增進滿意度（Booth & O'Brien, 2011）。

2009 年，美國伊利諾大學香檳分校（University of Illinois at Urbana-Champaign）向所屬的美國伊利諾州學術與研究圖書館聯盟（Consortium of Academic and Research Libraries in Illinois，簡稱 CARLI）提出一項測試 PDA 紙本圖書採購的計畫書，其設定的圖書範圍條件是重要的美國商業出版商及大學出版社、定價美金 300 元以下的以英文出版的學術圖書、出版時間自計畫前三個月

起一年內出版的圖書,並排除教科書及已經購買的電子版本圖書。最後工作小組成員需選出 CARLI 會員圖書館使用者有興趣的圖書,在去除重複圖書後,約有 16,000 筆的書目資料匯入伊利諾大學香檳分校的資料庫內。依據使用者提出的需求,新購買的圖書典藏在伊利諾大學香檳分校,並設立新的文獻類型標記,以提高這些圖書的流通率;另工作小組也在 CARLI 多數會員圖書館使用的整合性圖書館系統上提供書目資料,提供使用者查詢使用,並告知使用者,如有使用者提出需求,被提出需求的 PDA 測試圖書,如經確認未在 CARLI 的會員圖書館館藏,以及符合先前訂定的條件,就會決定購買,平均提出需求的使用者可在三個工作日內收到所需要的圖書;最後於計畫結束時,再將 PDA 圖書書目資料撤除,並產出計畫期間 PDA 圖書的使用報告(Wiley & Clarage, 2012)。

　　不管是分散式模式或集中式模式,目的都在減少各圖書館館藏的重複購置,以擴大資料蒐集範圍,使圖書館有限的經費得以做最有效的運用。而協調程度最高的合作館藏發展是依據協調及合作計畫,由參與的圖書館各自負責蒐集不同的出版品,靠集體力量來增加館藏的深度及廣度,改善圖書館的服務。要特別說明的是,並不是所有館藏都需要透過協調後建置,事實上,合作館藏發展而是將本身館藏區分為核心館藏及邊緣館藏,其中核心館藏是指一學科的重要智慧成果,或是高度使用或符合特定標準的資料,這是各圖書館應自行發展的部分,只有邊緣館藏部分是由參與的圖書館共同合作產生(Johnson, 2014)。

二、電子資源租用與採購

　　隨著電子資源的成長及使用者的喜愛,圖書館每年花費在電子資源的預算甚至高於其他種類資源,加上電子資源價格昂貴,使得圖書館採購的館藏數量難以增加。由於出版商或匯集商對電子資源的銷售方式不同於紙本資源的銷售方式,不傾向採取買斷方式,而是以出租方式,讓圖書館僅於契約期間內有使用的權利,而圖書館為了從電子資源賣方取得有利本身的契約條件,會採用集體採購策略來達到以量制價的目的,也希望透過代表集體的談判專家與電子資源賣方進行授權談判,為圖書館爭取權益。因此,電子資源採購已成為目前圖書館聯盟的常見合作事項。

　　由於電子資源的採購與紙本資源不同,絕大多數的出版商或代理商不同意合

作館之間可以借用電子資源，因此電子資源的採購並不是強調減少圖書館之間的重複館藏，而是在爭取優惠的價格與使用權，因此有關電子資源的館藏發展部分不會進行館藏建置的協調事宜。

1975年成立的Illinois Library and Information Network，是由伊利諾州州立圖書館（Illinois State Library）管理、州政府贊助的地區性圖書館合作組織，成員包括公共圖書館、大學圖書館、學校圖書館及專門圖書館等5,000餘所圖書館。此聯盟提供伊利諾全州的文獻傳遞服務及電子資源檢索，其中電子資源的使用分成三種等級，第一種是由州圖書館完全補助的電子資源，會員圖書館免費使用；第二種是部分由州圖書館補助，會員圖書館如有訂購該等電子資源必須負擔部分費用；第三種是州圖書館沒有補助，但州圖書館代表會為有意願採購電子資源的圖書館去爭取優惠價格（Johnson, 2014）。

至於臺灣的電子資源相關聯盟朝向多元化發展，因應不同圖書館的需求，目前相關聯盟有「全國學術電子資訊資源共享聯盟」（CONsortium on Core Electronic Resources in Taiwan，簡稱CONCERT），其是為協助國內各學術機構徵集電子資源，並提升各單位經費與資源運用效益，由財團法人國家實驗研究院科技政策研究與資訊中心於1998年成立。主要任務在協助引進會員所需的電子資源（重點放在電子期刊及電子資料庫），以聯盟議價降低電子資源徵集成本，以及定期提供會員所需的教育訓練（臺灣學術電子書暨資料庫聯盟，無日期）。

另於2007年11月成立的臺灣學術電子書暨資料庫聯盟（Taiwan Academic E-Books & Database Consortium，簡稱TAEBDC），目的在集結圖書館的力量，發展與西文電子書供應商的聯合採購洽談機制，其成員為臺灣的大專校院，由教育部及聯盟成員共同負擔採購經費，以買斷方式採購西文電子書，讓參與聯盟學校共同擁有永久使用權（臺灣學術電子書暨資料庫聯盟，2010）。

2005年，The Colorado Alliance of Research Libraries開始與書商YBP及Blackwells Book Services進行一個共享的大學部圖書採購計畫，以改善該圖書館聯盟的館藏範圍與深度（Fong, Gaetz, Lamborn, & Levine-Clark, 2010）。2010年，美國奧瑞岡地區21所大學圖書館所組成的Ontario Council of University Libraries與Ebrary合作進行PDA計畫，目的在確保各會員圖書館的使用者都可參與採購圖書館共同有興趣的電子書，且採購的電子書不會與圖書館的現有館藏重複。在此計畫中，Ebrary為會員圖書館設立資金帳戶，各會員圖書館是依據所屬大學的

全職教職員人數，提供不同等級的費用，各會員圖書館的使用者可以透過目錄或Ebrary電子書平臺查詢資料，當會員圖書館帳戶內的經費用完，必須再挹注資金，或選擇不繼續參與計畫（Davis et al., 2012）。

三、共享館藏儲存設備

大規模圖書館如學術圖書館有較大館舍空間不足的壓力，即使電子資源的使用愈來愈頻繁，紙本館藏的保存仍是重要議題。在預算不充裕的情形下，面對保存具研究價值但低使用率的紙本館藏，有些圖書館只保留一個複本，以節省實體的儲存空間，並投資高密度的儲存設備，而有些圖書館在允許可以借閱唯一複本的情形下，導致唯一複本很快產生破損或遺失狀況。保存唯一複本的方式有多種，在數位化方式出現以前，主要是由圖書館合作建置儲存處所，減少各自儲存低使用率館藏的館舍空間壓力，並將唯一複本儲存在共享的儲存處所，以節省實體儲存空間。

TUG（Tri-University Group of Libraries）是由位於加拿大安大略省滑鐵盧大學（University of Waterloo）、威爾弗里德‧勞里埃大學（Wilfrid Laurier University）及貴湖大學（University of Guelph）組成的圖書館聯盟，於1995～1996年開始合作發展紙本與電子館藏、館際互借、共享儲存設備，以及整合性圖書館系統。1995年，此聯盟購了一棟建築物，做為共同儲存低使用率館藏的處所，其依據各校學生數及圖書館預算公式決定館藏擁有權、運作費用及空間配置，並計畫於此棟建築物儲存不重複的館藏資料，然因缺乏妥善規劃，導致自三所大學圖書館移轉過來儲存的館藏有重複情形，甚至同一所大學圖書館也有移轉多個複本的情形，最後聯合擁有權的構想並未實現，仍維持各自擁有本身圖書館原本的館藏。為解決空間不足問題，後續的改善計畫強調僅儲存一個最後的複本，盡量降低重複儲存的圖書及期刊複本，以延長儲存處所的使用壽命（Gillies & Stephenson, 2012）。

此種共同儲存唯一複本會產生的問題是，當圖書館聯盟未採用共享擁有權的作法，讓唯一複本的擁有權仍掌握在原圖書館手上時，會導致圖書館為爭取擁有權而爭相搶先成為唯一複本的移轉者。

四、共享紙本期刊典藏

為解決圖書館館舍不足問題，非營利組織 JSTOR 將許多紙本期刊數位化，以電子形式集中儲存在資料庫，提供圖書館及其他使用者利用，因此圖書館可以向 JSTOR 訂購線上版的過期期刊，淘汰紙本期刊，以達到節省儲存紙本期刊空間的目的。許多圖書館將本身已有的 JSTOR 紙本期刊視為是合作儲存的標的，共享儲存設備，而有些合作計畫是出版商將電子期刊的紙本版本移送至儲存處所（Payne, 2007）。例如西部地區保存信託（The Western Regional Storage Trust）是位於美國西部的一個分散型的回溯紙本期刊的保存計畫及圖書館聯盟，其將研究圖書館、大專院校圖書館的回溯紙本期刊分散儲存在指定的圖書館（Stambaugh, 2013）。

五、數位保存館藏

館藏定義的改變，使得透過網路平臺，建置以數位化資源為主體的虛擬圖書館也是一種合作館藏發展方式。Demas 與 Miller（2012）指出館藏管理所要管理的部分是圖書館本身的紙本與數位館藏，以及圖書館之間共享的紙本與數位館藏。

成立於 2008 年的 HathiTrust Digital Library 是大學圖書館及公共圖書館組成的數位圖書館聯盟，目的在以數位方式長期保存圖書館資料，並提供使用者使用圖書館的數位館藏。一開始此聯盟的重點在保存會員圖書館的數位化圖書與期刊內容，以及提供目錄及全文檢索使用，也包括來自公共領域（public domain）、Google、Internet Archive（美國一個非營利機構，目的在建置數位圖書館，提供大家利用）、Microsoft 的數位化資源，使得會員圖書館之間可以透過紙本館藏及來自紙本館藏的數位版資源進行合作，共同使用館藏及管理館藏；參與的圖書館可以寄存本身圖書館的數位資源，或是為回報使用數位資料庫的資料而選擇參與資料典藏庫的長期資料庋存與管理（Demas & Miller, 2012; Hathi Trust Digital Library, 2015）。

Canadian Research Knowledge Network（簡稱 CRKN）是由加拿大大學所組成的合作組織，致力於擴展研究用的電子內容。2000 年 1 月，加拿大 64 所大學

於簽署協定後啟動了 Canadian National Site Licensing Project，希望透過電子版研究資源的授權來提升全國大學的研究與創新能力。2004 年 4 月 1 日該試驗性的計畫變成一個非營利機構，更名為 CRKN，之後新增加 10 所大學會員，並有感於對社會科學與人文科學電子資源的需求，該組織在 2005 年規劃一個三階段的電子資源擴展計畫，計畫經費主要來自加拿大創新基金會（Canadian Foundation of Innovation），加上各會員機構的志願性贊助（Canadian Research Knowledge Network, 2013）。

成立於 1988 年的美國紐澤西州 VALE（Virtual Academic Library Environment）聯盟，是該州第一個全州型學術圖書館聯盟，透過該州學術圖書館合作，進行一項名為 Last Copy Preservation Program，將唯一的紙本複本繼續儲存在自己圖書館內，但該館藏紀錄可在一個全州性聯合目錄中查找到。此計畫的最大挑戰是需要整合來自不同圖書館系統的目錄資料，而計畫的重點在保存 1900 年以前的圖書，被列為該計畫的紙本圖書，將不提供借閱服務（Brush, 2010）。

第五節　圖書館聯盟與合作館藏發展

圖書館基於各種合作所形成的正式組織即是圖書館聯盟。OCLC（2013）於 2012 年依據美國 101 個圖書館聯盟回覆的調查結果，顯示多數圖書館聯盟（40%）已成立超過 30 年，會員圖書館數量至少有超過 20 個，多者甚至超過 300 個；52% 的會員圖書館類型多元，其次，24% 是學術圖書館參與的聯盟，另高達 88% 的聯盟聘有全職人員。而聯盟領導人認為加入圖書館聯盟，對圖書館最有價值的部分是認為圖書館聯盟是專業的網絡（30%），其次是節省成本（23%）、採購電子資源（12%）、採用共同的圖書館整合性系統（12%）、資源共享（11%）、人員訓練（11%）、解決技術問題（10%）、專業發展（7%）。圖書館聯盟成立的主要任務是促進資源共享（26%），其次是透過合作提升圖書館的效率（22%），而圖書館聯盟最常提供的服務項目是館際互借／文獻傳遞／資源共享（45%），其次依序是聯合目錄（41%）、合作採購（38%）、電子內容授權（33%）、人員訓練（31%）、技術管理服務（28%）、專業與領導發展（24%），其中電子內容授權是未來最主要的合作。

另於 1996 年，成立國際圖書館聯盟組織（International Coalition of Library

Consortia，簡稱 ICOLC）是由全球約 200 個圖書館聯盟形成的非正式團體，屬非正式組織的原因是該團體並無相關規範，參與的圖書館聯盟也無需繳交會費，只要有興趣，圖書館聯盟可透過線上申請加入。此組織成立目的在促進圖書館聯盟交流，每年春季與秋季各舉辦一次會議，讓加入的圖書館聯盟有機會討論共同感興趣的議題，並也提供有關電子資源、資訊提供者與代理商的價格等重要資訊，因此，透過此組織的網站，圖書館可以掌握分布於全球的許多圖書館聯盟的資訊（ICOLC, 2015）。

依據 2015 年 10 月 6 日 ICOLC 網站上公布的 173 個圖書館聯盟資料，經自行統計各聯盟的主要功能項目，發現電子內容授權為排名第一的功能（87.2%），其次依序是人員訓練（58.4%）、共享館藏（49.7%）、館際互借／文獻傳遞（46.2%）、共享聯合目錄（37.6%）、館藏保存（25.4%）、電子內容下載／保存（24.3%）、編目服務（19.1%）、共享儲存設備（12.7%）。此外，圖書館聯盟成立的目的多元，很少聯盟僅有單一合作項目，因此圖書館聯盟可說是基於資源共享的合作，多數合作項目與館藏發展與管理有關。至於第四節說明的合作館藏發展的種類也是區分合作發展組織種類的方法，唯許多圖書館聯盟有一種以上合作館藏發展項目，難以被清楚劃分。

依據任務、經費來源、人員模式、圖書館成員、歷史等不同，有多種圖書館聯盟的存在，如依參與的圖書館類型，可簡單區分為二大類，一類是參與的圖書館都是同一類型的圖書館，另一類則是包含來自不同類型圖書館；如依圖書館聯盟的地理涵蓋範圍，可區分為地區性、全國性及跨國性組織三種。

在地區性圖書館聯盟部分，OhioLINK（Ohio Library and Information Network）是由美國俄亥俄州的大專院校、技職學校及州立圖書館成立的以一個州為地理限制的合作組織，此地區性圖書館聯盟的產生是源自 1987 年提出希望能有該州電子目錄系統的建議，到了 1992 年，開始有六所大學採用相同的圖書館自動化系統進行目錄的建置，而後在 1994 年，開始提供館際借閱服務（OhioLINK, 2016; O'Neill & Gammon, 2009）。

另美國位於北卡羅州的 TRLN（Triangle Research Libraries Network）是經濟大蕭條時代下產生的聯盟，於 1933 年，由北卡羅來納大學教堂山分校（University of North Carolina at Chapel Hill）及杜克大學（Duke University）先建立合作關係，之後北卡羅州立大學（North Carolina State University）於 1970 年代加入，以及北卡羅中央大學（North Carolina Central University）直到 1995 年，才加入該聯

盟。合作的館藏種類多元，但不包括各校都需要的教學資料，如教科書，各圖書館各自採購支援學術用的館藏資料，目標在降低重複館藏（Triangle Research Libraries Network, 2015）。其 2006 年的報告指出，71% 的館藏從聯合目錄中發現僅有一個圖書館有典藏，僅有 2% 是四所圖書館都有，此低重複館藏合作的結果，使得 TRLN 是一個成功的合作館藏發展聯盟的案例（Triangle Research Libraries Network, 2006）。

　　1996 年，由美國賓州 35 個學術圖書館成立的 PALCI（Pennsylvania Academic Library Consortium），2015 年已擴展成為橫跨四個州的圖書館聯盟，成員增加至 70 個學術及研究圖書館，有管理委員會及專職工作人員，該聯盟的合作項目包括館際互借、文獻傳遞服務、集體採購電子資源、館藏保存、共享期刊典藏、數位資源與災害規劃、館員交流等（PALCI, 2015）。

　　在全國性圖書館聯盟部分，1949 年成立於美國芝加哥的 CRL，一開始只有 10 所美國的研究型圖書館加入，截至 2015 年 7 月，CRL 中仍具有會員身分的圖書館達 215 個，會員圖書館可以檢索取用大量的館藏資料及參與合作館藏發展計畫（Center for Research Libraries, n.d.）。CRL 成立於紙本館藏時期，當初對館藏發展的關注焦點只在強化國外報紙、政府出版品、微縮資料、期刊、國外的學位論文，以及其他不常被使用的重要研究資料，而後續則因應資訊環境的變化，加強與其他機構合作，以豐富館藏內容的多樣性。在 1960 及 1970 年代，隨著美國的研究人員開始重視地區研究，此時期的 CRL 關注全球新興地區的研究資料，執行了一個長達 30 年的地區微縮計畫（Area Microform Project）；之後，1990 年代數位媒體及網際網路的興起，CRL 面對更多電子資源的問題（Reilly, 2012）。

　　2006～2007 年，CRL 訂定新的策略，決定要強化電子資源的服務，一是擴展對重要資源的電子檢索服務，此部分是透過 CRL 與其會員圖書館的館藏數位化處理來達成；二是支持投資數位資源；三是確保使用者可長期取用紙本及微縮資料。2007 年，CRL 和 Readex 出版公司以及其母機構 NewsBank 合作世界報紙檔案（World Newspaper Archive）計畫，該計畫是利用數位化技術，將 CRL 與其會員圖書館典藏的紙本與微縮資料形式的報紙資料數位化，以提供使用者以電子取用方式使用報紙資源的電子備份檔；另 2009 年 7 月，CRL 與主要北美地區圖書館聯盟與其他組織，包括 JSTOR、Ithaka 與 OCLC Research，舉辦一個論壇，討論典藏印刷資料的挑戰，並於 2011 年邀請 California Digital Library 發展

Print Archives Preservation Registry 資料庫；2010 年，CRL 與法律圖書館微縮聯盟（Law Library Microform Consortium）合作，擴展重要法律資源的取用。簡言之，CRL 多年來致力於重要回溯研究資源的保存與取用，而非最新的學術期刊資料（Reilly, 2012）。

　　至於跨國性圖書館聯盟組織數量明顯少於地區性組織及全國性組織。目前 ARL 主要是由美加地區的大學圖書館組成，但也包括少數的公共圖書館、國家圖書館及專門圖書館，如以包含二個或二個以上國家的圖書館成員來界定，在 1932 年於美國芝加哥成立的 ARL，可列為跨國性組織。就加入的圖書館會員數量規模來看，前述 1996 年成立的 ICOLC 可算是具跨國性圖書館聯盟的特性，雖然不是正式組織，但有提供交流會意及資源共享的資訊服務。

　　此外，依圖書館聯盟的不同管理方式，Allen 與 Hirshon（1998）將圖書館聯盟分成連結鬆散聯盟（loosely knit federations）、多種類／跨州網絡（multi-type / multi-state networks）、連結緊密聯盟（tightly knit federations）及經費集中的州域聯盟（centrality funded statewide consortia）等四種。

一、連結鬆散聯盟

　　通常是當地或地區性的聯盟，沒有聘用人員來集中管理聯盟，也沒有共同經費，因此在沒有中央管理單位，以及會員缺乏共同興趣的情形下，導致集體購買館藏資源的力量相當薄弱，包括在電子資源的購買、電子供應商的要求上，因缺乏共識，難以達到預期的合作結果。

二、多種類／跨州網絡

　　成員之間連結程度不強，在不確定成員參與聯盟的投入程度，導致代理商通常給予最低的資料庫費用折扣，此外，資源共享的目標也可能因缺乏聯合目錄而無法達成。

三、連結緊密聯盟

可能有一個贊助機構，共享一個線上聯合目錄，成員可能是同質或異質，有工作同仁負責協調館際合作計畫，運作方式可能是完全依賴成員機構的經費，或是有外來經費的贊助，如 PALCI。相較於前二種圖書館聯盟類型，基於成員之間有較緊密的合作關係，資訊供應商提供的資源折扣會高前二種類型聯盟。

四、經費集中的州域聯盟

有贊助機構或是可能有一個個別的經費來源，透過經費的集中管理與使用，能提高購買資源的能力，並讓成員比其他類型圖書館聯盟成員有更高的合作動力。同時基於高度的共同興趣，有資源採購的共識，通常也有中央管理單位制定及管理相關工作事項，如 OhioLINK 是此類型聯盟的例子。

總結本章內容，顯示館藏發展是長時間的持續工作，位於核心的館藏發展館員必須擁有該項工作應具備的知能，同時，因應環境變遷，館藏發展館員也要充實相關知能與持續接受工作上的訓練，才能在掌握使用者需求與出版市場趨勢下，有系統地充實館藏的質量，並接受新的挑戰，包括如何與其他圖書館建立良好合作館藏發展關係。

圖書館要合作建立共享的館藏並不是一件容易的事，如果是要與其他圖書館共享一個紙本圖書儲存處所，必須要先瞭解合作館的獨特館藏數量、合作館之間的重複館藏數量與範圍、使用者對使用紙本館藏電子版的態度，甚至對合作館藏／共享館藏的態度，以及需要多少複本數量來確保紙本館藏能被繼續保存等資料；至於當圖書館與其他圖書館有合作關係時，圖書館館藏就不再只是本身圖書館的館藏，而是成為一個更大圖書館系統的部分館藏，因此從發展一個更大圖書館藏的整體考量，必須瞭解各合作圖書館的獨特及重複館藏的相關資訊，以提供館藏規劃策略的參考。

合作的另一層意義在於相互妥協與信賴，沒有共同目標與共識的組織是無法長久維持，其中溝通與透明是維持信賴的重要因素，而來自管理高層對館藏合作發展計畫的正面支持與肯定，是很重要的持續動力。另外，最基本的部分是圖書

館必須投入相當心力，不能害怕失去對本身圖書館館藏發展控制權，並願意信守承諾。

關鍵詞彙

資源共享 Resource Sharing	合作館藏發展 Cooperative Collection Development
館際互借 Interlibrary Loans	聯合目錄 Union Catalog
文獻傳遞 Document Delivery	合作採訪 Cooperative Acquisition
電子資源 Electronic Resources	共享儲存 Shared Storage
數位保存 Digital Preservation	圖書館聯盟 Library Consortia
館藏發展館員 Collection Development Librarian	在職訓練 On-site Training
繼續教育 Continuing Education	

自我評量

- 請說明合作館藏發展對圖書館帶來的優點。
- 請說明影響合作館藏發展成功的可能因素。
- 請說明圖書館進行合作館藏發展的種類。
- 請說明負責館藏發展人員應具備的知能。

參考文獻

胡述兆（1989）。館際合作的途徑。*圖書館學刊*，6，1-22。

莊建國（1998）。淺論資訊時代的館際合作。書苑，36，22-29。

臺灣學術電子書暨資料庫聯盟（2010）。聯盟計畫介紹。檢索自 http://taebc.lib.ntnu.edu.tw/?q=project

臺灣學術電子書暨資料庫聯盟（無日期）。關於CONCERT。檢索自 http://concert.stpi.narl.org.tw/page/index_1

Allen, B. M., & Hirshon, A. (1998). Hanging together to avoid hanging separately: Opportunities for academic libraries and consortia. *Information Technology and Libraries*, *17*(1), 36-44.

Allison, T. L., & Reid, M. T. (1994). The professionalization of Acquisition and collection development. In P. Johnson & S. S. Intner (Eds.), *Recruiting, educating, and training libraries for collection development* (pp. 19-34). Westport, CT: Greenwood Press.

Ameen, K. (2009). Needed competencies for collection managers and their development: Perceptions of university librarians. *Library Management*, *30*(4/5), 266-275.

Booth, H. A., & O'Brien, K. (2011). Demand-driven cooperative collection development: Three case studies from the USA. *Interlending & Document Supply*, *39*(3), 148-155.

Branin, J. J. (1991). Cooperative collection development. In C. B. Osburn & R. Atkinson (Eds.), *Collection management: A new treatise* (pp. 81-110). Greenwich, CT: JAI.

Brush, D. A. (2010). Preserving last copies in a virtual collection. *Technical Service Quarterly*, *28*(1), 1-16.

Bucknall, C. (1989). Organization of collection development and management in academic libraries. *Collection Building*, *9*(3/4), 11-17.

Budd, J. M., & Bril, P. L. (1994). Education for collection management: Results of a survey of educators and practitioners. *Library Resources & Technical Services*, *38*(4), 343-353.

Burgett, J., Haar, J., & Phillips, L. L. (2004). *Collaborative collection development: A practical guide for your library*. Chicago, IL: American Library Association.

Canadian Research Knowledge Network. (2013). *A history of the Canadian Research Knowledge Network*. Retrieved from http://crkn.ca/about/history

Center for Research Libraries. (n.d.). *CRL membership benefits*. Retrieved from https://www.crl.edu/membership

Clement, S. (2007). Skills for effective participation in consortia: Preparing for collaborating and collaboration. *Collection Management*, *32*(1/2), 191-204.

Creth, S. D. (1991). The organization of collection development: A shift in organizational paradigm. *Journal of Library Administration*, *14*(1), 67-85.

Crist, R., & Stambaugh, E. (2014). *Shared print programs*. Washington, DC: Association of Research Libraries.

Cubberley, C. W. (1987). Organization for collection development in medium-sized academic libraries. *Library Acquisitions: Practice & Theory, 11*(4), 297-323.

Davis, K., Jin, L., Neely, C., & Rykse, H. (2012). Shared patron-driven acquisition within a consortium: The OCUL PDA pilot. *Serials Review, 38*(3), 183-187.

Demas, S., & Miller, M. E. (2012). Rethinking collection management plans: Shaping collective collections for the 21st Century. *Collection Management, 37*(3/4), 168-187.

Evans, G. E., & Saponaro, M. Z. (2012). *Collection management basics* (6th ed.). Santa Barbara, CA: Libraries Unlimited.

Fales, S. (Ed.) (1996). *Guide for training collection development librarians: ALCTS collection and development guides, #8*. Chicago, IL: American Library Association.

Fong, Y. S., Gaetz, I., Lamborn, J. G., & Levine-Clark, M. (2010). The alliance shared purchase plan: A new experiment in collaborative collection development. *Technical Services Quarterly, 27*(1), 17-38.

Gerolimos, M., & Konsta, R. (2008). Librarians' skills and qualifications in a modern information environment. *Library Management, 29*(8/9), 691-699.

Gillies, S., & Stephenson, C. (2012). Three libraries, three weeding projects: Collaborative weeding projects within a shared print repository. *Collection Management, 37*(3/4), 205-222.

Gutsche, B., & Sough, B. (Eds.). (2014). *Competency index for the library field*. Dublin, OH: OCLC. Retrieved from https://www.webjunction.org/content/dam/WebJunction/Documents/webJunction/2014-03/Competency-Index-2014.pdf

Harrasi, N. A., & Jabur, N. H. (2014). Factors contributing to successful collaboration among Omani academic libraries. *Interlending & Document Supply, 42*(1), 26-32.

Harris, L., & Peterson, M. (2013). Sharing the burden: A model for consortium purchasing for health libraries. *Journal of the Medical Library Association, 91*(22), 361-364.

Hathi Trust Digital Library. (2015). *Our digital library*. Retrieved from https://www.hathitrust.org/digital_library

Hazen, D. (2007). The cooperative conundrum in the digital age. *Journal of Library Administration, 46*(2), 101-118.

Horava, T. (2015). Teaching students what we do: A collection management course. *College & Research Libraries News, 76*(3), 126-127, 130.

ICOLC. (2015). *About ICOLC*. Retrieved from http://icolc.net/about-icolc

Johnson, P. (2014). *Fundamentals of collection development and management* (3rd ed.). London, UK: Facet.

Khan, A. M. (2010). Managing collection development and organization in globalizing Indian university libraries. *Collection Building, 29*(1), 15-21.

Leach, M. R. (2008). Collection development competencies for science and technology libraries. *Science & Technology Libraries, 28*(1/2), 11-22.

Martin, J. A. (2010). Understanding faculty needs: A case study at the University of Toledo. *Journal of Library & Information Science, 36*(1), 16-35.

Metz, P. (1994). Collection development in the library and information science curriculum. In P. Johnson & S. S. Intner (Eds.), *Recruiting, educating, and training libraries for collection development* (pp. 87-97). Westport, CT: Greenwood Press.

Miller, L. N., Sharp, D., & Jones, W. (2014). 70% and climbing: E-resources, books, and library restructuring. *Collection Management, 39*(2/3), 110-126.

Nabe, J. (2011). What's next for collection management and managers? Changing the organization of collection development. *Collection Management, 36*(1), 3-16.

Nous, R. A., & Roslund, M. (2009). Public library collaborative collection development for print resources. *Journal of the Library Administration & Management Section, 5*(3), 5-14.

O'Neill, E. T., & Gammon, J. A. (2009). *Building collections cooperatively: Analysis of collection use in the OhioLINK library consortium.* Retrieved from http://www.ala.org/acrl/sites/ala.org.acrl/files/content/conferences/confsandpreconfs/national/seattle/papers/36.pdf

OCLC. (2013). *U.S. library consortia: A snapshot of priorities & perspectives.* Retrieved from https://www.oclc.org/content/dam/oclc/reports/us-consortia/214986-member-communication-survey-report-consortia-review.pdf

OhioLINK. (2016). *History.* Retrieved from https://www.ohiolink.edu/content/history

PALCI. (2015). *An overview of PALCI.* Retrieved from http://www.palci.org/overview/

Payne, L. (2007). *Library storage facilities and the future of print collections in North America.* Dublin, OH: OCLC Programs & Research. Retrieved from http://www.oclc.org/content/dam/research/publications/library/2007/2007-01.pdf

Reilly, B. F., Jr. (2012). Global resources: How a cooperative collection development enterprise keeps pace with a rapidly changing world. *Journal of Library Administration, 52*(1), 70-77.

Reilly, B. F., Jr. (2013). The future of cooperative collections and repositories: A case study of the Center for Research Libraries. *Library Management, 34*(4/5), 342-351.

Shelton, C. (2004). Best practices in cooperative collection development: A report prepared by the Center for Research Libraries working group on best practices in cooperative collection development. *Collection Management, 28*(3), 191-222.

Soete, G. J. (1994). Training for success: Integrating the new bibliographer into the library. In P. Johnson & S. S. Intner (Eds.), *Recruiting, educating, and training librarians for collection development* (pp. 159-169). Westport, CT: Greenwood Press.

Stambaugh, E. (2013). *WEST: Western regional storage trust.* Retrieved from http://www.cdlib.org/services/west/

Triangle Research Libraries Network. (2006). *TRLN OCLC collection analysis task group: Report to the committee on information resources (CIR)*. Retrieved from http://archive.trln.org/TaskGroups/CollectionAnalysis/TRLN_CollAnalysis_June2Report.pdf

Triangle Research Libraries Network. (2015). *Triangle research libraries network cooperative collections*. Retrieved from http://www.trln.org/coop.html

Tucker, J. C., & Torrence, M. (2004). Collection development for new librarians: Advice from the trenches. *Library Collection, Acquisitions, and Technical Services, 28*(4), 397-409.

Wiley, l., & Clarage, E. (2012). Building on success: Evolving local and consortium purchase-on-demand programs. *Interlending & Document Supply, 40*(2), 105-110.

中文索引

西文

STEP 分析——206

STP 流程發展——205

SWOT 分析——206-207

ㄅ

博物館——8, 24, 102, 150, 280-282, 286, 296

保存——1-2, 4-5, 8-13, 15, 20, 22, 24-25, 28-30, 35-38, 45, 65, 87, 99, 105, 169, 171-173, 175, 180-181, 216, 222, 224-225, 231-236, 249, 277-301, 306, 310-313, 317, 325-332

報表——131, 141-142, 148, 175, 184, 187, 214, 218, 223, 225, 227-228, 230

報紙——5-7, 35, 46, 50, 98, 109, 111-112, 114-115, 117-118, 132, 134, 197-198, 216, 246, 294-296, 329

版本控制──299

比率測量──242, 247, 250

標準化──297

布達佩斯公開取用計畫協議──42

ㄆ

評鑑──1-2, 9-12, 15-17, 20-21, 28-29, 36-37, 40, 66, 145, 163-165, 167-175, 183-188, 195, 207, 219-220, 225, 229, 235-237, 241-249, 252-257, 259-271, 312

ㄇ

模擬──297

買斷──174, 176-177, 187, 260, 294, 323-324

媒體變換──286

美國研究圖書館學會──14, 45, 78, 180, 251, 293, 317

目標市場──204, 206

ㄈ

法明敦計畫──321

法律圖書館微縮聯盟──330

非書資料──105, 107, 128, 133, 173

訪談法──192, 196-198, 202, 211, 267

封裝____297

ㄉ

代理商____15, 36, 53, 113, 127-128, 131, 133-134, 139, 142-149, 154-155, 159-160, 167-168, 174, 176-177, 179, 181, 184-185, 187, 216, 260, 267, 310-312, 316-317, 322-323, 328, 330

檔案館____38, 138, 153, 280-282, 286, 293, 298-299

地區微縮計畫____329

調查法____21, 192, 196-198, 211

電子館藏____7, 11-12, 28, 163-167, 169-174, 187-189, 191-193, 203, 208-211, 296, 322, 325

電子館藏發展____11-12, 163-165, 167, 169-174, 187-189

電子館藏發展政策____12, 163, 165, 170-174, 188-189

電子館藏管理____28, 187

電子館藏行銷____191-193, 203, 208, 209-211

電子館藏閱讀研究策略____210

電子期刊____6, 7, 14, 16, 26, 33-35, 40, 51-57, 114, 132, 147, 150, 165-167, 172-173, 176-177, 179, 182, 185-186, 189, 208, 217, 250, 253, 260-262, 264, 267, 270, 297-298, 324, 326

電子出版____7, 50, 56

電子書____6, 7, 15-16, 26, 33-35, 40, 50-51, 53-56, 74, 109, 116, 130, 132, 146-147, 149-151, 165-166, 172-173, 175-178, 184-185, 187, 194, 208-210, 212, 218, 221, 225, 229, 236, 249, 260-261, 264, 269, 324-325, 333

中文索引

電子資源──2-3, 5-10, 12, 15-17, 23, 26-30, 55, 57, 64, 75, 95, 100, 105, 109-110, 112, 114-118, 128, 130, 133-134, 146, 149, 163-189, 194, 205, 208, 210, 212, 242, 255, 260-262, 266-267, 269, 271, 286, 294-295, 306, 308, 311-314, 323-325, 327-330, 332

電子資源評鑑──12, 169-172, 174, 185, 187-188, 260

電子資源統計分析──242, 255, 260, 267

電子資源管理──163-171, 181, 183, 186-188, 312-313

電子資源管理系統──163-165, 170-171, 183, 186-187, 312

電子資源取用系統──181

電子資源續訂──185, 261

電子資源選擇──163-165, 170-174, 176, 187

電子資源使用統計──163-165, 167-168, 170-171, 175, 182-185, 187

電子資源生命周期──163, 165, 168-169, 186-188

電子資源入口網──182

電子資源採購──12, 26, 28, 163-174, 176-178, 183, 185-188, 323

電子資源採購模式──177, 186, 188

電子與數位館藏管理──2, 12, 15-16

訂購──14, 18-19, 26, 28, 41, 52, 129, 131, 133-134, 137-139, 141-152, 154-160, 167, 170, 172, 174, 176-180, 185-186, 188, 216, 219, 244, 250, 260, 265, 267-269, 297, 324, 326

讀者薦介資料──118

讀者主導訂購──188

讀者主導購書──15

ㄊ

臺灣學術電子書暨資料庫聯盟 —— 324, 333

淘汰 —— 1-2, 9-11, 15, 17, 20-22, 28-29, 62-67, 69-70, 73, 75, 95, 173, 200, 207, 213-238, 254, 264, 284, 286, 299, 311-312, 326

提供取用 —— 4, 37, 40, 55, 165, 167-168, 170-174, 179-181, 183, 187, 249

田野調查 —— 200-201

圖書館聯盟 —— 15, 53, 151, 178, 186, 244, 262, 295, 306-307, 316, 318-320, 322-332

圖書館權利宣言 —— 27, 66, 104

圖書館學五律 —— 4

圖書資料行銷 —— 34, 48

圖書資料採訪 —— 18, 29, 127-129

推薦表 —— 137

同儕評閱制度 —— 39

ㄌ

拉丁美洲合作採購計畫 —— 321

流通研究 —— 242, 255-256, 264, 270

瀏覽清單 —— 182-183

連結管理器 —— 182-183

連線數 —— 184

零售商 —— 146, 148, 160

聯盟合作採購 —— 164, 176, 178

聯合目錄 —— 117, 229, 254, 263-264, 315-316, 320-321, 327-332

聯合國教科文組織 —— 132, 280

綠色公開取用期刊 —— 43

《

高等教育體系 —— 108

更新 —— 54, 63-65, 69, 73, 80-82, 85-86, 88, 117, 149, 165, 176-177, 182, 186-187, 224-225, 228, 237, 269, 290, 296-297

古騰堡聖經 —— 6

國際標準圖書號碼 —— 55

國際標準期刊號 —— 130, 146, 159

國際標準書號 —— 47, 116, 137, 139, 140

國際圖書館聯盟組織 —— 327

國際藍盾委員會 —— 280

觀察法 —— 192, 196, 198, 262

館內訊息 —— 119

館內使用研究 —— 242, 255-257, 265, 270

館際互借 —— 15, 73, 76, 119, 175, 180, 242, 250, 255, 257, 259-260, 262, 268-270, 315-316, 320-322, 325, 327-329, 332

館藏 —— 1-25, 27-29, 35, 41, 51, 54-55, 59-83, 85-89, 95, 98-122, 129-134, 137-138, 141, 143-149, 151-154, 163-167, 169-177, 181-183, 185-189, 191-227, 229-232, 236-238, 241-271, 277-279, 281-301, 305-332

館藏保存與維護 —— 277-279, 283-284, 301, 311

館藏評估 —— 223, 245, 252, 264, 310-311, 313

館藏評鑑 —— 1, 2, 9-11, 20, 21, 28-29, 185, 187, 241-247, 252, 254, 260-262, 266-267, 269-271

館藏發展 —— 1-3, 5, 8-12, 14-21, 23, 28-29, 35, 55, 59-83, 85-89, 99-100, 102, 105, 108, 110, 112-113, 117, 119, 121-122, 129, 131, 138, 145-146, 148, 163-167, 169-174, 181, 186-189, 193-195, 198-204, 210, 212, 215, 226, 243-245, 247-248, 252, 256, 261, 263, 279, 296, 305-320, 322-323, 324, 326-329, 331-332

館藏發展館員 —— 89, 199, 247, 305, 307-314, 331-332

館藏發展政策 —— 1-2, 10-12, 14, 16-17, 20-21, 28-29, 61-66, 69, 74-76, 78-82, 85, 87-89, 138, 163-165, 170-174, 187-189, 202, 226, 243, 245, 252, 256, 310-313

館藏發展人員 —— 332

館藏發展組織 —— 305-308, 320

館藏分析 —— 15, 68, 221, 242, 245, 248, 253-254, 270

館藏淘汰 —— 1-2, 9-11, 15, 20-21, 28, 95, 213-216, 218-219, 221-222, 224, 229-232, 236-238, 311

館藏淘汰步驟 —— 232

館藏淘汰方法 —— 21, 213-214, 224

館藏淘汰理由──213-214, 219

館藏淘汰障礙──214, 237

館藏淘汰準則──214, 221

館藏淘汰原則──231, 236

館藏推廣──209

館藏量──18, 108-109, 242, 247-250, 256, 261, 270, 322

館藏綱要法──68, 72, 88, 242, 248, 250, 253, 262, 270

館藏規劃──1-3, 10-11, 16, 21, 41, 262, 331

館藏管理──1-3, 5, 8-12, 15-16, 20, 23, 27-28, 61, 64-65, 67-68, 74, 82, 86, 154, 173, 186-187, 194, 215-216, 219, 229, 237, 243, 284, 289, 309, 311, 317, 326

館藏行銷──191-193, 203-211

館藏建置──18, 62-63, 71, 81, 112, 243, 309, 317, 324

館藏重疊研究──242, 248, 253, 263, 270

館藏成長率──18, 242, 247, 249, 270

館藏失敗商數──250

館藏預算──130, 242, 244-245, 247, 250, 291, 319

館員教育策略──210

光線──22, 278, 282, 287-300

公共圖書館──13-14, 18, 26, 62-63, 70-71, 73-74, 76, 78-80, 84-86, 94, 102-104, 106-108, 115, 119, 122, 147, 150, 155, 158, 160, 173, 175, 195, 199-200, 207-209, 212, 215, 217-219, 223, 229, 232, 236, 248, 308, 324, 326, 330

公共圖書館標準 —— 14

公共圖書館設立及營運基準 —— 106

公共領域 —— 152, 298, 326

公共關係 —— 17, 66-67, 195, 217, 261

公開取用 —— 6, 8, 16, 27, 29, 33-35, 41-44, 53, 55-56, 151

公開取用期刊 —— 8, 16, 34, 42-43, 53, 55, 151

共同供應契約 —— 155, 158

共享儲存 —— 316, 325-326, 328, 332

厂

合理使用 —— 2, 23-26, 29, 172, 180

合作館藏發展 —— 10, 12, 15, 28, 65, 66, 68, 75, 102, 105, 121, 245, 305-307, 312, 314-320, 322-323, 326-329, 331-332

合作館藏發展論 —— 102, 105

合作採訪 —— 105, 253, 306, 320-322, 332

合約授權使用 —— 180

核心圖書資料清單 —— 117

核心能力 —— 313

好書通報 —— 119

後刊本 —— 44

匯集商 —— 146, 149-150, 152, 160, 174, 177, 179, 323

匯集商的優缺點 —— 150

ㄐ

機構典藏——6, 8, 18, 34, 44-46, 55, 57, 180

技術保存——297

技術支援——68, 165-168, 172, 176, 180-182

寄存圖書館——18

繼續教育——106, 314, 332

介購單——137, 143, 160

交換——1, 2, 9-11, 18, 20, 28, 40, 44-45, 69-71, 73, 75, 95, 104, 127-131, 152-153, 159, 167, 179, 198, 203, 216, 312, 316-317

焦點團體訪談法——192, 196, 198, 211, 267

繳存制度——101

檢索——3, 6-8, 15-16, 29-30, 37, 39-43, 45, 51-52, 54-57, 122-123, 130, 137-139, 141, 149, 150-152, 160, 165-167, 171-172, 174-177, 179, 182-187, 189, 206, 210, 221, 260, 263-264, 266-268, 298-299, 301, 315-316, 322, 324, 326, 329, 333

金色公開取用期刊——43

經費管理——1, 2, 9-11, 16-18, 28, 166, 247

均衡發展論——102, 105

ㄑ

期刊代理商——53, 145-146, 148, 159

期刊雜誌淘汰 ── 236

期刊危機 ── 41

期刊預印本 ── 44

求書八法 ── 97

嵌入式清單 ── 182-183

全國圖書書目資訊網 ── 117

全國館藏盤點計畫 ── 251

全國學術電子資訊資源共享聯盟 ── 57, 178, 324

全國學術授權合約 ── 178

全國新書資訊網 ── 49, 56, 116, 141, 160

全國新書資訊月刊 ── 116, 119, 140, 160

全國採購暨編目計畫 ── 321

全文下載 ── 184-185, 267

ㄒ

西部地區保存信託 ── 326

協同選擇 ── 110

行銷 ── 10, 30, 34, 37, 41, 46, 48-49, 56, 118, 191-193, 203-212, 231, 310, 312

行銷 3.0 ── 204, 206, 211

行銷 4P ── 204

行銷通路 ── 49, 204-205

行銷規劃──206-207, 211

行銷組合──206-207, 211

行銷策略──48, 191, 193, 206, 210

行政模組──182

行政管理──166-168, 187

需求評估──16, 194, 310

需求分析──9, 16, 81, 193-194, 196, 211, 313

需求論──102-103

學科典藏──44

學校圖書館選擇工作特殊問題──111

學術傳播──12, 14, 28, 33-41, 45, 54-57, 249

學術傳播體系──35, 37-38, 41, 45, 55

學術傳播危機──12, 14, 41

學術出版──34, 36-41, 43-45, 55-56, 133, 151, 261, 321

學院圖書館標準──14

小組採購──178

線上公用目錄──174, 182, 259

相對濕度──278, 287-289, 300

虛擬館藏──3, 5, 8, 16, 28, 165, 250

續訂檢視──167-168

選擇──1, 2, 3, 9-14, 16-22, 26-30, 35, 41, 43, 49, 54, 56, 61-66, 68-74, 79, 81, 83, 86-88, 93-96, 98-111, 113-122, 127-132, 134, 138, 143-148, 150, 152-155, 157-158, 160, 163-166, 170-174, 176-178, 184, 186-187, 194-196, 199-200, 204, 215, 217, 221, 223-224, 226, 229, 236-237, 241, 245-246, 252, 255, 261-263, 269-271, 284-286, 289-292, 294, 298, 301, 308-314, 319, 325-326

選擇評價要點──94, 120

選擇評估要點──94, 121

選擇館員──105, 115-119, 121-122, 173

選擇工具──70, 93, 116, 121, 172-173

選擇性招標──26, 155, 157-158

選書──9, 11, 13-14, 17, 19, 62-63, 102-104, 107-108, 110, 113, 115, 118, 129, 134, 143-145, 308-312

ㄓ

知識自由──2, 4, 23, 27-28, 65-66, 68-70, 74-75, 87

直接館藏分析──242, 248, 254, 270

指令統購──19, 26, 144, 147, 154, 160

折扣標──155-157

折扣標缺點──157

折扣標優點──156

著作權法──2, 23-26, 29-30, 178-180, 285, 298

長期訂購──18-19, 26, 145-147, 154, 159

長期取用──249, 293, 329

整合檢索引擎──182-183

政府採購法──2, 23, 25-26, 30, 128, 143, 148, 154-156, 159-160

主題專家──255, 309

主題式採購──177

主題索引──182-183

主書目館員──309

註銷──21, 216-217, 225, 227, 232, 238

轉置──297

裝訂──22, 47-48, 69, 73, 75, 120, 131, 140, 223, 225, 227-228, 254, 278-279, 282, 284-285, 289, 291-293, 299, 301

ㄔ

撤架──216-217, 226-228, 232, 234, 237

成本效益分析──187, 206-207, 242, 255, 260, 266, 271

出版──2-3, 5-7, 11, 13-14, 16, 18-20, 23, 27-30, 33-57, 62, 64, 69, 72-74, 86, 89, 95, 97-102, 105, 107, 110-123, 129, 131-155, 157, 159-160, 165, 167, 174, 176-177, 179, 181-182, 184, 187, 206, 209-211, 218, 222, 224, 227-228, 231-235, 244-245, 249-250, 252-256, 258-264, 266, 269-281, 285-286, 291, 293, 296, 298, 309-313, 316-317, 321-323, 326, 329, 331

出版公司目錄／書訊──118

出版市場──50-51, 74, 113-114, 116, 331

出版社——14, 37-40, 42-54, 57, 89, 122-123, 139-151, 154, 157, 160, 167, 174, 177, 179, 181-182, 210, 266, 322

查看現成文獻——192, 196-197

ㄕ

使用統計——12, 18, 150, 163-165, 167-171, 175, 179-180, 182-185, 187-188, 218, 226, 260, 270

使用者滿意度——206-207

使用者調查——185, 242, 255, 261, 267-268, 271

使用者需求——3, 9-11, 15-16, 19-20, 28, 54, 166-167, 169, 171, 187-188, 191-194, 196, 202-206, 209-211, 243-244, 249, 255-259, 261, 266, 310-311, 313, 318, 322, 331

使用者經驗——10, 181-182

世界報紙檔案——329

世界記憶——281

世界數位圖書館——281

世界遺產公約——280

世界文化遺產暨自然遺產保護公約——280

市場——24-26, 49-51, 56, 74, 97, 113-114, 116, 132, 194, 203-207, 331

市場分析——194

市場定位——204

市場區隔——204, 207

視聽資料──5, 16-17, 68, 72, 95, 99, 109-112, 114-115, 120, 133, 147, 218, 236, 248, 285-286

視聽資料淘汰──236

視聽資源──6-7

社區分析──1-2, 10-11, 16-17, 28, 62, 191-203, 210-212

社區調查──62, 194, 199

社區需求評估──194

社區人口統計──196

社會指標──200-201

社群論壇──200-201

授權合約──2, 12, 16, 23, 26-28, 163-180, 186-188

審查──27, 37, 39-40, 43, 62, 69, 74-75, 78, 88, 104, 107, 111, 131-132, 157, 159, 202, 226

書評──49, 111, 113, 115-120, 122, 141, 150, 256, 266

書目──7, 15, 21, 28, 38, 52, 57, 70, 77, 86, 98, 107, 116-120, 122, 130-131, 134-138, 141-142, 145, 148, 150, 160, 167, 172, 174-175, 177, 179-180, 182, 216, 221, 224, 227-229, 242, 248, 252-254, 261, 263-264, 267-270, 308-309, 315-316, 321, 323

書目館員──308-309

書目核對法──21, 242, 248, 254, 264, 267-270

書目檢索──138, 315-316

書目驗證──134, 137-138, 160

書架獲取研究──242, 255, 258-259, 265, 271

書架檢查法 —— 214, 226

書摘 —— 116-118, 122

書展與書店 —— 119

數位保存 —— 8, 172, 278-279, 285, 293, 295-301, 306, 326, 332

數位典藏 —— 8, 34, 40, 42-45, 55, 166, 277, 295-299, 301, 312

數位圖書館 —— 6, 8, 18, 52, 166, 186, 281, 296, 326

數位圖書館聯盟 —— 186, 326

數位館藏淘汰 —— 236

數位出版 —— 5-6, 16, 28, 33-35, 41, 46, 48, 50-51, 54-56

數位資源 —— 5-6, 8-9, 12, 24-25, 35, 45, 51, 73, 112, 208, 227-228, 236, 286, 295-297, 299, 312-313, 315, 317, 326, 329

數位策展 —— 38

ㄗ

資料保存與維護 —— 1, 2, 10-12, 15, 20, 22, 28-29, 279

資料交換 —— 20, 75, 128, 152-153, 179

資料徵集 —— 9, 130

資料贈送 —— 20, 128, 153-154

資料採購 —— 1, 2, 10, 12, 14, 18-19, 26, 128-129, 134-135, 160

資料採購程序 —— 128, 135

資訊需求 —— 3, 4, 9, 17, 40, 65, 71, 76-77, 81, 118, 129, 194-195, 199, 201, 211, 314

資源探索服務 ── 182-183, 189

資源管理 ── 64, 163-171, 181, 183, 186-188, 309, 312-313

資源共享 ── 21, 57, 70, 73-74, 100-101, 105, 178, 202, 212, 253, 297, 307, 310, 314-316, 319, 322, 324, 327-328, 330, 332

自我典藏 ── 16, 34, 42-45, 55, 180

自我出版 ── 40

災害準備 ── 286, 290, 300

在職訓練 ── 314, 332

贈送 ── 1-2, 9-11, 18, 20, 28, 68-70, 73, 75, 95, 127-131, 147, 152-154, 159, 216, 227

租賃 ── 130, 146, 159

租用 ── 5, 26, 172, 174, 176-177, 179-181, 187, 260, 306, 323

最有利標 ── 158-159

總價格之最低標 ── 156

ㄘ

採訪 ── 2, 9-10, 12-13, 17-19, 21, 23-24, 28-30, 56, 61-65, 79, 88, 93, 97-101, 105, 113, 123, 127-136, 138, 142-143, 152, 159-160, 170, 173, 186, 196, 248, 252-253, 260-261, 265, 271, 285, 287, 295, 306-308, 310-313, 320-322, 332

採訪部門 ── 128, 130-131, 133-134, 142-143

採訪部門目標 ── 131

採訪部門目的 ── 130

採訪館員──13, 132, 134, 138, 159, 285

採訪館員技能──132

採購──1-3, 9-12, 14-20, 23, 25-28, 30, 68, 70, 72, 76, 99, 103, 107, 119, 127-135, 137, 139, 141-144, 146-150, 152-160, 163-179, 181-183, 185-188, 200, 215-216, 223, 225, 228, 231-232, 254-256, 264, 268, 291, 295, 306, 315-316, 319-324, 327, 329, 331

參考資料淘汰──236

藏書樓──12, 96-98, 113, 122-123

藏書系統──96, 98

ㄙ

送存──18

ㄢ

安全──22, 26, 143, 172, 179, 278, 281-282, 286-287, 290-291, 300

一

一般採購──20, 143, 154, 159

移地典藏──215-216, 221, 229, 236, 238

異質採購最低標──159

亞歷山大圖書館──12

優使性──174, 182, 185, 187

中文索引

研究圖書館中心──321

研究圖書館組織──251

引文分析──242, 255, 259, 262, 266-268, 270-271

印刷資料──128, 133-134, 173, 229, 329

印刷資源──6, 8, 12

英美編目規則──7, 166

影響係數──266-268

ㄨ

無酸紙──285, 301

微縮媒體──6

微縮資料──7, 72, 109, 111, 134, 227-228, 248-250, 294-295, 329

維護──1, 2, 9-12, 15, 18-22, 27-30, 52, 61, 64-65, 69-70, 73, 101, 131, 138, 145, 169, 171-172, 174, 176, 181-182, 186-187, 215, 219, 221, 232, 236, 260, 277-279, 282-286, 291-293, 295, 299-301, 311, 315

完整論──102

溫度──22, 278, 282, 285, 287-288, 292, 300

文化遺產──278-282, 288, 296, 298-300

文獻傳遞──73, 172, 242, 255, 257-259, 266, 270, 299, 316, 319-321, 324, 327-329, 332

文獻傳遞測試──242, 255, 257-259, 270

文書──109, 131, 133, 138, 146, 156, 232, 284

網站服務策略⸺210

ㄩ

預防性保存⸺285, 291, 300

預算管理⸺310-311

閱覽後付款⸺15, 172, 177, 180, 187

閱覽後付款購買⸺15

閱選訂購⸺19, 26, 144-147, 154-155, 160

院系聯繫館員⸺309

英文索引

A

access system for electronic resources —— 181

accountability —— 71

acquire —— 167

acquisition —— 15, 103, 161, 190, 252, 273, 322, 334

administer —— 167

aggregator —— 53, 169

Alexandria Library —— 12

American Library Association —— 3-4, 9, 14, 19, 27, 31, 57, 64, 66-68, 70, 72, 85, 89-91, 104, 123-124, 160-161, 190, 212, 219, 238-239, 269, 273, 275, 302, 333-334

approval plan —— 19, 144

Area Microform Project —— 329

Association of Research Libraries —— 14, 16, 37, 41, 57-58, 78, 82-83, 89, 179, 181, 189-190, 251, 293, 304, 317, 321, 330, 334

audio-visual materials —— 7

authorized usage —— 180

B

bibliographer —— 308-309, 336

bibliographic access —— 315

binding —— 299

BioOne —— 150-151

blanket order —— 19, 144

Books for College Libraries —— 117, 269

Books in Print —— 116, 266

browsing lists —— 183

Budapest Open Access Initiatives —— 42

C

Canadian Research Knowledge Network —— 326-327, 333

catalogs —— 182

censorship —— 62, 123

chief bibliographer —— 309

circulation studies ——255

citation analysis ——255, 272-273

CLOCKSS (Controlled LOCKSS) ——297-298

collection analysis ——248, 274, 336

collection assessment ——245, 272, 274

collection budget ——247

collection building ——309

collection development ——5, 8-9, 12, 17, 31, 57, 61, 75, 83, 90-91, 123-124, 160-161, 189-190, 212, 239, 271, 273-274, 302, 309, 314-315, 333-336

collection development librarian ——309

collection development policy ——17, 61, 189, 273

collection evaluation ——21, 245, 271-273

collection failure quotient ——250, 273

collection growth ratio ——247

collection management ——5, 61, 90-91, 274-275, 309, 333-335

collection marketing ——204

collection size ——247, 273

community analysis ——16, 194

community needs assessment ——194

community survey ——194

CONCERT (CONsortium on Core Electronic Resources in Taiwan) ——178, 324, 333

conservation —— 22, 30, 283, 301-304

conspectus —— 72, 248, 251-253, 275

content overlap studies —— 248

Convention Concerning the Protection of the World Cultural and Natural Heritage —— 280

copyright —— 23

Copyright Law —— 23

cost-effectiveness analysis —— 27

COUNTER (Counting Online Usage of Networked Electronic Resources) —— 167, 179, 182, 184-185, 189-260, 272

CREW —— 214, 224-225, 238-239

CRL (Centers for Research Libraries) —— 321, 329-330, 333

cultural heritage —— 300-304

D

deposit library —— 18

digital archiving —— 302

digital curation —— 38

digital library —— 8, 167, 186, 189, 229, 281, 304, 326, 329, 334

Digital Library Federation —— 167, 186-189

digital preservation —— 300, 332

digital publishing —— 50, 55

direct collection analysis ―― 248

directory of open access journals ―― 43, 58

disaster preparedness ―― 286, 290, 300, 303

discard ―― 216, 225, 230, 238-239

disciplinary repositories ―― 44

discovery services ―― 183

document delivery test ―― 255, 270

E

E-Book ―― 7, 53, 55, 58, 151, 239, 273, 324

electronic books ―― 7, 53, 55

electronic collection development and management ―― 188

electronic collection development policy ―― 171, 188

electronic collection marketing ―― 211

electronic journals ―― 7, 51, 55

electronic publishing ―― 50, 58

electronic resources ―― 7, 29, 30, 55, 166-167, 173, 178, 181, 186, 188-190, 260, 275, 324, 332

electronic resources acquisition model ―― 188

electronic resources evaluation ―― 188

electronic resources management ―― 186, 188

electronic resources selection ―― 188

electronic serials —— 51

embedded lists —— 183

emulation —— 297

encapsulation —— 297

environmental control —— 300

E-Resources Life Cycle —— 188

E-Resources Portals —— 182

Europeana —— 281

evaluate —— 167, 239, 272-273

exchange —— 18, 152-153, 159, 161

F

Farmington Plan —— 101, 105, 321

federated search engines —— 183

firm order —— 143, 159

focus group —— 198, 211, 267, 271, 274

focus group interviewing method —— 198

full-text download —— 184

G

gift —— 18, 84-85, 153, 159, 161

gold open access —— 41, 43

green open access ___ 41, 43

group purchasing ___ 187

Guides for Collection Development ___ 250

Gutenberg Bible ___ 6

H

HathiTrust Digital Library ___ 229, 326

I

ICOLC (International Coalition of Library Consortia) ___ 184, 190, 328, 330, 334

IFLA (International Federation of Library Associations and Institutions) ___ 170, 190, 247, 252, 273, 280-281, 286, 301, 303

impact factor ___ 266

information needs ___ 16, 194, 211-212

in-house use studies ___ 255, 270

institutional repository ___ 8, 45, 55

intellectual freedom ___ 27, 31, 85

interlibrary lending ___ 315

interlibrary loan analysis ___ 255, 270

International Coalition of Library Consortia ___ 184, 190

International Committee of the Blue Shield ___ 280-281

institutional repository —— 8, 45, 55

ISBN (International Standard Book Number) —— 47, 55, 119, 132, 137, 139, 140-141, 160-161

ISSN (International Standard Serials Number) —— 139-141

J

JSTOR —— 52, 150-152, 161, 217, 299, 326, 329

L

Latin American Cooperative Acquisition Plan —— 321

Law Library Microform Consortium —— 330

lease —— 88, 146, 159, 177

legal deposit —— 18, 281

liaisons —— 309

librarian education strategy —— 210

Library 2.0 —— 16

Library Bill of Rights —— 27, 66, 85, 104

license —— 26, 179, 188

lights —— 300

link resolvers —— 183

list checking —— 248, 270, 272, 274

LOCKSS (Lots of Copies Keep Stuff Safe) —— 297-299

M

market —— 161, 194, 203-204, 206, 211-212

market analysis —— 194

marketing —— 206, 211-212

marketing matrix —— 204, 211

marketing planning —— 203-204, 206, 211-212

Memory of the World —— 281, 301

microfilm —— 6, 133, 299, 301

migration —— 297

N

National Academic Licensing —— 178

National Collections Inventory Project —— 251

National Program for Acquisitions and Cataloging —— 321

needs analysis —— 16, 194, 212

needs assessment —— 16, 194

O

OCLC (Online Computer Library Center) —— 14, 53, 117, 124, 229, 252-253, 263, 269, 274, 299, 304, 313, 319, 327, 329, 334-336

OhioLINK —— 118, 178, 328, 331, 335

online access tools —— 182

OPACs —— 182

open access —— 8, 29, 41-44, 55, 57-58, 132, 151

ordering —— 18, 139

P

patron-driven acquisition —— 15, 103, 177, 188, 190, 322, 334

pay-per-view —— 15, 177, 180

peer review —— 39, 58

Pennsylvania Academic Library Consortium —— 329

place —— 84, 136, 204, 206, 239

plan —— 19, 54, 58, 62, 75, 101, 105, 124, 144, 152, 160, 206, 211-212, 274, 286, 303-304, 321, 334

policy —— 17, 29, 61-65, 67, 75, 81, 84, 86-91, 171, 173, 188-190, 252, 273, 280, 302

Portico —— 297, 298

positioning —— 204

postprint —— 204

preprint —— 44, 58

preservation —— 12, 22, 29, 37-38, 281-283, 286, 296-297, 300-304, 327, 330, 332

Project MUSE —— 150-151

promotion strategy —— 210

provide access —— 167

public domain —— 298, 326

publisher —— 57, 136-137, 140-141, 148, 160, 184, 190

publishing —— 40, 42, 44, 46, 50, 55, 57-58, 124, 132, 151, 161, 261, 273

PubMed Central —— 45, 299

purging —— 216

R

ratio measures —— 247-248

reading research strategy —— 210

records —— 149, 274, 284, 302

redundancy —— 297

reformatting —— 286

refreshing —— 297

relative humanity —— 300

relegation to remote storage —— 215

request form —— 161

reserved books —— 109

Resources for College Libraries —— 117, 269

resources management —— 186, 188, 309

retails —— 148, 160

review —— 39, 58, 84, 91, 104, 117, 122, 167, 189-190, 225, 245, 268, 274, 301, 334-335

RLG (Research Libraries Group) —— 72, 251, 299

S

scholarly communication —— 35-37, 55, 57-58

search —— 14-15, 37, 45, 52, 57-58, 72, 78, 85, 89, 91, 137, 149-150, 161, 179, 183-184, 189-190, 210, 212, 248-249, 251-253, 267, 271-275, 293, 299, 301-304, 317, 321-322, 324, 326-329, 333-336

security —— 300, 304

segmentation —— 204

selection —— 9, 28, 61-63, 84, 88-90, 95, 121, 123-124, 147, 188, 215-217, 229, 237, 304

self-publishing —— 40, 132, 161

service strategy —— 210

session —— 184, 267

shelf availability studies —— 255, 271

shelf scanning —— 226, 254, 270

standardization —— 297

standing order —— 19, 145-146, 159

statement —— 27, 42, 62, 64-65, 67, 75, 85-86, 89-91, 190

subject indexes —— 182

subject specialist___252, 309

subscription agents___148, 159, 161

support___167, 182, 274

survey___194, 211, 252, 271-272, 303-304, 333, 335

T

Taiwan Academic E-Books & Database Consortium___324

targeting___204

technology preservation___297

temperature___300

Triangle Research Libraries Network___328-329, 336

U

Ulrich's Periodicals Directory___58, 116

usage statistics___188, 260, 275

user experience___182

user needs___211-212

user satisfaction___207

user survey___271

V

vendor ——139, 146, 159, 161, 177, 182

vendor administrative models ——182

version control ——299

Virtual Academic Library Environment ——327

virtual collection ——8, 333

W

Web2.0 ——16

weeding ——21, 29, 84, 215-216, 225, 237-240, 334

Western Regional Storage Trust ——326, 336

withdrawn ——216, 226, 230, 237

World Digital Library ——281

World Heritage Convention ——280, 304

World Newspaper Archive ——329

國家圖書館出版品預行編目（CIP）資料

館藏發展與管理 / 王梅玲等著；張慧銖主編. -- 初版. -- 新北市：華藝學術出版：華藝數位發行, 2016.09
　面；　公分. -- (圖書資訊學系列；1)
ISBN 978-986-437-119-8(平裝)
1. 館藏發展 2. 文集
023.07　　　　　　　　　　　　　　105016290

館藏發展與管理

主　　編／張慧銖
作　　者／王梅玲、范豪英、林呈潢、張郁蔚
責任編輯／林瑞慧
執行編輯／陳水福
版面編排／陳思政
封面設計／ZOZO DESIGN

發 行 人／鄭學淵
總 編 輯／范雅竹
發行業務／陳水福
出　　版／華藝學術出版社（Airiti Press Inc.）
　　　　　地址：234 新北市永和區成功路一段 80 號 18 樓
　　　　　電話：(02) 2926-6006　傳真：(02) 2923-5151
　　　　　服務信箱：press@airiti.com
發　　行／華藝數位股份有限公司
　　　　　戶名（郵局／銀行）：華藝數位股份有限公司
　　　　　郵政劃撥帳號：50027465
　　　　　銀行匯款帳號：045039022102（國泰世華銀行　中和分行）
法律顧問／立暘法律事務所　歐宇倫律師
ISBN ／ 978-986-437-119-8
DOI ／ 10.6140/AP.9789864371198
出版日期／ 2016 年 9 月初版
定　價／新台幣 500 元

版權所有・翻印必究　　Printed in Taiwan
（如有缺頁或破損，請寄回本社更換，謝謝）